《全真学案》(第二辑)

张广保主编

李道谦学案
附文集新编

宋学立　著

华龄出版社
HUALING PRESS

图书在版编目（CIP）数据

李道谦学案附文集新编 / 宋学立著. -- 北京：华
龄出版社，2025. 5. -- ISBN 978-7-5169-2965-0

Ⅰ. B956.3-53

中国国家版本馆 CIP 数据核字第 2025T5X349 号

策划编辑 董　巍		**责任印制** 李未圻	
责任编辑 悦　丹		**装帧设计** 陈　志	

书　　名	李道谦学案附文集新编	**作　者**	宋学立
出　　版	华龄出版社		
发　　行	HUALING PRESS		
社　　址	北京市东城区安定门外大街甲 57 号	**邮　编**	100011
发　　行	（010）58122255	**传　真**	（010）84049572
承　　印	北京七彩京通数码快印有限公司		
版　　次	2025 年 5 月第 1 版	**印　次**	2025 年 5 月第 1 次印刷
规　　格	880mm×1230mm	**开　本**	1/32
印　　张	17.125	**字　数**	368 千字
书　　号	ISBN 978-7-5169-2965-0		
定　　价	88.00 元		

《全真学案》编委会

总　序

　　金代中期，王重阳在中国北方创立了一种有别于传统道教的新道教——全真教。全真教以三教合一为宗，以性命双修、功行并重为修炼门径，汲取禅宗的心性理论、修行方式等诸多因素，对传统道教从教义、戒律到宫观组织、修行方式，以及终极超越境界等方面都进行全面革新，并在元以后分领道教的半壁江山，与正一教并立为二，最终形成北全真、南正一的道教宗派新格局。这就打破了此前道教史上灵宝、上清、正一等三足鼎立的旧格局。

　　在全真教的发展历史中，大蒙古国初期是教门发展的关键时期。它不仅确立了全真教在道教中牢不可破的重要地位，而且对整个中国社会、历史的走向也引发了极为深远的震荡。开辟全真教这一发展新局面的关键人物就是全真掌教丘处机。正是丘处机以年逾古稀之龄万里西行，觐见"一代天骄"成吉思汗，及随之而来的雪山论道、一言止杀，使得全真教获得大蒙古国皇室的尊崇，从而走出道教，与当时的汉地世侯一道，担当起在大蒙古国时期重建业已解体的中国社会，以及教化民众、化导杀心等重要社会、文化功能。从历史看，道教在中国社会中的这种作用，在整个道教史中都不多见。因此丘处机与成吉思汗的相遇，不仅是一个对道教具有重大影响的事件，而且在中国历史上也是具有深远意义的重大事件。此外，考虑到成吉思汗及其子孙创立的大蒙古国是一个地跨欧亚的大帝国。它的版图不仅包括中国北方，而且还囊括俄罗斯（金帐汗国）或术赤兀鲁思、西亚地区（伊儿汗国或旭烈兀汗国）和中亚地区（察合台汗国）。其统辖范围几乎包括当时文明世界半数以上的领土。又考虑到它与罗马教廷的复杂关系，所以我们说大蒙古帝国的历史在一定程度上就是世界史。而丘处机与成吉思汗的相遇，乃是大蒙古国统治者首次郑重其事地对待一个定居农业文明的宗教领袖（虽然据《佛祖历代通载》卷三三，在稍早几年，佛教与汗廷有过一次非正式的接触），其对道教采取的接纳态度，无疑会直接影响此后汗廷的宗教政策，影响它对其他定居文明宗教，例如西亚的伊斯兰教、中国西藏的喇嘛教、中亚的聂斯脱里教（基督教在东方的一个宗派）等宗教的接纳。

一、开创期

对于全真教的研究，发展到今天可以毫不夸张地说已经是一门国际性的学问。中国方面的研究如果从清光绪年间陈教友的《长春道教源流》算起，迄今已有近 150 年的历史。总结这一时段的研究历史，我想把它区分为四个阶段：开创期、奠基期、复苏期与全面发展期。中国对于全真教的研究是由活跃于清代后期的陈铭珪开创的。陈铭珪（1824—1881），字友珊，入道之后改名教友，道号酥醪洞主。作为清代咸丰二年（1852）的副贡生，陈铭珪在仕途上一直不得志，加之晚清自道光之后，由于鸦片战争引发的政治、社会变革及西方文化学术涌入的冲击，他晚年为了逃避社会矛盾，排解个人生命历程中所遭遇的挫折感，在广东罗浮山酥醪观拜礼全真道士，正式加入全真龙门派，成为一名全真道士。为了表达他对全真教的忠诚，陈铭珪于光绪五年（1879）编撰了后来成为全真教研究开山之作的《长春道教源流》。其书序云："余中年感异兆，学道于罗浮酥醪观中。观为全真之龙门派，源出于丘长春。暇因考史册，并取《道藏》诸书核之，知长春之学，深有得于《道德》要言，而无炼养、服食、符箓、禳禬末流之弊……余因溯其源流，辑为是编，以告世之为全真学者。"① 在此需要特别指出的是，陈铭珪的道士身份直接影响到《长春道教源流》的撰述。由于撰写此书时，陈铭珪已正式遁入玄门，因此他编纂该书的意图很清楚——此即意在表彰前辈全真高道救世救民、慈心惠物、修道炼真的高尚行为。受此种动机的制约，他在择取史料时明显有偏颇，其中最明显的表现就是对于历史上涉及对全真教批评的文献，诸如大蒙古国时期耶律楚材所撰《西游录》、元释祥迈的《至元辨伪录》等，他就均未收录。此外书中搜集史料主要以丘处机一系的全真龙门派为主线，至于全真其他各派的传承法嗣则付之阙如。个中原因有二：其一丘门一系的全真龙门派在后世较其他各系更为繁盛，这在陈铭珪的家乡广东罗浮山尤其如此。其二与陈氏本人作为全真龙门派弟子的身份直接相关。他编辑此书的动机之一显然是要光扬本宗。至于题名"酥醪洞主曰"的辩证，也可以看出他处处刻意回护全真教。因此该书

---

① 　陈铭珪：《长春道教源流·序》，严一萍辑：《道教研究资料》，第 2 辑，台北：艺文印书馆，2006 年，第 187—188 页。

虽然从前人文集中搜集大量有关全真教材料，为此后全真教研究奠定了扎实的史料基础，但文中显露出的浓厚护教意识妨碍其立论的客观性、公正性。

早在陈铭珪编著《长春道教源流》之前的清代道光、咸丰、同治（1821—1874）时期，清代学术的主流就已由考据之学向经世之学过渡，其中西北史地之学尤其为当时的学者所关注，李文田、丁谦、洪钧等都是这一领域的佼佼者。正是这些研究西北史地的学者居于本学科的兴趣，重新发现湮没已久的元李志常的《长春真人西游记》，并对之予以深入研究，当然重点在于发掘其地理学价值。这方面的代表性作品有丁谦的《元长春真人西游记地理考证》及王国维的《长春真人西游记注》（其后 20 世纪 30 年代又有张星烺《西游记注释》），而钱大昕则有发端之功（《长春真人西游记》1866 年的俄译本、1867 年的法译本及 1877 年的英译本均是受此种中亚史、地理史研究语境的影响）。就中丁谦只是将《长春真人西游记》看成一本单纯的地理学著述，毫不关注其宗教价值。[1] 而王国维则有所不同，在注文中除援引《元史》《多桑蒙古史》《蒙鞑备录》《西使记》《至元辨伪录》及元人文集等史料以疏释本文外，还花费相当笔墨考证书中涉及的大蒙古时期全真教史，例如元宪宗时的佛道争端，丘处机、耶律楚材的交恶。值得特别提到的是，王国维在书中附录里特别录引清考据学大家钱大昕一段话，提示一起史实："丘长春以丁亥七月卒，而元太祖

---

[1] 丁谦:《元长春真人西游记地理考证》，严一萍辑:《道教研究资料》，第 2 辑，第 1—34 页。

之殂，亦即在是月。"[1] 丘处机与成吉思汗在经历神奇性的历史会面之后，又神秘地于同年同月逝世，此事在道教语境中的确引人遐思，其联想空间尤大。

二、奠基期

不过，从 20 世纪有关全真教研究发展的历史看，陈铭珪《长春道教源流》一书无论在解释模式，还是在撰作体例方面，对于后世尤其是 20 世纪前 50 年的全真教研究都具有很强的示范性。20 世纪 40 年代历史学家陈垣撰作《南宋初河北新道教考》，显然就沿袭陈铭珪所创立的模式。对此陈垣本人也不否认。作为广东同乡，陈垣对自己的这位乡贤推崇备至。[2] 这从一方面说明居于地域邻近性的影响有时是很大的。然而，陈垣与他的那位乡贤还是有很大不同——他并非全真道士。他撰作此书显然不是出于弘道，而是直接受到当时特定政治、社会环境的激发。作者此书著于 20 世纪 40 年代，第二次世界大战是当时制约时代的大事。其时作为同盟国一员的中国，其国土的大部分正处于作为轴心国主要成员之一的日本的占领之中。陈垣当时正生活在日占区中的北平。面对山河破碎、国土沦陷，他的心情极端忧郁，然而处于日

---

[1] 王国维：《长春真人西游记注》，严一萍辑：《道教研究资料》，第 2 辑，第 163 页。

[2] 他在书中提到关于全真教的研究，历代均不重视，"六十年前，东莞宗人友珊先生撰《长春道教源流》，始稍稍阐明之"。这就充分肯定陈教友对于全真教研究的发端之功。陈垣：《南宋初河北新道教考》，目录，北京：中华书局，1962 年，第 4 页。

占区，他又无法公开表达这种忧思，于是他将之寄寓于宋金之际兴起的全真教，意图通过对全真教在金元史事的考证性诠释，委屈地表达自己的忧思。诚如作者撰于1957年的《重印后记》所言："卢沟桥变起，河北各地相继沦陷，作者亦备受迫害，有感于宋金及宋元时事，觉此所谓道家者类皆抗节不仕之遗民，岂可以其为道教而忽之也。因发愤为著此书，阐明其隐。"①正是居于这一特定语境，陈垣关注的重点与他的那位乡贤有所不同。他突破陈铭珪单纯以龙门派为主线的宗派意识，以十二个专题为红线对金元时期的全真教展开全面研究。与陈铭珪的研究相较，陈垣的《南宋初河北新道教考》表现出下列特色：其一，取材更为广泛。除大量利用《道藏》内外文献之外，还广泛利用金石材料，这当然与其深厚的学识分不开。其二，由于国土沦陷的激发，"遗民"意识浓厚。他之所以用"南宋初"而不用金元来称呼新道教各派，显然是中国传统史家惯用之曲笔，其意乃在借史抒情。②居于此种诠释意向，他极注重对全真创教之祖王重阳的考述。不过也正是这一浓厚的遗民意识，使他难以公正地刻画王重阳的历史形象。例如他认定王重阳为南宋遗民，因而就无法面对王重阳曾

---

① 陈垣：《南宋初河北新道教考》，第 154 页。

② 关于此点，他在书中有明确表述："右三篇四卷廿三章，都七万余言，述全真、大道、太一三教在金元时事。系之南宋初，何也？曰三教祖皆生于北宋，而创教于宋南渡后，义不仕金，系之以宋，从其志也。靖康之乱，河北黉舍为墟，士流星散，残留者或竟为新朝利用，三教祖乃别树新义，聚徒训众，非力不食……然固汴宋遗民也，而录宋遗民者多忽之，岂入元以后有遗民，入金以后非遗民耶，可谓大忘也矣。"同上书，目录，第 3—4 页。

经应过伪齐武举，并在金朝任过监酒小吏这一历史事实。此外，王重阳的第一代大弟子大多与金皇室关系密切，例如七真中王处一、丘处机、刘处玄都曾先后接受金世宗、金章宗的召见。其实王重阳的出家、创教与其说是出于对宋室的忠诚，倒不如说是由于个人仕途的失意及由之引发的挫折感，对生命无常、虚幻等源于个体的生命领悟等个体因素。总之，陈垣依据自己的解释语境对王重阳形象的塑造，只能是作者将自己遗民意识投射于历史人物。对此我们不妨视为一种历史解释学的误读个案。其三，他以"新道教"来统称金末元初兴起的全真教、真大道、太一教等流行于北方的新道派，这是极富创意的。新道教与中国道教各派相比，确实具有独有的特色，例如全真教就公开宣称以三教合一为立教宗旨，所谓"三教搜来做一家"，并在一定程度上对传统道教尤其是北宋道教进行批评，这些都使当时教内外人士对其身份认同产生困惑。从当时文集所传材料看，当时人都觉得这些所谓新道教非释（禅）非儒亦非道，而教徒自己起初也不明确其教派归属，因而全真教起初可能完全是一种出于三教之外的新宗教。不过历史发展往往出人意料，全真教等新道教对传统道教的批判恰好构成道教发展的一个新阶段，而为道教所包容。陈垣早在 20 世纪 40 年代就使用"新道教"一词，说明他奠基于历史文献引发的感觉是敏锐的。其四，以十二个专题对金真教展开全面研究，对后来研究具有示范性，尤其是以"末流贵盛"为题对元代中后期全真教堕落现象的批评，难能可贵。① 陈垣《南宋初河北新道教

---

① 　陈垣：《南宋初河北新道教考》，第 67 页。

考》对于 20 世纪后半期中国全真教研究有着很重要的影响，这可能与他在史学界举足轻重的地位有关。20 世纪中国史学界向有"南北二陈"之说，北陈即指陈垣。因此，《南宋初河北新道教考》堪称全真教研究的奠基之作。

值得提及的是陈垣在《南宋初河北新道教考》提到，包括全真教在内的"新道教"在金元易代之际对于保全中华文化、维持民族延续重要作用的观点，在此后中国史学界引起颇为激烈的响应。20 世纪 60—70 年代，几位重量级的中国史学家诸如钱穆、姚从吾都曾撰专论阐发陈垣的上述观点。钱穆在其所著《中国学术思想史论丛》(六)之《金元统治下之新道教》[①]、姚从吾撰《成吉思汗信任丘处机这件事对于保全中原传统文化的贡献》[②]《金元全真教的民族思想与救世思想》[③]等都致力于扩展、阐发全真教在蒙古游牧文化大举入侵之特定历史阶段，对于延续中原汉文化、华夏民族生命之重要历史作用。值得注意的是这两位学者当时或居留中国香港，或自大陆迁居中国台湾。由于对传统文化采取一种偏向于全面否定的态度，这在其时知识分子的心目中造成一种传统文化断裂、中国文化整体改宗的印象。身处此境，两位历史

---

① 钱穆:《金元统治下之新道教》，钱穆:《中国学术思想史论丛》(六)，台北:东大图书公司，1978 年，第 201—211 页。

② 姚从吾:《成吉思汗信任丘处机这件事对于保全中原传统文化的贡献》，姚从吾先生遗著整理委员会编:《姚从吾先生全集》(六)，台北:正中书局，1982 年，第 1—138 页。

③ 姚从吾:《金元全真教的民族思想与救世思想》，姚从吾编著:《东北史论丛》(下)，台北:正中书局，1976 年，第 175—204 页。

学家再次感到自身如同700多年前全真教先辈一样，再次面临一场中国文化走向的重大抉择。于是历史再次召唤全真教，让他们来回答20世纪50年代呈现的新问题。不过这次压力不是来自北方草原，而是来自中国社会内部。幸运的是，今天我们已经开始总结历史，懂得传统的珍贵，开始以一种全新的态度来处理作为西方文化一支的马克思主义与中国自身传统的关系。在此需要简单提一下，早在20世纪20年代，同处中华儒教文化圈的日本学者也很重视对全真教的研究。日本老一辈学者例如小柳司气太、五十岚贤隆、窪德忠、吉冈义丰等人也就全真教的成立、北京白云观史以及全真教与儒道关系等一系列问题展开全面研究，推动这一领域的进一步发展。与中国学者相比，由于解释语境完全不同，日本学者对于中国学者特别关注的全真教救世问题明显缺乏热情，他们研究的目的一部分乃在于为配合20世纪30年代的侵华战争之需对中国社会进行全面调查。此外，在研究方法方面，日本学者很早就不单纯限于文献，而采用田野作业的新方法，像小柳司气太、吉冈义丰、五十岚贤隆都曾在北京白云观、沈阳太清宫进行实地调查。这同时也说明对全真教的研究很早就具有跨越国界的特性。

三、复苏期

1949—1979年，这30年中国大陆地区对于全真教研究几乎毫无进展。至于中国台湾方面，情况略有不同，除上述姚从吾的研究之外，孙克宽是其时台湾从事全真教研究的主要学者。他撰有《宋元道教之发展》《金元全真教的初期活动》《全真教考略》，对金元时期的全真教作了很好的研究。20 世纪 80 年代之后，伴随着改革开放政策之施行，对于传统文化价值也转入重估时期。与此相应，中国大陆对于全真教的研究进入复苏及全面发展的新阶段。在复苏期的 20 世纪 80 年代，大陆从事全真教研究的主要学者有龙晦、郭旃、陈俊民等人。龙晦著有研究论文《全真教三论》，郭旃有论文《全真道的兴起及其与金王朝的关系》，陈俊民亦撰有《全真道教思想源流考略》等专论。与此同时略后，由任继愈、卿希泰分别担任主编的两种有关道教的通史性著述《中国道教史》，对于金元时期的全真教均辟有专章。复苏期大陆对于全真教的研究除像此前一样关注教史研究之外，还特别注重对全真教思想及其与传统思想关系的研究。对于此前学界讨论较为充分的全真教救世及遗民认同问题，这一时期也有所回应。此外需要特别提及的是，1988 年由文物出版社出版的陈垣编纂的道教碑刻集《道家金石略》①，对于此后全真教的研究具有重要意义。此书虽然名为《道家金石略》，但有关全真教的部分占据全书主体。此书的出版为全真教研究提供新的史源，有助于订正《道藏》内外传世文献记述的错误，这对于进一步深化全真教研究无疑有着推动作用。不过，学界要消化书中纂集的有关全真教的碑刻材料，尚须等到 20 世纪 90 年代之后。

---

① 陈垣编纂，陈智超、曾庆瑛校补：《道家金石略》，北京：文物出版社，1988 年。

四、全面发展期

进入 20 世纪 90 年代，中国大陆学界开始从不同角度重新审视全真教，这一阶段的研究呈现多视角、问题意识浓厚等特征，历史学、宗教学、哲学等各学科的学者都介入全真教的研究，从而迎来历史上不多见的全真教研究黄金时期——全面发展期。造成全真教研究全面发展的动因，除上述新材料的出版之外，当代全真教组织尤其是全真龙门派的推动也是一个重要原因。例如隶属全真龙门派的香港青松观，自 20 世纪 90 年代至今，多次组织全真教国际学术研讨会，并将会议论文结集出版（例如 2004 年由青松出版社出版的《全真弘道集》，就收集了由中、日、法等国学者撰作的二十四篇论文，是一部有关全真教研究的专辑。2006 年召开"全真教戒律中的生态思想"专题讨论会，并将论文结集公开出版），又资助有关道教研究专刊《道家文化研究》的出版（现已出版三十八辑），这些举动直接推动了这一领域研究的进展。此外，各地方政府从发展地区经济、文化动机出发，也赞助在本地召开的全真教会议。这些又反过来影响各大学博士、硕士生论文选题倾向。从研究所采用的视域看，这些研究有的考察全真教与大蒙古国皇室的关系，例如郑素春的《全真教与大蒙古国帝室》；有的从全真教史的角度，探讨全真教宫观组织的系统及宫观经济、宗师传承世系及宗祖谱，例如程越的博士论文《金元全真道宫观研究》、张广保《蒙元时期全真宗祖谱系形成考》、马颂仁《七真各自的思想特色、活动的再评价——兼论四哲、七真说的出现过程》；有的从历史的角度，接续此前论题，继续考察全真教在金元易代之际，救世济人，维护中原文化的诸种活动；还有的从心性角度，从哲学、宗教学角度考察全真教心性哲学的特色，及其与禅宗、理学心性理论的互动关系，例如由张广保撰作的《金元全真道及其内丹心性论研究》。尤其是此时对明清全真教的研究也是此前未曾涉及的，例如陈兵《清代全真道龙门派的中兴》、王志忠《明清全真教论稿》、唐大潮《王常月修道思想略论》等，这些都是 30 多年来全真教研究取得的新进展。在此，再次要提及的是，20 世纪 80 年代出版的陈垣先生编纂的《道家金石略》一书，为这一时期全真教研究全面利用金石碑铭材料奠定基础；其后王宗昱又编辑《金元全真教石刻新编》①，相信随着新材料的整理，还将进一步推动全真教的研究。

在此我想重点介绍一下 20 世纪 90 年代以来全真教研究的三大新趋势，其一，从道教内丹学的角度对全真教的主体内修实践方术——内丹术的研究。众所周知，在道教史中全真教是传承内丹修炼术的重要道派，亦被称为金丹道北宗，从而与张伯端开创的内丹道南宗并驾齐驱。然而，对于全真道内丹术，20 世纪 80 年代以前，除道教界的高道陈撄宁、王沐因自身修行的需要有所论及之外，学术界并未引起重视。80 年代之后，学界开始关注全真教的内丹学。这方面较早的研究作品有张广保《金元全真道及其内丹心性论研究》、胡孚琛等《道学通论》相关部分。2000 年之后学界对于这一主题的兴趣有增无减，对全真教内丹术研究的

---

① 王宗昱：《金元全真教石刻新编》，北京：北京大学出版社，2005 年。

作品很多，例如杨立华1998年博士论文《两宋内丹道教及其渊源研究》、张广保《唐宋内丹道教》、詹石窗《全真道的内丹养生说与易学关系略论》。此类作品还很多，詹石窗主编的《道韵》曾以专号形式刊载有关全真内丹学研究的专论。至于各类学术刊物所载，更是难以一一列举。此外，这一论题的研究还引发国外尤其是欧美中医、养生界的兴趣。2006年笔者曾参加于德国慕尼黑举办的"国际道教养生会议"，会上就曾专门设立"内丹养生"的论坛。2007年在美国新墨西哥州由孔丽维（Livia kohn）教授发起，召开了以"内丹——道教传统中的性、自我与社会"为主题的国际讨论会。总之，这可以说是道教内丹学视野下的全真教。有关这一主题的研究因具有较强的个体生命关涉性，因而受到来自学术界及各界的普遍关注。其二，对于元代全真教戏剧、诗词等文学作品的研究。关于这一主题的研究，20世纪90年代之前，除柳存仁撰有《全真教和小说西游记》之外，没有得到学界的普遍关注。90年代之后至今，有关此主题研究的成果可谓硕果累累，例如詹石窗《南宋金元道教文学研究》，吴光正《八仙故事系统考论》，刘敬圻、吴光正主编《八仙文化与八仙文学的现代阐释——二十世纪国际八仙论丛》，胡义成《〈西游记〉定稿人与全真教关系考》，李安纲《〈西游记〉奥义书》等，这方面的研究关注此前一直被忽视的以全真教为主题的元代戏剧作品，对于从社会学视角把握全真教对元代社会尤其是下层民众的影响大有帮助，同时也使我们明白以全真教为主题的"道化剧"的上演，对于全真教在元代社会中的传播极为重要。这从一个侧面说明全真教对于元代社会的广泛渗透性。此外，有关全真教文学的研究也呈现一些热点，对于中国古典文学的研究亦产生冲击。例如有关古典名著《西游记》作者问题，学者近年来就提出新说。《西游记》未署撰人，传统的看法是由鲁迅、胡适等人依据明天启朝《淮安府志》的孤证，考定作者为吴承恩。胡义成认为《西游记》的祖本《西游记平话》的作者系丘处机弟子史志经，今本《西游记》定稿人系明代嘉靖、万历年间茅山乾元观全真龙门派道士，其中阎希言（蓬头）师徒可能性最大。这就推翻传统以作者为吴承恩的说法。[①] 不过胡义成的说法并无很强的证据支撑，推测的因素过多。然而，同样不可忽视的是，《西游记》与内丹道的联系极其密切。对此，李安纲《〈西游记〉与全真道文化》作了详细阐述。[②]他发现《西游记》中大量引用全真教徒例如马丹阳、冯尊师《鸣鹤余音》及张伯端的诗词，至于文中直接使用内丹道术语例如婴儿、姹女、木公、金母、朝元等更是不胜枚举。对于这些，过去研究者都没有注意到。因此无论作者是否系全真教徒，此书与内丹道有着密切的关系是不可否定的。其三，对于地域性全真教的研究。有关此主题的作品大量出现于 2000 年之后。例如吴亚魁的《江南全真道教》及丁鼎主编的《昆嵛山与全真道：全真道与齐鲁文化国际学术研讨会论文集》收录的相关文章。吴亚魁主要对自 1271—1911 年的 600 多年内江南地区全真教进行总体研究。他所使用的"江南"概念充分考虑到江南地区的地理完整性、经济

---

① 胡义成：《〈西游记〉定稿人与全真教关系考》，《杭州师院学报》（社会科学版）
2003 年第 2 期。
② 李安纲：《〈西游记〉与全真道文化》，《运城高等专科学校学报》2001 年第
2 期。

一体性及独特的文化心理因素，以环太湖地区的"六府一州"作为考察对象。至于关注的焦点，他集中于江南全真道教的地域特征、教派融合、成分构成。至于研究方法，他系用历史学的方法及个案研究法。这种研究是一次很好的尝试，只是他使用的教史材料有限，大量的碑刻尤其是明清全真石刻材料使用太少，这就有损研究对象的完整性。总结近年对于地域性全真教的研究，有一个可喜的现象值得称赏，这就是此类研究通常建立于新发现的全真石刻、方志材料基础上。对此，我们下文还将提及。此外值得提到的是，近年来西方道教学者也表现出对全真教研究的浓厚兴趣。美国《中国宗教研究》（Journal of Chinese Religious No.29, 2001）于 2001 年由法国学者高万桑（Vincent Goossaert）、美国学者康豹（Paul R. Katz）共同组织的有关全真教的专题，集中围绕全真教的宗教认同的形成及早期教团的修行生活这一主题，进行个案的、历史的研究。西方学者这方面的研究对于中国学者也有不小影响，这种中西之间的学术互动值得倡导。这也再次说明全真教的研究已超越国界，越来越成为一门国际性的研究领域，受到各国学者的共同关注。

2007 年中国大陆对于全真教研究成果集中体现于由陈鼓应主编的《道家文化研究》第二十三辑之"多元视野下的全真教"专辑。此专辑由张广保负责编辑，共收录与全真教相关的专论十九篇。全辑共分七组，内容既涉及对金元全真教的深度研究，也涉及明清全真教、地域性全真教及各专题，例如全真科仪、医学、内丹、养生、宫观、戏剧等。

第一组由詹石窗、杨燕的《钟吕内丹学略论》和赖炜芳、黄永锋的《丘处机〈摄生消息论〉析略》两文组成，讨论全真教的内丹修行及养生问题。詹、杨对全真教定为五祖之钟离权、吕洞宾的内丹道思想进行研究，尤其对几种署于钟、吕名下的道书作了考述。赖、黄之文则集中发掘丘处机《摄生消息论》的养生思想。

第二组也包括两篇，即张广保《蒙元时期全真教大宗师传承研究》和刘晓《全真教尹志平接任掌教之谜》。两文都集中对大蒙古国、元朝时期全真教领袖——掌教大宗师传承及其宗派纠葛等相关教史问题展开讨论。张广保在文中试图以全真掌教宗师的传承为主线，一方面以复原、重构这一时期的部分全真教史，另一方面也想借此显示大蒙古国、元朝时期皇权与教权的盛衰消长，从而勾勒出两者之间既相互抗争又相互依存的复杂关系。此外，作者还想通过这一研究揭示大宗师职位在全真教内部各宗派之间的分配、轮转是不均衡的。这说明全真教各宗派势力之间也存在错综复杂的竞争、联合关系。这是全真教在道教史中有别于其他各派的一种特殊发展模式。

关于早期全真教是否举行斋醮科仪一直是学界争论的论题，本辑第三组所收刘仲宇《早期全真教仪式初探》、张泽洪《金元全真教斋醮科仪初探》，就集中探讨早期全真教斋醮科仪问题。刘仲宇认为早期全真教从创教之初就汲取传统的道教仪式，全真七子广泛参与当时社会中举办的各种斋醮祈请仪式，不仅如此，他们还将某些仪式成分纳入了自己的修行体系，列为制度。这就反驳了学界有关早期全真教不尚科仪的说法。张泽洪通过对早期全真碑刻、文献的爬梳，其研究结论与刘仲宇论点颇可互相发明。

第四组是有关全真宫观系统的研究。张广保《金元时期全真教祖庭研究》以全真教祖庭——大重阳万寿宫为中心，对全真教东西"祖庭"进行全面研究，试图借此复建金元朝时期全真教宫观组织及其地域分布的历史面貌。作者认为在全真教宫观系统中，体现出七真门下派生的各种宗派势力与堂下为代表的全真教掌教大宗师的权力的互相交织。这是全真教宫观组织所呈现的一大特色。程越《全真祖庭白云观在金元时期的沿革》则对全真教总部——当时称之为"堂下"的北京白云观及其在金、元的沿革历史作了考察。关于地域性全真教的研究，近年引起学者浓厚的兴趣，这无疑标志着全真教研究的深化。

本辑第五组收录三篇专门探讨明代地域全真教的专论。樊光春多年从事陕西地区全真教的研究，在《碑刻所见陕西佳县白云观全真道龙门派传承》一文中，他以碑刻材料为依据，结合方志资料对明代后期佳县全真教龙门派的传承过程予以重构。这一尝试难能可贵。而赵卫东的《泰山三阳观及其与明万历宫廷之关系》则依据三阳观现存的 70 余块碑刻，对明后期三阳观的兴衰、沿革及其与万历朝宫廷的纠缠，作了很详细的梳理。与樊、赵二文的个案研究不同，陈金凤的《略论宋元明清时期四川地区全真道的发展》，从宏观角度勾勒宋、元、明、清四川地区全真教发展的历史，并特别探讨四川全真教与该地地域文化之关联。

第六组是专论清代全真教尤其是龙门律宗代表王常月的思想。其中华裔美籍学者刘迅《张将军瘗埋枯骨：清初南阳重建中全真道与清廷之合作》以其新发现的三通清初南阳地区全真教碑刻为依据，以地处南阳的全真教十方丛林玄妙观为研究个案，分析清军入关之后，全真教在南阳地区政权的重建中的重要作用。文章无论是视角，还是所依据的碑刻材料都让人耳目一新。杨海英的《清前期的道教与宫廷》则依据包括清宫档案、碑刻在内的公私史料，对自后金至雍正时期，清宫廷与道教的复杂关系进行探讨，论文所论虽然不全然限于全真教，但与全真教的关系极为密切。丁培仁《〈金盖心灯〉卷一质疑》对清代全真道士闵一得《金盖心灯》卷一所记龙门律宗的传承世系提出质疑，以为书中关于龙门第一代律师赵道坚的记述靠不住，又关于初真、中极、天仙三坛大戒之形成及龙门二十字辈等，该书的记载同样也成问题。朱展炎《论王常月对早期全真道宗教思想的继承》就王常月与早期全真教思想之关系展开论述。胡小琴《王常月与丘处机》则集中探讨王常月对丘处机思想的继承与发展。

第七组是有关全真教的专题研究，也由三篇文章组成。第一篇是李大华的《全真"优游"说及其现代性反思》，这是一篇颇具思想性的理论探讨专论，作者对"优游"这一全真教主要修炼方式所蕴含的生存意义及其对现代生活的启示作了深度思考，这对我们今天重新评估全真"优游"说的现代价值颇有借鉴意义。第二篇是盖建民的《全真道与中国传统医学稽考》，作者多年从事道教医学的研究，此次更将视野投入全真教与中国传统医学的关系。作者认为由于全真教提倡功行双修，因而他们也像道教其他教派一样，把医术作为开宗立派、扩大教势的重要手段。此组最后一篇是吴光正的《全真教与元明戏剧》，作者对元明时期180多部神仙道化剧作了系统考察，指出在道化剧中再现了全真教的神仙谱系、修炼理论及生命伦理。

五、结论

20世纪以来，中国的全真教研究虽然取得重大进展，但迄今为止的全真教研究还存在不少薄弱环节，首先最重要的是没有走出道教的狭隘范围，将全真教置于金元社会的大环境中去考虑。这就势必无法揭示全真教在这一时期担负的重建社会秩序从而救世济人的真实历史角色，由之引起对大蒙古国前四汗（成吉思汗、窝阔台汗、贵由汗、蒙哥汗）在中原统治的历史理解陷入不完整状态。其次，由于缺乏比较文化史的眼光，学者们没有从世界历史的整体角度，比较考察蒙古汗廷在中国北方对待全真教的态度，与在各汗国对待伊斯兰教、藏传佛教及聂斯脱里教等态度的联系，及由此产生的文明融合的不同结果。这本来是研究以萨满教信仰为特征的蒙古游牧文明与不同类型的农业定居文明之间冲突、融合的绝好案例。复次，对于金元全真教史的许多重要问题，迄今为止或者尚未涉及，或者没有得到深入的研究。例如大蒙古国、元朝时期全真宫观系统与教团宗派间的关系，全真历代掌教大宗师的传承、职掌，全真教与前四代蒙古汗廷的关系，以及大蒙古国、元朝时期全真宫观经济等。由于对于这些问题缺乏研究，使得我们无法完整、清晰地展示全真教的形象。再者，对明清时期全真教的历史发展及其对这一时期社会、思想影响的研究，例如全真教对元、明民间宗教三教合一思想的关系等，尚待进一步深化。地域性全真教研究虽然取得不小进展，然而仍须通过进一步发掘石刻、方志材料以奠定更为坚实的基础。最后，虽然中、日、美、欧等各国（地区）都有一些学者涉足这一领域的研究，然而由于各自关注的视点及所使用的研究方法的不同，实际上彼此之间还缺乏有效的对话及互动，互相漠视他方的研究成果可以说是这一领域的通病。这说明距离建立一个共同的全真教国际学术研究领域尚有一定的距离。

进入 2010 年之后，中国大陆的全真教研究出现一些新的动向。其中最值得重视的有两点：其一是全真教的内丹心性论再次引起学界关注。例如中南大学陈明在吕锡琛教授指导下，于 2010 年以《全真道的道德修养论研究》为题撰写博士论文，2015 年南开大学哲学院徐长波又以王重阳内丹心性论为主题撰作题为《三教融合背景下的王重阳内丹心性学》。按：心性论是中国思想传统中儒、释、道共同关注的重要论题，这一问题意识分别与儒、释、道的成圣、成佛与成仙证道的终极追求目标密切相关。这是立基于西方学术传统下的道教学研究所无法理解的，因此全真教内丹心性学只有在中国文化的大传统下才能被理解。其二是有关全真教派字谱的研究。这一问题最早由意大利籍学者莫尼卡对全真道龙门派传法世系的质疑牵引而出。她的质疑虽然不见得可靠，但由此引发中外道教学界广泛利用碑刻材料对全真教派字谱的深入研究。而对全真教派字谱的研究又直接推动了对明清全真教的研究。关于这方面的研究，可参考赵卫东主编的《全真道研究》相关论文。

为了弘扬全真教性命双修、功行并重、苦己利物、救世度人的立教精神，我们于 2009 年编著出版了第一辑《全真学案》。这套丛书出版之后，产生了良好的社会影响，不少读者来信询问第二辑的编著工作。经过大家的共同努力，在香港青松观、齐鲁书社的大力支持下，经过各位编著者的共同努力，《全真学案》第二辑也先后陆续面世。第二辑主要有《钟离权学案》《吕洞宾学案》《刘海蟾学案》《王重阳学案》《孙不二学案》《李道谦学案》《姬志真学案》《王志谨学案》《于道显学案》《秦志安学案》。其中既有全真教尊奉的钟离权、吕洞宾、刘海蟾、王重阳等五祖，又有位列七真之一的孙不二，更有七真第一、二代杰出传人王志谨、于道显、秦志安、姬志真、李道谦等高道。其中《钟离权学案》《吕洞宾学案》《刘海蟾学案》《王重阳学案》《王志谨学案》已由齐鲁书社出版，剩余的《孙不二学案》《李道谦学案》《姬志真学案》《于道显学案》《秦志安学案》等正由华龄出版社负责出版。在此，我要特别感谢华龄出版社副社长董巍老师和书系的责任编辑老师，如果没有他们的努力，剩余的《学案》很难如期面世。我们相信随着第二辑《全真学案》的陆续出版，读者对全真教必将产生更全面、深入的了解。

张广保（洞斋散人）

于京城东郊洞真斋

2025 年 5 月 1 日

目录

图录

第一部分：
全真史家李道谦评传

一、弃儒入道

关于全真道士李道谦的生平传记，现存资料相对较少。难能可贵的是，陕西省周至县楼观台存有一通名为《玄明文靖天乐真人李公道行铭并序》（以下简称"《天乐真人道行铭》"）的碑刻。这通碑刻是元成宗大德八年（1304）二月，李道谦的弟子提点陕西四川道教、葆和观妙开玄大师孙德彧，提举佑玄安道通谊大师庞德益等教内后学，请元代名臣、时任集贤学士宋渤撰写的。碑高六尺一寸五，广三尺五寸，三十三行，行六十二字，正书。署"集贤学士、嘉议大夫宋渤文并书，集贤大学士、中奉大夫、商议中书省事张孔孙篆额"。碑末题"大德十年夏五月，门人王德颐、司德馨、李德裕等建"。[①]这通碑刻成为我们今天研究李道谦事迹的核心史料和依据。

陈国符《道藏源流考》称："李道谦，字和甫，称玄明文靖天乐真人，元初南京路开封人。生于元太祖十七年（金宣宗元光元年）后五年之内，卒于元世祖至元二十五年之后，享年逾七十。"[②]据《天乐真人道行铭》："元贞二年夏六月，（李道谦）忽微疾，己未，遽长逝，岁七十有八矣。"元成宗元贞二年（1296），李道谦享年七十八岁。由此反推七十八年，即元太祖十四年，按照

---

① 陈垣编纂，陈智超、曾庆瑛校补：《道家金石略》，北京：文物出版社，1988年，第713—715页。

② 陈国符：《道藏源流考》，北京：中华书局，2012年，第243—244页。

公元纪年为1219年。由此可以推断，陈国符先生撰写《道藏源流考》时当未见道李道谦道行碑。[①]

　　当时大蒙古国、金和南宋三足鼎立。宋钦宗靖康二年（1127），金兵南下，攻占北宋都城汴京（今河南开封），北宋灭亡，这就是历史上的"靖康之变"。宋皇室被迫南迁，宋高宗赵构在临安府（今浙江杭州）建立了偏安一隅的南宋王朝。金哀宗天兴三年（1234），蒙古灭金。元世祖至元八年（1271），忽必烈定国号为元，正式建立元朝。至元十三年（1276），也就是宋端宗景炎元年，元朝军队攻入临安，灭南宋。三年后（元世祖至元十六年，1279），元军消灭了南宋最后一股抵抗力量，统一全国。当时李道谦年过花甲（61岁），已经成为提领教门的宗门领袖。从大的历史时代来说，李道谦经历了金、南宋、大蒙古国和元朝四大王朝的更迭，生逢乱世，饱经沧桑。

（一）全真教的历史际遇

　　全真教史称，金海陵王正隆四年（1159），王重阳（1112—1170）在陕西终南山甘河镇遇异。之后，先后在南时村筑活死人墓、刘蒋村住庵修行。金世宗大定七年（1167），王重阳放火烧庵，东迈山东宁海传道。王重阳在陕西期间，与其交往的道友只

---

① 唐圭璋认为，李道谦生于元太祖十七年（1222），卒于元世祖至元二十五年之后，年逾七十。估计其亦未见李氏道行铭。参见唐圭璋编：《全金元词》，北京：中华书局，1979年，第1248页。

有和玉蟾、李灵阳二人，入弟子列的也仅有史处厚、赵抱渊、严处常等寥寥几人。因此，从道门发展的视角来看，王重阳在陕西的创教活动可以说是不成功的。到达山东之后，他的弘道业绩蔚为大观。不仅招收了马、谭、刘、丘、郝、王、孙等七大弟子，而且先后在登州、莱州、宁海创立了三教七宝会、三教金莲会、三教三光会、三教玉华会、三教平等会。《历世真仙体道通鉴续编》记载："在莱州立平等会，自是远近风动，与会者千余人。"① 赵卫东教授推测，"三州五会"的入会人数有近万人。② 大定九年（1169），王重阳率四大弟子回关中传道。次年，途经大梁（今河南开封），王重阳对身后弘道事业做出安排后证道，享年五十八岁。之后，马丹阳、谭处端、刘处玄、丘处机先后接续掌教之职。马丹阳主教时期（金世宗大定十年至大定二十三年，1170—1183），全真教主要在民间传布，而且还曾遭到金朝统治者封锁。例如，金大定二十一年（1181）冬，马丹阳即被金廷从陕西"遣返"山东老家。大定二十三（1183）年，马丹阳登真后，谭处端主教两年。刘处玄于大定二十六年（1186）至金章宗泰和三年（1203）掌教。马钰被遣返山东后，丘处机接续马钰，掌管陕西教事。和马钰主持陕西道门时淳朴无华的教风不同，丘处机广交权贵，旨在扩大全真教的影响力。据《长春真人本行碑》，大定二十八年（1188）春，丘处机应征赴阙，觐见金世宗。当年的

① 赵道一：《历世真仙体道通鉴续编》卷1《王嚞传》，《正统道藏》，第5册，北京：文物出版社、上海：上海书店、天津：天津古籍出版社（以下简称"三家本"），1988年，第416页。

② 赵卫东：《金元全真道教史论》，济南：齐鲁书社，2010年，第89页。

五月、七月两度面君。金章宗元妃重道，泰和七年（1207）赐丘处机道经一藏。可见，世宗、章宗两朝对丘处机的礼遇与丘处机之前的全真教的际遇已不可同日而语。然而，金统治者对教内大德的尊崇与他们在全国层面对全真教既利用又管制的政策是存在张力的。据《金史·章宗本纪》记载，明昌元年（1190），章宗下旨"制禁自披剃为僧道者""以惑众乱民，禁罢全真及五行毗卢"。通过上述论述，我们可以得出如下认识：其一，马、刘主教以来，全真教在民间得到了长足的发展，法脉传承繁盛。这一点在李道谦《甘水仙源录》《终南山祖庭仙真内传》等史料中有明确的记载。其二，全真教在民间传布的同时，其触角也开始伸向精英阶层。其三，全真教在当时的国家和社会中一定产生了不小的影响力，否则，金廷不会专门下旨"禁罢全真"。

元太祖元年（1206），成吉思汗建立大蒙古国。之后，黄金家族的后裔拖雷、元太宗窝阔台均秉承了元太祖成吉思汗高规格礼遇全真教的政策。仍以丘处机为例，金章宗泰和三年（1203）刘处玄仙逝，丘处机袭任掌教宗师。金宣宗、宋宁宗曾先后礼请丘处机，丘处机均未赴见。元太祖十四年（1219）五月，成吉思汗派遣特使刘仲禄赴山东召请，丘处机慨然应征。丘处机为什么在对待上层统治者时会有如此大的转向？估计他已经看破了金、宋"国运"，在他看来蒙古人才是"天道""天理"的真正继承者。后来的历史发展也印证了丘处机的远见卓识。可见他是一位颇有政治预见性的宗教领袖。元太祖十五年（1220），他以年逾古稀之躯，率众西行觐见成吉思汗。个中的艰辛、沿途的保民传道活动，特别是觐见过程中得到的崇高礼遇见于《长春真人西游记》《玄风庆会录》等文献。在此我们着重关注的是丘处机觐见时及东归以后全真教发展际遇的重大改变。元太祖十七年（1222）四月五日，丘处机抵达成吉思汗"大雪山"（今阿富汗兴都库什山）的行宫，之后双方进行了多次会面。一位作为蒙古大汗，一位作为金元新道教的宗教领袖，二者会面时，丘处机进言"天道好生，今圣寿已高，宜少出猎"，劝谏成吉思汗好生止杀。成吉思汗以"但神仙劝我语，以后都依也"[1]，并在其后的两个月很少出征，同时赋予丘处机及其领导的全真教以崇高的地位和各种特权。据李道谦《七真年谱》记载，成吉思汗授予丘处机及全真教"掌管天下道门，大小事务，一听神仙处置，他人无得干预。宫观差役，尽行蠲免，所在官司，常切卫护"的权力。元太祖十九年（1224），丘处机回到燕京。六月十五日，成吉思汗自行在传旨："自神仙去，朕未尝一日忘神仙，神仙无忘朕，朕所有之地，爱愿处即住，门人恒为朕诵经祝寿则嘉。"[2]引文虽为官方圣旨，字里行间充满了蒙古可汗对"丘神仙"的思念之情和礼遇崇奉之意。丘处机在燕期间，先后建立平等、长春、灵宝、长生、明真、平安、消灾、万莲等八大道会，道侣云集，全真教大兴。《长春真人成道碑》云："自是玄风大振，道日重明，营建者棋布星罗，参谒者云骈雾集，教门弘阐，古所未闻。"[3]元太祖二十二年（1227）五月二十五日，门人王志明至自秦州，传达成吉思汗

---

① 李志常:《长春真人西游记》卷下,《正统道藏》三家本, 第 34 册, 第 493 页。

② 同上, 第 496 页。

③ 姬志真:《长春真人成道碑》, 陈垣编纂, 陈智超、曾庆瑛校补:《道家金石略》, 第 588 页。

圣旨，赐金虎符，申明"道家事—仰神仙处置"。七月九日，丘处机登葆光堂，留颂而逝，享年八十岁。同年八月，成吉思汗病逝于六盘山，享年六十六岁。二者先后于同一年去世，从成吉思汗于当年发布的圣旨来看，这位蒙古大汗直到临终之前仍然系念"丘神仙"，关心全真教的发展。同年，丘处机弟子尹志平接任全真掌教大宗师。丘处机之后，在李道谦的生活时代，全真掌教大宗师经历了尹志平（1227—1238 年掌教）、李志常（1238—1256 年掌教）、张志敬（1256—1270 年掌教）、王志坦（1270—1272 年掌教）、祁志诚（1272—1285 年掌教）、张志仙（1285—1304 ？掌教）等数位的传承。[①] 上述诸位掌教宗师继承了丘处机雪山论道取得的成就，努力推动全真教的发展壮大。期间也经历了元宪宗朝的佛道之争、世祖朝的至元焚经等教门之故。如果没有丘处机以来全真教的成功发迹，从民间道团发展成为全国性的具有强大政治经济社会影响力的新道派，也许全真教就不会遭受所谓的教门之故。

（二）出家入道

据《天乐道人道行铭》记载，李道谦，字和甫，"讳道谦，汴梁人，代为豪家。考讳师孟，学成行尊，不为举子计，乡郡高之，曰隐君不敢名。金末丧乱，岁饥，出私积赈施贫饿。母游氏，亦

---

① 张广保：《全真教的创立与历史传承》，北京：中华书局，2015 年，第 86—118 页。

贤谨，能助隐君为善"①。他出身豪门，父亲李师孟自幼接受儒家教育，但不愿参加科举考试，以诗书持家。金蒙易代，战乱频仍，李师孟出资赈济灾民。母亲游氏对其父的赈灾保民之计给予大力支持，广施善行。李道谦的父亲饱读诗书，秉持了儒家忠孝仁义、悲天悯人的传统德行。李家家境殷实，为汴梁的世家大族。

---

① 关于李道谦的籍贯，还有一种说法。《乾隆盩厔县志》称李道谦为邑人，即认为他是陕西盩厔人。其文云："筠溪亭，［旧志］在县东六十里，茂林修竹，清泉白石，幽閟寥蔓，殆非人境。［仙境志］在重阳宫西北隅，于洞真居此，名为筠溪，后李道谦（原注：字和甫，邑人）复为堂于上，吟咏其中，积诗十一帙，名为《筠溪集》（原注：按宫外尚有翠筠亭，清和真人建；待鹤亭，披云道士建。今俱废。）"参见《乾隆盩厔县志》卷3《古迹》，《中国地方志集成·陕西府县志辑》，第9册，南京：凤凰出版社，上海：上海书店，成都：巴蜀书社，2007年，第47页。按：《甘水仙源录》题"夷门天乐道人李道谦集"，《终南山甘河镇遇仙宫诗》题"夷门天乐道人李道谦上"，《古文道德经跋》题"夷门天乐道人李道谦书"。考夷门，本战国魏都大梁城东门，在今河南开封城东北隅，后为开封之别称。《史记·魏公子列传》云："太史公曰：吾过大梁之墟，求问其所谓夷门。夷门者，城之东门也。"司马迁：《史记》卷77《魏公子列传》，北京：中华书局，1959年，第2385页。明人李濂在《汴京遗迹志》中称："夷山在里城内安远门之东，以山之平夷而得名也，亦名夷门山。古有夷门，乃侯嬴监守之处。"李濂：《汴京遗迹志》卷4《山岳》，北京：中华书局，1999年，第54页。由是见之，李道谦自称夷门天乐道人，当为开封人。《楼观大宗圣宫重修说经台记》题"宣授陕西五路西蜀四川道教提点古汳李道谦撰文"。汳，一作汴水，又为古州名，即指今河南省开封市。此系李道谦为开封籍的又一证据。《乾隆盩厔县志》称李道谦为盩厔人，不排除以道教名士自高本县声望之嫌。另外，陈垣早在20世纪40年代借指陈钱大昕考证元史之误，明确谈到，元代存在两个李道谦，皆为马丹阳再传弟子，皆曾居陕西，皆与王恽为方外交，一字和甫，汳人，一字云叟，齐人。参见陈垣：《南宋初河北新道教考》，北京：中华书局，1962年，第34—35页。

否则，在金戈铁马的战乱年代，普通人家自我保命尚属难事，何谈"出私积赈施贫饿"？还有一点我们有必要提起注意，汴梁也称汴京，靖康之变（1127 年）之前系北宋都城。北宋灭亡以后被金占领。李道谦家族世居汴梁，作为昔日"帝都"的一员，李家的祖祖辈辈不仅经历了东京市井的热闹，见证了文化的繁荣、社会的发展，而且也遭受了金人南下之痛。根据李道谦的出生时代推测，李师孟早年"学成行尊，不为举子计"，恐怕与金廷占领汴梁有关。

李道谦道行碑接着谈道："公资秀颖，能言便开敏知拟指，七岁以六经童子贡礼部。天兴癸巳金亡，朝廷遣使区别四民，凡衣冠道释之流寓者异籍之。公在儒者籍，时兵事方殷，遂改着道者服，以谓世利多累，弗若究性命之真，终己可乐无穷也。"这段引文至少表达了两层主要意思：其一，李道谦自幼接受传统的儒家教育，聪明颖秀，幼有所成。七岁就以六经童子贡礼部。至南宋时，儒家《十三经》的经学体系正式形成。李道谦七岁即能通晓六经，不难看出他自幼就有过人之处。这是与李氏家族的诗书教育一脉相承的。其二，金亡之后，"朝廷遣使区别四民"。这里的"朝廷"当指大蒙古国。大蒙古国以游牧文化起家，信仰万物有灵的萨满教，崇奉佛道教，而对儒家文化的重视程度远不如以往的一些中原王朝。因此，李道谦生逢乱世，加之大蒙古国文教政策取向较之以往王朝的改变，他弃儒入道实属无奈之举，颇有避难自保的意味。天兴癸巳，即 1233 年。这一年李道谦十五岁。

二、法脉传承

《天乐真人道行铭》未交代李道谦在何处入道，并称："壬寅，西游秦中"。壬寅，即乃马真后元年（1242）。说明在此之前李道谦一直在河南活动，当时他入道的地点就应该在河南甚或在开封本地。照常理推测，这里所说的入道当指加入道教共同体，尚未达到受戒传法、正式出家的阶段。碑铭未交代他加入的是什么道派。不过，从他的籍贯和出生地分析，早在1169年王重阳从山东传道回程时就曾路过汴梁，并在此地登仙证道。再者，金世宗大定十四年（1174），马、谭、刘、丘"四子"在陕西鄠县秦渡镇真武庙各言志道。之后，分赴各地弘道。马丹阳、丘处机坐镇陕西。谭长真、刘长生则分别前往河南洛阳朝元宫、土地庙传法。元好问《紫微观记》云："南际淮，北至朔漠，西向秦，东向海，山林城市，庐舍相望，什百为偶，甲乙授受，牢不可破。"① 紫微观重修工程于"乙巳九月落成"。元好问（1190—1257）生活在金末蒙初，这期间的乙巳年当为1245年（乃马真后四年）。通过上述间接证据，不难想见，汴梁正好坐落于全真教传播的网络和势力范围内。从全真教在朝在野的声望和影响力推测，李道谦最初加入的当为全真派。另外，李道谦道行碑称，他"于三坟五典

---

① 元好问:《紫微观记》，陈垣编纂，陈智超、曾庆瑛校补:《道家金石略》，第475页。

之正，老氏五千言之微，及所谓内圣外王之说，祠祀上章、金丹玉诀之秘，咸诣精奥。当时全真之门，老师耆德，所在尚多，争欲邀致之，公悉无所许"。这两句话非常关键，至少传递了三个层面的信息：第一，如果他当初加入其他道派，当时的全真高道大德争相吸纳他加入全真教的可能性不大。第二，李道谦少年入道，不仅继承了年幼时所谓的三坟五典、内圣外王等儒家学说，而且在短时间内即能深谙黄老、祠祀、丹道之学，表现出了超凡的学习能力、理论水平，儒道兼通。第三，李氏精于"金丹玉诀之秘"。"金丹玉诀"即内丹之学，系全真教开宗立派之根本学问。可惜，由于史料所限，我们对李道谦西入关中之前的情况，知之寥寥。

（一）师承

乃马真后元年（1242），李道谦西游陕西。"见洞真真人于公持箓方严，着见幽显，心然之，即执赞拜，列弟子行。洞真器其贤，待以文章翰学事，寻倾平生所得举付之"。此前李道谦一直在河南一带活动，当地的全真老师争相将其收入门下，李道谦"悉无所许"。这说明他对自己的道行修养有着充分的自信，对于选择什么样的老师有着自己的标准。不难看出，李道谦正式拜师出家之前就已经具备了道家高迈超然、不为世俗所累的风度。如此说来，李道谦西入关中，主要是为了需求他心目中的理想高师。关中之旅，也是寻师拜师之旅。这也间接说明，当时陕西高道云集，乃全真教重镇。河南地区虽也有不少高师宿德，但从声望来说却不及关中，至少在李道谦眼里是这样。

在李道谦看来，于洞真"持篆方严，着见幽显"，所以"心然之"，执弟子礼。这里再度呈现了李道谦的高迈过人之处。一般来讲，求学问道都是师父挑选弟子。在他这里，恰恰相反，是徒弟选择师父。他之所以选择于洞真，与当时后者在陕西乃至整个全真教内的声望和地位直接相关。于洞真的事迹主要见于杨奂《汧阳玉清万寿宫洞真真人于先生碑》（以下简称《洞真真人碑》）[①] 和李道谦《终南山祖庭仙真内传》卷下《洞真真人》。兹将其主要事迹概述如下。

于洞真，讳善庆，字伯祥，山东宁海（今山东烟台）人，与马丹阳有同乡之谊。金世宗大定二十二年（1182），十七岁的于洞真拜于马丹阳门下。《祖庭仙真内传》称"乃蒙授以今之名字"，即丹阳赐其法名善庆。次年冬，洞真随师前往莱阳游仙观作醮。之后不久，丹阳返真。洞真先后参礼丘处机、谭处端、刘处玄、王处一诸真。从其入道和参访经历来看，于洞真真正追随马丹阳的时间最多不到两年。他虽广参丘、谭、刘、王诸师并有所授受，但长期给予其点拨的应该是丘处机。据《洞真真人碑》，大定二十三年（1183），洞真赴龙门山谒长春，"长春俾参长真于洛阳，得炼心法"。大定二十六年，"长春下陇山，振教祖庭。召师席下，令日服勤劳，以结胜缘"。金章宗明昌二年（1191），长春归海上，嘱洞真在汧、陇弘道，无他往。大定二十六年至明昌二年，洞真与丘处机共处的时间有五六年。丘处机东归后，于洞真尊师命，

---

① 李道谦：《甘水仙源录》卷3，《正统道藏》三家本，第19册，第747—749页。

入秦，在吴岳东南峰凿洞自修，绝迹人间七八年，陇人称其修真之所为"于真人洞"。泰和五年（1205），"再谒长春，启证心印，退隐相州天平山"。[①]泰和六年，"长春介毕知常缄示密语，督还汧陇，仍易名志道"。尽管于洞真多次参谒或者表达追随丘师之意愿，先后在河南、山东等地访道谒师，但是丘处机一直坚持认为，于洞真应当以关中汧陇为基地，弘大教门。

金末蒙初，于洞真在全真教内的活动可以分为两个阶段。第一阶段是金灭亡之前。这一阶段于洞真的主要教内活动包括：金哀宗正大元年（1224），金廷遣礼部尚书赵秉文于平凉祭祀战殁亡灵，于洞真充任济度师。正大三年，奉旨提点汴梁中太一宫。正大七年，应征祈雨，兼提点五岳佑神观。天兴二年（1233），住持山东东平上清宫，弘教东原。这一阶段，从其弘道事迹来看，明显表现出其对金朝统治集团的政治认同。第二阶段是金亡以后。元太宗七年（1235），也就是蒙古灭金的第二年，于洞真北上燕

① 李道谦：《甘水仙源录》卷3，《正统道藏》三家本，第19册，第747页。李道谦《终南山祖庭仙真内传》卷下《洞真真人》："五年乙丑，复往栖霞觐长春，请进上道，无何，长春遂促西归。"参见《正统道藏》三家本，第19册，第537页。按：泰和五年，丘处机住持山东栖霞太虚观。据此可知，《洞真真人碑》所称的"再谒长春"的地点在山东栖霞。这应该是丘处机东迈之后，于洞真首次离开关中赴山东参谒丘师，表达了他想追随长春的愿望。又根据史为乐主编《中国历史地名大辞典》，唐肃宗乾元元年（758），相州"辖境相当今河北磁县、成安县以南，河南内黄县以下，汤阴县以北，林州市以东地。金明昌三年（1192）改为彰德府"。又"天平山"条云，天平山有三，其中之一"在今河南林州市西三十里"。由此可知，泰和五年，于洞真曾在今河南林州一带隐修。参见史为乐主编：《中国历史地名大辞典》，北京：中国社会科学出版社，2005年，第1829页、第297页。

京，在处顺堂致祭丘处机。掌教大宗师尹志平待之如伯仲。次年，在燕京投符祈雨驱蝗。太宗十年，回到陕西，主持祖庭重阳万寿宫事。[①] 太宗十三年，参与尹志平主持的祖庭会葬大典。定宗元年（1246）应巩昌总帅汪德臣之请，西游巩昌弘道。次年春，返回重阳宫。海迷失后二年（1250）冬十月三日，羽化证道，享春秋八十五。有《洪钟集》行于世。除了多方弘道参访、住持重阳祖庭之外，于洞真在甘河镇王重阳遇真之地建甘河遇仙宫，在磻溪丘处机炼化之所命门人创建长春成道宫。

于洞真以其高迈道行深得教内外尊崇器重。金章宗泰和三年（1203），得陇之州将保赐冲虚大师号。元太宗十年（1238），进号通玄广德洞真人。元定宗二年（1247）秋八月，乃马真后赐冠服，"仍颁宝诰，敕守臣外护玄化，无令扰渎"。于洞真在金、元两朝都相当活跃，不仅是关中地区的一代宗师，而且在当时整个中国北方朝野都有着颇高的声望。全真掌教大宗师尹志平以伯仲相待便是最好的明证。金亡之后，于洞真由河南北上燕京，"过魏、过鲁、过赵，诸侯郊迎以相蹑，拥彗以相先"（《洞真真人碑》）。而且在金末李冲虚的礼请和朝廷的征召中，多以"不起"做应。个中都彰显出于洞真高迈、不轻易许可的道风。这一点和李道谦不谋而合。

---

① 李道谦《终南山祖庭仙真内传》卷下《真常真人》云："三月，赴阙。以教门事条奏，首及终南山灵虚观系重阳祖师炼真开化之地，得旨改称重阳宫。敕洞真于君住持，主领陕右教事。以白云綦公、无欲李公辅翼之，大行营建。"参见《正统道藏》三家本，第19册，第536页。

（二）法嗣

元定宗三年（1248），李道谦在终南山重阳宫西北隅筠溪旁建筠溪道院，并请好友、时任陕西三白渠使太华郭时中撰写《筠溪道院记》。元世祖至元十一年（1274）二月十五日，"门人王德颐、王德升等立石。门下文侍孙德彧书。张德宁镌字"。^①又《天乐真人道行铭》立于元大德十年（1306）夏五月。碑末署名"门人王德颐、司德馨、李德裕等建"。可知李道谦的嗣法弟子至少包括王德颐、王德升、孙德彧、张德宁、司德馨、李德裕等人。由中不难发现，李道谦为以上弟子取用法名的第二个字均为"德"字。

此外，据《甘水仙源录》记载，李道谦门下还有另外一位嗣法弟子，此人叫张好古。《甘水仙源录》卷8收有两通分别名为《清平子赵先生道行碑》《洞元虚静大师申公提点墓志铭》的碑铭，两通碑刻均题张好古撰。《清平子赵先生道行碑》作于元世祖至元二十五年（1288），张好古时任祖庭大重阳万寿宫讲经师。碑文记载称，为了请张好古撰写碑铭，"华清宫提点李志通、遇仙观尊宿杨志素、提领苏道常等，以其法属讲师吕志真为介绍，持状来谒"。可见当时张好古至少在陕西地区有着不小的声望。而且从其担任的道职"祖庭大重阳万寿宫讲经师"来看，张好古应对道教经教颇为精通，因为这个职位不是对经书一知半解的普

---

① 郭时中：《筠溪道院记》，陈垣编纂，陈智超、曾庆瑛校补：《道家金石略》，第610页。

通道士所能胜任的。再者，大重阳万寿宫乃全真教祖庭，其在教内的地位和声望恐怕只有燕京大长春宫可与之媲美。然而，在祖庭面前，大长春宫只能谦逊地称为堂下。当时祖庭高道云集，多位掌教大宗师如尹志平、李志常都有参谒护持祖庭之举。因此祖庭讲经师恐怕要比一般宫观的讲经师更为饱学位尊。《洞元虚静大师申公提点墓志铭》题建安张好古撰。此碑撰作于元世祖至元二十一年（1284）或之后。是年七月二十三日，李志常弟子、洞元虚静大师申志贞仙逝。一日，门人鲁志兴请张好古为其师撰写墓铭，好古推辞再三。李道谦以"此老（指申志贞——引者按）在教门中可谓尽力者"为由，命张好古为其撰写墓志铭。[1]明确交代张好古为李道谦弟子的是《甘水仙源录·后序》。元世祖至元二十六年（1289），张好古为《甘水仙源录》撰作后序，序文云：

> 吾师天乐真人自养浩祖庭，典教秦蜀，应事接物之暇，每以著述为心……乃因所历，遇有当世名贤所修之文，亲手抄录，若道行，若宫观，其为碑记传赞，凡九十余篇。……近方锓梓以广其传，予小子忝任校雠之责，自夏及冬，首尾历二十有六旬有六日，工既讫功，复以后序见命。予思师之用心，其所以扶植玄纲，弘扬祖道，诚非小补……岁在己丑冬至后六日，拜手稽首谨书。[2]

---

① 李道谦：《甘水仙源录》卷8，《正统道藏》三家本，第19册，第794页。
② 张好古：《甘水仙源录·后序》，《正统道藏》三家本，第19册，第814—815页。

从"吾师天乐真人""予小子""予思师之用心"等数语，特别是《后序》署名"门人建安张好古撰"可以断定，张好古系李道谦的嗣法弟子，且此人在教内不仅担任教职，名望地位不可小觑。李道谦入道之前就有着高迈超然的品性，如果张好古为碌碌之辈，一则李道谦不会将其收入门下，另外更不会将旨在名垂史册的《甘水仙源录·后序》交由一个不成器的弟子撰写。不过，和上一段谈到的几位嗣法弟子法名不同，张好古的名字中并未出现"德"字。个中原因，我推测可能张好古较其他弟子拜师要早。当时，李道谦可能还未形成以某个字为弟子取用法名的想法。

众弟子中最有影响力的当数孙德彧。孙德彧，字用章，"十一岁为道士，事天乐李真人"。王志坦掌教时，赐其开玄大师之号，提举重阳宫事。[①]元世祖至元十一年（1274），孙德彧奉昭睿顺圣皇后之命，侍安西王掌祠事，充任京兆路道录。之后，先后任秦蜀道教提点所通议官、大重阳万寿宫提举、秦蜀道教提点所副提点、陕西五路西蜀四川道教提点领重阳宫事、诸路道教都提点等职。元武宗至大二年（1309），加体仁文粹开玄真人、领陕西道教事。[②]"仁宗皇帝累加恩命，召至京师，掌道教，号曰特授神仙演道大宗师、玄门掌教辅道体仁文粹开玄真人、管领诸路道教所、

---

① 王志坦于 1270 年至 1272 年短暂掌教。参见张广保：《全真教的创立与历史传承》，第 109—111 页。那么，孙德彧得赐师号和提举重阳宫的时间亦当在元世祖至元七年至九年期间。

② 邓文原：《皇元特授神仙演道大宗师玄门掌教辅道体仁文粹开玄真人管领诸路道教所知集贤院道教事孙公道行之碑》，陈垣编纂，陈智超、曾庆瑛校补：《道家金石略》，第 787—788 页。

知集贤院道教事"，同时恩封其师祖于洞真为真君，高道宽、李道谦为真人，穆、王二师为真人。[①]孙德彧不仅继承了李道谦以祖庭重阳宫为中心的川陕弘道事业，而且在晚年出任全真教掌教大宗师，在提振祖庭声望、光宗耀祖（为于洞真、李道谦等教内高道挣得声誉）、发展教团、维系政教关系方面作出不小贡献。元英宗至治元年（1321）八月五日，孙德彧登仙证道，有《希声集》行世。次年，"其弟子任道明、张若讷、颜若退、赵道直、景若冲等"请虞集为其撰写墓志铭。可见任道明等众法嗣继承并延续了于洞真—李道谦—孙德彧一系的传法弘道事业。从图1"李道谦师承法脉传承谱系图"各代弟子的法名来看，李道谦、孙德彧已经开始有意识地以某个字——如"道""德""若"等——为弟子取用法名。[②]但是这一规则执行得并不严整。这种取用法名的方式，

---

① 虞集：《玄门掌教孙真人墓志铭》，陈垣编纂，陈智超、曾庆瑛校补：《道家金石略》，第767页。

② 高万桑（Vincent Goossaert）曾撰文指出，"道""德""志"是男道士取用法名的基本用字。全真教试图利用名字的统一性、时间同构性构建整个教团的整体认同。参见 Vincent Goossaert: The Invention of an Order: Collective Identity in Thirteenth-century Quanzhen Taoism, *in Journal of Chinese Religious 29 (2011)*, pp.111-138。马颂仁（Pierre Marsone）也曾提出，全真男道士通常用"道""德""志"三个字取用法名，女道士则多用"守"字取用法名。参见 Pierre Marsone: Accounts of the Foundation of the Quanzhen Movement: A Hagiographic Treatment of History, *in Journal of Chinese Religious 29 (2011)*, pp.95-110。中译本参见张广保编，宋学立译：《多重视野下的西方全真教研究》，济南：齐鲁书社，2013年，第9—54页、第55—79页。不过，从李道谦一系全真道士法名取用的实际来看，"道""德""志"三字确是当时的通例，但有例外，"若"字和"张好古"就是明证。

应该是与中国传统宗族社会按字辈取用名字的方法是一脉相承的。但尚未上升到后世"派字谱"的高度，可视为"派字谱"的雏形。

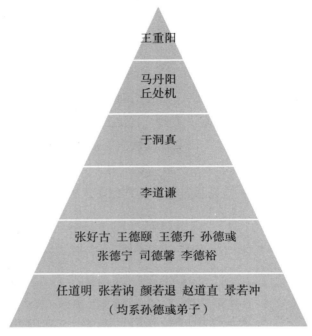

图1　李道谦师承法脉传承谱系图

（三）宗系认同

早期全真道士都有遍参诸师的经历。以全真教掌教大宗师尹志平为例，此人系长春真人丘处机的大弟子。据相关碑刻记载，尹志平不顾父母的阻止，最初拜于马丹阳门下。①金世宗大定二十八年（1188），十九岁的尹志平正式出家，投于刘处玄门下。②此外，《清和真人北游语录》卷2记载："吾生于大定九年，十年祖师升，是以不得亲奉，以次师真，皆所亲奉。太古师特为我说《易》，皆世所未闻。玉阳师握吾手谈道妙。长春师父所授，不可具述。"可见，尹志平与郝太古、王玉阳、丘处机等都有交往授受。金章宗明昌初年，尹志平赴栖霞，往侍丘处机左右，"长春特器异之，付授无所隐"。③又如，曾主持纂修《大元玄都宝藏》的高道宋德方，一生曾历事刘长生、王玉阳、丘长春诸师，在全真教史上有"三灯传一灯，一灯续三灯"之誉。④

就李道谦而言，他师事于洞真，不存在所谓的师事多门、一灯三传的情况。然而，就其师父于洞真而言，至少有师事马、丘、

---

① 弋毂《玄门掌教清和妙道广化真人尹宗师碑铭并序》记载称："十四岁遇丹阳真人，遽欲弃家入道，其父难之，潜往。"贾戫《大元清和大宗师尹真人道行碑》称："十四遇丹阳真人，遽欲弃家入道，父母难之，往复三返，始从其志。"分别参见陈垣编纂，陈智超、曾庆瑛校补：《道家金石略》，第568页、第680页。尹志平《清和真人北游语录》卷2云："十四，遇丹阳师父，出家，父严不许。至十九，复驱入俗中，锁于家。"参见《正统道藏》三家本，第33册，第165页。

② 李道谦：《终南山祖庭仙真内传》卷下《清和真人》云："（十九岁）诣武官灵虚观长生宗师席下，执弟子礼。"参见《正统道藏》三家本，第19册，第532页。

③ 李道谦：《终南山祖庭仙真内传》卷下《清和真人》，《正统道藏》三家本，第19册，第533页。

④ 王利用：《玄都弘教披云真人道行之碑》，陈垣编纂，陈智超、曾庆瑛校补：《道家金石略》，第753页。

谭、刘四真的经历，可谓"一灯续四灯"。从于洞真拜师学道的时间来看，他得到马丹阳点拨的时间至多不过两年，碑铭虽未交代其与谭长真、刘长生参学的时间，估计都不会太长。其参印丘处机的时间，从碑刻的记载来看，是从金世宗大定二十三年（1183）冬至金章宗泰和六年（1206），至少长达二十多年。更为重要的是，丘处机还为他改易法名。从上述修道经历来看，于洞真应该属于丘门一系。李道谦作为于洞真的嫡传弟子，亦应归于丘门再传。陈铭珪《长春道教源流》即持此说。① 然而，任继愈、卿希泰分别主编的《中国道教史》均将于洞真一系归入马丹阳门下。② 为什么会出现上述的不同看法呢？时人又是如何认知的呢？对于这个问题，当时的碑刻为我们提供了最为有力的证据支持和线索。于洞真道行碑文末有铭文明确说："惟道与天初同原，方术分裂无乃繁，至人跃然起海门，丹阳嫡子重阳孙。"③ 铭文直接交代于洞真为马丹阳嫡传。进一步言之，于洞真谦恭下士的超然风范，亦与马丹阳一脉相承。道行碑记载，有张道士来参拜时，年近九十的于洞真"坚让不受"。问其原因，于洞真说："礼无不答，大白若辱，广德若不足，老氏有之。以丹阳接一童子，必答焉，

---

① 陈铭珪：《长春道教源流》，严一萍辑：《道教研究资料》，第2辑，台北：艺文印书馆，2006年，第391—393页、第476—477页。

② 分别参见任继愈主编：《中国道教史（增订本）》，北京：中国社会科学出版社，2001年，第531页；卿希泰主编：《中国道教史（修订本）》，第3卷，成都：四川人民出版社，1996年，第191—192页。

③ 杨奂：《汴阳玉清万寿宫洞真真人于先生碑并序》，陈垣编纂，陈智超、曾庆瑛校补：《道家金石略》，第509页。

忍自尊大耶！"①由此可见，于洞真从拜师学道到平日修举，均以马丹阳为楷式。他追随丹阳时间不长，但后者却是其心印所向。李道谦道行碑未提及于洞真—李道谦一系之法脉传承。尤为难能可贵的是，李道谦在恳请翰林直学士、中顺大夫、陕西汉中道提刑按察副使王利用为马丹阳撰写碑铭时，明确称马钰为"嫡祖"。其文云：

> （至元）十九年秋八月朔，住持终南山重阳万寿宫真人李天乐持师道行之状致恳于仆，曰："吾嫡祖丹阳宗师葬于莱阳，进士张子翼作《登真记》，已识之矣。而祖师成己成物、盛德大业，师能缵承之，乘风御气、长生久视之道，师能揄扬之。祖庭会真实本诸此。不以贞珉载其道行，以诏后人，殆为阙如。子无靳其文，庶传其不朽也。"②

李道谦"嫡祖"一语，为我们提供了于洞真师徒宗系认同的最为直接、也是最有说服力的证据。洞真再传弟子孙德或亦是矢志不渝的坚持马—于—李这样一脉相承的宗系认同。其道行碑云：

> 逾十岁，着道士服，玄明文靖天乐振教大真人李公器遇之，授《易》《老》奥义。天乐之教由马丹阳、于洞真二真

---

① 杨奐：《沔阳玉清万寿宫洞真真人于先生碑并序》，陈垣编纂，陈智超、曾庆瑛校补：《道家金石略》，第509页。
② 李道谦：《甘水仙源录》卷1，《正统道藏》三家本，第731页。

君，以次相传，其肱抉渊秘，雅有宗绪。①

此外，元朝官方圣旨也持上述观点。元世祖至元十四年（1277），安西王颁布令旨，其中明确交代马钰、于洞真、李道谦一系的师承关系。兹引述令旨如下：

> 长生天气力里、皇帝福荫里皇子安西王令旨谕道教提点李道谦：
>
> 　　我国家祖宗列圣相传，莫不以敬天崇道，奕世受祜。王祖师得全真之道，教法开弘，丘神仙尽启沃之诚，玄风庆会。是以先朝眷遇，恩命优崇。凡厥道流，商税、地税、应干差役，咸与蠲免，醋醵以从食用。
>
> 　　今皇帝圣旨，亦依旧例，继世相承，以为定制。迩者荐膺帝命，分茬西秦。封建以来，于今五载。高真人率所属道众修醮告天，屡获灵应，故尝赠以金冠锦服。今已羽化，继传者必选其人。以尔李道谦，道行素著，文学该通，深明三箓之玄科，确守一纯之净戒，得丹阳之正统，践洞真之遗言，不有褒崇，曷为奖率，可授提点陕西五路西蜀四川道教兼领重阳万寿宫事，别赐金冠法服。仰益励操修，以彰殊绩。仍戒谕所属道众，宜令倾心报国，精意告天，朝夕诵持，殷勤进道，无负我朝敬天崇道之心、祖师立教度人之意。若

① 邓文原:《皇元特授神仙演道大宗师玄门掌教辅道体仁文粹开玄真人管领诸路道教所知集贤院道教事孙公道行之碑》，陈垣编纂，陈智超、曾庆瑛校补:《道家金石略》，第787页。

有违条犯戒、纹乱道风者，惟尔汰择，其慎之焉，无忽。

（印）至元十四年六月日 [①]

元仁宗皇庆二年（1313）九月，朝廷颁布圣旨，授予孙德彧"神仙演道大宗师玄门掌教真人管领诸路道教所知集贤院道教事"。其中又一次重申了马—于—李一系的师徒传承关系。圣旨云：

> 辅道体仁文粹开玄真人孙德彧，雅师清静，克宝俭慈。探《老》《易》之精微，搴经科之灵秘。虽深资于天乐，实光绪于丹阳。提振纲维，恪恭戒律。 [②]

由此，通过教内和官方的相关文献记载，我们厘清了马钰—于洞真—李道谦—孙德彧一系的师承关系。

不过，陈铭珪之说并非空穴来风。通过检视教史文献，笔者发现元世祖至元十八年（1281）李道谦曾经为丘处机编撰《全真第五代宗师长春演道主教真人内传》，此传未收入李道谦编著的教史文献之中。《长春内传》文末署名"十八年二月既望，门下法孙天乐子李道谦斋沐谨编并题额"。笔者认为，李道谦自称丘

---

① 《大元崇道圣训王言碑》，刘兆鹤、王西平编著：《重阳宫道教碑石》，西安：三秦出版社，1998 年，第 98 页。《道家金石略》录文与此碑略有出入，详见《文集新编》校释。

② 《元汉会文圣旨碑》，王宗昱编：《金元全真教石刻新编》，北京：北京大学出版社，2005 年，第 87 页。

处机门下法孙，一方面是出于对于洞真"一灯续四灯"这一既定事实的尊重，另一方面也不排除利用丘祖声望和影响力提高李氏个人在整个教团影响力的可能。全真教创教早期，虽形成了所谓"七真"传法世系，但是各个世系之间并没有形成不可逾越的壁垒，众道士遍参诸真、共同推动教团发展的现象并不鲜见。

　　总结言之，马—于一系从法脉传承来说，至孙德彧门下诸弟子已是四传，诸真在弘教秦陇、执掌祖庭教务、提振祖庭声望方面出力颇多，业绩斐然。更为突出的是，这一系还培养出了执掌整个教团事务的大宗师孙德彧。上述业绩的取得，是与马—于一系诸真的高迈品行、精深的业内修为、为弘道而积极奔走的宗教热情是分不开的。李道谦不仅个人有着高深的修行，而且始终热衷于教史编纂，因而成为传承马—于一系的重要一环和中坚力量。应当指出的是，马丹阳在关中及其他地区的法嗣传承颇为广泛，于—李一系只是其中的一支。从李道谦以史传教的角度讲，也是独具特色的一支。

三、弘道活动

这部分主要阐述李道谦在领导以重阳宫为核心的川陕道教过程中担当的教内职务以及开展的相关活动。

（一）教职担当

首先，从李道谦担任的道职来看，他主要担任过重阳万寿宫提点、权陕西五路兴元府教门提点、京兆路道录、京兆道门提点、诸路道教提举、提点陕西五路西蜀四川道教兼领重阳万寿宫事等职务。

据《洞真真人于先生碑》《天乐真人道行铭》记载，李道谦拜师时，于洞真任重阳宫住持。于洞真前往巩昌弘道时，亦是李道谦随从师父演教秦陇的阶段。两碑铭虽出自不同人之手，但是所记史实呈"榫卯结构"，符合历史真实。我们推测，李道谦到陕西正式拜师至于洞真仙逝这段时期，除了元定宗元年（1246）至定宗二年与师父西行演教之外，其余八年的大部分时间李道谦都在重阳宫修学。

元宪宗元年（1251），蒙哥即位。三十三岁的李道谦奉掌教大宗师李志常之命提点重阳宫事。《天乐真人道行铭》云："宪宗皇帝诏真常设醮于终南祖庭，见公奉职周饬，复委营办庶事，于诸方色色具集。人初疑之，既而咸服真常知鉴。"宪宗蒙哥即位之初，即令全真掌教李志常设醮于重阳宫。此举与是年宪宗遣李志常代祀岳渎之典一脉相承。[①]引文未交代作醮目的，恐怕不出荐亡祈福之意。而且按照传统祀典，新帝即位，祈福的可能性恐怕更大一些。可见，蒙哥即位之初，即将其对全真教的重视提升至国家祀典的高度，并从即位伊始就关注到了全真祖庭重阳宫。从引文可知，重阳宫提点之职需经掌教大宗师的任命。提点除了管理本宫事务之外，还有协助中央道官、掌教大宗师组织开展国家交办的各项要务的职责。李道谦上任伊始协助李志常举办醮事，即是明证。刚过而立之年的李道谦担任提点，一方面表明他在当时重阳宫内部具有较高声望，具备了一定的领导能力。另一方面，从"人初疑之"也可看出，重阳宫高道云集，虽然李道谦年富力强，但是也未免显得有些资历尚浅。然而，通过协助李志常操办醮事，不仅打消了道侣的疑虑，而且进一步验证了李志常的慧眼识珠。同年七月初九日，重阳万寿宫将《大蒙古国累朝崇道恩命之碑》立石，碑阳收录了成吉思汗、窝阔台、阔端太子、弥里呆带太子等蒙古王室崇道的诏书、圣旨、令旨。碑阴刻《清和真常二大宗师仙翰》，文末署"大朝辛亥岁下元日玄门弘教白云真人（下缺）真人李志远冲和大师□□□志阳□□提点李道谦篆额□志真摹□朱志完精□"。此碑文字残缺不齐，但从上述间断

---

① 《玄门掌教大宗师真常真人道行碑铭》云："岁辛亥，先帝（指宪宗蒙哥——引者按）即位之始年也，欲遵祀典，遍祭岳渎。冬十月，遣中使诏公（指李志常——引者按）至阙下，上端拱御榻，亲缄信香，冥心注想，默祷于祀所者久之，金盒锦牒，皆手授公，选近侍哈力丹为辅行，仍赐内府白金五千两以充其费。"参见陈垣编纂，陈智超、曾庆瑛校补：《道家金石略》，第579页。

性的文字表述中不难看出，刚刚担任重阳宫提点的李道谦即为此碑撰写了碑额。①

为追述和纪念祖师王重阳在南时村悟道成道之举，全真道士渊虚真人李志源率众营建重阳成道宫。元宪宗四年（1254），宣差国学总教、佐玄寂照大师、教门都道录、权管教门事冯志亨撰作《重阳成道宫记》，李道谦为其书篆碑文。当时李道谦的头衔是"葆真大师、提举终南山重阳万寿宫事、权陕西五路兴元府教门提点"。②重阳宫提举之职前文已述，系李志常于1251年授予李道谦的。③而葆真大师、权陕西五路兴元府教门提点的头衔，在《天乐真人道行铭》中未见。"大师"系道教内行业高迈、德高望重的宿尊大德才能拥有的称号，是崇高声望和地位的象征。早在金章宗泰和三年（1203），陇州将帅即赐李道谦的业师于洞真冲虚大师之号。依此例，笔者推测，葆真大师之号有可能系当时陕西地方官员赐予李道谦的，赐予的时间当不晚于元宪宗四年。由此可见，在李道谦担任重阳宫提点以后，最迟三年后，就得赐大师之号，并管领陕西五路兴元府教门。这一年李道谦年仅三十六岁，可谓年富力强。此时他已经成为领导关中道教的一级地方道官。

四年后的元宪宗八年（1258），掌教大宗师张志敬令李道谦

---

① 《大蒙古国累朝崇道恩命之碑》《清和真常二大宗师仙翰》，参见刘兆鹤、王西平编著：《重阳宫道教碑石》，第59—65页。

② 冯道亨：《重阳成道宫记》，刘兆鹤、王西平编著：《重阳宫道教碑石》，第65—67页。

③ 笔者按，"提点""提举"均有管理之意。"提举"略低于"提点"，相当于后者的副职。

担任京兆路道录。元世祖至元十一年（1274），奉世祖昭睿顺圣皇后察必之命，孙德彧"侍安西王掌祠事，祈禬歆格，即充京兆路道录"①。在孙德彧之前是否有人接续李道谦京兆路道录之职，尚不可考。不过，可以看出京兆路道录这一职位长期以来多为重阳宫高道集团所掌领。元世祖至元二年（1265），李道谦升任京兆路道门提点。至元九年（1272），掌教大宗师王志坦邀请李道谦至京师，授予他诸路道教提举之职。不过，李道谦在此任上不久，即辞归陕西。② 按照全真教的道官序列，诸路道教都提点多为掌教大宗师的副手，这是一个最有可能接任掌教的显职。李道谦任诸路道教提举，职位略低于诸路道教都提点。（按：至元八年，刘长生一系宋德方门人祁志诚担任诸路道教都提点，之后接替王志坦担任掌教大宗师。③）但至少说明他尚有很大的晋升空间。至于李道谦在此任上不久就西归的原因，或与安西王的礼请有关，也不排除与至元九年十一月二十七日王志坦的仙逝，进而祁志诚接任掌教有关。（按：祁志诚于 1272 年至 1285 年担任掌教大宗师）。这

① 邓文原：《皇元特授神仙演道大宗师玄门掌教辅道体仁文粹开玄真人管领诸路道教所知集贤院道教事孙公道行之碑》，陈垣编纂，陈智超、曾庆瑛校补：《道家金石略》，第 787 页。

② 元世祖至元十二年（1275）中元日，《全真教祖碑》于重阳宫立石。此碑文为"后先生五十六年"所撰，即王嚞在金世宗大定十年仙逝后的五十六年——金哀宗正大二年（1225）——所撰。碑额题"葆真玄靖大师、前诸路道教提举李道谦书篆"。由此推知，最迟至至元十二年，李道谦就已经卸任诸路道教提举之职。

③ 李谦：《玄门掌教大宗师存神应化洞明真人祁公道行之碑》，陈垣编纂，陈智超、曾庆瑛校补：《道家金石略》，第 700 页。

里或许掺杂了七真其他宗系排挤马丹阳一系的可能，因为王志坦和李道谦都出于马钰一系。王志坦师承卢柔和，卢柔和师从于洞清，而于洞清系马钰的亲炙弟子，参见《崇真光教淳和真人道行之碑》。[1] 在辈分上，王志坦低李道谦一辈。又《重阳宫道教碑石》录《终南山重阳成道宫全阳真人周尊师道行碑并序》，署"前诸路道教都提举、葆真玄靖大师、筠溪天乐先生李道谦撰"，记载李道谦曾担任诸路道教都提举一职。[2] 而又据《大元崇道圣训王言碑》，至元十四年安西王颁降的令旨和至元十七年正月元世祖忽必烈颁降的圣旨均称李道谦为"葆真大师、（前）诸路道教提举"[3]，疑《重阳宫道教碑石》本周全阳道行碑对李道谦的道官载录有误。

至元十四年（1277）五月，安西王颁布令旨，令李道谦提点陕西五路西蜀四川道教兼领重阳万寿宫事，并赐黄金冠法锦服。按，此时的安西王当为忙哥刺。关于安西王及其与祖庭高道关系的更多内容，下文详述。三年后的至元十七年（1280）正月，元世祖忽必烈申降玺书，承认安西王授李道谦提点陕西五路西蜀四川道教兼领重阳万寿宫事之职。[4] 此职位很可能沿袭至李道谦终

---

① 高鸣：《崇真光教淳和真人道行之碑》，陈垣编纂，陈智超、曾庆瑛校补：《道家金石略》，第611—612页。

② 李道谦：《终南山重阳成道宫全阳真人周尊师道行碑并序》，刘兆鹤、王西平编著：《重阳宫道教碑石》，第88页。

③ 《大元崇道圣训王言碑》，刘兆鹤、王西平编著：《重阳宫道教碑石》，第97—98页。

④ 同上。

老证道。①

关于提点陕西五路西蜀四川道教的职责和权力，至元十四年
安西王令旨碑云："可授（李道谦）提点陕西五路西蜀四川道教，
兼领重阳万寿宫事，别赐金冠法服，仰益励操修，以彰殊绩，仍
戒谕所属道众，宜令倾心报国，精意告天，朝夕诵持，殷勤进道，
无负我朝敬天崇道之心、祖师立教度人之意。若有违条犯戒、纹
乱道风者，惟尔汰择，其慎之焉，无忽。"②一方面，要求李道谦率
领道众为国祈福纳祥，敬天崇道；另一方面，授予李道谦处断教
内作奸犯科、败坏道风道众的权力。至元十七年正月"皇帝（元
世祖忽必烈）申降玺书守前职"，其中对李提点的权力交代甚为
明确。圣旨全文如下：

长生天气力里、大福荫护助里皇帝圣旨
　　管军官人每根底、军人每根底、管城子达鲁花赤官人每
根底、过往使臣每根底宣谕的圣旨：
　　成吉思皇帝、哈罕皇帝圣旨里：和尚、也里可温、先生、
达失蛮，不拣什么差发休着，告天祝寿者么道有来。如今依

---

① 元世祖至元三十一年（1294），李道谦七十六岁。《妙相观记》记载，是年，
　陕西四川道教天乐真人赐渊真子田兴道崇玄大师之号。参见陈垣编纂，陈
　智超、曾庆瑛校补：《道家金石略》，第734页。两年后的元成宗元贞二年
　（1296），李道谦微疾而逝，享年七十八岁。又据《大元故清和妙道广化真人
　玄门掌教大宗师尹公道行碑铭并序》，尹志平的法孙陈德定于"（元成宗元贞）
　三年（1297），宣授秦蜀道教提点"。参见陈垣编纂，陈智超、曾庆瑛校补：
　《道家金石略》，第690页。
② 《大元崇道圣训王言碑》，刘兆鹤、王西平编著：《重阳宫道教碑石》，第98页。

着已前的圣旨体例，不拣什么差发休着，告天祝寿者么道。
这李道谦，高真人替头里做提点陕西五路西蜀四川有的先生
每根底，为头儿行者么道。这李提点把着行的圣旨与来。这
的每宫观里、房舍里，使臣休安下者，不拣什么人，倚气力
休住坐者。宫观里休断公事者，休顿放官粮者，不拣什么休
放者，铺马祗应休与者，地税、商税休着者。但属宫观的水
土、竹苇、水磨、园林、解典库、浴堂、房舍、铺席、曲醋等，
不拣什么差发休要者。更没俺每的明白圣旨，推称诸□下，
先生每根底不拣什么休索要者，先生每也休与者。更先生每
不拣有什么公事呵，这李提点依理归断者。你每这众先生每，
依着这李提点言语里，依理行踏者。更俗人每先生每根底休
理问者。先生每与俗人每有争告的言语，可倚付了的先生每
的头儿与管民官一同理问归断者。不能先生体例行，做得勾
当的，做贼说谎的先生每，管城子达鲁花赤、官人每根底，
分付与者。这李提点倚付来么道，无体例勾常休行者，行呵
俺每根底奏者。不拣说什么呵，俺每识也者。圣旨俺每的。

龙儿年十一月初五日

大都有的时分写来①

圣旨碑采用了元代白话形式，蒙语、汉语表述习惯相掺杂，
虽无中原王朝汉文圣旨碑的高古典雅，但意思表述尚为清楚。大

---

① 《大元崇道圣旨王言碑》，刘兆鹤、王西平编著：《重阳宫道教碑石》，第97—
98页。《道家金石略》亦录此碑，文字略有出入。详见《文集新编》校释。

致不外乎三层意思：元政府护持李道谦管辖下的陕西五路西蜀四川各处宫观及庙产，宫观内部事务均由李道谦"依理归断"。涉及教内和教外相关联的事务，李道谦会同当地有司一同处断。需要交代一句的是，安西王颁布令旨在前，元世祖申降玺书在后。从中不难看出，李道谦与安西王关系密切，而且其在教内外的影响力已经直抵中央。也有学者指出，至元十七年的圣旨实际上昭示着世祖忽必烈对安西王所辖区域各种事务管理权的一种削弱。[①]

按，李道谦在全真教门的教职担当，继承了祖庭一系高道以关右教门提点兼领重阳宫事的法统。元代祖庭重阳万寿宫的提点先后有李守宁、于善庆、綦志远、何道宁、高道宽、李道谦、陈德定、孙德彧、井德用等。其中有多位出自马丹阳一系，包括于善庆、李守宁、高道宽、李道谦、孙德彧等。[②]进一步言之，在马钰一系的诸位提点中，又以于善庆及其法嗣担领道职者居多。关于于善庆，前面已经有所交代。高道宽与李道谦同侍洞真门下。李道谦是接替高道宽担任重阳宫提点等职务的。兹据《甘水仙源录》之《洞观普济圆明真人高君道行碑》《终南山祖庭仙真内传·圆明真人》《金元全真教石刻新编·圆明真人传》，考高道宽行事如下。[③]

① 陈广恩：《元安西王忙哥剌死因之谜》，《民族研究》2008 年第 3 期。

② 张广保：《全真教的创立与历史传承》，第 62—71 页。

③ 分别参见《甘水仙源录》卷 8，《正统道藏》三家本，第 19 册，第 785—787 页；《终南山祖庭仙真内传》卷下，《正统道藏》三家本，第 19 册，第 541—543 页；王宗昱编：《金元全真教石刻新编》，第 85—86 页。按：《北（转下页）

高道宽，字裕之，金章宗明昌六年（1195）七月十九日生，出身于应州怀仁县豪族。曾出任长安史。金宣宗兴定五年（1221），礼章台街蓬莱庵全真安君出家。金哀宗正大元年（1224），游汴梁，从丹阳观冲虚大师李志源参进上道。后经李志源引介，师礼于洞真门下。金天兴二年（1233），蒙古军队占领汴京，高氏北上燕京，后居德兴龙阳观。元太宗十年（1238）春，从于洞真演教白霄。十二年冬，追随洞真入关，兴复终南祖庭。"是时经营会葬祖师之际，师多方化导，裨赞其用"。元定宗三年（1248），洞真赐号圆明子，署知重阳万寿宫，及提点甘河遇仙宫事。高道宽"游洞真门最久，洞真亦恃君有受而克大其传也。既告以道德之微言，又授上清紫虚之箓"。元宪宗二年（1252），掌教大宗师李志常令其担任京兆道录，高道宽在此任上长达十年之久。元世祖中统二年（1261），掌教大宗师张志敬授予陕西兴元等路道教提点兼领重阳万寿宫事。至元十四年（1277）正月，高道宽仙逝于重

（接上页）京图书馆藏中国历代石刻拓本汇编》云：《圆明真人传》碑在陕西盩厔，拓片高71厘米，宽85厘米，正书。以前学界对高道宽的研究很少关注到这部传记。该碑在至元三十年（1276）中元日由高道宽门人苟道恭等立石。由于碑文残缺，撰者不可考。不过，通过笔者比对，该传与《祖庭内传·圆明真人》文字出入不大。《祖庭内传》成书于至元二十一年，又该传提到了姚燧曾为高道宽撰写道行碑（"其□□□行□□姚学士□文树碑□本宫"，该碑撰于至元十四年），因此，这部《圆明真人传》应该是在参考姚燧《洞观普济圆明真人高君道行碑》基础上撰作而成的，而《祖庭内传·圆明真人》很可能是在参阅该传的基础上而成。目前来看，高道宽一人三部碑传，足见其当时在教内外有着不同一般的影响力。单从这个角度讲，这是其师弟李道谦不能比拟的。

阳万寿宫，享年八十三。

我们知道，于洞真担任祖庭提点时，对重阳宫及周边下院的建设即倾注不少心血。他在教导高道宽时曾言："人徒知枯坐息思为进道之功，殊不知上达之士圆通定慧，体用并修，即动而静，虽攫而宁，为无为，事无事，同尘和光，此老氏之微旨也。今玄化盛兴，汝当奉此，应缘扶教，接物利生，以为登真达道之基，汝后必负教门重任。事虽稠叠，慎无惮，是皆庸玉汝于成也。""体用并修，即动而静，虽攫而宁""应缘扶教"等语道出了于善庆修学弘教的宗旨：既要精于内功的修为，是为体；又要善于外行的建设，是为用。于洞真虽然直承丹阳薪火，但是从其个人的弘道活动和对门下弟子的教导来看，这一系的教风已经和马丹阳在金朝末年经营祖庭草庵时期大不相同。高道宽担任祖庭提点期间，继承于洞真遗范，对以祖庭为核心的陕右全真宫观建设出力颇多。"在祖庭则继创南昌上宫洎五祖大殿，其余厨库藏厩，增葺者甚多"。[1] 另外，还与冯道真、魏道阳师兄弟三人，在于洞真辞世后，为其重修修道故庐——玉清万寿宫。[2] "三人者集其朋徒，一力协中，昭明敬虔，乃崇斯基，乃考斯宫，题节山层，丹腾翠飞，林林百楹，如峙如立"。工程历时二十三年，可以想见高、冯、魏三位高道用心之虔诚与坚持、建筑规模之宏大。更为值得一提的是，时任教门提点的李道谦为彰显玉清万寿宫的恢宏和乃师的道业，还专门请奉议大夫、陕西汉中道提刑按察副使姚燧撰

---

① 李道谦：《终南山祖庭仙真内传》卷下，《正统道藏》三家本，第 19 册，第 542 页。

② 据《汧阳述古编》卷下，玉清万寿宫位于汧阳县汧水北岸。

写重修碑铭。^①此外，高道宽担任陕西五路西蜀四川道教提点兼领重阳万寿宫事期间，还和师弟李道谦参与了《终南山神仙重阳子王真人全真教祖碑》的立碑活动（1275 年立），和师父于洞真参与了《终南山重阳祖师仙迹记》的树碑活动（1276 年立），与三洞讲经、清微大师冯道真参与了《汧阳玉清万寿宫洞真真人于先生碑并序》的立碑活动。由中可以看出，为祖师王重阳和本系宗师树碑立传、增修庙宇，已经成为于洞真一系嗣法弟子弘道宣教的一种共识性行为。当然，这种弘道活动并非仅限于于洞真一系。应该说，全真门下众多宗系的立碑建庙活动，是推动全真教师徒传承谱系发展和光大教门的重要支撑。

上文提到，李道谦在关右的活动，特别是道职当担方面，在很大程度上得益于安西王的护持和重用。实际上，安西王对祖庭的护佑自其出镇关陇时就已经开始。《元史》记载，至元九年（1272），"冬十月丙戌朔，封皇子忙哥剌为安西王，赐京兆为分地，驻兵六盘山。"^②就在安西王刚刚上任的第二年，高道宽谒见忙哥剌。《终南山祖庭仙真内传》云："癸酉春，皇子安西王开府六盘。师一见，应对称旨，荐赐冠服。"至元十二年（1275）夏，安西王召高道宽在行宫修建金箓罗天大醮。"自将事之日迄于筵终，瑞云轮囷，灵应昭著，备见于参政商君所作《投龙册碑》，兹不赘述。无几何，中宫又以冠服见赐，宠谕优渥。"至元十三年

①　姚燧：《有元重修玉清万寿宫碑铭并序》，陈垣编纂，陈智超、曾庆瑛校补：《道家金石略》，第 721—722 页。

②　宋濂等撰：《元史》卷 7《世祖本纪第七》，北京：中华书局，1976 年，第 143 页。

（1276）秋七月，"安西王颁降玺书，益以西蜀道教并付掌管。"①天后（即忽必烈正妻察必皇后、忙哥剌生母——笔者按）、安西王忙哥剌，各锡黄金云罗冠服一被。②这里有一点值得注意，即忙哥剌令高道宽在管领京兆道教的基础上，"益以西蜀道教"，扩大了高道宽的教权管辖范围。安西王增益高道宽的教区管领范围，是与忙哥剌出镇的势力范围相一致的。就在颁降玺书的前三年，即至元十一年，《元史·地理志三》记载："皇子安西王分治秦、蜀，遂立开成府，仍视上都，号为上路。"也就是说元世祖忽必烈已经将蜀地划归安西王管理。这就是高道宽获得管领西蜀道教的缘由所在。

值得一提的是，高道宽不仅与元世祖忽必烈一系的安西王走得很近，与历任掌教大宗师和其他出镇西北的宗王也保持了良好的往来关系。除了张志敬令其担领关右道职之外，至元八年（1271），掌教大宗师王志坦赠号知常抱德圆明尊师。此外，他与元太宗窝阔台的孙子、阔端的三子永昌王只必帖木儿也有往来。③

① 李道谦：《终南山祖庭仙真内传》卷下《圆明真人》，《正统道藏》三家本，第19册，第542页。
② 李道谦：《甘水仙源录》卷8，《正统道藏》三家本，第19册，第786页。
③ 据柯劭忞《新元史》记载，阔端系元太宗窝阔台第三子（按，《元史》作次子），他生有五子，分别为灭里吉歹、蒙哥都、只必帖木儿、帖必烈、曲烈鲁。"只必帖木儿，中统初归心世祖。阿蓝答儿、浑都海叛于甘、凉，掠只必帖木儿辎重。只必帖木儿率所部就食秦、雍。二年，西番酋火都叛，诏只必帖木儿与李庭讨禽之。是时，只必帖木儿专阃河西，其部下颇暴横，行省郎中董文用辄以法裁之，有言其用管民官太滥者。至元二年，诏省并其管民官。九年，改中兴路行尚书省复为行中书省，仍令只必帖木儿设行省断事官。（转下页）

至元五年（1268）夏，永昌王赐其金冠锦服。至元八年，再赐洞观普济圆明真人号。[①]（按：至元九年，只必帖木儿始称永昌王。至元五年尚未得此称谓，盖《祖庭内传》据至元九年之王号追书）。

孙德彧墓志铭称，元仁宗推恩封其师祖于洞真为真君，高道宽、李道谦为真人，穆、王二师为真人。[②] 笔者有幸在康熙《鄠县志》中查阅到了延祐四年（1317）元仁宗追封高道宽为"洞观普济圆明玄德大真人"的圣旨，该文对研究和评价高道宽的贡献和社会影响具有重要学术价值，《道家金石略》《金元全真教石刻新编》《重阳宫道教碑石》等未予载录。兹转录如下：

> 敕曰：上天眷命，皇帝圣旨，洞观普济圆明真人高道宽，早知读书，富而好礼，推择为吏，其初心窭寐，求仙大有所得，尚恋晨昏之养，克终父母之丧。即弃家为黄冠，冀飞升于白日，井臼之役曾不告劳，堂构之勤久而弥笃，肯负平生之志，诚为不世之逢。事洞真而实继其传，受秘篆而式弘其教，以真常、诚明之荐，领重阳、甘河之宫。道价益隆，玄风大振，不有追崇之号，曷明始卒之功。可加赠洞观普济圆

（接上页）是年，筑新城，赐名永昌府，寻升为路。降西凉府为州隶之。自此，人称为永昌王。"柯劭忞：《新元史》卷111《列传第八·太宗诸子》，《元史二种》，第1册，上海：上海古籍出版社、上海书店，1989年，第512页。

① 李道谦：《终南山祖庭仙真内传》卷下《圆明真人》，《正统道藏》三家本，第19册，第542页。

② 虞集：《玄门掌教孙真人墓志铭》，陈垣编纂，陈智超、曾庆瑛校补：《道家金石略》，第767页。

明玄德大真人，主者施行。①

　　"洞观普济圆明玄德"八字大真人号，元仁宗对高道宽之尊崇可见一斑。延祐四年，正值高道宽的师侄孙德彧掌领全真教时期，因此，元朝中央政府对高道宽的追崇一方面与他本人在教内外的影响力有关，另一方面也不排除孙德彧利用掌教之便，光耀宗祖、提高本宗系社会声望之嫌。

　　关于高道宽的著述，《甘水仙源录》《祖庭内传》和《金元全真教石刻新编》等所收传记均未交代。《正统道藏》洞真部方法类收《上乘修真三要》二卷，题"圆明老人述"。卷上以图文并茂的形式，描述牧童驯服烈马达到寂静无为境界的全过程，这实际上是修道者降服心猿意马、修炼内丹的隐喻。卷下分十二个节次，以词牌歌咏的形式，阐述人体小宇宙的性功修炼及其修得真功的境界。《中华道藏》称，"圆明疑为马钰再传弟子高圆明"。实际上，金元时期道号为"圆明"的有两位全真道士，其一为高道宽，其二也出自马钰门下，即周全道的弟子李志源。李志源，邠州三水县人。少有冲举之志，年未三十，考妣俱丧，洁身入道，师事周全道，并得赐圆明子号。元太宗十三年（1241），祖庭会葬之际，于洞真举其提举重阳宫，"练师以正己而物正之道，裨赞玄化，与有力焉"。元定宗贵由元年（1246）八月仙逝，享春秋七十一。海迷失后二年（1250），掌教大宗师李志常奉命委加玄教

---

①　谢林、徐大平、杨居让主编：《陕西省图书馆藏稀见方志丛刊》，第3册，北京：北京图书馆出版社，2006年，第8页。

有道之士名号，以恩例追赠渊虚圆明真人。此人"道器凝重，上性谦冲，律己容人，轻财重义。生平不读书，凡视听言动，吻合经旨。当作务纷扰之甚，其修炼之功亦无时少辍。丈室之中，惟巾盂几杖，无长物。一冠一袍之外，不置囊橐。终日块坐，殆若与世相忘者，及其即之，而饮人以和，使人自有所得"。周全阳因其精心道业，付以修真微旨，又曾对其门下弟子曰："圆明于道实有所得，他日吾归全之后，汝辈当尸祝之"。事迹见李道谦《终南山圆明真人李练师道行碑》，碑记中李道谦称其为"圆明老仙"，称赞他"久进真修，功周德备"。① 于洞真曾教导高道宽"体用并修"，《祖庭内传》称高本人"每至夜分，澄神静坐，达旦不寐，其修真炼养之功，习以为常"。从心性修炼角度看，高、李二人不分伯仲。而姚燧撰道行碑称高道宽"幼业读书，能通大义"，李志源道行碑称其"生平不读书"。如果从著书立说角度讲，《上乘修真三要》出于高道宽之手的可能性更大。

元世祖至元十四年（1277）六月，安西王颁布令旨，令李道谦接任提点陕西五路西蜀四川道教兼领重阳万寿宫事，并赐黄金冠法锦服。次年，按照忙哥剌令旨，李道谦在重阳宫主持大醮仪式。至元二十四（1287）年，又在六盘山谒见嗣安西王阿难达（忙哥剌之子），得赐白玉钩、名马鞍辔。

关于安西王与孙德彧的交往，相关碑刻记载，至元十一年（1274），奉世祖昭睿顺圣皇后察必之命，孙德彧侍安西王掌祠事。元成宗大德七年（1303），"安西王妃大宴（孙德彧于）兴庆

---

① 李道谦:《甘水仙源录》卷 7,《正统道藏》三家本，第 19 册，第 779—780 页。

池，赐西锦衣赤骥。期年，祀于灵宫，于又出绮袍玉钩带以旌之，而公得宠弗居，益守冲约"。[1] 由此可知，两代安西王都与祖庭高道集团，特别是于洞真一系的历代高真保持着密切的往来关系，足见黄金家族对以于洞真一系为代表的祖庭高道集团的护持和器重。

高道宽、李道谦、孙德彧对祖庭的经营以及个人在教内权力声望的攀升，是和安西王的大力护持分不开的。在安西王的支持下，高、李二人已然成为关右宗师级领袖。据《感应金莲洞记》，甘肃成县金莲洞"因洞内钟乳石形若莲蕊，在阳光照射下耀金泛彩，胜似金莲怒放，玉茎玖藕，珠蕊玉葩，故名'金莲'"[2]。而真正指出"金莲"一词宗教史意义的却是时任秦蜀九路道教提点的李道谦。碑文云：

> 金莲之名，提点秦蜀九路道教天乐李真人所命也……庚辰冬，回重阳宫，以白掌教李真人。真人曰："道之修成，虽由乎内，道之著显，亦资于外。宜从其请，使彼此两利矣。洞既朝东，为命其名曰'金莲'。昔吕祖师之授道也，命王

---

① 邓文原：《皇元特授神仙演道大宗师玄门掌教辅道体仁文粹开玄真人管领诸路道教所知集贤院道教事孙公道行之碑》，陈垣编纂，陈智超、曾庆瑛校补：《道家金石略》，第787—788页。

② 李焰平、赵颂尧、关连吉主编：《甘肃窟塔寺庙》，兰州：甘肃教育出版社，1999年，第94页。成县地方志编纂委员会编纂：《成县志》，西安：西北大学出版社，1994年，第759页。转引自王百岁：《甘肃省成县金莲洞石窟与全真道》，《宗教学研究》2014年第2期。

祖师向东而观，王君曰：'某见东方有七朵金莲结子。'吕公曰：'即丘、刘、谭、马、郝、孙、王是也。'命名之义，盖取诸此。况'金'者，坚刚不坏之性；'莲'者，离垢出尘之物。体此而行，则上契祖师相传之妙，下成内外修进之功，不亦宜乎？"遂承教而回。①

李道谦《七真年谱》称，金海陵王正隆四年（1159）六月望日，王重阳在终南山甘河镇饮酒时，遇到被发披毡、年貌同一的二仙人。二仙人称："此子可教。因授以口诀。"李道谦引王嚞《遇真诗》云："四旬八上始遭逢，口诀传来便有功。"又点出"其所遇者，纯阳吕真君也"。②考王重阳相关传记资料，《七真年谱》最早提出王嚞甘河所遇之仙为吕洞宾。③这一说法与《感应金莲洞记》相合。而《七真年谱》并未提及"七朵金莲结子"之说。较早地提出这一说法的是秦志安《金莲正宗记》。其云："（二道者）指东方曰：'汝何不观之？'先生回首而望。道者曰：'何见？'曰：'见七朵金莲结子。'道者笑曰：'岂止如是而已，将有万朵玉莲芳矣。'言讫，忽失所在。"④然而，该书并没有明确七朵金莲所指为谁。关于七朵金莲或者说七真的具体所指，在全真教内也经历了

① 转引自王百岁：《甘肃省成县金莲洞石窟与全真道》，《宗教学研究》2014年第2期。
② 李道谦：《七真年谱》，《正统道藏》三家本，第3册，第381页。
③ 樊光春：《王重阳终南遇仙的几个问题》，《华中师范大学学报（人文社会科学版）》2009年第1期。
④ 秦志安：《金莲正宗记》卷3《重阳王真人》，《正统道藏》三家本，第3册，第348页。

不断演变的过程。至少在至元六年（1269）元世祖颁降褒封五祖七真崇道诏书之前，关于七真的组成问题在教内外并未形成统一的认识。①《感应金莲洞记》借李道谦之口，明确七真即王嚞的七大弟子。此碑由徽州学校士合阳刘森撰于元大德六年（1302），并于同年立石。因此，这一说法应该是刘森根据至元六年以后教内外形成的关于七真的共识而书，并不一定是李道谦的原话。不过，原本只是形似金莲的道教修真之所，通过李道谦的命名和诠释，一下子就与全真祖师东迈传教、七真嗣法的教史教义联系在一起。更深一步讲，通过命名李道谦划定了金莲洞的全真教身份。这恐怕是李道谦行使其宗教职权的要义所在。

尤为值得注意的是，碑文称，元世祖至元十七年（1280），金莲洞重修工程的组织者刘道通、罗道隐称李道谦为"掌教李真人"。至元十七年李道谦六十二岁。当年春，世祖忽必烈申降玺书，承认安西王授李道谦提点陕西五路西蜀四川道教兼领重阳万寿宫事之职。又据《大元崇道圣训王言碑》，十一月初五日，世祖下旨，护持李道谦治下陕西五路西蜀四川的道教宫观及庙产，赋予其管领所辖道教事务的权力。此时李道谦管领整个川陕道教的权力已经得到安西王和忽必烈的双重认可，他已经成为真正意义上的西北全真教区的宗教领袖。但是，官方的诏书并没有出现"掌教李真人"的说法。刘森这一提法颇值得注意。结合金莲

---

① 张广保：《全真教的创立与历史传承》，第139—144页；赵卫东：《金元全真道教史论》，济南：齐鲁书社，2010年，第235—244页；宋学立：《金至民国全真道祖真信仰的形成与演进》，《中国史研究》2024年第1期。

洞供奉五祖七真、李道谦、刘道通、罗道隐等历代全真宗师，特别是高道宽、李道谦一系高道的实际，笔者推测，这里的"掌教"当是"执掌于洞真一系教门"之意。无独有偶，元世祖至元初年，栖云真人王志谨弟子徐志根制授本宗掌教真人，至元二十二年（1285）赐号崇玄诚德洞阳真人。[1]可见至元世祖朝，全真教以道教新派别的整体面貌出现在世人面前的同时，其内部宗系分化已经初现端倪。回到主题，从李道谦为金莲洞命名、出示榜文护持宫观的角度讲，[2]与1280年为仕马村清阳宫"以恩例手书其额，易观为宫"[3]具有同样的宗教治权上的意义，都是地区宗教领袖行使宗教权力的体现。不同的是，清阳宫位于祖庭重阳宫东南七里的仕马村。金莲洞位于成州，该地西接西和州，东邻徽州，隶陕西四川行省巩昌路，东距西北全真教区的核心宫观祖庭重阳宫约有千里。可以看得出，陕西五路西蜀四川道教提点的宗教管理权并非仅限于重阳宫及附近的下院别业，而是对整个西北教区有着

---

[1]　程巨夫：《徐真人道行碑》、王之纲：《玉清观碑》，陈垣编纂，陈智超、曾庆瑛校补：《道家金石略》，第712—713页、第654—655页。关于王志谨一系掌教传承的更多内容，可参看赵卫东、王光福：《王志谨学案》，济南：齐鲁书社，2015年，第140—144页。

[2]　《感应金莲洞记》称："至元庚辰及癸未岁，蒙天乐真人仍给示榜文，以为外护。"转引自王百岁：《甘肃省成县金莲洞石窟与全真道》，《宗教学研究》2014年第2期。

[3]　据《大元创建清阳宫记》，冲虚大师杨志谨曾受清和宗师尹志平之托，重修位于终南山重阳宫东南七里仕马村的清阳宫。是年（1280）冬，"宣授道教提点天乐真人以恩例手书其额，易观为宫"。刘兆鹤、王西平编著：《重阳宫道教碑石》，第102页。

真正的管理实权。

再者需要注意的是，主持元代金莲洞兴复工作的刘道通、罗道隐是高道宽的两位弟子。《感应金莲洞记》云："鼎新此洞，庄严圣像，恢弘道境者，重阳万寿宫洞观普济圆明高真人之门人刘道通、罗道隐也。"兴复工程"经始于丁丑之冬，落成于壬寅之夏"。① 观内"左创三洞法箓之院，于右塑五祖七真之像"。三洞即洞真、洞玄、洞神，三洞法箓之院当系金莲洞的藏书楼，五祖七真系典型的全真派宗祖谱系。全真宫观中建立以三洞经书体系为核心的藏书楼，是全真派对传统道教的继承与接续的明证。刘、罗二道者从重阳宫到成县兴宫传道，并得到师叔、陕西五路西蜀四川道教提点李道谦为宫观命名、发布榜文加以护持。这是全真教从咸阳向西南传播辐射的一个成功例证。又，《感应金莲洞记》立碑名单中，有时任陕西五路西蜀四川道教提点兼重阳宫事的孙德彧。由此可以看出，于洞真一系在推动全真教西向发展方面，着实倾力颇多。我们知道，李道谦在拜师于洞真之后，就曾随师西游巩昌传道，时间是元定宗元年（1246）。高、李及其后嗣很好地继承了洞真真人的传道传统。据王百岁考察，金莲洞除了供奉有传统道教、民间信仰神灵之外，还供奉有五祖七真、李道谦、刘道通、

---

① 《感应金莲记》。又明人崔观《新修九皇洞记》云："观斯洞幽深弘敞，规模亦远大矣。历汉、唐、宋几千余年，修而废，废而修。往绩虽不可考，遗址尚或可因。迄至于元贞丙申、大德壬寅间，道士刘道通、罗道隐者，当世伟人也，云游寻真于斯，然以复古为己责。"转引自王百岁：《甘肃省成县金莲洞石窟与全真道》，《宗教学研究》2014年第2期。

罗道隐等全真派宗师。[①]这也间接说明该系在推动元代全真教以祖庭为中心的西向发展方面取得了显著成效，在本宗系创修的宫观中供奉本系的祖师神像，是于洞真一系在巩昌一带落户生根的有力明证。

除了刘、罗两位出自于洞真一系的高道在巩昌一带弘道以外，李道谦、孙德彧与巩昌全真教也保持了良好的教内往来关系。《重修巩昌城隍庙记》称，巩昌府旧存一座城隍庙，金蒙易代毁于兵火。高士杨明道，讳志杲，"复故庙殿堂，灰烬瓦砾□横经始剪荒，先营一丈，安炉煮雪，凿□艺芝，颖脱颠冥"，后擢升为巩昌道录，"纲领宗风，启迪后觉"。杨明道不仅担任巩昌道教领袖，而且在道教修行和开示后学方面也颇有业绩。不过，碑文对其出身和师承交代不甚明确。其席下嗣法弟子最著名者当数弘农杨德仙，此人曾协助师父重修城隍庙。杨明道阅世百余岁，德仙九旬而返真。德仙传法于李守清，守清"度四徒，一曰田氏之子名思惠德□，一曰王氏之族名□□叔俭、仁甫（下缺）为大"。由于碑文残缺，李守清四大弟子的名姓不可确知。其中，最为出众的是叔俭、仁甫两位弟子。前者优于干才，元集贤院曾发檄文，令其任巩昌路道判。掌教大宗师常志清对之优礼有加，赐其敬真观妙大师号。秦蜀地方宗教领袖李道谦与后者关系莫逆，曾赠其栖玄大师号。二人都继承前代宗祖遗范，续修城隍庙。而为历代重修工程撰写碑记的就是时任掌教大宗师的孙德彧。孙氏能够为远在陇西的巩昌城隍庙撰写碑文，原因是他与杨明道的三传弟

---

① 王百岁:《甘肃省成县金莲洞石窟与全真道》,《宗教学研究》2014 年第 2 期。

子、叔俭和仁甫的弟子子玄相识。孙德彧自称，"予忆昔在祖庭，□子玄有一面旧，知其人充实□□□□和□又□其能干师蛊，刻意院门，不可（下缺）也"。[①] 按照常理，城隍信仰并不完全属于全真教的信仰体系。大宗师为门下弟子建立全真宫观撰写碑记的情况并不鲜见，而为重修城隍庙撰文，除了杨明道一系的全真弟子身份之外，更重要的是该系与祖庭于洞真一系、甚或中央道官往来密切。李道谦与仁甫的交往、孙德彧与子玄的交往，便是明证。这种代代相传的教内良好往来关系，也为于洞真等历代祖庭高道西向弘道事业打下了坚实的教内基础。

更为有意思的是，刘道通、罗道隐为高道宽弟子，孙德彧为李道谦高足，三人同属一辈。刘、罗二人西向传道的同时，孙德彧卸任陕西五路西蜀四川道教提点兼重阳宫事之后，于元仁宗皇庆二年（1313）赴大都出任全真掌教大宗师。元代中期全真掌教大宗师更替频繁，在这种形势下，孙德彧能够力排众议，代表祖庭马丹阳一系出任掌教大宗师，与刘、罗二同门在西部传教相呼应，极大地提振了祖庭一系高道在整个中国北方地区的声望。应该看到的是，于洞真一系的成功发迹与安西王一直以来对祖庭一系的支持，进而带来的高、李、孙众高道在教内地位的稳固和跃升是密不可分的。

安西王之所以拥有如此大的权力，与其在世祖诸皇子中的地位有关。为充分揭示安西王与祖庭一系的关系，现考述安西王史

---

① 孙德彧：《重修巩昌城隍庙记》，陈垣编纂，陈智超、曾庆瑛校补：《道家金石略》，第 754—756 页。

事如下。

元世祖忽必烈十子，其中长子朵而只王，次二子皇太子真金，次三子就是安西王忙哥剌。忙哥剌生有二子，长子阿难答，次子按檀不花。阿难答生月鲁帖木儿王。更多关于忽必烈宗室世系，参见《元史·宗室世系表》《新元史·世祖诸子》。波斯学者拉施特称，"忽必烈合罕共有十二个尊贵的儿子。正如成吉思汗由长妻孛儿帖—旭真所生的四曲律最受人尊敬，这十二个［儿子］中最有威望的是察必哈敦所生的四个儿子"①。(按：忙哥剌系察必皇后所生，前文已述母子二人曾共同赞助重阳祖庭，与高道宽、孙德彧等高道关系不同一般)。《新元史》记载：

> 忙哥剌，皇太子真金同母弟也。至元九年十月，封安西王，赐螭纽金印，以京兆路为分地，驻于六盘山。置王相府，以商挺、李德辉为王相。明年，册立皇太子。忙哥剌亦进封秦王，别赐兽纽金印。两府并置，在长安者曰安西路，在六盘者曰开成路。诏京兆尹赵炳治宫室，冬、夏分驻焉……是年，改相府铜印为银印，发四川蒙古军七千、新附军三千隶王府，以四川行省右丞汪良臣为安西王相，改李德辉为行省左丞。十五年冬十一月，卒。罢王相府。②

---

① 拉施特主编，余大钧、周建奇译：《史集》，第 2 卷，北京：商务印书馆，1985 年，第 282 页。
② 柯劭忞：《新元史》卷 114《列传第十一·世祖诸子下》，《元史二种》，第 1 册，1989 年，第 517 页。

《元史》卷108《表第三》称，忙哥剌卒于至元十七年（1280）。而《元史》卷163《赵炳传》称："（至元）十五年春，六盘再乱，复讨平之。王还自北，嘉赏战功，赍赐有加。是岁十一月，王薨。十六年秋，被旨入见便殿，帝劳之曰：'卿去数载，衰白若此，关中事烦可知已。'询及民间利病，炳悉陈之，因言王薨之后，运使郭琮、郎中郭叔云窃弄威柄，恣为不法。帝卧听，遽起曰：'闻卿斯言，使老者增健。'饮以上尊马湩。改中奉大夫、安西王相，兼陕西五路西蜀四川课程屯田事，余职如故，即令乘传偕敕使数人往按琮等。至则琮假嗣王旨，入炳罪，收炳妻孥囚之。时嗣王之六盘，徙炳等于平凉北崆峒山，囚闭益严。"[1]清人汪辉祖《元史本证》指出，"纪因是年（至元十七年——引者按）罢王相府而并书王薨，误矣"[2]。有学者指出，"元制'惟视印章，以为轻重'，《元史》诸王表中所列其封一字王者最贵，如燕、秦、晋、梁、越等，皆金印兽纽；其次二字封号，如安西、西平、北平、镇南、北安、怀宁等，皆金印螭纽"，"忙哥剌长兄朵而只王早卒，次兄是皇太子真金，所以他在皇子中有特殊地位，忽必烈将自己原先封地且已'大治'的京兆关陇地区赐封忙哥剌，即如《延厘寺碑》中所谓'以渊龙所国国之'，既是厚爱又是信任"[3]。忙哥剌"一藩二印，两府并开"，一人封二王号，掌二金印，这在世祖封

---

[1] 《元史》卷163《赵炳传》，第3837页。

[2] 汪辉祖撰，姚景安点校：《元史本证》（上），北京：中华书局，1984年，第16页。

[3] 余军：《开城安西王府——史迹·史识·史册》，银川：宁夏人民出版社，2012年，第118—120页。

王诸子中是独一无二的，①而且在"安西王开国之三年，(世祖忽必烈) 诏许凡官关中者，职不职，听其承制迁黜"②。为什么主司军务的出镇宗王，有权对治下的宗教事务有着独揽一方的管理权，忽必烈的诏旨为我们提供了答案。姚燧《延厘寺碑》对安西王在长安藩邸的威仪及所辖地域和军政大权亦有记载："当至元九年，诏立皇子为安西王，以渊龙所国国之。明年，至长安，营于素浐之西，巍殿中峙，卫士环列，车间容车，帐间容帐，包原络野，周四十里，中为牙门，讥其入出，故老望之眙目怵心，赍咨啧啧，以为有国而来，名王雄藩，无有若是吾君之子威仪盛者。其时犍河之外，秦固内地，教令之加，于陇于凉，于蜀于羌，诸侯王、郡牧、番首，星罗棋错，于是闻者靡不舆金箧帛，效马献琛，辐辏庭下，勃磎竭蹶，如恐于后。其大如军旅之振治，爵赏之予夺，威刑之宽猛，承制行之。"③辖区包括今陕西、四川、青海、甘肃、宁夏、西藏等省区的全部，以及山西西部、河南西部、湖北西北部、贵州西部、云南北部、内蒙古南部等广大地区。④

另外，近些年来，随着开城安西王府考古工作的有序开展，安西王府昔日的辉煌逐渐得以再现。从王府"两府并置"的规制来看，余军指出，这是忙哥剌秉承蒙古诸汗巡游遗风，效仿元代两都冬夏巡幸制度，以京兆府比附大都、以开成府比拟开

---

① 陈广恩：《元安西王忙哥剌死因之谜》，《民族研究》2008 年第 3 期。
② 姚燧：《牧庵集》卷 23，《景印文渊阁四库全书》，第 1201 册，台北：台湾商务印书馆，1986 年，第 650 页。
③ 姚燧：《牧庵集》卷 10，《四部丛刊初编》集部，上海：上海书店，1989 年。
④ 王宗维：《元代安西王信仰伊斯兰教说质疑》，《民族研究》1993 年第 2 期。

平府（上都），俨然是一个与大元帝国相仿的"小元帝国"。在府城的构筑、格调方面，也都体现出大都与上都的影子。[①]他还通过比较开城安西王府宫城与元代众多府城、都城（包括元代北方路城、投下城、西安安西王府宫城、元大都大明殿、元上都、元中都等）异同的方式，阐述了开城安西王府在整个元代府城、都城建筑中的特点。例如，他提出，开城安西王府宫城中央大殿、西安安西王府宫城中央大殿与大都宫城中央的大明殿、中都宫城中心大殿的基址规模大体相近。就差别而言，元上都、大都、中都都是都城建制，采用外城、皇城、宫城三重城垣相套的规制。而开城和西安安西王府宫城都是单重城垣。[②]由此可见，安西王王城从建筑礼制上既有对元代都城的仿效，有些方面甚至可以与都城媲美、不分伯仲，但总体上又没有僭越礼制。一方面，体现了元世祖对安西王的器重，以及安西王在世祖诸子之中的突出位置；另一方面，又遵循了君臣父子之间的尊卑规制。

忙哥剌去世后两年的至元十七年（1280），阿难答袭封安西王。在此之后的世祖朝，嗣安西王阿难答在发展屯田、军事镇戍方面发挥了一定的作用。但是总体而言，忽必烈对这位皇孙的赏识已不及第一代安西王。大德十一年（1307）正月，元成宗去世。阿难答因觊觎皇位，与左丞相阿忽台、平章八都马辛、前平章伯颜、中政院使道兴参与到宫廷政治斗争中。右丞相合剌合孙潜使

① 余军：《开城安西王府——史迹·史识·史册》，第 127 页。
② 余军：《开城安西王府——史迹·史识·史册》，第 159—160 页。

人迎武宗、仁宗。二月，仁宗自怀庆奔丧至，执阿忽台等杀之。阿难答亦被赐死。武宗即位以后，将安西王位下分地及江西吉州户钞赐仁宗。同时，阿难答子月鲁帖木儿因受其父牵连，未能绍封安西王。元英宗至治三年（1323）八月，月鲁帖木儿预铁失逆谋，英宗遇弑。九月，泰定帝也孙铁木儿即位。为暂时稳住反叛势力，作为缓兵之计，令月鲁帖木儿袭安西王封。后追论逆党，流放月鲁帖木儿于云南、按檀不花于海南。至顺三年（1332），月鲁帖木儿因与畏兀僧你达八的刺版的、国师必剌忒纳失里沙津爱护持等谋反，伏诛。①

就第二代安西王与全真教的关系讲，前文已经谈到，李道谦和孙德彧先后于元世祖至元二十四年、元成宗大德七年与阿难答有过往来，并得到后者的赏赉。成宗大德三年（1299）至仁宗皇庆二年（1313），孙德彧任陕西五路西蜀四川道教提点兼领重阳宫事。武宗时，他又被上调中央转任全真教诸路道教都提点，并加体仁文粹开玄真人号，同时兼领陕西道教事。后于皇庆二年（1313）九月，接替常志清出任全真教掌教大宗师。②仁宗延

---

① 详见柯劭忞：《新元史》卷114《列传第十一·世祖诸子下》，《元史二种》，第1册，第517—518页。

② 《元汉会文圣旨碑》云："上天眷命，皇帝圣旨。大道无名，诞启玄元。之造至人，有作允符，历数之归。昔太祖漠北以龙飞，伊长春山东而凤翥，明宵胥会，宗教肇兴。何替德于八传，肆求贤一派。辅道体仁文粹开玄真人孙德彧，雅师清静，克宝俭慈。探《老》《易》之精微，搴经科之灵秘。虽深资于天乐，实光绪于丹阳。提振纲维，恪恭戒律。……可授神仙演道大宗师玄门掌教真人管领诸路道教所知集贤院道教事。宜令孙德彧。准此。皇庆二年九月日。"王宗昱编：《金元全真教石刻新编》，第87页。

祐七年（1320）退职，入关中还重阳宫。次年即元英宗至治元年（1321）辞世。上文谈到，阿难达在袭封安西王以后，其权力较第一代安西王已经有所削弱。成宗朝末年，阿难达又曾参与皇位争夺，最终落得赐死的结局。而孙德彧也差不多在同时期从地方宗教领袖升任全真掌教大宗师。也就是说，安西王一系虽然遭受打压甚至迫害，而且这一系与祖庭重阳宫关系不同寻常，但是从孙德彧的晋升来讲，皇室纷争并没有牵连到全真教门。相反，大德三年（1299）"成宗加玺书，授陕西五路西蜀四川道教提点，领重阳宫事。越四年，锡御衣一袭，宝镇寥阳殿，弘璧天球，莫喻辉赫"①。虞集撰墓志铭亦称，"世祖皇帝时，命真人（指孙德彧——引者按）从亲王匡西服，成宗皇帝命真人分教秦蜀间，武宗皇帝赐真人号，仁宗皇帝累加恩命，召至京师，掌道教，号曰特授神仙演道大宗师、玄门掌教辅道体仁文粹开玄真入、管领诸路道教所、知集贤院道教事"。同时，元仁宗还推恩封其师祖于洞真为真君，高道宽、李道谦为真人，穆、王二师为真人。②（按，至元六年全真五祖得赐真君之号，七真得赐真人之号。仁宗敕封于洞真

---

① 邓文原：《皇元特授神仙演道大宗师玄门掌教辅道体仁文粹开玄真人管领诸路道教所知集贤院道教事孙公道行之碑》，陈垣编纂，陈智超、曾庆瑛校补：《道家金石略》，第787页。为了彰显成宗敕赐御服的恩宠，仁宗延祐二年（1315）时任掌教大宗师的孙德彧及其弟子通真侍宸资善法师奉元路大重阳万寿宫住持都提点庞德益，将正奉大夫中书省参知政事赵世延撰写的《大元敕藏御服之碑》立于祖庭重阳宫。参见《大元敕藏御服之碑》，陈垣编纂，陈智超、曾庆瑛校补：《道家金石略》，第745—746页。

② 虞集：《玄门掌教孙真人墓志铭》，陈垣编纂，陈智超、曾庆瑛校补：《道家金石略》，第767页。

为真君，高、李四师为真人，足见仁宗对于洞真一系的器重。至少在七真亲传弟子中得赐真君之号者较为鲜见）。可见，元朝政府对孙德彧的赏识从世祖朝开始，历成宗、武宗、仁宗四朝。阿难答谋逆争位事件并未影响孙德彧的晋升，至少说明：其一，伴随着世祖对安西王治权的削夺，第一代安西王授封初年独揽封地内大小军政事务（包括宗教管理权）、中央政府甚至很难插手的局面已经一去不复返。安西王崇遇祖庭高道的同时，祖庭高道与元朝中央政府、甚至皇帝本人已经建立起另外一条君臣往来的通道。其二，孙德彧是于洞真一系培养出来的掌教大宗师，在朝在教都有着颇高的声望和影响力。一代文宗紫阳先生杨奂对其称赞有加，张志敬、王志坦、祁志诚、张志仙等四代掌教都非常赏识孙德彧。[①]其三，武宗重用孙德彧，除了继承前朝风范以外，是否有借此笼络关陇地区庞大的全真教势力的可能？这只是笔者的一种推测，有待新的文献资料的佐证。最后，从政教关系发展趋势来看，伴随着安西王权势的式微和最终被削夺，祖庭一系在政治抉择方面经历了三个阶段的转变：最初，完全依附于安西王；之后既与地方宗王保持良好关系，又与中央政府建立君臣联系；最终，完全臣服于元朝中央政府。

应该看到的是，除了安西王以外，王府的多位幕僚也和祖庭全真教关系不同一般。至元十三年（1276），安西王府文学姚燧为

---

① 虞集：《玄门掌教孙真人墓志铭》称，"紫阳杨公奂然见而异之，□□犹子，诚明张真人、淳和王真人、洞明祁真人、□□（玄逸）张真人掌教时，皆亲礼用之"。陈垣编纂，陈智超、曾庆瑛校补：《道家金石略》，第767页。

《终南山重阳祖师仙迹记》书写碑文并题额。[①] 至元十四年（1277）高道宽仙逝后，受李道谦的委托，姚燧为高道宽撰写《洞观普济圆明真人高君道行碑》。据《甘水仙源录》，姚燧还曾为佑德真人褚志通编写传记。至元十六年（1279），褚志通曾得世祖忽必烈召见。此人与中奉大夫、安西王府王相李德辉关系莫逆，而姚燧正是按照李德辉的意见为褚氏作传的。[②] 除了姚燧、李德辉之外，安西王府说书刘汾曾撰写《题甘河遇仙宫》诗。[③] 至元十六年，时任秦蜀道教提点的李道谦草拟栖云真人王志谨在重阳宫开凿涝水的始末，请安西王府记室参军薛友谅撰写了《栖云真人开涝水记》并篆额。[④] 由此得出以下结论恐不为过，即安西王府对以祖庭重阳万寿宫为核心的关中全真教的支持是王府的一种集体行为，而非仅限于安西王的个人偏好。对祖庭全真教给予大力支持并与之保持密切往来关系的成员至少包括了忙哥剌的母后昭睿顺圣察必皇后、忙哥剌、阿难达及其王妃，以及一大批拥集在安西王府的幕僚，例如王相李德辉、王府文学姚燧、王府说书刘汾、王府记室参军薛友谅等。

---

① 刘祖谦：《终南山重阳祖师仙迹记》，刘兆鹤、王西平编著：《重阳宫道教碑石》，第 92 页。当时参与立碑的包括陕西四川等路道教提点洞观普济圆明真人高道宽、重阳万寿宫提点悟真了一袭明真人申志信、衍真复朴纯素真人张志悦等。

② 李道谦：《甘水仙源录》卷 8，《正统道藏》三家本，第 19 册，第 787—788 页。李德辉，字仲实，通州潞县人。"皇子安西王镇关中，奏以德辉为辅，遂改安西王相"。参见宋濂等撰：《元史》卷 163《李德辉传》，第 3815—3819 页。

③ 李道谦：《甘水仙源录》卷 10，《正统道藏》三家本，第 19 册，第 814 页。

④ 薛友谅：《栖云真人开涝水记》，陈垣编纂，陈智超、曾庆瑛校补：《道家金石略》，第 620—621 页。

（二）宫观建设

在宫观建设方面，李道谦亦用力颇多。兹按照其参与宫观建设工作的不同内容，分为如下几种类型：其一，主持支持工程建设。这类工程包括营建祖庭重阳宫、岐山周公庙、古楼观下院玉华观等。李道谦曾在终南山重阳宫西北隅筼溪旁建筼溪道院。[①]筼溪道院系重阳宫祖庭的组成部分，营建筼溪道院进一步扩大了祖庭的规模。元定宗三年（1248），李道谦请宣授陕西三白渠使太华郭时中撰作《筼溪道院记》。元宪宗二年（1252）春正月，奉宪宗皇帝之命，李志常祀礼终南祖庭，并对重阳宫及附属道院大加营造修缮。"恭行祀礼，规度营造，凡山下道院，皆为一例，以是地系教门根本故也"[②]。李道谦于此前一年受李志常之命，任重阳宫提点。因此可以推知，在本次营造工程中，李道谦作为重阳宫的领导阶层，肯定承担了不少组织工作。又如，据明人王炜《谒周公庙记》，岐山县西北十五里有周公庙。该庙历史久远，创于唐以前，金宣宗兴定年间有道士改庙为道宫。元初，尽毁。元世祖至元十七年（1280），"李忠宣公德辉行台陕西，欲起其废，而有司力不逮，乃请终南重阳宫李天乐真人重建"。建成之后，李道谦命弟子守

---

① 郭时中《筼溪道院记》云："友人李和甫构茅其中，榜以筼溪"。参见陈垣编纂，陈智超、曾庆瑛校补：《道家金石略》，第 610 页。
② 王鹗：《玄门掌教大宗师真常真人道行碑铭》，陈垣编纂，陈智超、曾庆瑛校补：《道家金石略》，第 579 页。

庙。①此记可与《天乐真人道行铭》所记"岐山旧有周公庙，岁久圮，公遣徒庀工，一复故制"相印证。《元史》卷163《李德辉传》称，"（至元）十七年，置行中书省，以德辉为安西行省左丞。"至元十七年，元朝政府刚刚消灭最后一股南宋抵抗力量。但是，当时西南少数民族势力叛服无常，严重影响和牵制着元朝中央地方统治。②从"有司力不逮"可知，当时陕西地区百废待兴，官方虽握有重权，但可兹支配的财力尚显拮据。与此形成鲜明对照的是，李道谦领导的重阳宫却有能力支持重修工程。一方面体现了李道谦在当地政教两界的知名度和社会认可度。另一方面也间接彰显了重阳宫非同一般的财力。（按，有司曾在长安城中作新孔子庙堂，李道谦"又助栋宇费十三四"。事见《天乐真人道行铭》）。再如，终南山玉华观系古楼观下院，原本是唐玉真公主邸宫旧址，后被李志柔一系弟子改建为玉华庵。李志柔命弟子贞素散人郭守冲对其进行重修。工程从世祖至元十年（1273）春开始，至元二十三年（1286）始告完成。"继又缭以重垣，植以众木，位置轩豁，即庵为观，仍扁以玉华，寔祖庭天乐真人命之也"。③可见，李道谦对陕西地区全真宫观的关注并非仅限于祖庭祖宫等大型宫观，对于这些大型宫观的分支机构——下院、别业——也倾注了不少心血。

① 王炜：《谒周公庙记》，王宗昱编：《金元全真教石刻新编》，第95页。
② 《元史·李德辉传》云："是年（至元十七年），西南夷罗施鬼国既降复叛，诏云南、湖广、四川合兵三万人讨之。兵且压境，德辉适被命在播，乃遣安珪驰驿止三道兵勿进，复遣张孝思谕鬼国趣降。"宋濂等撰：《元史》卷163，第3818页。
③ 王守道：《玉华观碑》，陈垣编纂，陈智超、曾庆瑛校补：《道家金石略》，第724页。

其二，参与宫观建设中的立碑纪念工作。如，丘处机为王重阳完成守丧之礼后，赴陕西凤翔府虢县磻溪修道。于洞真主持重阳宫期间，曾令弟子卢志清在磻溪创建长春观。后又有道士方志正对其重修。至元十七年（1280），重修工程竣工。奉训大夫、陕西汉中道提刑按察副使顺圣魏初撰写《重修磻溪长春成道宫记》。时任宣授陕西五路西蜀四川道教提点兼领终南山重阳万寿宫事的李道谦立碑以纪其事。① 又如，至元十九年（1282）秋八月，李道谦持马钰道行之状，请翰林直学士、中顺大夫、陕西汉中道提刑按察副使王利用撰写《全真第二代丹阳抱一无为真人马宗师道行碑》。次年端午日，李道谦会同重阳万寿宫提点保和宁谧大师高志隐、冲和悟道大师冯志安、冲虚大师王志和等立石纪念。②

其三，书篆创建工程碑记、宫（观）额。为追念重阳祖师在南时村的修道经历，元太宗七年（1235），马丹阳的法孙、周全阳的弟子渊虚真人李志源率道众在当地营造重阳成道宫。元宪宗二年（1252），掌教大宗师李志常奉宪宗蒙哥之命，"以御香来致上命。礼成，以恩例改观为宫"。宪宗四年（1254），宣差国学总教、佐玄寂照大师、教门都道录、权管教门事冯志亨撰作《重阳成道宫记》，李道谦为之书篆。他当时的职衔是葆真大师、提举终南山重阳万寿宫事、权陕西五路兴元府教门提点。③ 前文提到，元

① 魏初：《重修磻溪长春成道宫记》，陈垣编纂，陈智超、曾庆瑛校补：《道家金石略》，第629—630页。
② 王利用：《全真第二代丹阳抱一无为真人马宗师道行碑》，陈垣编纂，陈智超、曾庆瑛校补：《道家金石略》，第638—641页。
③ 冯志亨：《重阳成道宫记》，刘兆鹤、王西平编著：《重阳宫道教碑石》，第65—67页。

世祖至元十七年（1280）冬，宣授道教提点天乐真人以恩例手书清阳宫额，易观为宫。由"以恩例手书其额"可知，当时请道教领袖撰写宫观匾额已经成为一种惯例。这不仅是教门领袖行使权力的体现，也是提高宫观知名度的一种有效方式。至于"易观为宫"一语，恐怕未必是李道谦所能左右的。即便是李道谦宣布将清阳观提升为清阳宫，也只能是对政府政令的传达。以重阳宫为例，其前身系灵虚观。据《玄门掌教大宗师真常真人道行碑铭》，元太宗十年（1238）四月，李志常赴阙觐见太宗窝阔台，并奏请将灵虚观更名为重阳宫。清阳观易观为宫发生在四十多年后，当时元朝刚刚统一全国，统治力正处于上升阶段，政府一般不会轻易将改易宫观额号的权力下放给教门领袖。上面提到的长春成道宫于宪宗二年奉蒙哥之命"改观为宫"，再次印证了元朝统治者始终没有放弃褒赠、赐封、更改寺观额号的权力。至元二十一年（1284），李道谦撰写《终南山大重阳万寿宫真元会题名记》和《楼观大宗圣宫重修说经台记》，[①]纪念宣扬老子、《道德经》、黄老之学之于中国文化、社会的巨大贡献。又，至元二十三年（1286）春，为纪念于洞真弟子符道清及其嗣法弟子杨志明、董守常创建岐山官村通玄观一事，三洞讲经知常盛德大师、诸路玄学提举兼提点终南山甘河重阳遇仙宫事赐紫王道明撰写了《大元凤翔府岐山县官村创建通玄观记》。李道谦为碑记篆额，应召讲经开玄崇

---

① 《终南山大重阳万寿宫真元会题名记》拓片，国家图书馆登记为至元十八年（1281）。据李道谦所述，他自中统四年（1264）纠集诸宫观道众，举办真元会，"迄今仅二十年，与会之众，有增而无替"，由此可知，撰碑之年当为1284年。参见王宗昱编：《金元全真教石刻新编》，第73—75页。

道法师、安西路道门提点孙德彧为之书丹。①

其四，邀请引介他人撰写宫观碑文。上文谈到，于洞真的三大弟子冯道真、高道宽、魏道阳曾纠集道侣重修位于陕西沔阳县的玉清万寿宫。这里曾是于洞真修道故庐。据称，丘处机也非常欣赏这一道教圣地，曾在此筑全真堂修道。重修工程历"二十三年而后成"。教门提点李道谦为了颂扬三大高道纪念先师的道业，专门请奉议大夫、陕西汉中道提刑按察副使姚燧撰写重修纪念碑铭。可惜，碑文并未明确记载此事发生的具体年月，碑铭末尾的立碑时间亦已损缺。不过按照于洞真在海迷失后二年（1250）仙逝，三大弟子即开始重修工程的话，历经二十三载，李道谦请姚燧撰碑一事当不早于元世祖至元九年（1272）。②又如，元定宗二年（1247），郝大通弟子、盘山栖云真人王志谨引终南山涝谷之水由东环绕重阳万寿宫，与甘水由西护翼祖庭，形成双龙捧护之势。至元十六年（1279），王志谨弟子、安西道录吴道素持李道谦所纪本末，请安西王府记室参军薛友谅撰写《栖云真人开涝水记》并立碑。③再如，至元十七年（1280），魏初为长春成道宫撰写《重修磻溪长春成道宫记》。李道谦不仅参与立碑活动，而且撰写纪念碑记一事起初也是长春成道宫提点方志正携李道谦之状，

① 王道明：《大元凤翔府岐山县官村创建通玄观记》，王宗昱编：《金元全真教石刻新编》，第80—82页。

② 姚燧：《有元重修玉清万寿宫碑铭并序》，陈垣编纂，陈智超、曾庆瑛校补：《道家金石略》，第721—722页。

③ 薛友谅：《栖云真人开涝水记》，陈垣编纂，陈智超、曾庆瑛校补：《道家金石略》，第620—621页。

请魏初撰写的。^①

（三）书法造诣

清人叶昌炽《语石》云："元初楼观诸碑，强半出道流之手，如李道谦、朱象先，皆不止一碑。孙德彧书碑尤多，笔法遒媚，然不出赵文敏范围。"^②李道谦的书法遒劲有力。据不完全统计，他题写的书法作品至少包括如下几种：元宪宗元年（1251）下元日为重阳宫《清和真常二大宗师仙翰》篆额，为撰于元宪宗四年（1254）的《重阳成道宫记》书篆，书篆《终南山重阳万寿宫无欲观妙真人李公本行碑》（1256 年立石），书篆《终南山重阳万寿宫碧虚杨真人碑》（1262 年立石），元世祖至元十一年（1274）撰书《长春大宗师玄风庆会图序》，书篆《终南山神仙重阳子王真人全真教祖碑》（1275 年立石），至元十七年（1280）以恩例手书仕马村清阳宫额，至元十八年（1281）二月十六日编撰《全真第五代宗师长春演道主教真人内传》并题额，至元二十二年（1285）三月十六日题《老君庵诗刻》，至元二十三年（1286）为王道明撰《大元凤翔府岐山县官村创建通玄观记》篆额。其中，对后世书画艺术影响最大的当数收入《甘水仙源录》的《终南山神仙重阳子王真人全真教祖碑》。碑文题开府仪同三司上柱国密国公金源

---

① 魏初：《重修磻溪长春成道宫记》，陈垣编纂，陈智超、曾庆瑛校补：《道家金石略》，第 629—630 页。

② 叶昌炽撰，韩锐校注：《语石校注》卷 8，北京：今日中国出版社，1995 年，第 767—768 页。

璹撰，葆真玄靖大师前诸路道教提举李道谦书篆。元明以来，包括文集、金石碑传集、书画题跋等多部文献对李道谦所书《全真教祖碑》多有题赞。明王世贞《弇州四部稿》云："（王重阳碑）为金密国公璹撰，至元而道流李道谦书之，亦遒伟有法"[①]。清代多部书画题跋类文献对李道谦所书《全真教祖碑》的精湛书法造诣有所品评，包括倪涛《六艺之一录》、孙岳颁《佩文斋书画谱》、卞永誉《式古堂书画汇考》、王昶《金石萃编》等，然多本王世贞之说。不过亦有人从书法发展史的视角对李氏书法作出评价。如明代陕西盩厔人赵崡提出，李道谦"书亦模仿平原，然尚不及姚燧《仙迹碑》。"[②]按，引文所说的"平原"当指颜真卿（709—784），字清臣，曾任平原郡守，封鲁郡开国公，世称"颜鲁公"。在中国书法史上，他与柳公权并有"颜筋柳骨"之美誉。两《唐书》有传。赵崡认为李氏书法源仿自颜体。同时，又较姚燧的书法略显逊色。姚燧（1238—1313），字端甫，号牧庵，曾任安西王府文学，历任奉议大夫、兼提举陕西、四川、中兴等路学校，陕西汉中道提刑按察司副使，翰林直学士，中宪大夫、江东廉访使、中奉大夫、江西行省参知政事，太子少傅，荣禄大夫、翰林学士承旨、知制诰兼修国史等职。《元史》云："燧之学，有得于许衡，由穷理致知，反躬实践，为世名儒。为文闳肆该洽，豪而不宕，刚而不厉，春容盛大，有西汉风，宋末弊习，为之一变。盖自延祐以

---

① 王世贞：《弇州四部稿》卷 136《文部》，《景印文渊阁四库全书》，第 1281 册，第 253 页。
② 赵崡：《石墨镌华》卷 6《跋四十一首》，《景印文渊阁四库全书》，第 683 册，第 510 页。

前，文章大匠，莫能先之……故三十年间，国朝名臣世勋、显行盛德，皆燧所书。每来谒文，必其行业可嘉，然后许可，辞无溢美。又稍广置燕乐，燧则为之喜而援笔大书，否则弗易得也。"①《终南山重阳祖师仙迹记》，即《仙迹碑》，系嘉议大夫翰林修撰同知制诰上轻车都尉彭城郡开国伯食邑七百户赐紫金鱼袋刘祖谦撰，安西王府文学姚燧于至元十三（1276）中秋日书并题额。《石墨镌华》云："元重阳仙迹碑，姚牧庵璲追书，金刘祖谦文，文颇蕴藉，而书全法颜平原，但波拂钩磔稍不及，因以知胜国时不乏能书者也。"②书画作品见仁见智，将李氏书法与颜鲁公、姚牧庵相比肩，足见李道谦书法在中国书法史上占有一席之地，其精湛超群的书法造诣在整个中国道教史上也是比较出众的。另外，以上诸家对李道谦书法的记载和品评应该是针对其楷书而言的，《重阳成道宫记》《终南山重阳宫碧虚杨真人碑》《终南山神仙重阳子王真人全真教祖碑》除了完整展现了他的楷书造诣之外，碑额还完整保存了李氏篆书，笔法严整刚劲、圆融一体，详见下文拓本。

---

① 宋濂等撰：《元史》卷 174《姚燧传》，第 4057—4060 页。
② 赵崡：《石墨镌华》卷 6《跋四十一首》，《景印文渊阁四库全书》，第 683 册，第 510 页。

附李道谦部分书法作品

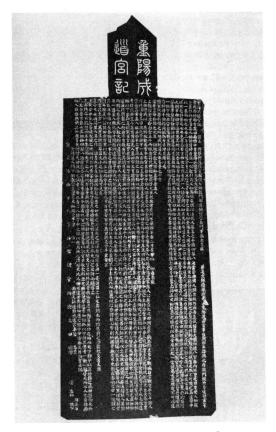

图 2 《重阳成道宫记》拓片^①

---

① 拓本录自赵卫东、陈法永主编:《金元全真道碑刻集萃》,济南:山东大学出
 版社,2020 年,第 37 页;另见北京图书馆金石组编:《北京图书馆藏中国历
 代石刻拓本汇编》,第 48 册,郑州:中州古籍出版社,1989 年,第 18 页。北
 图拓本篆额为"兴□平宫师德题名",与正文不符。

碑在陕西省西安市户县（今西安市鄠邑区，后不再注）祖庵镇重阳宫，元宪宗四年（1254）立。冯志亨撰文，李道谦书丹并篆额。通高382厘米，螭首高110厘米，趺座高52厘米，碑身宽105厘米，厚37厘米。正文楷书，字径3厘米。圭额篆"重阳成道宫记"，2行，字径12厘米。

图3 《终南山重阳宫无欲观妙真人李君之碑》碑额拓片

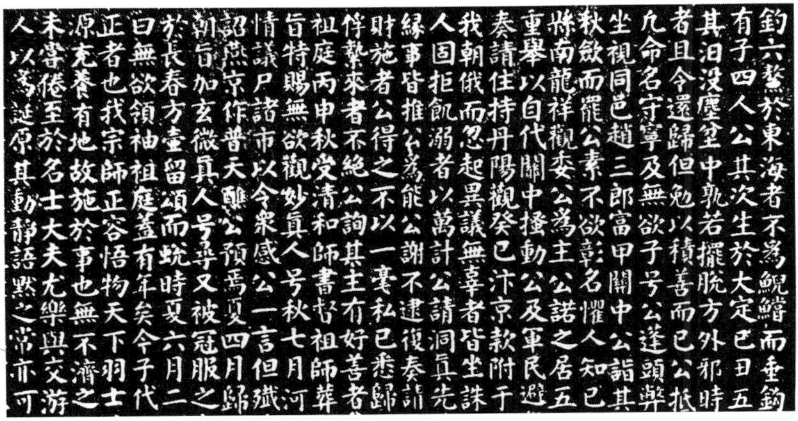

图 4 《终南山重阳宫无欲观妙真人李君之碑》正文拓片（局部）[1]

碑在陕西省西安市户县祖庵镇重阳宫，元宪宗六年（1256）立。何道宁撰文，李道谦书丹，骆天骧篆额。

[1] 拓本录自赵卫东、陈法永主编：《金元全真道碑刻集萃》，第40页、第43页；另见北京图书馆金石组编：《北京图书馆藏中国历代石刻拓本汇编》，第48册，第21页。

图5 《终南山重阳宫碧虚杨真人碑》拓本①

---

① 拓本录自赵卫东、陈法永主编:《金元全真道碑刻集萃》,第55页;另见北京图
书馆金石组编:《北京图书馆藏中国历代石刻拓本汇编》,第48册,第29页。

碑在陕西省西安市户县祖庵镇重阳宫，元世祖中统三年（1262）立。禹谦撰文，李道谦书丹并篆额。螭首方座。通高386厘米，螭首高95厘米，座高43厘米。碑身宽119厘米，厚37厘米。正文楷书，字径2.5～3厘米。圭额篆"终南山重阳宫碧虚杨真人碑"，3行，字径9厘米。

图6 《终南山神仙重阳王真人全真教祖碑》碑额拓片

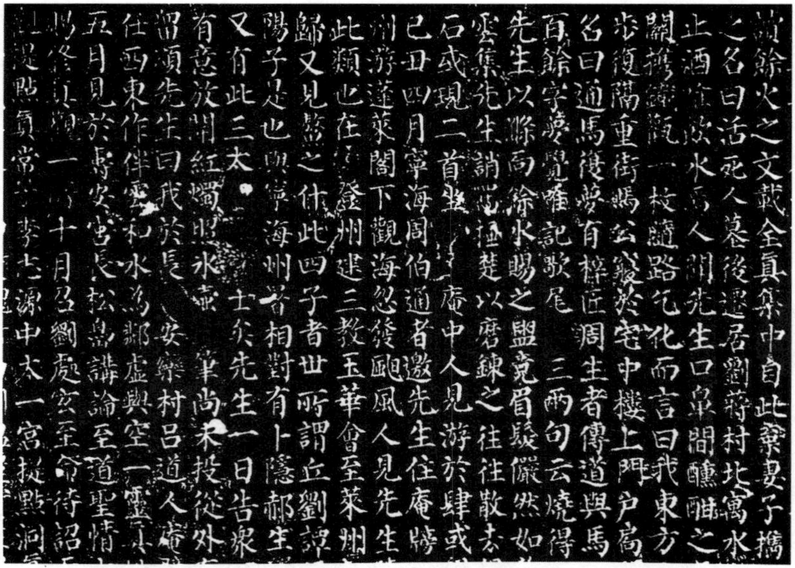

图 7 《终南山神仙重阳王真人全真教祖碑》正文（局部）[1]

　　碑在陕西省西安市户县祖庵镇重阳宫，元世祖至元十二年（1275）立。金源璹撰文，李道谦书丹并篆额。正文楷书，字径3.5 厘米。圭额篆"终南山神仙重阳王真人全真教祖碑"，3 行，字径 12 厘米。

---

[1]　拓本录自赵卫东、陈法永主编：《金元全真道碑刻集萃》，第 83 页、第 85 页；另见北京图书馆金石组编：《北京图书馆藏中国历代石刻拓本汇编》，第 48册，第 65 页。

图8 颜真卿书《颜勤礼碑》(局部)①

《颜勤礼碑》全称为《唐故秘书省著作郎夔州都督府长史上护军颜君神道》。颜真卿书。唐代宗大历十四年（779）立。此碑最初著录于宋欧阳修《六一题跋》卷7，考系颜真卿71岁时书（后五年殁）。

① 拓本及注释录自葛慕森等编:《唐代碑刻正书选粹》(普及本之三)，北京：北京出版社，1992年，第6—7页。

图 9 《终南山重阳祖师仙迹记》碑额拓片

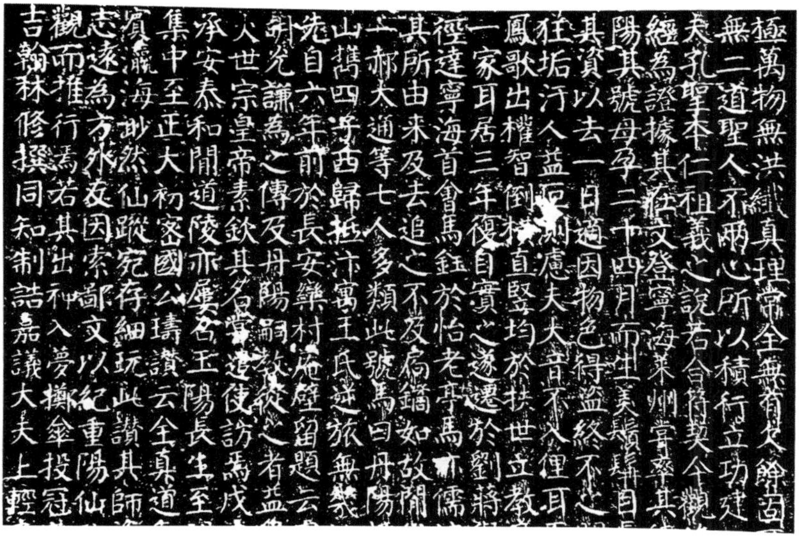

图 10 《终南山重阳祖师仙迹记》正文（局部）[①]

　　碑在陕西省西安市户县祖庵镇重阳宫，元世祖至元十三年（1276）立。刘祖谦撰文，姚燧书丹并题额。正文楷书，字径4厘米。圭额题"终南山重阳祖师仙迹记"，2行，隶书，字径10厘米。

[①]　拓本录自赵卫东、陈法永主编：《金元全真道碑刻集萃》，第93页、第96页；另见北京图书馆金石组编：《北京图书馆藏中国历代石刻拓本汇编》，第48册，第69页。

（四）社会交往

李道谦能够顺利地推进重阳宫及其周边大大小小宫观建设工程，除了他担任一方道教领袖、在教内外享有很高声望以外，还有一点我们不可忽视，即此人与当时政界精英、饱学之士保持了良好的往来关系。否则，没有他们的支持，李道谦的弘道事业很难顺利开展。从以上阐述可知，与他往来关系不同一般的教内外人士至少包括第一、第二代安西王及其僚属，陕西三白渠使郭时中，安西行省左丞李德辉，奉训大夫、陕西汉中道提刑按察副使魏初，奉议大夫、陕西汉中道提刑按察副使姚燧。此外，据《天乐真人道行铭》，与李道谦为方外友的还包括"紫阳杨先生奂，雪斋姚公枢，翰长永年王公磐，左山商公挺"。杨奂，字焕然，乾州奉天（今陕西乾县）人，金元之际著名文士，人称紫阳先生，谥文宪。元世祖"在潜邸，驿召奂参议京兆宣抚司事，累上书，得请而归"。著有《还山集》60 卷、《天兴近鉴》3 卷、《正统书》60卷。姚枢，字公茂，号雪斋、敬斋，柳城（今属辽宁朝阳）人，后迁洛阳，"世祖在潜邸，遣赵璧召枢至，大喜，待以客礼。询及治道，乃为书数千言，首陈二帝三王之道，以治国平天下之大经，汇为八目，曰：修身，力学，尊贤，亲亲，畏天，爱民，好善，远佞"。元初内修外攘之政，多所与焉。累官至翰林学士承旨，谥文献。商挺，字孟卿，曹州济阴（今属山东曹县）人。至元九年（1272），出为安西王相，累官至枢密副使。延祐初，赠推诚协谋佐运功臣、太师、开府仪同三司、上柱国、鲁国公，谥文定。王磐，字文炳，广平永年（今属河北邯郸）人。官至宰相，后以资德大夫致仕。赠端贞雅亮佐治功臣、太傅、开府仪同三司，追封洺国公，谥文忠。上述四人传记分别见于《元史》卷154、卷158、卷159、卷160。与李道谦结交者多为饱学位尊之士。这一点他继承了师父于洞真广交名士的遗范。据《洞真真人碑》，与洞真交游者"在汴则尚书左丞张公行信、平章政事侯公挚、司谏许公古、礼部尚书杨公云翼、王府司马李守节、修撰雷渊、应奉翰林文字宋九嘉，在燕则陈漕长时可、吴大卿章、张侍读本，在关中则参省王辅臣、郎中邳邦用、讲议来献臣、同德寺丞杨天德、员外郎张徽、中书掾裴宪、经籍官孟攀鳞、署丞张琚。盖当世景慕者也"。张行信，字信甫，莒州日照（今属山东日照）人。许古，字道真，献州交河（今属河北沧州）人。杨云翼，字之美，平定乐平（今属山西阳泉）人。雷渊，字希颜，浑源（今山西浑源）人。四人传记分别见于《金史》卷107、卷109、卷110。宋九嘉，字飞卿，夏津（今山东夏津）人，传见《金史》卷126。张琚，字子玉，河中（今属山西永济）人，金时人，著有《韦斋集》。张徽，武功（今属陕西咸阳）人。孟攀鳞，字驾之，云内（今山西大同）人，徙长安，谥文定，《元史》卷164有传。

四、教史贡献

据《天乐真人道行铭》记载，李道谦的著述主要包括"《祖庭内传》三卷，《七真人年谱》一卷，《终南山记》三十卷，《仙源录》六卷，《筠溪笔录》一十卷，诗文五卷"。《祖庭内传》，收入《正统道藏》洞神部记传类，作《终南山祖庭仙真内传》，3卷。《七真人年谱》，收入《正统道藏》洞真部谱录类，作《七真年谱》，1卷。《仙源录》，收入《正统道藏》洞神部记传类，作《甘水仙源录》，10卷。《终南山记》30卷、《筠溪笔录》10卷、诗文5卷均已散轶。通过检视教史资料，笔者还辑录了一些未收入上述教史文献的李氏作品，具体包括《长春大宗师玄风庆会图序》（至元十一年）[1]、《通微真人蒲察尊师传》（至元十七年立碑）[2]、《全真第五代宗师长春演道主教真人内传》（至元十八年二月既望）[3]、《终南山宗圣宫主石公道行记》（至元十九年立碑）[4]、《终南山大重阳万寿宫真元会题名记》（至元二十一年）[5]、《楼观大宗圣宫重修说经台

---

[1] 参见周燮藩主编，王卡分卷主编：《三洞拾遗》，第16册，《中国宗教历史文献集成》46，合肥：黄山书社，2005年，第391—393页。

[2] 陈垣编纂，陈智超、曾庆瑛校补：《道家金石略》，第626—627页。

[3] 陈垣编纂，陈智超、曾庆瑛校补：《道家金石略》，第634—637页。

[4] 陈垣编纂，陈智超、曾庆瑛校补：《道家金石略》，第637页。

[5] 王宗昱编：《金元全真教石刻新编》，第73—77页。

记》(至元二十一年)^①、《老君庵诗刻》(至元二十二年)^②、《终南山清阳宫玄通凝素大师孙公道行碑》(至元二十六年立碑)^③、《古文道德经跋》（至元二十八年）^④等，另有题《太清宫圣旨碑》，未署撰书时间。^⑤

清人陈铭珪《长春道教源流》将《甘水仙源录》所收《终南刘先生事迹记》《讷庵张先生事迹》《恕斋王先生事迹》《知常姬真人事迹》均归为李道谦撰作。^⑥《甘水仙源录》均未署李道谦名，陈氏按语或自有渊源，兹列出待考。

《全元文》收录了李道谦撰作的诗文，不过其中存在一定的出入。一方面遗漏了《长春大宗师玄风庆会图序》《通微真人蒲察

---

① 陈垣编纂，陈智超、曾庆瑛校补：《道家金石略》，第642—644页。

② 陈垣编纂，陈智超、曾庆瑛校补：《道家金石略》，第654页。孙星衍《寰宇访碑录》卷11云："观村李道谦诗，正书，至元二十二年三月。陕西郿县。"参见《续修四库全书》，第904册，上海：上海古籍出版社，2000年，第564页。惜未见诗文。按老君庵即位于陕西郿县（现眉县）观村，且《老君庵诗刻》与《观村李道谦诗》都题于至元二十二年。虽未见诗文，疑陈垣先生据《郿县金石志稿》所录《老君庵诗刻》即为孙星衍所称《观村李道谦诗》。

③ 刘兆鹤、王西平编著：《重阳宫道教碑石》，第113—114页。

④ 王宗昱编：《金元全真教石刻新编》，第84页。

⑤ 题云："西域化胡归顺，回至燕京，皇帝感劳，即赐金虎符牌曰：'真人到处，如朕亲临'。丘神仙至汉地，凡朕所有之城池，其欲居者居之。掌管天下道门事务，以听神仙处置，他人勿得干预。宫观差役，尽行蠲免。所在官司，常切卫护。天乐道人李道谦书。"陈垣编纂，陈智超、曾庆瑛校补：《道家金石略》，第450页。

⑥ 参见陈铭珪：《长春道教源流》卷4、卷6，严一萍辑：《道教研究资料》，第2辑，第395—396页、第464页、第465—466页、第482—483页。陈氏将《终南刘先生事迹》误作《终南刘先生事迹记》。

尊师传》《老君庵诗刻》《题太清宫圣旨碑》等，另一方面将《重阳万寿宫下院甘谷口遇仙观碑》记在李道谦撰作名下。该碑文云："天乐真人复请当代名公巨儒题咏，咸以杰句发挥之□而今□后，地之灵益昌，境之胜益奇矣。"根据陈垣录《户县石刻调查表》，该碑正文文末题有"□□□悟真演道大师、提点重阳万寿宫事杨志瑞"。之后，另起一行题"宣授陕西五路西蜀四川道教提点兼□领重阳万寿宫事□□□□□玄明文靖天乐真人李道谦"。①《全元文》将以上两句依次排录，未做分行。②从碑文格式来看，该文很有可能出自杨志瑞之手。至于李道谦在其中所承担的角色尚有待研究，或参与了立碑工作。

此外，张应超也曾谈及李道谦撰写的作品，认为除了《甘水仙源录》《祖庭内传》《七真年谱》以外，还撰有《通微真人蒲察尊师传》《全真第五代宗师长春演道主教真人内传》《终南山宗圣宫主石公道行记》《楼观大宗圣宫重修说经台记》等四篇。张先生指出，当时很多高道的碑铭都是由李道谦先撰写初稿，然后再请当时有声望的官员或著名学者增删后署名的。这是颇有见地的。③

---

① 《重阳万寿宫下院甘谷口遇仙观碑》，陈垣编纂，陈智超、曾庆瑛校补：《道家金石略》，第544—545页。

② 李修生主编：《全元文》第3册，南京：江苏古籍出版社，1999年，第487—488页。

③ 张应超：《李道谦与全真道》，《中国道教》1996年第3期。

（一）以史弘道

　　除了李道谦的上述教史著述以外，金元时期还出现了包括《金莲正宗记》《七真仙传》《历世真仙体道通鉴》《历世真仙体道通鉴续编》《历世真仙体道通鉴后集》《金莲正宗仙源像传》《上阳子金丹大要列仙志》等多部由全真道士撰作的集多位高道传记于一体的教史文献。

　　中国文化素有重史传统。包括文献记载的上古时期的结绳记事、原始刻画符号，以及成熟的甲骨文、金文等古文字的重要职能就是记事记史。先秦典籍中，史传占有相当篇幅，尤以《尚书》《左传》《国语》等最具代表性。司马迁《史记》开中国纪传体通史先河。秦汉之后，国家修史、个人著史不胜枚举。史学在中国文化中承担着记忆历史、传承文化的重要功能。汉唐以降，儒、释、道文化成为中华文明的有机组成部分。三家秉承中国文化重史修史传统，纷纷撰史著书，虽立场视阈有所分野，但在承载中国文化记忆、增进文化认同方面却是殊途同归。

　　仙传之学是道教史学的重要组成部分。如果从《列仙传》算起的话，道家道教仙传之学已经有 2000 多年的历史。中华文化悠久而发达的史学传统，正是金元时期全真道教史文献孕生与传播的前提和基础。以李道谦教史文献为例，其创作目的《甘水仙源录·序》有所交代。其云：

夫道家之学以祖述黄老而宪章庄列者也，后之学者去圣逾远，所谓微妙玄通、大本大宗、闳衍博大之理，枝分派别，莫得其传，盖已数千余岁……道谦爰从弱冠寓迹于终南刘蒋之祖庭，迄今甫五十载。每因教事历览多方，所在福地名山、仙宫道观竖立各师真之道行，及建作胜缘之碑铭者，往往多鸿儒巨笔所作之文，虽荆金赵璧未易轻比。道谦既经所见，随即纪录，集为一书，目之曰《甘水仙源录》，锓梓以传。如他日嗣有所得，继之斯后，庶使向上诸师仙功道行不离几席之上，得以观览者焉，亦可谓玄教盛事之一端也。①

　　李道谦在序言中阐述了教祖王重阳以来全真教由微而著的发迹历程，坦言自己入道五十载收录了众多出自鸿儒巨笔之手的全真碑传。集为一书，目的是弘扬诸真的仙功道行，使后学得以了解前辈的道业。换句话说，就是让后进了解前人的历史，进而达到为后世弟子提供道修学典范的目的。至元十一年（1274），李道谦为全真史家史志经编撰的《玄风庆会图》作序，其云：

　　是书之出，非惟光扬宗师之瑰玮伟迹，实为后进者照心之镜、释疑之龟也。何则？且观其"分瑞栖霞""遁迹昆崙"也，则知宗师虽禀受异气，亦当捐情割爱，绝累离尘，俗既远而道自近也。又观其"谒师宁海""附友汴梁"也，则知求学之初，必赖明师指授，益友辅相，卒能成其道业也。又观

---

① 李道谦：《甘水仙源录·序》，《正统道藏》三家本，第 19 册，第 722 页。

其"磻溪炼行""龙门全真"也，则知虽得所受，必当岩居穴处，啬气凝神，以全炼养之功也。又观其"振教祖庭""构观滨都"也，则知道成德著，必当建宫立观，济物度人，以衍真教之无穷也。又观其"雪山谈道""松岛论玄"也，则知至人既成诸己，必当恢弘圣道，泽及生民，以进上天之品位也。呜呼！宗师空洞真仙，降宣龙教，尚不能躐等而进，必待循循而修，始得超证无上道果，后之学者，固当取法是书，朝披夕省。曰昔宗师之修也，如是而行，今我之学也，亦当如是而进。自能行之有阶，进之有序。其于即言相，契真常，出化机，登道域，则有余师矣。又岂非照心之镜、释疑之龟者欤？[1]

李道谦将《玄风庆会图》比作"后进者照心之镜、释疑之龟"，可见他历来注重教史文献开释后学的作用。

元世祖至元二十一年（1284），知常盛德大师、提点终南甘河镇遇仙宫事王道明为《终南山祖庭仙真内传》作序，其言"天乐真人李君复于暇日编述尝居祖庭者已往师真道行，别为一传，使后人知所宗本。其辞直，其事的，坦然明白，略无诡佻。信可以发潜德之幽光，示后学之楷式，其用心岂浅浅哉"[2]。《天乐真人道行铭》亦云："公行方，见异闻胜迹，仙圣韶举，必详录之为成书，以开示后学为己任。"同样地，其编撰《七真年谱》亦有

① 周燮藩主编，王卡分卷主编：《三洞拾遗》，第16册，《中国宗教历史文献集成》46，第392—393页。
② 王道明：《终南山祖庭仙真内传·序》，《正统道藏》三家本，第19册，第516页。

类似用意，即通过编写七真修真立教年谱的方式，以达到"启诸童蒙"①的目的。还有一层用意，通过教史弘扬教团恢宏历史，即"以史弘道"。这一点，张好古在为其师所作的《甘水仙源录·后序》中揭示得更为明确。好古言："予思师之用心，其所以扶植玄纲、弘扬祖道，诚非小补，使有志之士新获睹是书，不惟有以知前人功业之盛，又固足以见诸儒信与之。"②

比较言之，秦志安《金莲正宗记》书序没有交代撰作缘由，而是扼要回顾了自轩辕黄帝、老子以来道教历经汉魏唐宋以来的发展梗概，着重阐述了重阳创教、七真弘法，特别是丘处机西行止杀以及随之而来的全真教门的弘盛和内丹性命之学的发展。再结合其所记诸真仙迹，可知秦氏《正宗记》与李氏著史目的如出一辙。更确切地说，应该是李道谦继承了前辈史家秦志安著史弘道的风范。刘天素、谢西蟾《金莲正宗仙源像传·序》言："大道之妙，有非文字可传者，有非文字不传者，此《仙源像传》所以作也。"其中，五祖七真道高德厚、丘处机西行觐见等重大事迹，盖不待文字而后传。而诸真"事迹之详，未易推究"，如不加以载录整理，来日即为不可后传者。正是本着这样一种认识、肩负着"鉴往知来"的弘道使命，刘、谢二人"博搜传记，旁及碑碣，编录数年，始得详悉"，旨在使"同志之士览之者，因其所可传求其所不可传"。③赵道一编撰《历世真仙体道通鉴》（包括《续编》

<hr>

① 李道谦：《七真年谱·后序》，《正统道藏》三家本，第3册，第387页。
② 张好古：《甘水仙源录·后序》，《正统道藏》三家本，第19册，第814—815页。
③ 刘天素、谢西蟾：《金莲正宗仙源像传·序》，《正统道藏》三家本，第3册，第365页。

《后集》）的目的就更为宏阔，他要仿照儒家《资治通鉴》、佛教《释氏通鉴》之楷式，录集古今得道仙真事迹，究其践履，观其是非，最终达到"论之以大道而开化后人，进之以忠言而皈依太上"的目的。[①] 归纳言之，通过著史记载教门辉煌历史、彰显真仙大德修道风范，成为金元时期全真道士撰写教史的共同鹄的，"以史弘道""以史传法"成为上述众多教史文本的共通特色。

（二）文本特色

首先，著录教史文献种类多。《终南山祖庭仙真内传》是李道谦在搜集曾经住居祖庭师真道行传记基础上编述而成。《甘水仙源录》采用收集圣旨碑、全真高道或宫观碑传的形式编次而成，基本保持了碑传正文原貌，可谓是一部全真高道及部分宫观的碑传集，卷10收有少量诗文。《七真年谱》以王嚞、马钰、谭处端、刘处玄、丘处机等师徒五人担任掌教的时间先后为经，以掌教事迹为纬，兼记其他高真事迹，开创了集多人事迹于一谱的"合谱"体例。[②] 就亡佚的作品而言，陈垣先生曾经指出，"《终南山记》三十卷，必与全真教史有关，惜未之见"[③]。《终南山记》可能是山志类或文集类作品，如不亡佚，对于了解金元时期终南山概貌、历史、宫观建筑、风俗，特别是像援庵先生所

---

① 赵道一：《历世真仙体道通鉴·序》，《正统道藏》三家本，第5册，第99页。
② 刘永海：《元代道教史籍研究》，北京：人民出版社，2010年，第69页。
③ 陈垣：《南宋初河北新道教考》，第34页。

说的全真教历史，真可谓一份非常珍贵的史料。《筠溪笔录》恐怕也记载了以重阳宫为核心的全真教发展历史，甚或李氏的道门修持。李道谦诗文部分散见于《甘水仙源录》及其他相关宫观碑记。主体的 5 卷诗文已经亡佚，这些诗文对于了解其人的道教修为、社交情况等当大有帮助，诗文的失传使后人无缘全面认识评价李氏其人，堪称憾事。此外，李道谦还撰有多篇纪念性碑文、书序、跋文等。秦志安、赵道一、刘天素、谢西蟾、陈致虚等所撰教史文献种类相对单一。通过比较不难发现，李道谦是全真教内高产的史家，他不仅有个人创作，又有对文献的辑录与整理。

其次，当代人撰写当代史。撰写历史的方式，大体言之有两种，一种是为前人著史，一种是当代人撰写当代史。两种著史方式各有利弊。前者可以少受时局影响，不过全面占有史料是难点；后者搜集史料相对容易，更易接近历史本真，但容易受到时政干扰。就金元全真教集体性传记文献而言，大体可以分为两类。其中李道谦《甘水仙源录》《七真年谱》《终南山祖庭仙真内传》等可视作当代人写当代史的作品。秦志安、赵道一、刘天素、谢西蟾、陈致虚等人的著作可谓是为前人著史。作出上述区分，理由如下：李氏教史文献所载录的全真教高真起自教祖王重阳，止于李道谦同时代的众多教内高道。考王重阳生于宋徽宗政和二年（1112），卒于金世宗大定十年（1170）。其余诸高道或为重阳道友、或为嗣法弟子。因此李道谦教史文献主要载录的是早期全真教高道及教团发展的历史。其所著传世文献中以《甘水仙源录》成书最迟（1288）。从王重阳遇异人点化，即甘河悟道的1159

年算起至 1288 年，共 130 年。更为重要的是，1233 年 15 岁的李道谦即加入全真教，1242 年在祖庭正式拜于洞真门下。也就是在 130 年中，有 50 余年是李道谦所亲历的，而且其所著教史文献或为年谱、或为碑传集、或为仙传，其中原始文献占了很大比例，因此这类文献受时局影响的概率较小。李氏以当代人著当代史的方式，为后学提供了可信性较高的教史文献资料。《金莲正宗记》《金莲正宗仙源像传》《上阳子金丹大要列仙志》也记载教祖王重阳及七真（甚至包括七真后世嗣法弟子①）的教内行业，从这个角度讲，上述作品亦可视作当代人写当代史。不过，这些文献将全真教的历史追溯至混元老子、东华帝君、钟离权、吕洞宾、刘海蟾等"古史仙真"。在这组人物中，距离金元时期最近的当属唐末五代时期的钟、吕、刘三人。对于秦志安等史家而言，他们至少撰写的是二三百年前的历史，遑论老子、东华帝君等上古仙真的历史。从弘教角度讲，这种"认祖归宗"式的建构教史的方法是有其价值和意义的。如果从史料占有和还原历史角度讲，其史料价值恐怕要略逊色于李氏上述文本。

再次，继往开来，直笔著"信史"。李道谦集体性仙传的创作在全真教内并不是最早的。最早成书的当数秦志安《金莲正宗记》。秦志安（1188—1244），系宋德方高弟，曾于元太宗窝阔台九年（1237）至乃马真后三年（1244）协助宋德方编撰《大元玄

---

① 如陈致虚《上阳子金丹大要列仙志》所列丘门之下黄房公（宋德方）、太虚真人（李珏）、紫琼真人（张模）、缘督真人（赵友钦）四代的法嗣传承。参见《正统道藏》三家本，第 24 册，第 76—77 页。另见宋学立：《〈金莲正宗记〉再造与全真宗祖认同的巩固》，《世界宗教研究》2024 年第 6 期。

都宝藏》，前后历时八年，著有《林泉集》20卷。① 现在虽无证据表明，李道谦创作仙传文献与秦志安有直接关系，然而，秦、李二人同为全真教第四代高道，而且在世时间有交集，秦志安不仅个人撰作《金莲正宗记》，而且还是《大元玄都宝藏》编纂的实际扛鼎者。对于一向注重搜集整理教史文献的李道谦来说，秦志安之于教团和教史的贡献定不会被其忽略。因此，秦氏史学对李氏史学的影响应该是不成问题的。不过，不同于秦氏著史的风格，李道谦力图撰写全真教"本真"的历史，其中虚妄怪诞之说相对较少。用王道明的话说，就是"昔刘翰林碑祖师仙迹，以谓师之出神入梦，掷伞投冠，其他腾凌灭没之事，皆其权智，非师本教"②。其对绝大多数全真道士的出身、生卒年月、师承关系、教内行迹的记载都比较清楚，很少出现光怪离奇之语。而包括《金莲正宗记》在内的其他几部文本，为提高全真教的"神性"，其中多有超凡神异之语。以《金莲正宗记》对东华帝君的记载为例，其云：

> 帝君姓王氏，字玄甫，道号东华子。生有奇表，幼慕真风，白云上真见而爱之曰："天上谪仙人也。"乃引之入山，授之以青符玉箓、金科灵文、大丹秘诀、周天火候、青龙剑法。先生得之，拳拳服膺，三年精心，尽得其妙。遂退居于

---

① 元好问：《通真子墓碣铭》，陈垣编纂，陈智超、曾庆瑛校补：《道家金石略》，第486—487页。

② 王道明：《终南山祖庭仙真内传·序》，《正统道藏》三家本，第19册，第516—517页。

昆嵛山烟霞洞，颐神养浩。久之，结草庵以自居，篆其额曰东华观，韬光晦迹百有余年，而人未之知也。后徙居代州五台之阳，山中今有紫府洞天，山下有道人县。在人间数百岁，殊无衰老之容，开阐玄宗，发挥妙蕴，阴功济物，玄德动天，故天真赐号曰东华帝君，又曰紫府少阳君。授度门人正阳真人钟离云房，嗣弘法教。所有圣远不能其述，全真之道，由此滥①觞，故立之以为全真第一祖也。②

白云上真为谁，东华帝君是否为"天上谪仙"，是否能够"韬光晦迹百有余年""在人间数百岁，殊无衰老之容"诸此种种，不能证实亦不能证伪，令常人匪夷所思。同样地，《金莲正宗仙源像传》也有类似表述。如称混元老子，"母孕八十一年，生于殷武丁之九年，岁在庚辰二月十五日。生而须发皓白，故世称为老子，指李树为姓。历殷至周，文王聘为守藏史，武王克殷，迁为柱下史，昭王时西入流沙，至幽王时复还中国"③。所言虚实相间，离"信史"相去甚远。《金莲正宗仙源像传》《上阳子金丹大要列仙志》对东华帝君的载述，基本沿袭《金莲正宗记》的说法，略有简化而已。《历世真仙体道通鉴》收录899位神仙道士传记，其中有通玄天师、有古大先生、盘古先生、郁华子、广寿子、大成子、广成子、随应子、赤精子、录圆子、务成子、尹寿子、真行子、

---

① "滥"，原作"温"，据《重刊道藏辑要》本改。
② 秦志安:《金莲正宗记》卷1，《正统道藏》三家本，第3册，第344页。
③ 刘天素、谢西蟾:《金莲正宗仙源像传》，《正统道藏》三家本，第3册，第369页。

无上元君、太一元君、金母元君、九天玄女、蚕女、姮娥、织女等多位上古传说人物或神仙。这些传说性神仙或人物经过口耳相传、先秦以降历代志怪文献的记载等"层累式"构建，开始逐步进入中国民众的信仰世界，多为早期道经所载录。对于信仰者而言，精神信仰的意义超过历史的本真。

李氏"信史"的重要表征还体现在其撰著的教史文本一般会对史料来源和出处有所交代，这一点尤以《甘水仙源录》和《七真年谱》表现突出。前者辑录多部碑刻，绝大部分都明确交代了碑刻的著者。《七真年谱》的创作过程，用李道谦自己的话说，就是：

> 仆因焚诵之暇，不揆狂斐，遍考师真文集及诸家所撰传记，起重阳祖师降世之岁，讫长春真人升仙之秋，一百一十六年之间，出处事迹，详节编次，通为一谱。其或一二传记所载与各师真文集不相同者，舍传记而取文集也。盖文集纪录之真，传记有所未详也。[①]

该年谱总计不过七八千字，为追寻历史本真，在出现七真传记与各自文集记载相矛盾的时候，李道谦采取了"舍传记而取文集"的方法。据笔者统计，李道谦编写《年谱》时，至少参考了王重阳《全真集》、马钰《金玉集》、谭处端《水云集》、刘处玄《盘阳集》、丘处机《磻溪集》《鸣道集》、王处一《云光集》、郝

---

① 李道谦：《七真年谱·后序》，《正统道藏》三家本，第 3 册，第 387 页。

大通《太古集》等多部早期全真文集。此外，至少还曾参阅了金源璹撰《终南山神仙重阳子王真人全真教祖碑》《长真子谭真人仙迹碑铭》、王利用《全真第二代丹阳抱一无为真人马宗师道行碑》、耶律楚材《玄风庆会录》、李志常《长春真人西游记》等众多载录早期全真教史的文本。这涉及的是史料选取的问题。李氏采用的是谱主的一手资料，舍弃了二手史料即谱主传记。这种治史方法直到今天尚不过时，个中无疑体现了李道谦科学治史的精神。相比之下，《历世真仙体道通鉴》偶有交代传主资料来源，但毕竟是少数。至于《金莲正宗记》《金莲正宗仙源像传》《上阳子金丹大要列仙志》则基本未交代仙传渊源所自，给研究教史文本传承授受情况带来困难。

与其他教史文本相比，李道谦教史文献还具有以全真道士事迹为基础，实事求是，避免浮夸的特点。以《祖庭内传》为例，他在编述诸真传记时，不是平均分配笔墨。举例言之，其对来灵玉的记载颇为简略，全文如下："先生世为京兆右族。姓来氏，讳灵玉，道号真阳子。幼习儒业，乡里以解元呼之。大定十年间，礼丹阳宗师出家。迨丹阳东归海上，先生侍行。嗣后事迹无所可考，姑略纪其大概，他日得之，当为详录。"[1]体现了以事实为依据、秉笔直书的治史精神。

最后，注重田野调查和口述历史。李道谦入道 50 余载，因教职担当的原因，有便利条件历览多方，亲自收集整理了众多出自

---

① 　李道谦：《终南山祖庭仙真内传》卷上《来灵玉》，《正统道藏》三家本，第 19 册，第 520 页。

名家的全真碑传。从治史角度讲，早在七八个世纪以前他就采用了田野调查的方法构建全真教史，而且这种方法是一以贯之的，持续了多达半个世纪之久。可见其对早期全真教史的建构宏愿是持之以恒的。就像他在选取史料时侧重一手资料的方法一样，田野调查的方法再度昭示了李道谦治史方法的科学性、先见性、超前性。有一种说法认为，田野调查的方法是近代以来中国从西方引入的"舶来品"。现在看来，恐怕并非"洋为中用"，而是"古为今用"的问题。至元十一年（1274），终南山重阳成道宫提点吴志恒赴祖庭，请李道谦为其先师周全道撰写道行碑，李氏"谨按藏室所收《金莲记》，及崆峒李公君瑞作师墓铭，并向者洞真真人于君常谈师之言行"，编次《终南山全阳真人周尊师道行碑》。① 于善庆与周全道同出马丹阳门下，前者所谈之言行，当有所据。很显然，李道谦撰作周氏道行碑时，采用了口述史学的方法。

　　诚然，现在看来李道谦编著的教史文献也存在不足之处。他在收录全真碑传时，除了碑文题名、作者和正文之外，其他信息（比如书篆者、刊刻者、刊刻时间、功德主等）基本不录。以《终南山神仙重阳子王真人全真教祖碑》为例，《甘水仙源录》在题名之下署"开府仪同三司上柱国密国公金源璹撰"，之后即为正文。相比而言，艺风堂拓片本和《重阳宫道教碑石》本的相关信息就更为完备。二者在碑文作者信息之下有"葆真玄靖大师前诸路道教提举李道谦书篆"，在正文之后有碑文如下："至元乙亥岁

---

① 李道谦:《甘水仙源录》卷4,《正统道藏》三家本, 第19册, 第752页。

中元日，陕西五路西蜀四川道教提点兼领重阳万寿宫事洞观普济圆明真人高道宽、重阳万寿宫提点悟真了一袭明真人申志信、衍真复朴纯素真人张志悦立石，长安虚静大（下阙）。功德主昭勇大将军京兆路总管兼府尹兼诸军奥鲁营缮司大使赵炳、营缮司副使王海、京兆等路采石提举谢泽、副提举段德续"。其中艺风堂拓本作"下阙"部分，《重阳宫道教碑石》本作"□□□□□"。① 再举一例，《全真第二代丹阳抱一无为真人马宗师道行碑》，《甘水仙源录》在碑名之下录"翰林直学士中顺大夫陕西汉中道提刑按察副使王利用撰"，之后为正文。而艺风堂拓片本、《金石萃编》本和《重阳宫道教碑石》本在撰者之下，又录有篆额者和书丹者，即"嘉议大夫安西路总管兼府尹李頵篆额、三洞讲经开玄崇道法师安西路都道录赐紫孙德彧书丹"。在正文末，以上三本对立碑的参与者、立碑时间、功德主、镌字者亦有明确的载录。其文如下："安西路道门提点圆明致道大师郭志祥等运石。至元癸未岁重午日，宣授陕西五路西蜀四川道教提点兼领重阳万寿宫事天乐真人李道谦、重阳万寿宫提点保和宁谧大师高志隐、冲和悟道大师冯志安、冲虚大师王志和等立石。侍者王德固同刊。宣授陇庆平凉管民长官乾州军民元帅武骁侯希真居士刘德山、宣差陕西提领玉局人匠总管崇道居士袁德素、男玉局直长奉真居士德谅助缘。崇玄大师张德宁镌字"。②

————————

① 陈垣编纂，陈智超、曾庆瑛校补：《道家金石略》，第450—453页；刘兆鹤、王西平编著：《重阳宫道教碑石》，第84—87页。

② 陈垣编纂，陈智超、曾庆瑛校补：《道家金石略》，第638—641页；刘兆鹤、王西平编著：《重阳宫道教碑石》，第104—108页。

上述金石拓片比较完整地提取了原碑刻的相关信息。而李道谦在采录碑传时，大部分应该是看到了原碑的完整信息。只是在收录至《甘水仙源录》时，删去了除题名、作者和正文以外的其他信息。是出于节省篇幅的考虑，还是认为这些信息无关大雅？现在看来，碑文正文以外的相关信息对研究传主与立碑参与者（包括篆额者、立碑者、功德主、镌字者等）的关系、不同宗系与全真宫观建设的关系，以及全真教与国家、地方社会的关系等，都是不可或缺的宝贵资料。特别是随着近年来历史社会学的发展，这方面资料的史料价值日益凸显。在李氏教史文献中，这些内容付之阙如，可谓美中不足。另外，《甘水仙源录》部分碑刻的正文与碑刻拓本之间，存在一定比例的文字出入，不一而足，详见《文集新编》校勘部分。不过，大量金石拓本的刊印，在一定程度上弥补了这一缺憾，使相近文本之间的校勘对读成为可能。

瑕不掩瑜，李氏教史文献具有广收博采、可信度高、信息量大的特点，这种坚实的史学功底当与他自幼接受儒门诗书训练有直接关系。另外，《天乐真人道行铭》称他"祠祀上章、金丹玉诀之秘，咸诣精奥"，但从传世文献来看，与同时期其他全真高道相比，李道谦在心性修为、丹道炼养方面的文献明显不足，是其著述亡佚造成的，还是李氏的外行淹没了内功？有待新史料的发掘和再考证。

（三）思想特征

李道谦教史文献的思想特征是通过其对教史的翔实载录和

文献的精心编排展现出来的。其特点有二：从教内讲是突出创教祖师及其七大弟子（特别是丘刘谭马王郝六子）以及祖庭一系众真的地位；从教外讲是重在彰显全真教对元朝统治的臣服和政治认同。

从教史文献编排上来看，《七真年谱》成书于元世祖至元八年（1271），在三部传世文献中成书最早。《年谱》以王嚞诞生至仙逝，以及马丹阳、谭处端、刘处玄、丘处机先后接任掌教的顺序为纲，以编年的形式记述了宋徽宗政和二年（1112）至元太祖二十二年（1227）共116年王嚞及其七大弟子的主要传教事迹。其中，对王嚞的记载所占篇幅最多，逐年记载了他一生的事迹，包括出家前的简要情况。对马、谭、刘、丘的记载则以他们分别担任掌教的时间为限。而郝大通、王处一、孙不二的相关事迹则分列于王嚞及四子年谱之下，有事则记，无事则略。其中对郝、王二人的记载不少，最为简略的是对孙不二的记载。只简单记载了她出生、王嚞赐号、祖庭致祭和羽化登真等4条事迹。此谱虽名为《七真年谱》，从文本内容、编排来看，笔者推测，李道谦所称的"七真"恐怕是由王嚞加马、谭、刘、丘、郝、王六子构成的。因为孙不二在《七真年谱》中所占的篇幅和分量几乎可以忽略不计。虽然在此谱成书的前两年（至元六年），元世祖忽必烈曾下诏褒封"五祖七真"，其中赐封孙不二为"清净渊贞顺德真人"，但是诏书并未影响李道谦关于七真的界定，当然也不排除《年谱》成书早于至元六年，不过是在至元八年刊印的可能。

突出王嚞和六子的做法同见于《甘水仙源录》的编排。该书卷1和卷2收录上述7人的9部传记，并收王粹为他们所作的赞词，而对孙不二的传记只字未提。应该看到的是，早在元太宗十三年（1241）成书的《金莲正宗记》中，秦志安就对孙不二的传记有所编录，对于全真道典和教史颇为熟稔的李道谦不可能对此视而不见。相反，台湾大学图书馆藏有一部孤本《七真仙传》。其中，彭志祖序云："七真仙传，自河内张邦直子中为之，张本、北平王粹子正实增饰之，太原李鼎之和又从而继述之，前后历二十余稔，始克完备。"该书于元世祖中统四年（1263）成书、至元五年（1268）初刻，收王嚞及马、谭、刘、丘、王、郝六大弟子传记共 7 篇。李道谦在《七真年谱》的"后序"中曾引用《七真仙传》中李仁卿的序言内容，在编写《七真年谱》时参用了王粹为王重阳作的仙传（即《七真仙传·王重阳传》）。《甘水仙源录》卷 2 有王粹作《七真赞》，七真所指与《七真仙传》同。卷 10 有李仁卿作《七真传序》，内容与《七真仙传》基本一致。[①] 由此可见，李道谦在编撰《七真年谱》和《甘水仙源录》时从形式到内容都受到了《七真仙传》的直接影响。李道谦没有将后世所称的"七真"之一的孙不二提到与其他六子相同的位置，这一做法与《七真仙传》一脉相承。按，《七真仙传》的创始者金朝国史院编修河内张邦直曾为丘处机弟子李志源撰作《真常子李真人碑铭》，碑文云："是道之传，古所未有，倡始于重阳王君，门弟子得其传者，马丹阳玄宝泊其室孙清净不二，谭长真通正，刘长生

---

① 秦国帅:《七真仙传与全真历史：以台湾大学图书馆藏〈七真仙传〉为中心的考察》,《世界宗教研究》2017 年第 3 期。秦国帅考证,《七真年谱》《甘水仙源录》《历世真仙体道通鉴》《金莲正宗仙源像传》等文献在很大程度上承续了《七真仙传》的薪火。

通妙，丘长春通密，王玉阳体玄，郝广宁大通，七人而已。"铭文云："维昔重阳，倡此全真，孰承孰传，作者七人。"①看来，张邦直并没有将孙不二排除在"七真"之外。按照这一思路，最初张邦直在编撰《七真仙传》时，是否也编撰了孙不二仙传呢？而张氏之后的列位编者是否有可能对这部仙传作了"减法"呢？仅就现存文献而言，王粹作《七真赞》时未作孙不二赞词。在至元五年初刻的《七真仙传》中亦未见孙不二传。是因为孙不二的弘道事迹和法嗣传承不显，还是因为《七真仙传》历代编者和李道谦囿于传统儒家重男轻女的观念？正如有学者指出的，这当与"七真"的社会地位、年龄、思想、性别、得道时间、随侍王嚞的时间、对全真教的贡献等的差异有关。②但有一点是可以明确的，即大蒙古国末年至元朝初年，围绕孙不二在王嚞弟子中地位的问题，"七真"的构成尚处于不断变化过程，全真教内尚未形成统一认识。《金莲正宗记》和《七真仙传》及受其影响的系列教史文献就分别代表了关于"七真"甚或称全真祖师传承谱系的两大认知系统。

　　除了教祖和六真之外，《甘水仙源录》卷3至卷8，载录了全真第三代、第四代以及部分第五代道士的传记。其中，卷3、卷4收丘处机、刘长生、马丹阳、郝大通的11位弟子传记。尹志平、李志常可能是因为曾任掌教大宗师的原因，位列前二。紧接其后

①　李道谦：《甘水仙源录》卷4，《正统道藏》三家本，第19册，第749页。
②　马颂仁：《七真各自的思想特色、活动的再评价——兼论四哲、七真说的出现过程》，卢国龙编：《全真弘道集：全真道——传承与开创国际学术研讨会论文集》，香港：青松出版社，2004年，第250—257页。

的就是于洞真。这一方面与洞真真人对早期全真教发展的贡献有关。另一方面，也与李道谦有意提高本系声望不无关系。按，《终南山祖庭仙真内传》卷下对尹、李、于三真人的排布顺序亦如此。卷5除了首位传主张志敬系第四代弟子外，其余7位亦为第三代弟子。卷6至卷8以第四代弟子传记居多，间以个别丘处机门下第三代弟子（冯志亨、孟志源、刘道宁、李志明、李志全）和马丹阳门下第五代弟子（李志方、王志坦、把德伸），亦有师承关系交代不明的个例，如张本。由此可见，李道谦对诸位道士传记的排布大体是按照辈分、资历、道行深浅、对教团的贡献等标准由高到低排列的。还有一点需要注意，即他对王嚞七大弟子法嗣传承情况的记载并非平均分配笔墨。《甘水仙源录》卷3至卷8所收全真弟子大都出于马丹阳、刘处玄、丘处机、郝大通、王处一等五真门下，谭处端门下仅提及两位，且无本传，孙不二门下法嗣未予提及。这与七真传法收徒的实际以及李氏搜罗整理传记资料时的价值取向密切相关。卷9、卷10收录了鄠县秦渡镇志道观、燕京白云观处顺堂、怀州清真观、卫州胙城县灵虚观、邓州重阳观、燕京玉清观、德兴府秋阳观、燕京真常观、陕州灵虚观、景州开阳观、顺德府通真观、陕西合阳太清观、恒山石门渊静观、山西崞县神清观、陇州汧阳县玉清观、大都清逸观、长安华清宫等宫观创建重修碑记。之后，收录序文2篇、引文1篇、诗文24篇，最后是张好古所作的后序。

《甘水仙源录》的编排还有一个鲜明的特点，即在卷首开宗明义的载录至元六年（1269）元世祖颁降的崇道诏书，这是当时以李道谦为代表的全真宗教领袖认同元朝统治的鲜明标识。这种做法是李道谦编写全真教史的一个创举，在此之前的全真教史文献中很难得见，这种做法被元泰定朝刘天素、谢西蟾编写《金莲正宗仙源像传》所继承。

此外，《甘水仙源录》和《终南山祖庭仙真内传》在编排上还呈现出"兼收并蓄""录编一体"的特征。所谓"兼收并蓄"，是指兼收同一传主的多部碑传。这一点在《甘水仙源录》卷1体现得最为明显。在诏书之后，收有金源璹撰《终南山神仙重阳真人全真教祖碑》和刘祖谦《终南山重阳祖师仙迹记》。前者撰于金哀宗正大二年（1225），后者撰于天兴元年（1232），按照撰写时间先后排布，有章有法。同样，亦收有两部马丹阳碑传，分别为张子翼撰《丹阳真人马公登真记》（金世宗大定二十五年，1185年撰）和王利用撰《全真第二代丹阳抱一无为真人马宗师道行碑》（元世祖至元十九年，1282年撰）。王、马之下众真亦有一人多传的情况，比如除陈时可撰《长春真人本行碑》，李道谦亦曾编撰《全真第五代宗师长春演道主教真人内传》，但后者未收入该书。这样的安排无疑是为了彰显创教祖师和本门宗师的地位，同时也体现了编者的谦逊不争。按，李道谦撰写的多部碑传未收入该书，详见《文集新编》。

"录编一体"是指《甘水仙源录》主要是收录出自他人之手及部分编者本人所作的碑传，而《终南山祖庭仙真内传》则是根据曾经住居祖庭师真的道行编述而成。如王道明所言，"天乐真人李君复于暇日编述尝居祖庭者已往师真道行，别为一传"。个中凸显了李道谦扎实的史学考证功夫和对祖庭众真的品评判断。还有一个有意思的现象，即重复收录和编排的问题。马丹阳一系的于洞真、赵悟玄、杨明真、周全道、赵九渊、吕道安（以上马钰弟子）、李志远、高道宽（以上马钰再传弟子），丘处机弟子尹志平、李志常、綦志远，在《甘水仙源录》均有完整的碑传，可是李道谦在《祖庭内传》中又对上述高道的道行做了重新的编述。这并不是一种简单的重复，很可能在李道谦看来，这些人在业内修行和执掌教门方面道业显著，所以才采用"重复"的方式突出他们的修道风范，"使后人知所宗本"。

另外，《甘水仙源录》和《祖庭仙真内传》作为元初全真教史的双璧，还有"互补互助"的特点。和德谨、李灵阳是王嘉东迈山东之前的两位道友，《甘水仙源录》未载录二人传记，《七真年谱》对二者略有提及，而在《祖庭仙真内传》卷上开篇就编述了二人的道行传。再以刘长生一系的宋德方为例，《甘水仙源录》未收其碑传，而《祖庭内传》卷下则编有披云真人传。其他类似情况还不少，尤以马钰一系弟子居多，不再一一列举。换言之，李道谦所收所编全真高道传，或有遗漏，但大体上已经涵盖了金元早期全真教门的主要人物。

李道谦加入全真教之后绝大部分时间都活跃在以祖庭重阳万寿宫为中心的川陕地区。他对全真教史文献的整理和撰作，与其在教内的活动范围、教职担当密切相关。细读李氏教史文本，不难体味其对川陕道教的苦心经营和强烈认同。单纯从数量角度讲，李道谦所撰教史文献著录的全真道士人数最多。传世本《金莲正宗记》5卷，卷1著录全真仙真包括东华帝君、钟离权、吕洞宾、刘海蟾传记，卷2著录王重阳、和玉蟾、李灵阳传记；卷3至卷5著录马丹阳、谭处端、刘处玄、丘处机、王处一、郝大通、孙不二等七大弟子传记。总计 14 人。《七真仙传》编撰王重阳及六大男弟子传记，共 7 人。《金莲正宗仙源像传》未分卷，除了开篇载录三道圣旨以外，主要编录了混元老子和"五祖七真"的像传。赵道一《历世真仙体道通鉴》（包括《续编》《后集》）是一部通史性道教仙真集传，收录了 899 位仙真传记。不过，其中收录的全真仙真所占比例不大，主要包括王嚞、马钰、谭处端、刘处玄、丘处机、王处一、郝大通、和德瑾、李灵阳、金蓬头、孙不二等 11 人。陈致虚《上阳子金丹大要列仙志》除了收录"五祖七真"之外，还载录了宋德方、李珏、张模、赵友钦等四代高道的传记，总计不过 16 人。以上仙传的一个共同特点是都对孙不二的传记有所载录。这是和《七真仙传》及收其影响的李道谦系列教史文献的不同之处。

李道谦教史文本记录的全真道士人数远远超过上述文献。其中《七真年谱》提纲挈领地记载了王重阳及七大弟子的主要事迹。《终南山祖庭仙真内传》分上中下三卷，载录了 37 位全真高道的传记。《甘水仙源录》所载传记人数最多，其中卷 1 至卷 8 收录了 51 位全真高道的碑传。另外，卷 9、卷 10 宫观创建重修碑记中也对众多高真教内活动有所交代，如杨至道（见《修建开阳观碑》）、陈志益（见《渊静观记》）、柳志春（见《神清观记》）、赵志古（见《增修华清宫记》）等。如果再加上碑记中提到的上述诸真的嗣法弟子、与之有交往的其他高道，人数就更多。据笔者统计，剔除不同文本对同一全真道士的个别重复记载，其所载录的全真高道人数达到了近 200 位。

李道谦收集编纂的传记资料，较为全面地记录了早期全真道士的生平、业内修持、弘道活动、法嗣传承、社会交往、著述作品等多方面的情况。这些传记是深入了解研究早期全真教历史不可多得的宝贵资料。李氏教史文本主要呈现出其对以祖庭重阳万寿宫为中心的川陕道教的强烈认同。在这一点上，尤以《终南山祖庭仙真内传》最具代表性。金世宗大定十年（1170），王喆在汴梁仙逝。之后，七大弟子在陕西、河南、河北、山东等地传道，全真教的弘道活动随之逐步壮大。中坚力量就是以七大弟子为核心的早期全真高道集团。《终南山祖庭仙真内传》载录的37位全真道士的共同特点是都有住居祖庭并在兹传道弘法的经历。李道谦专门编录祖庭高道传记，与包括《金莲正宗记》在内的众多全真仙传形成鲜明对比，足见其对终南祖庭的心向非同一般。另外，37位高道传记有的是李氏在各自道行碑传基础上删减编辑而成，也有多位高真传记为其他教史文献所未见，包括刘通微、史处厚、严处常、姚玹、曹瑱、来灵玉、雷大通、刘真一、李大乘、苏铉、于通清、段明源、柳开悟、任守一、乔潜道、李冲道、陶彦明、王志达、薛知微、陈知命、宋明一、毕知常等。这些人的传记很有可能是李道谦通过亲自搜罗他们的事迹编撰而成的。因此，如果没有《祖庭内传》我们就无缘了解以王重阳再传弟子为核心的早期祖庭高道集团，以及金元全真教早期发展壮大的历史。从这个意义上讲，其教史资料价值颇高。陈铭珪《长春道教源流》称，"惟元时北方全真教，长春与诸真递相传授，尚可考见。厥后自北而南，地与世相去日远。李道谦后纂辑无人，世但知为全真教，无有识其渊源者矣。不特此也，当明之世，全真之显著者多出南方，而北方无闻焉。"①陈铭珪充分肯定了李道谦之于早期全真教教史资料编纂的重要贡献，不过他本人在编写《长春道教源流》时存在有意凸显丘门一系之嫌。而李道谦编纂教史并非仅着力于丘处机一系，而是对涉及早期教史的多宗系碑传资料均有收录。陈垣先生称《长春道教源流》"大半取材于道谦之书"②，他本人编纂《道家金石略》亦收录《甘水仙源录》所载多篇碑刻。因此，李道谦教史资料的编纂不仅具有弘道的作用，对于时至当下的全真教学术研究亦有颇多助益。

雪山论道以后，丘处机一系逐渐成为全真教内最具竞争力的法派，明清时期甚至出现"全真、临济半天下"之说。与此形成鲜明对比的是，金元早期全真教从教团规模和影响力角度讲，马钰一系要远远超过丘处机一系。李道谦教史文献载录的马钰一系的弟子包括姚玹、曹瑱、来灵玉、雷大通、刘真一、李大乘、赵九渊、苏铉、于通清、赵悟玄、段明源、柳开悟、李大荃、任守一、杨明真、周全道、乔潜道、李冲道、赵九古、陶彦明、王志达、薛知微、王志一、陈知命、宋明一、吕道安、毕知常、于善庆、李子和、元元宋君、田无碍、灵真子（马尊师）等 30 余位。其中曹瑱、来灵玉、刘真一、李大乘、雷大通、李大荃、赵九渊、柳开悟等号称马氏门下的"玄门十解元"。而丘处机的弟子则有尹志平、李志常、蒲察道渊、綦志远、宋道安、李志源（真常

---

① 　陈铭珪：《长春道教源流》卷 7，严一萍辑：《道教研究资料》，第 2 辑，第 505—
506 页。
② 　陈垣：《南宋初河北新道教考》，第 1 页。

子）、张志素、潘德冲、夏志诚、冯志亨、孟志源、刘道宁、李志明、申云叟、李志全、赵志渊、刘志敏等17位。刘处玄的弟子提到了宋德方、于道显、崔道演、于志可4位。王处一门下弟子提到了郎志清、辛希声、淡守中3位。郝大通门下提到4位嗣法弟子，分别是王志谨、范圆曦、李志实、王贤佐。谭处端的弟子只提到2位，即王道明、董尚志。详见本节第四部分。由此可以得出结论，李道谦力图通过著史的方式增强全真道士对祖庭的宗教认同。进一步，通过其对七真嗣法弟子传记的搜罗载录情况看，他尤其对马丹阳一系传法情况最为关注，用力最多。质言之，他是在祖庭认同基础上，突出了对马丹阳一系的宗系认同。

（四）所见早期全真法脉传承

下表所依托的文献包括《七真年谱》《终南山祖庭仙真内传》《甘水仙源录》。当然，上述文献中亦有很多师承关系不甚明确者。例如，《甘水仙源录》卷9《邓州重阳观记》云："今邓之镇防营偏校王立，登之蓬莱人……今老矣，思昔玄言，乐于恬退，家之南有柱下古祠，剪荆筑垣，乃建斯观，以重阳之门人王道贤、韩炼真、刘志刚住持之……一日，托其同门于志慧、吴通温持予故人王万山书，求予文诸石。"[1] 碑文称王、韩、刘及其同门于志慧、吴通温为"重阳之门人"。这里的"门人"当有两种解释，一种是王嚞的亲炙弟子，一种是王嚞门下的弟子，至于是否亲炙不

---

① 李道谦：《甘水仙源录》卷9，《正统道藏》三家本，第19册，第800页。

详。结合全真教史，上述五子为王门后嗣的可能性更大，不过他们的师承已不可考。再如，《甘水仙源录》卷8《洞元虚静大师申公提点墓志铭》称，申志贞"初从超然子王君游，后处燕京大长春宫，礼真常李真人为师。"① 《甘水仙源录》卷6《栖真子李尊师墓碑》称，李志明拜师丘处机之前，曾先后参礼樊山潘先生、超然广化王真人。申志贞碑和李志明碑所称的超然子和超然广化王真人，同指一位王姓全真道士。《正统道藏》洞真部方法类收有《会真集》5卷，署超然子王吉昌撰。魏南云溪闲老扬志朴作《会真集序》云："去岁春，余于青义清神观，会识吉昌王先生，号曰超然子。"② 又，《正统道藏》洞真部赞颂类收有《生天经颂解》，署超然子颂。③ 可知，申志贞、李志明都有参礼超然子王吉昌的经历。不过，王吉昌的师承，尚待考证。另外，申志贞、李志明先从王吉昌学道，之后又分别从李志常（全真第三代）、丘处机（全真第二代）参学的经历，与《甘水仙源录》卷8《清平子赵先生道行碑》所记赵志渊的求学经历类似。由此可见，跨越代际、打破辈分参学，在早期全真教中应该是一种普遍现象。

---

① 李道谦:《甘水仙源录》卷8,《正统道藏》三家本，第19册，第793页。
② 扬志朴:《会真集序》,《正统道藏》三家本，第4册，第442页。
③ 参见《正统道藏》三家本，第5册，第777—779页。

表 1 李道谦教史文献所见早期全真法脉传承概览

教祖	第二代	第三代	第四代	第五代	第六代	传记或相关记载	出处
王喆						《终南山神仙重阳真人全真教祖碑》《终南山重阳祖师仙迹记》	《七真年谱》、《甘水仙源录》（以下简称《甘水》）卷1
	刘通微					《终南山祖庭仙真内传（以下简称《内传》）·刘通微》	《七真年谱》、《内传》卷上
	史处厚①					《内传·史处厚》	《七真年谱》、《内传》卷上
	严处常					《内传·严处常》	《七真年谱》、《内传》卷上

① 《祖庭内传》卷上《史处厚》云："大定壬午岁，闻重阳祖师遇仙受秘决，养道于终南。时走而请盟，遂蒙允纳，教以全真性命之学，仍训名处厚，号洞阳子。……丹阳屡以诗词训告，次第诱掖。"

教祖	第二代	第三代	第四代	第五代	第六代	传记或相关记载	出处
王嚞	马丹阳					《丹阳真人马公登真记》《全真第二代丹阳抱一无为真人马宗师道行碑》	《甘水》卷1
		姚珹				《内传·姚珹》	《内传》卷上
		曹瑱				《内传·曹瑱》	《内传》卷上
		来灵玉				《内传·来灵玉》	《内传》卷上
		雷大通①	马丁道			《内传·雷大通》	《内传》卷上
			王志专				
			张志洞				
			王清明				

① 《祖庭内传》卷上《雷大通》云："诣门受教为门弟子者数百人。"

教祖	第二代	第三代	第四代	第五代	第六代	传记或相关记载	出处
王嚞	马丹阳	刘真一①	邸道明			《内传·刘真一》	《内传》卷上、
			杨至道			《修建开阳观碑》	《甘水仙源录》卷10
		李大乘②	刘武节			《内传·李大乘》	《内传》卷上
		赵九渊	赵志冲			《内传·赵九渊》《潜然子赵先生墓碑》	《内传》卷上、《甘水仙源录》卷5
		苏铉				《内传·苏铉》	《内传》卷上

① 刘真一，道号朗然子。《祖庭内传》卷上《刘真一》云："丹阳既升仙，遂遁北游平滦之境，所至请益者，户外屦满。……度门众数千余辈，创宫观大小仅三百区。北方道风洪畅，先生阐扬之力居多。"《甘水仙源录》卷10《修建开阳观碑》称："通玄姓杨，诲至道，滦州马城县之灵泉人，其师号通玄，前金之赐书也。自明昌庚戌，改衣入道，暨朗然先生之所引度也。既陪杖屦三年，寻有四方之志。"又云："通玄父讳冲，常言先世相袭惟一子，四叶以来，暨以阴德自力。至通玄，兄弟六人，其次曰伯义，其次曰道夷，次曰志坚，及通玄皆为羽衣。通玄性刚明，有志节，然能循循乐善，故见于眉宇者，常穆如也。为人推诚，不喜以囊橐相覆掩，凡历艰险，必率先诸人，其馀谷粟羽流，虽倾囊倒囷而乐为之，故生平无私积，远近受业余三百人。"

② 《祖庭内传》卷上《李大乘》云："道缘日盛，门徒云集。"

教祖	第二代	第三代①	第四代	第五代	第六代	传记或相关记载	出处
王嚞	马丹阳	于通清	卢柔和②	李志方	赵志璞	《内传·于通清》《重玄子李先生返真碑铭》《崇真光教淳和真人道行之碑》	《内传》卷上，《甘水》卷6、7
				王志坦	梁志安		
					常志敏		
			丁至一				

① 《祖庭内传》卷上《于通清》云："其神光屡见，俶庶敬请出环，参玄问道者不可胜计，莫不虚往而实归。厥后道缘日兴，度门弟子逾千人，唯卢柔和、丁至一为心至。"

② 按，《甘水仙源录》卷6《重玄子李先生返真碑铭》称，李志方"适与丹阳马公之高弟卢公相遇，便请执礼为全真师。"同书卷7《崇真光教淳和真人道行之碑》称，王志坦"甫及冠，即着道士服，师北京卢尊师，师乃丹阳马公之法孙，洞（通）清于公之高弟，席下弟子有卢柔和、丁至一。"此说与王志坦道行碑相合，可见李志方道行碑称卢公为马丹阳高弟之说有误。李志方、王志坦席下弟子有卢柔和、丁至一。此说与王志坦道行碑相合，可见李志方道行碑称卢公为马丹阳高弟子孙，当以李道谦《祖庭内传》所记为是。但是两碑关于于通清一系师承关系的记载相互矛盾，虽均出自嘉议大夫，吏礼部尚书尚高鸣之手，《祖庭内传》所记为是。

教祖	第二代	第三代	第四代	第五代	第六代	传记或相关记载	出处
王嚞	马丹阳	赵悟玄①	然逸期②	张道性		《内传·赵悟玄》《弘玄真人赵公道行碑》《洗灯子子然先生道行碑铭》	《内传》卷上，《甘水》卷4，7
				杨志坚			
				白志柔			
				赵志晖			
				王志灵			
				李道和			
			王德遇	吕志真			

① 《祖庭内传》卷上《赵悟玄》云："〔赵悟玄〕既而与母魏氏并姊弟妻至六人，俱诣终南祖庵，投丹阳出家。"又云："〔先生〕度弟子数百人，惟王德遇、然逸期为入室。"

② 据《甘水仙源录》卷7《洗灯子子然先生道行碑铭》，然逸期投入赵悟玄门下之前，曾追随清阳子桃花陈先生六载。

教祖	第二代	第三代	第四代	第五代	第六代	传记或相关记载	出处
王嚞	马丹阳	赵悟玄	王志清	李志久		《内传·赵悟玄》《弘玄真人赵公道行碑》《洗灯子然先生道行碑铭》	《内传》卷上，《甘水》卷4，7
			鲁现琦				
			李道宝				
				邢道安①			
		段明源				《内传·段明源》	《内传》卷上
		柳开悟②				《内传·柳开悟》	《内传》卷中
		任守一				《内传·任守一》	《内传》卷中

① 据《甘水仙源录》卷4《弘玄真人赵公道行碑》，"弘玄真人赵公道行碑"，"弘玄真人仙蜕之七十年，至元庚辰春，嗣法孙邢默庵道安托终南重阳万寿宫宗主天乐真人李道谦状其行实，遣弟子至京师以道行碑为请。"可惜，碑文未进一步交代道安师承，姑且单列。

② 《祖庭内传》卷中《柳开悟》云："[柳开悟]与曹真、来灵玉、刘真一、李大乘、雷大通、李大圣、赵九渊辈俱在丹阳门下，时人称之曰'玄门十解元'。"

教祖	第二代	第三代	第四代	第五代	第六代	传记或相关记载	出处
王嚞	马丹阳	杨明真①	李志远②	王志安		《内传·杨明真》《终南山碧虚真人杨先生墓铭》《内传·无欲真人》《终南山重阳万寿宫无欲观妙真人李公本行碑》《卫州胙城县灵虚观碑》	《内传》卷中、下，《甘水》卷4、6、9
			齐志道				
			李志常				
			张志悦				

① 《祖庭内传》卷中《杨明真》云："度门人数百辈。"《终南山碧虚真人杨先生墓铭》云："杨明真"家世为农，兄弟四人俱入道，先生其伯也，仲曰守佳，余俱早世。"此外，杨明真拜师马钰之后，又曾赴山东谒丘、王诸师。

② 《甘水仙源录》卷6《终南山重阳万寿宫无欲观妙真人李公本行碑》作李仲美（原月山人，后更名李志远）和其父（耀州美原人）利其父"借受业于碧虚之门"。《祖庭内传》卷下《无欲真人》记载，李志远（耀州美原人）利其父……

教祖	第二代	第三代	第四代	第五代	第六代	传记或相关记载	出处
王嚞	马丹阳	周全道①	李志源（圆明真人）②	王志瑾		《内传·周全道》《终南山全阳人周尊师道行碑》《终南山圆明真人李练师道行碑》	《内传》卷中,《甘水》卷4、7
			张志渊				
			吴志恒				
		乔潜道	李道隐			《内传·乔潜道》《重修太清观记》	《内传》卷中,《甘水》卷10
			马志玄				

① 《祖庭内传》卷中《周全道》云:"四方来受教者,不可胜计。俱令各立方所,诱掖后进。"

② 《甘水仙源录》卷4《终南山全阳人周尊师道行碑》云:"乙未,关中甫定,圆明追念念师之遗命,率法属门众百余西归,于南时创建重阳成道宫,张洞虚捐橐装金币以资其用。"足见周全阳一脉一脉嗣之盛。

教祖	第二代	第三代①	第四代	第五代	第六代	传记或相关记载	出处
王嚞	马丹阳	李冲道①				《内传·李冲道》	《内传》卷中
		赵九古②				《内传·赵九古》	《内传》卷中
		陶彦明	狄抱元			《内传·陶彦明》	《内传》卷中
			王抱真				
		王志达③				《内传·王志达》	《内传》卷中

① 《祖庭内传》卷中《李冲道》云："造明昌辛亥，长春东归，命先生与乔君弘化河东，于临汾县西筑冲虚观居之，度门弟子数百人，造庵观数十区。"

② 据《祖庭内传》卷中《赵九古》，赵九古在投丹阳门下之前，曾礼雀羊头为师。金世宗大定二十年（1180），丘处机易其名为赵道坚。金章宗明昌二年（1191），奉丘处机之命，赵九古参礼刘处玄。后曾侍从丘处机西行觐见成吉思汗，途中仙逝。

③ 《祖庭内传》卷中《王志达》云："度门弟子数百人。"

教祖	第二代	第三代	第四代	第五代	第六代	传记或相关记载	出处
王嘉	马丹阳	薛知微①	侯志忍			《内传·薛知微》	《内传》卷中
			柳志春				
			唐志安				
			范志冲				
		王志一				《内传·薛知微》	《内传》卷中
		陈知命				《内传·陈知命》	《内传》卷中
		宋明一②				《内传·宋明一》	《内传》卷中

① 《祖庭内传》卷中《薛知微》云:"度门弟子数百人,唯侯志忍、柳志春、唐志安、范志冲四为入室,曾立观度人于河东云云间,为当代之高道。"

② 《祖庭内传》卷中《宋明一》云:"追大定壬寅春,丹阳鹤驭东归,先生(指宋明一——引者按)侍行至海上,日以其母、兄、姊、任六人俱礼丹阳入道。"

教祖	第二代	第三代	第四代	第五代	第六代	传记或相关记载	出处
王嚞	马丹阳	吕道安①				《内传·吕道安》《终南山灵虚观冲虚大师吕君墓志》	《内传》卷中、《甘水》卷5
		毕知常②				《内传·毕知常》	《内传》卷中

① 《祖庭内传》卷中《吕道安》云："先生西归祖庭，因缘复振。不数载，买度为道者，皆以先生为师，仅三百人。买额为道观在陕右者数十区。《甘水仙源录》卷5《终南山灵虚观冲虚大师吕君墓志》云："披戴门弟子三百余人，祖庭之教絫然复兴矣。"

② 《祖庭内传》卷中《毕知常》云："昆季四人，俱好清虚无为之学。大定壬辰岁，闻丹阳宗师于终南祖庵弘演真教，借来席下出家。丹阳各付秘诀……至兴定辛巳吕道安上仙，先生嗣主灵虚香火。其殿堂廊庑创造增葺者甚多，道缘日弘。不数岁，度门人逾百众。"

教祖	第二代	第三代	第四代	第五代	第六代	传记或相关记载	出处
王嘉	马丹阳	于善庆①	符道清			《内传·洞真真人》《终南山重阳万寿宫洞真子真人道行碑》《鄠县秦渡镇重修志道观碑》《内传·圆明真人》《洞观普济圆明真人高君道行碑》《燕京人高君道行碑》《洞观普济圆明真创建王清观碑》《甘水仙源录·后序》	《内传》卷下、《甘水》卷3、8、9、10
			骆志通				
			高道宽②				
			李道谦	张好古			
			马志希				

① 《祖庭内传》卷下《洞真人》云："于善庆，即师之姊也，女曰妙静，后俱为玄门之宿德。""师自五峰卒业以来，诣门求度为道士者数百人，俱立观院于凤翔、汧、陇之间。"于善庆曾先后参礼马钰、刘处玄、王处一、丘处机、李灵阳、崔羊头、谭处端诸师。《终南山重阳万寿宫洞真子真人道行碑》云："四方学徒，不可胜数，虽大于其事者，未尝见皇恐之色形于颜间。"

② 《甘水仙源录》卷8《洞观普济圆明真人高君道行碑》云："其从受学三人，始则安蓬来渌，继则李冲虚大其流，洞真亦特有受而克大其有道恭。"《圆明真人传》文末列有苟道恭、李口口、刘志口等门人。终则于洞真会其融而导其归，故游洞真门最人。参见王宗昱编：《金元全真教石刻新编》，第86页。

教祖	第二代	第三代	第四代	第五代	第六代	传记或相关记载	出处
王嚞	马丹阳	李子和				《全真第二代丹阳抱一无为真人马宗师道行碑》	《七真年谱》、《甘水》卷1
		韩淘				《全真第二代丹阳抱一无为真人马宗师道行碑》	《甘水》卷1
		于知一				《全真第二代丹阳抱一无为真人马宗师道行碑》	《甘水》卷1
		元元耒君	无尘子卫君	把德伸		《清虚大师把君道行录》	《甘水》卷7
		田无碍	毛养素	常志久		《颐真冲虚真人毛尊师蜕化铭》	《甘水》卷7
				王志冲			
				张志佺			
				郭从道			

教祖	第二代	第三代	第四代	第五代	第六代	传记或相关记载	出处
王嚞	马丹阳	灵真子(马尊师?)	陈志益			《渊静观记》	《甘水》卷10
	谭处端	王道明				《长真子谭真人仙迹碑铭》	《七真年谱》、《甘水》卷1
		董尚志					
	刘处玄					《长生真人刘宗师道行碑》	《七真年谱》、《甘水》卷2
		宋德方①	秦志安	李志实		《内传·披云真人》《通真子秦公道行碑铭》	《内传》卷下、《甘水》卷7
				郭志希			

① 据《祖庭内传》卷下《披云真人》记载，宋德方先后师事刘处玄、王处一、丘处机诸师，并侍从丘师西行论道。又《甘水仙源录》卷2《长生真人刘宗师道行碑》云："披云宋君袭教，轸承法轮，吸月之魂，餐日之髓，交谷神，不忘干劫之恩，乃纪跨鸾之盛迹，勒苍山之翠珉。"关于宋德方的师承，学界有两种看法，一种认为出于丘门，一种认为出于刘门。后一种观点相对普遍。

教祖	第二代	第三代	第四代	第五代	第六代	传记或相关记载	出处
王嚞	刘处玄	宋德方	秦志安	刘志清①		《内传·披云真人》、《通真子秦公道行碑铭》	《内传》卷下、《甘水》卷7
				唐志清			
				史志冲			
				赵志久			
				杨志素			
				张志久			
				史志通			
				□志□			
				李志□			
				任志□			
				史志烈			

① 艺风堂拓片本（据陈垣编纂、陈智超、曾庆瑛校补《道家金石略》录文）、《四部丛刊初编》本《遗山集》（上海：上海书店，1989年）作"刘志玄"。

教祖	第二代	第三代	第四代	第五代	第六代	传记或相关记载	出处
王嚞	刘处玄	宋德方	秦志安	胡志谦		《内传·披云真人》《通真子秦公道行碑铭》	《内传》卷下、《甘水》卷7
				高志清			
				蓬志玉			
				李志远			
				刘志柔			
				周志全①			

① 《通真子秦公道行碑铭》之后，艺风堂拓片本有"戊申年九月九日，济源遇真观门人唐志清、史志冲、赵志久、杨志素、张志久、史志通（下缺）□□□□□□□□□志□□宫李志□、任志□、史志烈、胡志谦、高志清、龙祥观蓬志玉、洞云观张志远、清乐观刘志柔、长生观周志全"数语。参见陈垣编纂、陈智超、曾庆瑛校补：《道家金石略》，第487页。由于碑文残缺，估计秦志安弟子尚不止这些。

教祖	第二代	第三代	第四代	第五代	第六代	传记或相关记载	出处
王嚞	刘处玄	于道显①	卫致夷			《离峰子于公墓铭》	《甘水》卷4
			孙伯英				
		崔道演	刘志佰			《真静崔先生传》	《甘水》卷5、8
			张志伟②			《泰安阜上张氏先茔记》	
			马志定				
			路志亨				
		于志可③				《冲虚大师于公墓碣铭》	《甘水》卷5

① 《甘水仙源录》卷9《大金陕州修灵虚观记》称，辛希声为王处一弟子，于道显、浚守中皆与希声同为门人。按，元好问《离峰子于公墓铭》系据于道显弟子卫致夷所作行状而撰，卫氏明确谈道"吾离峰子事长生刘君"，当以行状为准。

② 《甘水仙源录》卷5《真静崔先生传》作"张志伟"，艺风堂拓片本作"郝志坚"。参见陈垣编纂，陈智超、曾庆瑛校朴：《道家金石略》，第496页。又据《甘水仙源录》卷8《泰安阜上张氏先茔记》，张志伟十二岁时礼崔道演为师。

③ 据《甘水仙源录》卷5《冲虚大师于公墓碣铭》，于志可在追随刘处玄之后，曾师事丘处机。

教祖	第二代	第三代	第四代	第五代	第六代	传记或相关记载	出处
王嘉	丘处机					《长春真人本行碑》、《祭文》	《七真年谱》、《甘水》卷2
		尹志平①	马志通			《内传·清和真人》《清和妙道广化真人尹宗师碑铭并序》	《内传》卷下、《甘水》卷3

---

① 据《祖庭内传》卷下《清和真人》，尹志平曾先后参礼马钰、刘长生、王处一、郝大通、丘处机诸真。"在（丘处机）席下最为入室……屡承长春手泽，示以托重意，及蒙赐清和子号。"关于其收徒传道情况，《内传》记载："乙未春，沁州牧杜德康请师主黄箓醮事，师由云应南下，所至原野道路，望尘迎拜者，日千万计。愿纳宫观为门弟子者，若前高之玉虚，嶂县之神清，定襄之重阳，平遥之兴国，咸请主于师。"

教祖	第一代	第二代	第三代	第四代	第五代	第六代	传记或碑记相关记载	出处
王嚞	丘处机		李志常①	张志敬	刘志敦(?)②		《内传·真常真人》《玄门掌教大宗师真常真人道行碑铭》《玄门掌教宗师诚明真人道行碑铭》《恕斋王先生事迹》《洞元虚静大师申公提点墓志铭》	《内传》卷下、《甘水》卷3、5、7、8
				王粹				
				申志贞③	鲁志兴			

① 据《甘水仙源录》卷7《诃庵张先生事迹》，张本幼年与李志常为同舍生。后来李志常加入全真道，张本步入仕途。金哀宗正大九年（1232），"以翰林学士使北，见留，遂隐为黄冠。居燕京长春宫又十年，时真常掌道教，兄事如昔，尽礼绘养之，后游济南，翛然而化"。不过，碑文未交代张本师承。

② 《甘水仙源录》卷5《玄门掌教宗师诚明真人道持行状，致嗣教真人王志坦之命来求文。《至元九年三月三日，葬（张）敬（于）五华山道院东。襄事毕，提点刘志敦为张氏法嗣。"疑刘志敦为张志敬门人。

③ 据《甘水仙源录》卷8《洞元虚静大师申公提点墓志铭》，申志贞"初从超然子王君游，后处燕京大长春宫，礼真常李真人为师。"

教祖	第二代	第三代	第四代	第五代	第六代	传记或相关记载	出处
王嚞	丘处机	潘察道渊①				《内传·洞真真人》《陇州汧阳县新修玉清观记》	《内传》卷下、《甘水》卷10
		蔡志远②	申志信			《内传·白云真人》《玄门弘教白云真人綦公道行碑》	《内传》卷下、《甘水》卷5
			苏志和③				
		宋道安				《长春真人本行碑》	《七真年谱》《内传》卷中、《甘水》卷2

① 李道谦编有《通微真人潘察尊师传》，参见陈垣编纂、陈智超、曾庆瑛校补：《道家金石略》，第626—627页。

② 《祖庭内传》卷下《白云真人》云："度门弟子数百人，建立宫观二十余所。"

③ 艺风堂拓片本、《重阳宫道教碑石》本《玄门弘教白云真人綦公本行碑》文末云："至元二十五禩者雍困敦中秋日，冲虚安静大师重阳万寿宫提点兼本宗事赐紫门人苏志和等立石。"参见陈垣编纂、陈智超、曾庆瑛校补：《道教金石略》，第663页；刘兆鹤、王西平编著：《重阳宫道教碑石》，第111页。《甘水仙源录》本未录。

教祖	第二代	第三代	第四代	第五代	第六代	传记或相关记载	出处
王喆	丘处机	李志源（真常子）①				《真常子李真人碑铭》	《甘水》卷4
		张志素				《应缘扶教崇道张尊师道行碑》	《甘水》卷4
		潘德冲②	刘若水			《冲和真人潘公神道之碑》《大都清逸观碑》	《甘水》卷5、10
			文志通				
			王志和				
		夏志诚				《无为抱道素德真人夏公道行碑记》	《甘水》卷5

① 《甘水仙源录》卷4《真常子李真人碑铭》云："真人之时，马已谢世，而丘、刘、王、郝尚无志，真人历扣四君，见者皆以为可教，乃抽关启钥，不少靳固。"

② 《甘水仙源录》卷10《大都清逸观碑》记载，元太宗四年（1232），潘德冲于大都广阳坊捐资构建清逸观，"门人韩、郭、尹、刘诸人善继其志而后有成也。"

教祖	第二代	第三代	第四代	第五代	第六代	传记或相关记载	出处
王嚞	丘处机	冯志亨	薛德珪			《佐玄寂照大师冯公道行碑铭》	《甘水》卷6
			姚志玄				
		孟志源①				《重玄广德弘道真人孟公碑铭》	《甘水》卷6
		刘道宁②	许志安			《浑源县真常子刘君道行记》《太华真隐褚君传》《洞玄子史公道行录》《史讲师道行录后跋文》	《甘水》卷6、8
			褚志通				
			史志经③	刘志新			

① 据《甘水仙源录》卷6《重玄广德弘道真人孟公碑铭》云:"公虽得法于长春,充养之际,亦尝质于玉阳,太古二师真。王阳赐号开真子。"关于孟子传法情况,该碑志云:"中统二年辛酉,春秋七十有五矣,度门人五百有奇,曾师事浑源县隐士刘柴头。

② 据《甘水仙源录》卷6《洞玄子史公道行录》云:"浑源县真常子刘君道行录。"

③ 《甘水仙源录》卷8《洞玄子史公道行录》云:"癸未,长春大宗师应诏东还。公从其师拜阿不罕师训以今名……己酉,拜于洞真人,参受经箓。"

教祖	第二代	第三代	第四代	第五代	第六代	传记或相关记载	出处
王嚞	丘处机	李志明①	张志希			《栖真子李尊师墓碑》	《甘水》卷6
			侯志正				
			郭志修				
		申云叟②				《栖真子李尊师墓碑》	《甘水》卷6
		李志全				《纯成子李君墓志铭》	《甘水》卷8

① 据《甘水仙源录》卷6《栖真子李尊师墓碑》，李志明拜师丘处机之前，曾先丘参礼樊山潘先生、超然广化王真人。

② 《甘水仙源录》卷6《栖真子李尊师墓碑》云："又明年，师之高弟提点张志希、侯志正等，请道教都提点洞元大师申云叟与李志明同学于丘门。云叟继主天庆事，云叟即师之同法弟也。"由此推知，申云叟与李志明同学于丘门。

教祖	第二代	第三代	第四代	第五代	第六代	传记或相关记载	出处
王嚞	丘处机	赵志渊①	张志静			《清平子赵先生道行碑》《增修华清宫记》	《甘水》卷8、10
			赵志古				
			吕志真	李志通			
				杨志素			
				苏道常			
		刘志敏	冷德明			《怀州清真观记》	《甘水》卷9
			房志起				

① 据《甘水仙源录》卷8《清平子赵先生道行碑》，赵志渊在拜师丘处机之前，曾参礼滕州灵真子马尊师和王处一。卷10《渊静观记》称，陈志益曾参学于马子灵真子。此灵真子与灵真子马尊师或为同一人。如果笔者推断不误的话，那么全真教内就出现了先投于全真第三代门下，再转投第二代求法的例子，赵志渊就是一个典型。

教祖	第二代	第三代	第四代	第五代	第六代	传记或相关记载	出处
王嚞	王处一①					《玉阳体玄广度真人王宗师道行碑铭并序》《终南刘先生事迹》	《七真年谱》《甘水》卷2
		郎志清②	刘志源③	陈志玄		《玉阳体玄广度真人王宗师道行碑铭并序》《终南刘先生事迹》	《甘水》卷2、8

① 《甘水仙源录》卷2《玉阳体玄广度真人王宗师道行碑铭并序》记载，在投入王嚞门下之前，王处一与其母"皆为老氏法"。金世宗大定八年（1168），二十七岁的王处一拜王嚞为师，"为割今名，从居昆嵛烟霞洞，又名其母曰德清，号玄靖散人"。因此，在一定意义上讲，王处一的母亲也可视为王嚞的一名非正式弟子。

② 郎志清，又称明道真人，禹城（今山东禹城）人，少好方外之学，18岁入道。20岁，礼王玉阳为师。金章宗泰和间（1201—1208），还居红羊（洪洋）山。师礼王处一后，玄理洞明，声动四方，谓益者日众。郎真人居红羊山时，刘志源投其门下，仙化于开州通真观，享寿52岁，后安葬于红羊山。后志源，又称妙成真人。先后在渭州双庙头，开州雁华台，武州，燕京等地筑庵弘道。后"通志、依止模范，不惮艰苦"，复还开州通真观，改玄都观。《玄都宫碑铭并序》详细记载了刘志源与王处一一系的师承，刘志源师承关系和教内行事。详见王宗昱编：《金元全真教石刻新编》，第200—201页。为厘清刘志源为王处一一系的师承，补述如上。

③ 姚燧《玉阳体玄广度真人王宗师道行碑铭并序》称刘志源为王处一之法孙。据《甘水仙源录》卷8《终南刘先生事迹》，刘志源最初从潼州洪洋山郎尊师改衣入道，"崇庆初，东游铁查山，谒玉阳真人，得授秘诀……癸未冬，长春宗师奉诏南下，先生迳于宣德，长春一见深许，授之以履，令勿跛步，仍委提举大名路教门事。由是道价益隆，度门弟子数百人，建立庵观百有余所。"可见刘志源亦有参谒多真的经历。

教祖	第二代	第三代	第四代	第五代	第六代	传记或相关记载	出处
王嚞	王处一	郎志清	刘志源	朱志彦		《王阳体玄广度真人王宗师道行碑铭并序》《终南山刘先生事迹》	《甘水》卷2、8
				赵志古			
				张志隐			
				李志宗			
				李志明			
				崔志安			
				赵志真			
				贺志冲			
				李志真			
		辛希声				《大金陕州修灵虚观记》	《甘水》卷9
	郝广宁	淡守中				《广宁通玄太古真人郝宗师道行碑》	《七真年谱》、《甘水》卷2

教祖	第二代	第三代	第四代	第五代	第六代	传记或相关记载	出处
王嚞	郝广宁	王志谨①	徐志根			《广宁通玄太古真人郝宗师道行碑》《普照真人玄通子范公墓志铭》《栖云真人王尊师道行碑》《知常姬真人事迹》《终南山楼观宗圣宫同尘真人李尊师道行碑》《顺德府通真观碑》	《甘水》卷2、4、7、8、10
			论志元				
			魏志言				
			姬志真				
		范圆曦②	王裪中				
		李志实③	李志微④				
			李志柔	石志坚			
		王贤佐					

① 《甘水仙源录》卷4《栖云真人王尊师道行碑》云："车辙所经，愿为门弟子者动以千数，达官著姓、白叟黄童、山林缟素之流，闾阎芋总之子，莫不罗拜于前，其为世景仰如此。"

② 《甘水仙源录》卷4《普照真人玄通子范公墓志铭》云："其（指范圆曦—引者按）尝受戒录称为门弟子者，不可胜计。"

③ 《甘水仙源录》卷10《顺德府通真观碑》云："同尘，洺水人，自其父志微，素喜冲谵，尝事真人李志实，故事开玄真人李志实，亦在弟子之列。"

④ 据《甘水仙源录》卷7《终南山楼观宗圣宫同尘真人李尊师道行碑》，李志微生有四子，分别为李志端、李志柔、李志藏、李志雅。李志微早投大古高弟开玄真人入门下。金章宗泰和元年（1201），李志柔拜开玄为师。后"开玄及李氏父子五人均应列入太古一系。"其兄志端、志藏、弟志藏、志雅，皆从师（指李志柔—引者按）游，盖相尚以道也。"因此，李氏父子五人均应列入太古一系——开玄一系。

教祖	第二代	第三代	第四代	第五代	第六代	传记或相关记载	出处
王嘉	孙不二					散见于《终南山神仙重阳真人全真教祖碑》《终南山重阳祖师仙迹记》《全真第二代丹阳抱一无为真人马宗师道行碑》《王阳体玄广度真人王宗师道行碑铭并序》《真常子李真人碑铭》	《七真年谱》、《甘水》卷1、2、4
	赵抱渊①					《延安路赵先生本行记》	《甘水》卷8

① 《甘水仙源录》卷8《延安路赵先生本行记》云："(赵抱渊)因戴柏高师父引,谒刘真人席下,得授心印,隐居阳山,一纪不出。先生素不读书,忽一日,梦真君召赐金一帖,复以《道德》二篇付受,先生即吞之入腹。自此性天明朗,心地开通,闻所不闻,知所不知,若涌泉之流注。因述歌云:'昨日庵前遇庄列,二人点我长生诀。'又云:'寻个知音寻不得,野人独步下秦川。'遂来终南参重阳祖师,玄机密旨,大蒙启证。"不过,刘真人所指为谁,碑文语焉不详。

教祖	第二代	第三代	第四代	第五代	第六代	传记或相关记载	出处
(和德堇)						《内传·玉蟾真人》	《七真年谱》、《内传》卷上
(李灵阳)						《内传·灵阳真人》	《七真年谱》、《内传》卷上

第二部分：
李道谦年谱长编

己卯　公元 1219 年（元太祖十四年，金宣宗兴定三年，宋宁宗嘉定十二年）

李道谦一岁。是年李道谦出生于汴梁（今河南开封）。据《天乐真人道行铭》记载，李氏家族"代为豪家。考讳师孟，学成行尊，不为举子计，乡郡高之，曰隐君，不敢名。金末丧乱，岁饥，出私积赈施贫饿。母游氏，亦贤谨，能助隐君为善"。

是年，全真教掌教宗师丘处机居莱州昊天观。宋金聘命交至，不应。冬十二月，成吉思汗派遣特使刘仲禄赴山东召请，丘处机慨然应征。

庚辰　公元 1220 年（元太祖十五年，金宣宗兴定四年，宋宁宗嘉定十三年）

李道谦二岁。

是年春，丘处机率众从山东出发，西行觐见成吉思汗。二月入燕京，驻玉虚观。四月，作醮太极宫祈雨，登宝玄堂传戒。当月，出居庸关。五月，至德兴龙阳观，中元日于观中作醮，午后传戒。八月初，太傅移剌公请居宣德（今河北宣化）朝元观。

辛巳　公元 1221 年（元太祖十六年，金宣宗兴定五年，宋宁宗嘉定十四年）

李道谦三岁。

是年二月八日，道俗于宣德西郊为丘处机一行饯行。四月二十二日，抵达陆居河。七月，至阿不罕山。丘处机以年事已高、旅途艰辛为由，欲在此恭候成吉思汗銮驾东归。因成吉思汗敕书"诸处官员如遇真人经过，无得稽其程，盖欲速见之也"（《长春真人西游记》卷上），遂留弟子宋道安等九人于此创立栖霞观。八月八日，率赵九古等十人轻骑而往。八月十五日，抵达金山。二十七日，至阴山。十一月，抵达邪米思干大城之北，太师移剌公及蒙古、回纥将帅载酒迎接，当年冬居算端氏新宫。

壬午　公元1222年（元太祖十七年，金宣宗元光元年，宋宁宗嘉定十五年）

李道谦四岁。

是年三月上旬，阿里鲜传旨："真人来自日出之地，跋涉山川，勤劳至矣。今朕已回，亟欲闻道，无倦迎我。"（《长春真人西游记》卷上）。敕令万户播鲁只派遣千名甲士护卫丘处机过铁门。四月五日，达于"大雪山"（今阿富汗兴都库什山）行在，觐见大汗。成吉思汗以"神仙"称呼丘处机，并询问有何"长生之药"，丘处机对以"卫生之道"。之后的八月二十二日，九月十五日、十九日、二十三日，二者又有多次会面。

癸未　公元1223年（元太祖十八年，金宣宗元光二年，宋宁宗嘉定十六年）

李道谦五岁。

是年二月七日，丘处机奏请成吉思汗准其回归中原。成吉思汗云："少俟三五日，太子来，前来道话，所有未解者，朕悟即行。"翌日，丘处机进言"天道好生，今圣寿已高，宜少出猎"，劝谏成吉思汗好生止杀。成吉思汗以"但神仙劝我语，以后都依也"作答（以上《长春真人西游记》卷下）。二月二十四日、三月七日，丘处机再次提出辞呈，终于得旨东还。李道谦《七真年谱》称，成吉思汗授予丘处机及全真教"掌管天下道门，大小事务一听神仙处置，他人无得干预。宫观差役，尽行蠲免，所在官司，常切卫护"的特权。五月初，途径阿不罕山，在栖霞观短暂停留。五月七日之后，丘处机率弟子分三批先后返程。十七日，丘处机患疾，不食。六月二十二日，抵达丰州，始康复。丘处机患病时，尹志平梦神人之语"师之疾，公辈勿忧，至汉地当自愈"，一语成谶（《长春真人西游记》卷下）。八月，至宣德，居朝元观。

甲申 公元1224年（元太祖十九年，金哀宗正大元年，宋宁宗嘉定十七年）

李道谦六岁。

是年春二月初一日，丘处机居缙山（今北京市延庆区境内）秋阳观并主醮事。五月二十二日，应燕京官员之请，住燕京大天长观。六月十五日，成吉思汗自行在传旨："自神仙去，朕未尝一日忘神仙，神仙无忘朕，朕所有之地，爱愿处即住，门人恒为朕诵经祝寿则嘉。"（《长春真人西游记》卷下）。丘处机在燕期间，先后建立平等、长春、灵宝、长生、明真、平安、消灾、万莲等八大道会，道侣云集，全真教大兴。《长春真人成道碑》云："自是玄风大振，道日重明，营建者棋布星罗，参谒者云骈雾集，教门弘阐，古所未闻。"

乙酉　公元1225年（元太祖二十年，金哀宗正大二年，宋理宗宝庆元年）

李道谦七岁，以六经童子贡礼部。

是年，丘处机住居燕京弘道，与在京官员游。秋九月，作醮禳荧惑。

丙戌　公元1226年（元太祖二十一年，金哀宗正大三年，宋理宗宝庆二年）

李道谦八岁。

是年夏五月，京师大旱。丘处机应行省官员之请，作醮祈雨。

丁亥　公元1227年（元太祖二十二年，金哀宗正大四年，宋理宗宝庆三年）

李道谦九岁。

是年自春及夏，京师大旱。五月，丘处机再次率众作醮祈雨。二十五日，门人王志明传成吉思汗圣旨，改北宫仙岛为万安宫、天长观为长春宫。赐金虎符，申明"道家事一仰神仙处置"（《长春真人西游记》卷下）。七月九日，丘处机登宝玄堂，留颂而逝，享年八十岁。尹志平自德兴龙阳观赴燕京奔丧，并继任掌教。丘处机另一位大弟子李志常任都道录兼领长春宫事。

戊子　公元1228年（拖雷监国元年，金哀宗正大五年，宋理宗绍定元年）

李道谦十岁。

是年，拖雷监国。三月一日，尹志平提议在白云观为丘处机建处顺堂，并令鞠志圆主持盖建工程。七月九日，也就是丘处机仙逝一周年，尹志平在白云观为其主持安葬仪式。[①]

己丑　公元1229年（元太宗元年，金哀宗正大六年，宋理宗绍定二年）

李道谦十一岁。

是年，元太宗窝阔台即位。尹志平驻居燕京长春宫。秋七月，派遣都道录李志常赴乾楼辇参加太宗即位大典。"时方诏通经之士教太子，公进《易》《诗》《书》《道德》《孝经》，且具陈大义，上嘉之"（《玄门掌教大宗师真常真人道行碑铭》）。

庚寅　公元1230年（元太宗二年，金哀宗正大七年，宋理宗绍定三年）

李道谦十二岁。

尹志平住燕京长春宫，在燕京地区弘道。据《葆光集》卷下记载，是年九月初九重阳节，尹志平在燕京西山通仙观主持醮

---

① 以上丘处机掌教期间所历史迹，主要参考了李志常《长春真人西游记》（《四部备要》，第35册，北京：中华书局、中国书店，1989年），不一一注释。

事。《玄门掌教大宗师真常真人道行碑铭》记载，冬，有人诬告处顺堂壁画有冒犯蒙古当局之意，尹志平被执。李志常云："清和宗师也，职在传道。教门一切，我悉主之，罪则在我，他人无及焉。"入狱后以灵异之迹慑服狱吏，最终平息"处顺堂绘事案"。此事一方面彰显了李志常为弘大教门而甘愿替掌教待罪受罚的高风亮节，另一方面不难看出李志常在当时全真教内的重要担当，这为他日后接续掌教职位奠定了基础。

辛卯　公元 1231 年（元太宗三年，金哀宗正大八年，宋理宗绍定四年）

李道谦十三岁。

掌教尹志平住长春宫，在京郊一带传教弘法。

壬辰　公元 1232 年（元太宗四年，金哀宗开兴元年、天兴元年，宋理宗绍定五年）

李道谦十四岁。

是年四月，元太宗率师南还，尹志平领道众迎见于顺天（今河北保定）。"（太宗）赐座宣慰，谆复良久命退。翌日，皇后嫔妃幸长春宫，降香设斋，特赐三洞四辅道经一藏，令旦望看读，为国焚修，与民祈谷者"（《清和演道玄德真人仙迹之碑》）。

癸巳　公元 1233 年（元太宗五年，金哀宗天兴二年，宋理宗绍定六年）

李道谦十五岁，弃儒入道。《天乐真人道行铭》称："天兴癸巳金亡，朝廷遣使区别四民，凡衣冠道释之流寓者异籍之。公在儒者籍，时兵事方殷，遂改着道者服，以谓世利多累，弗若究性命之真，终己可乐无穷也。遂于三坟五典之正，老氏五千言之微，及所谓内圣外王之说，祠祀上章、金丹玉诀之秘，咸诣精奥。"

是年春，尹志平前往东北地区弘道。应宣差侯公之请在北京路（今辽宁锦州）作黄箓醮。冬十月，在义州通仙观讲道，并主持下元醮。是年六月，李志常至燕京赴阙，"教蒙古贵官之子十有八人"。

甲午　公元1234年（元太宗六年，金哀宗天兴三年，宋理宗端平元年）

李道谦十六岁。

《清和演道玄德真人仙迹之碑》称，是年二月，尹志平遍游间山，在李虚玄太玄观盘亘六日。四月，返回燕京。弋毂《玄门掌教清和妙道广化真人尹宗师碑铭并序》称，是年春，游毋间山之太玄观。王恽《大元故清和妙道广化真人玄门掌教大宗师尹公道行碑铭并序》称，"甲午春，师往（医巫间山）游焉"。李道谦《终南山祖庭仙真内传》卷下称，是年春，尹志平南归，及玉田。夏，尹志平命无欲子李守宁担任陕西教门提点，并主持兴复终南山祖庭。

乙未　公元1235年（元太宗七年，宋理宗端平二年）

李道谦十七岁。

是年春，尹志平入山西弘道。应沁州帅杜德康之请，在平遥县玉清观主持黄箓醮事。万户梁瑜将平遥县清虚观施赠尹志平。尹对其增修粉饰，更名为太平兴国观。九月，尹志平抵达平阳县，命宋德方率众雕镂道藏经板。冬，应平阳府李侯之请，演教平阳长春观。秋七月，李志常奉召在和林修筑道院，发展教团。

丙申　公元1236年（元太宗八年，宋理宗端平三年）

李道谦十八岁。

《清和演道玄德真人仙迹之碑》记载，是年正月初一日，尹志平抵达京兆，参谒灵虚观（即全真教祖庭重阳万寿宫的前身），"指示地位，委留人物，渐次营造"。陕西五路总管田雄"将太平宫、楼观太一宫、佑德观、华清宫、云台观，尽归于师"。王恽《大元故清和妙道广化真人玄门掌教大宗师尹公道行碑铭并序》云："乙未春，关辅略定，师西游，并图营建，又兴复佑德、云台二观，太平、宗圣、太一、华清四宫，以翼祖观。"所记恐有偏颇，因为乙未年尹志平尚在山西，未到陕西。秋，尹志平返程至山西河东。李志常至自燕京，将尹志平接至云中，共听太宗圣旨，《清和演道玄德真人仙迹之碑》称，"令选天下高道，尽数与我国家念经告天，随处官员给斋粮者"。王恽碑云"（尹志平）奉旨试经云中，度千人为道士"。当时，山西境内诸多宫观多归宗于尹志平掌领的全真教门。弋毂《玄门掌教清和妙道广化真人尹宗师碑铭并序》云："平遥之兴国观、崞之神清、前高之玉虚白云洞、定襄之重阳、沁之神霄、平阳之玄都，皆主于师。秋，帝命中书杨公召还燕。"李道谦《祖庭仙真内传》亦持此说。

丁酉　公元 1237 年（元太宗九年，宋理宗嘉熙元年）

李道谦十九岁。

李志全《清和演道玄德真人仙迹之碑》称，是年九月，中书杨彦诚奉敕，令尹志平还燕。此说与弋毂、李道谦所记年份存在出入。同年，宋德方受命编纂《大元玄都宝藏》。

戊戌　公元 1238 年（元太宗十年，宋理宗嘉熙二年）

李道谦二十岁。

尹志平以老辞，是年正月十五日在长春宫作大斋，将全真教大宗师之位传予李志常。三月，元太宗加封李志常"玄门正派嗣法演教真常真人号"。夏四月，李志常赴阙，奏请将灵虚观更名为重阳宫，并命人大加修缮。

己亥　公元 1239 年（元太宗十一年，宋理宗嘉熙三年）

李道谦二十一岁。

是年，尹志平退居京郊五华山道院，后改名为五华观。

庚子　公元 1240 年（元太宗十二年，宋理宗嘉熙四年）

李道谦二十二岁。

是年秋，应陕西行省田雄、京兆太傅移剌宝俭之请，七十一岁的尹志平赴陕西终南山。同年闰腊月廿四日，抵达祖庭，筹备王重阳会葬大典。

辛丑　公元 1241 年（元太宗十三年，宋理宗淳祐元年）

李道谦二十三岁。

秦志安著成《金莲正宗记》。是年正月二十五日，在尹志平等教内宿德的领导下，全真弟子将王重阳仙蜕迁葬白云堂。据王恽所撰碑记载，当时参加祖师会葬者有"数万人"之多。

壬寅　公元 1242 年（乃马真后元年，宋理宗淳祐二年）

李道谦二十四岁。是年，李道谦西游秦中，拜于洞真门下，"洞真器其贤，待以文章翰学事，寻倾平生所得举付之"。

是年，乃马真后称制。春，尹志平在沁州神霄宫住岁余。

癸卯　公元 1243 年（乃马真后二年，宋理宗淳祐三年）

李道谦二十五岁。

是年夏，尹志平至太原天宝观，作醮祈雨，解当地旱情。秋八月，蒙古公主皇后下懿旨，遣中贵请尹志平还燕京五华山，并为尹志平预作寿宫。

甲辰　公元 1244 年（乃马真后三年，宋理宗淳祐四年）

李道谦二十六岁。

是年春正月，乃马真后命李志常在长春宫作普天大醮三千六百分位，选行业精严之士普赐戒箓。《玄门掌教大宗师真常真人道行碑铭》称，"逮戊申春二月既望，醮始告成，凡七昼夜，祥应不可殚纪"。是年，宋德方等完成《大元玄都宝藏》纂修。

乙巳　公元 1245 年（乃马真后四年，宋理宗淳祐五年）

李道谦二十七岁。

是年春，尹志平命潘德冲主领山西河东永乐纯阳宫。

丙午　公元 1246 年（元定宗元年，宋理宗淳祐六年）

李道谦二十八岁。李道谦与于洞真在今陕西、甘肃一带弘教。

是年，元定宗贵由即位。

丁未　公元 1247 年（元定宗二年，宋理宗淳祐七年）

李道谦二十九岁。

戊申　公元 1248 年（元定宗三年，宋理宗淳祐八年）

李道谦三十岁。《天乐真人道行铭》记载，是年春，李道谦东
还乡里汴梁，葬其父李师孟于夷山。之后，将家业托付给本族侄
男李德，"令经纪宗族，识者嘉其克终人子之孝"。是年，李道谦
在终南山重阳宫西北隅筘溪旁建筘溪道院，并请好友、时任陕西
三白渠使太华郭时中撰写《筘溪道院记》。

己酉　公元 1249 年（海迷失后元年，宋理宗淳祐九年）

李道谦三十一岁。

是年，海迷失后称制。是年春，特旨赐尹志平清和演道玄德
真人号，又赐金冠法服，改燕京房山清和观为清和宫。

庚戌 公元 1250 年（海迷失后二年，宋理宗淳祐十年）

李道谦三十二岁。是年冬十月三日，于洞真羽化登仙，遗命李道谦精勤道业，弘扬教法。

辛亥 公元 1251 年（元宪宗元年，宋理宗淳祐十一年）

李道谦三十三岁。掌教大宗师李志常命李道谦提点重阳宫事。《天乐真人道行铭》云："宪宗皇帝诏真常设醮于终南祖庭，见公奉职周饬，复委营办庶事，于诸方色色具集。人初疑之，继而咸服真常知鉴。公行方，见异闻胜迹、仙圣韶举，必详录之为成书，以开示后学为己任。"七月初九日，重阳万寿宫将《大蒙古国累朝崇道恩命之碑》立石，碑阳刻成吉思汗、窝阔台、阔端太子、弥里杲带太子等蒙古皇室崇道诏书、圣旨、令旨。碑阴刻《清和真常二大宗师仙翰》，结尾署名"大朝辛亥岁下元日玄门弘教白云真人（下缺）真人李志远冲和大师□□□志阳□□提点李道谦篆额□志真摹□朱志完精□"。

是年，元宪宗蒙哥即位。二月初六日，也是刘长生登仙之日，尹志平登真证道，享年八十三岁，葬五华山。王恽碑将尹志平升霞之日记作二月十一日，与其他诸家碑刻不同，不知所自。李志常奉命代祀岳渎。

壬子 公元 1252 年（元宪宗二年，宋理宗淳祐十二年）

李道谦三十四岁。

是年春正月，奉元宪宗皇帝之命，李志常祀礼终南祖庭，并对重阳宫及附属道院大加营造修缮。《玄门掌教大宗师真常真人道行碑铭》称，"凡山下道院，皆为一例，以是地系教门根本故也"。四月十六日，东归燕京。

癸丑 公元1253年（元宪宗三年，宋理宗宝祐元年）

李道谦三十五岁。据《皇元特授神仙演道大宗师玄门掌教辅道体仁文粹开玄真人管领诸路道教所知集贤院道教事孙公道行之碑》和《玄门掌教孙真人墓志铭》，是年孙德或十一岁，出家为道士，正式拜于祖庭天乐真人李道谦门下。

是年春正月，奉元宪宗皇帝之命，李志常以压印大宗师的身份主持金箓大斋，"给散随路道士女冠普度戒牒"。

甲寅 公元1254年（元宪宗四年，宋理宗宝祐二年）

李道谦三十六岁。是年，宣差国学总教、佐玄寂照大师、教门都道录、权管教门事冯志亨撰《重阳成道宫记》，葆真大师、提举终南山重阳万寿宫事、权陕西五路兴元府教门提点李道谦为之书篆。

是年，元宪宗蒙哥再次下令，以李志常为大度济师主持普天大醮三千六百分位，"以附荐海内亡魂"。李志常向有司奏请，开释燕境众多罪徒。以其弟子张志敬提点教门。

乙卯 公元1255年（元宪宗五年，宋理宗宝祐三年）

李道谦三十七岁。是年，禹谦为杨碧虚撰写《终南山重阳万寿宫碧虚杨真人碑》，额题"葆真大师、京兆府路道录、提举重阳万寿宫事、赐紫李道谦书篆"，但未交代书篆时间。此碑立于元世祖中统三年（1262）。又根据李道谦的职衔"京兆府路道录"系元宪宗八年（1258）掌教大宗师张志敬所授，可推知李道谦书写碑文的时间当在宪宗八年至中统三年之间。

是年秋七月，李志常奉旨，觐见元宪宗于行宫。《玄门掌教大宗师真常真人道行碑铭》记载，宪宗数次召见，问以"治国保民之术"。冬十二月初一日，"上谓公曰：'朕欲天下百姓安生乐业，然与我同此心者，未见其人，何如？'公奏曰：'自古圣君有爱民之心，则才德之士必应诚而至。'因历举勋贤并用，可成国泰民安之效，上嘉纳之，命书诸册。自午未间入承顾问，及灯乃退。"

丙辰　公元1256年（元宪宗六年，宋理宗宝祐四年）

李道谦三十八岁。

元宪宗四年六月二十六日，杨碧虚弟子无欲子李志远登真证道。宪宗五年，宣差宗玄大师、提点陕西五路兴元路教门兼领重阳万寿宫事何道宁为其撰写《终南山重阳万寿宫无欲观妙真人李先生碑并序》，是年十二月十日立碑。碑额题"葆真大师、提举重阳万寿宫事、权陕西五路兴元路教门提点李道谦书"。由此推知，李道谦为李志远书写本行碑一事最有可能发生在是年，但最早不超过宪宗五年。

是年春正月，李志常以老辞。六月庚申朔日，李志常倦于接应，谢绝宾客，隐几不言。《玄门掌教大宗师真常真人道行碑铭》称，"戊寅，正襟危坐，语左右曰：'昨夜境界异常，吾自知卦数已尽，归其时矣。主管教门，向已奏闻，令明诚张志敬受代，余无可议者。'"次日，李志常将符印、法衣授予张志敬，留颂仙逝，享年六十四岁。

丁巳　公元 1257 年（元宪宗七年，宋理宗宝祐五年）

李道谦三十九岁。

戊午　公元 1258 年（元宪宗八年，宋理宗宝祐六年）

李道谦四十岁。掌教大宗师张志敬令李道谦担任京兆路道录。

是年，发生了以福裕为首的佛教集团和以张志敬为首的道教集团的大规模佛道之争，道教败北。元宪宗令道士落发，恢复道教侵占的二百余所佛教寺庙，焚伪经四十五部。

己未　公元 1259 年（元宪宗九年，宋理宗开庆元年）

李道谦四十一岁。

庚申　公元 1260 年（元世祖中统元年，宋理宗景定元年）

李道谦四十二岁。

是年三月，元世祖忽必烈即位。

辛酉　公元 1261 年（元世祖中统二年，宋理宗景定二年）

李道谦四十三岁。是年，李道谦请太原虚舟道人李鼎为终南山甘河镇遇仙宫诗作序。其中收有李道谦所撰诗文一首，充分肯定了甘河遇仙宫在全真教史上的重要地位："万叠晴岚倚碧空，紫云深锁遇仙宫。三山飞剑人归后，四海全真道化洪。梦断鹤鸣丹井露，醮余旛舞石坛风。世间万朵金莲秀，尽出甘泉灌溉功。"署"夷门天乐道人李道谦上"。

是年秋八月，元世祖忽必烈诏赠尹志平清和妙道广化真人、李志常真常上德宣教真人号。

壬戌　公元1262年（元世祖中统三年，宋理宗景定三年）

李道谦四十四岁。

是年，元世祖忽必烈下旨封赠掌教大宗师张志敬。《玄门嗣法掌教宗师诚明真人道行碑铭并序》称，"玄门掌教真人张志敬，自童子身，着道士服，志行修洁，问学淹该，甫逾不惑之年，纯作难能之事，增光前辈，垂法后人，可特赐号光先体道诚明真人"。

癸亥　公元1263年（元世祖中统四年，宋理宗景定四年）

李道谦四十五岁。

甲子　公元1264年（元世祖中统五年、至元元年，宋理宗景定五年）

李道谦四十六岁。

乙丑　公元1265年（元世祖至元二年，宋度宗咸淳元年）

李道谦四十七岁。是年，李道谦升任京兆路道门提点。

是年，元世祖忽必烈下旨，令掌教大宗师张志敬在长春宫建金箓大醮三千六百分位，并赐金冠云罗法服一袭。又令其主持修复在金末战乱中遭到损毁的岳渎庙。

丙寅　公元 1266 年（元世祖至元三年，宋度宗咸淳二年）

李道谦四十八岁。

丁卯　公元 1267 年（元世祖至元四年，宋度宗咸淳三年）

李道谦四十九岁。

戊辰　公元 1268 年（元世祖至元五年，宋度宗咸淳四年）

李道谦五十岁。

己巳　公元 1269 年（元世祖至元六年，宋度宗咸淳五年）

李道谦五十一岁。

是年正月，元世祖忽必烈颁布崇道诏书，封东华教主帝君之号，正阳、纯阳、海蟾、重阳真君之号，丹阳、长真、长生、长春、玉阳、广宁、清净散人真人号。

庚午　公元 1270 年（元世祖至元七年，宋度宗咸淳六年）

李道谦五十二岁。据李道谦撰《终南山楼观宗圣宫同尘真人李尊师道行碑》，郝大通再传弟子、终南山楼观宗圣宫同尘子李志柔仙蜕于是年清明日，"葬于宫东南成道观之仙游堂……比其葬也，石君志坚状师平昔所行大概，恳来乞文，将刻之石。予（李道谦——引者按）亦重师之有道，不得以固陋辞，即因其实而纪之"。碑文未明确交代撰写时间，但根据"比其葬也……即因其实而纪之"，推测此碑撰写时间当在是年或稍后。

是年冬十一月十七日，张志敬羽化登仙，享年五十一岁。《玄门嗣法掌教宗师诚明真人道行碑铭并序》记录了自王重阳创教至张志敬掌教以来全真教风的转变。其文云："全真之教，以识心见性为宗，损己利物为行，不资参学，不立文字，自重阳王真人至李真常，凡三传，学者渐知读书，不以文字为障蔽。及师掌教，大畅玄旨，然后学者皆知讲论经典、涵泳义理，为真实入门。"同年，元世祖忽必烈下旨，令王志坦袭掌全真大宗师位，加真人号。

辛未　公元 1271 年（元世祖至元八年，宋度宗咸淳七年）

李道谦五十三岁。李道谦编成《七真年谱》，中元日李道谦作《七真年谱》后序，"取其（指七真——引者按）修真立教之迹，姑此启诸童蒙，俾于向上诸师知所宗本，非敢以渎我同志者也"。

是年，元世祖忽必烈定国号为元。宋德方弟子祁志诚担任诸路道教都提点。

壬申　公元 1272 年（元世祖至元九年，宋度宗咸淳八年）

李道谦五十四岁。是年，掌教大宗师王志坦邀请李道谦至京师，授予他诸路道教提举之职。不过，李道谦在此任上不久，就拜辞西归陕西。据《有元重修玉清万寿宫碑铭并序》记载，于洞真的三大弟子冯道真、高道宽、魏道阳为了追念先师于洞真道业，曾集道侣重修位于陕西汧阳县的玉清万寿宫，重修工程历"二十三年而后成"。教门提点李道谦为了颂扬三大高道纪念先师的业绩，专门请姚燧撰写重修纪念碑铭。碑文未明确记载撰碑一事发生的具体年月，碑铭末尾的立碑时间亦已损缺。不过按照于洞真在海迷失后二年（1250）仙逝，三大弟子即开始重修工程的话，历经二十三载，李道谦请姚燧撰写碑铭一事当发生于是年或稍后。

是年三月三日，葬张志敬仙蜕于五华山道院东。九月，嗣法掌教真人王志坦为其立碑，以示纪念。十月，元世祖封忙哥剌为安西王，赐螭纽金印，以京兆路为分地，驻于六盘山。十一月二十七日，王志坦仙蜕于长春宫，享年七十三岁。祁志诚嗣袭全真掌教大宗师之席，每岁奉旨祭祀岳渎。

癸酉　公元 1273 年（元世祖至元十年，宋度宗咸淳九年）

李道谦五十五岁。是年秋重阳日，重阳成道宫提点吴志恒念及法兄、周全阳弟子李志源熏陶切磋之惠，请李道谦为其撰写碑铭。李道谦应邀撰写《终南山圆明真人李练师道行碑》。

是年，忙哥剌进封秦王，别赐兽纽金印。两府并置，在长安者曰安西，在六盘者曰开成。

甲戌　公元 1274 年（元世祖至元十一年，宋度宗咸淳十年）

李道谦五十六岁。秋九月，终南山重阳成道宫提点吴志恒赴祖庭，请李道谦为其先师、马丹阳弟子周全道撰写碑铭。李道谦根据《金莲记》、崆峒李瑞所作周全道墓铭，以及于洞真以往谈及周全道之言行，编次《终南山全阳真人周尊师道行碑》。十月十五日，为史志经《玄风庆会图》作序。

是年二月十五日，李道谦弟子王德颐、王德升等将郭时中所撰《筼溪道院记》立石。据《皇元特授神仙演道大宗师玄门掌教辅道体仁文粹开玄真人管领诸路道教所知集贤院道教事孙公道行之碑》，是年，奉元世祖昭睿顺圣皇后察必之命，孙德彧"侍安西王掌祠事，祈襘歆格，即充京兆路道录"。

乙亥　公元 1275 年（元世祖至元十二年，宋恭帝德祐元年）

李道谦五十七岁。是年，史志经门人刘志新持翰林学士承旨王鹗所作《洞玄子史公道行录》请李道谦作跋，李道谦应邀撰写《史讲师道行录后跋文》。

是年中元日，《全真教祖碑》于重阳宫立石。此碑文为"后先生五十六年"所撰，即王嚞在金世宗大定十年仙化后的五十六年——金哀宗正大二年——所撰。碑额题"葆真玄靖大师、前诸路道教提举李道谦书篆"。由此推知，李道谦书篆《祖碑》的时间当在是年，但最早不超过至元九年，原因是至元九年李道谦始任诸路道教提举之职。

丙子　公元 1276 年（元世祖至元十三年，宋恭帝德祐二年，宋端宗景炎元年）

李道谦五十八岁。

是年，元军攻入南宋都城临安。

丁丑　公元 1277 年（元世祖至元十四年，宋端宗景炎二年）

李道谦五十九岁。《天乐真人道行铭》称，是年五月，安西王忙哥剌颁布令旨，令李道谦提点陕西五路西蜀四川道教兼领重阳万寿宫事，并赐黄金冠法锦服。

是年五月，李道谦将于洞真弟子、曾经担任提点陕西兴元等路道教兼领重阳万寿宫事的高道宽的教内行实交付道录郭志祥，令郭敦请安西王府文学姚燧撰写《洞观普济圆明真人高君道行碑》。

戊寅　公元1278年（元世祖至元十五年，宋端宗景炎三年、少帝祥兴元年）

李道谦六十岁。是年，安西王忙哥剌令李道谦在重阳宫主持大醮仪式。

是年，掌教大宗师祁志诚奉旨持香币偕御史中丞崔彧往祀南岳。冬十一月，安西王忙哥剌薨。

己卯　公元1279年（元世祖至元十六年，宋少帝祥兴二年）

李道谦六十一岁。元定宗二年（1247），郝大通弟子、盘山栖云真人王志谨引终南山涝谷之水由东方环护重阳万寿宫。时任秦蜀道教提点的李道谦记录了王真人开涝水的始末。是年，王志谨弟子、安西道录吴道素持李道谦所记，请安西王府记室参军薛友谅撰写《栖云真人开涝水记》并篆额，同年中元日立石。

是年，元朝消灭南宋残余抵抗力量，统一全国。

庚辰　公元1280年（元世祖至元十七年）

李道谦六十二岁。是年正月，元世祖忽必烈申降玺书，承认安西王授李道谦提点陕西五路西蜀四川道教兼领重阳万寿宫事之职。是年正值马丹阳弟子赵悟玄仙逝七十年。春，赵悟玄嗣法孙邢默庵道安托李道谦状赵氏行实，遣弟子至京师请翰林待制知制诰兼修国史李谦撰写《弘玄真人赵公道行碑》。李道谦为丘处机弟子、通微真人蒲察道渊编写的《通微真人蒲察尊师传》于是年五月初五日立碑。据《大元崇道圣训王言碑》，是年十一月初五日，元世祖下旨，护持李道谦治下陕西五路西蜀四川道教宫观及庙产，赋予其管领所辖道教事务的权力。又据《大元创建清阳宫记》，冲虚大师杨志谨曾受清和宗师尹志平之托，重修位于终南山重阳宫东南七里仕马村的清阳宫。是年冬，"宣授道教提点天乐真人以恩例手书其额，易观为宫"。《感应金莲洞记》称，李道谦为位于甘肃成县的金莲洞命名，仍给示榜文，以为外护。据《重修磻溪长春成道宫记》，长春真人丘处机为王重阳完成守丧之礼后，赴陕西凤翔府虢县磻溪修道。于洞真主持重阳宫期间，曾令弟子卢志清在磻溪创建长春观。后又有道士方志正对其重修。是年，重修工程竣工。提点方志正携李道谦信函，请奉训大夫、陕西汉中道提刑按察副使顺圣魏初撰写碑记。碑记成文后，时任宣授陕西五路西蜀四川道教提点兼领终南山重阳万寿宫事的李道谦立碑以纪其事。明人王炜《谒周公庙记》记载，岐山县西北十五里有周公庙。该庙历史久远，金末兴定间有道士改庙为道宫。元初，此庙尽毁。是年，"李忠宣公德辉行台陕西，欲起其废，而有司力不逮，乃请终南重阳宫李天乐真人重建"。建成之后，李道谦曾命弟子守庙。

《元史·世祖本纪》记载，"二月，丙申，诏谕真人祁志诚等焚毁《道藏》伪妄经文及板。"是年，阿难答袭封安西王。

辛巳 公元1281年（元世祖至元十八年）

李道谦六十三岁。是年二月十六日，李道谦编撰《全真第五代宗师长春演道主教真人内传》并题额。

是年，佛道争难白热化，道教遭受焚经之噩。《元史·世祖本纪》云："（至元十八年冬十月）己酉，张易等言：'参校道书，惟《道德经》系老子亲著，余皆后人伪撰，宜悉焚毁。'从之，仍诏谕天下。"《玄门掌教大宗师存神应化洞明真人祁公道行之碑》云："真人（指祁志诚——引者按）挺身直前，百沮而不挠。或谓宜及是时谢事引去，复之曰：'方玄风隆盛则以师长自居，少遇屯厄则退身为隐士，人其谓我何？稍俟安泰然后辞去，为未晚也。'"

壬午 公元1282年（元世祖至元十九年）

李道谦六十四岁。是年秋八月初一日，李道谦持马丹阳行状，请翰林直学士、中顺大夫、陕西汉中道提刑按察副使王利用撰写《全真第二代丹阳抱一无为真人马宗师道行碑》。碑文中，李道谦称马丹阳为"嫡祖"。李道谦为李志柔弟子、与自己同主祖庭讲筵的石志坚所撰《终南山宗圣宫主石公道行记》于是年立碑。

癸未 公元1283年（元世祖至元二十年）

李道谦六十五岁。王利用撰《全真第二代丹阳抱一无为真人马宗师道行碑》，题嘉议大夫、安西路总管兼府尹李颎篆额，三洞讲经开玄崇道法师、安西路都道录赐紫孙德彧书丹。是年五月初五日，宣授陕西五路西蜀四川道教提点兼领重阳万寿宫事天乐真人李道谦、重阳万寿宫提点保和宁谧大师高志隐、冲和悟道大师冯志安、冲虚大师王志和等为马丹阳道行碑立石。《感应金莲洞记》称，李道谦再次给示榜文，护持甘肃成县金莲洞。

甲申　公元1284年（元世祖至元二十一年）

李道谦六十六岁。李道谦编成《终南山祖庭仙真内传》，该书共编述了三十七位全真高道的行实传记。是年二月初一日，知常盛德大师、提点终南甘河镇遇仙宫事王道明为其作序。七月二十三日，李志常弟子、洞元虚静大师申志贞仙逝。门人鲁志兴请李道谦的弟子、建安张好古为其师撰写墓铭，后者推辞再三。李道谦以"此老（指申志贞——引者按）在教门中可谓尽力者"，命张好古撰写墓志铭。由此推测，此事当发生在是年或稍后。中秋日，李道谦撰《终南山大重阳万寿宫真元会题名记》，追述周秦以来历代对老子的崇奉和封赠，特别是世祖忽必烈崇奉老子以及自己在重阳宫为老子寿诞举办真元会的盛况。《题名记》称，李道谦自中统五年（1264）主持真元会，"迄今二十年，与会之众，有增而无替"。阳复日（冬至日），李道谦撰写《楼观大宗圣宫重修说经台记》，宣扬老子、《道德经》、黄老之学之于中国文化、社会的重要贡献。

乙酉　公元1285年（元世祖至元二十二年）

李道谦六十七岁。是年春三月十六日，李道谦题写《老君庵诗刻》。由于碑文缺失，诗文具体内容不可考。当时李道谦的教内职务为"陕西五路西蜀四川道教都□□天□真人"。

是年，佛道之争风波稍息。春二月，祁志诚奏请集贤院，举道教提点张志仙以自代，自己隐退昌平蓬山道院。张志仙袭任全真掌教大宗师。

丙戌　公元1286年（元世祖至元二十三年）

李道谦六十八岁。是年春，为纪念于洞真弟子符道清及其嗣法弟子杨志明、董守常创建岐山官村通玄观一事，三洞讲经、知常盛德大师、诸路玄学提举兼提点终南山甘河重阳遇仙宫事赐紫王道明撰写《大元凤翔府岐山县官村创建通玄观记》。宣授陕西五路西蜀四川道教提点李道谦篆额，应召讲经开玄崇道法师、安西路道门提点孙德彧书丹。至元二十六年冬至日立石。李道谦篆额当在至元二十三年至二十六年之间。《玉华观碑》称，终南山玉华观系古楼观下院，原本是唐玉真公主邸宫旧址。后被李志柔一系弟子改建为玉华庵。李志柔命弟子贞素散人郭守冲重修。工程从至元十年春开始，至是年竣工。"继又缭以重垣，植以众木，位置轩豁，即庵为观，仍扁以玉华，实祖庭天乐真人命之也。"可见，李道谦对陕西地区全真宫观的关注并非仅限于祖庭、祖宫等大型宫观，对于这些大型宫观的分支机构——下院、别业——也倾注了不少心血。

丁亥　公元1287年（元世祖至元二十四年）

李道谦六十九岁。是年，李道谦在六盘山谒嗣安西王阿难答，得赐白玉钩、名马鞍辔。秋九月，提点秦蜀九路道教、天乐真人李道谦偕终南上清太平宫提点贺志冲、李志真，请求翰林直学士、奉政大夫、知制诰、同修国史姚燧为王处一撰写道行碑。冬十二月，终南山仕马村清阳宫住持、玄通凝素大师孙志久仙化。宣授陕西五路西蜀四川道教提点、特赐玄明文靖天乐真人李道谦应孙志久门人马志显、严道威之请，撰写《终南山清阳宫玄通凝素大师孙公道行碑》。此碑立石于至元二十六年下元日。可推知李道谦撰写碑文的时间当在是年至至元二十六年之间。

戊子　公元1288年（元世祖至元二十五年）

李道谦七十岁。是年，永昌王遣使携礼劳问李道谦。九月九日，李道谦编成《甘水仙源录》并作序。

己丑　公元1289年（元世祖至元二十六年）

李道谦七十一岁。是年冬至后六日，李道谦弟子、建安张好古为《甘水仙源录》作后序。元定宗二年（1247），宋德方仙逝。是年冬十二月，宋德方法孙张道祺偕道录王志明携秦蜀道教提点李道谦的信函，请前翰林直学士、太中大夫、西蜀四川道提刑按察使王利用撰写《玄通弘教披云真人道行之碑》。

庚寅　公元1290年（元世祖至元二十七年）

李道谦七十二岁。

据李道谦《古文道德经跋》，是年，掌教大宗师张志仙奉旨祀香岳渎。三月，张志仙赴秦地，参礼重阳万寿宫。令楼观提点聂志元^①等将《古文道德经》"募刻贞石，署诸说经台上，昭示永久"。

辛卯 公元1291年（元世祖至元二十八年）

李道谦七十三岁。李道谦撰《古文道德经序跋》。

《元史·世祖本纪》记载，"（至元二十八年十二月）辛卯，遣真人张志仙持香诣东北海岳、济渎致祷"。

壬辰 公元1292年（元世祖至元二十九年）

李道谦七十四岁。

癸巳 公元1293年（元世祖至元三十年）

李道谦七十五岁。

是年十一月二十八日，掌教祁志诚仙逝，享年七十五岁。十二月丁酉，弟子将祁志诚仙蜕安葬崇真宫。据《玄门掌教大宗师存神应化洞明真人祁公道行之碑》，"羽化之日，远近吏民，奔走会哭，从事服役者日且千人"。

甲午 公元1294年（元世祖至元三十一年）

李道谦七十六岁。

是年，元成宗即位。《妙相观记》记载，是年二月癸卯，陕西四川道教天乐真人赐渊真子田兴道崇玄大师之号。《天乐真人道

---

① "元"，王忠信编：《楼观台道教碑石》（西安：三秦出版社，1995年）作"贞"。

行铭》称，是年秋七月，元成宗赐李道谦玄明文靖天乐真人号。

乙未　公元 1295 年（元成宗元贞元年）

李道谦七十七岁。

据《元史·成宗本纪》，是年，"以醮延春阁，赐天师张与棣、宗师张留孙、真人张志仙等十三人玉圭各一"。元统一以后，开始采取对正一、玄教、全真均加崇奉的态度和政策。此前，全真教独尊地位一去不复返。

丙申　公元 1296 年（元成宗元贞二年）

李道谦七十八岁。是年夏六月，李道谦微疾而逝，享年七十八岁。《天乐真人道行铭》云："公私闻之，咸来吊祭，无不尽哀。葬之日，会者数万人，霞五采覆圹上，群鹤翔云中，观者叹异之。"

元成宗大德八年（1304）春二月，嗣提点陕西四川道教、葆和观妙开玄大师孙德彧，提举佑玄安道通宜大师庞德益等（均为李道谦弟子）至京师，请集贤学士宋渤为李道谦撰写道行铭。大德十年（1306）夏五月，李道谦门人王德颐、司德馨、李德裕等立石树碑，以示纪念。

第三部分：
李道谦文集新编

点校说明

一、收录内容包括传世著作、散见作品和附录三部分。传世著作包括《七真年谱》《终南山祖庭仙真内传》《甘水仙源录》。散见作品包括序、跋、传、碑、记、诗词等。附录收录李氏道行碑、敕封诏令碑，以及方志、文集、碑石所记与李道谦相关的事迹、唱和诗文，《终南山祖庭仙真内传》《甘水仙源录》著述解题，李氏书法评价，同门、弟子碑志等。

二、传世著作、散见作品分别大体按照各品目的成文先后顺序排列。

三、《七真年谱》有《正统道藏》本、《道藏辑要》本。《终南山祖庭仙真内传》有《正统道藏》本、《道藏辑要》本、北京图书馆藏清钞本（原缺卷下）。《甘水仙源录》有《正统道藏》本、《道藏辑要》本、上海图书馆藏清钞本。[①] 经对读可知，两部清钞本和《道藏》本应出自同一系统，且钞本讹误较多。因此，对以上三部传世文献的点校，以《正统道藏》本为底本，以《道藏辑要》本为校本。同时，对传世和散见文献的校勘广泛利用了艺风堂拓片、柳风堂石墨本、《金石萃编未刻稿》、《汧阳述古编》（以上据

[①] 北京图书馆藏清钞本《终南山祖庭仙真内传》、上海图书馆藏清钞本《甘水仙源录》，分别参见《四库全书存目丛书》编纂委员会编：《四库全书存目丛书·子部》，第 259 册，济南：齐鲁书社，1995 年，第 380—403 页、第 414—547 页。

《道家金石略》所录）、《遗山集》、《牧庵集》、《知常先生云山集》、《秋涧集》、《古楼观紫云衍庆集》、《道家金石略》、《楼观台道教碑石》、《重阳宫道教碑石》、《金元全真教石刻新编》等相关传世、金石文献，以上文献版本信息在行文中列出。

四、通过多本文互校的方式，力求相对完整地呈现文献原貌。以碑刻为例，有些碑刻对书篆者、刊刻者、刊刻时间、功德主等除了题名、作者、正文之外的信息基本不录。此次点校，通过同一碑刻不同版本互校的方式，尽量复其原貌，为襄助社会史视野下的全真教研究尽绵薄之力。

五、校本脱漏超过底本者，通假字、繁简不一者，在不影响复原底本原貌和文意前提下，不一一出校。

一、著作

七真年谱

门下^①夷山李道谦编

宋徽宗政和二年壬辰,重阳祖师生于是年十二月二十二日。按北平王粹所撰《传》云:全真祖师王嚞,字知明,号重阳子,京兆咸阳人也。世以赀产著姓,后迁终南县刘蒋村。其母感异梦而妊,及二十有四月乃生。始名中孚,字允卿,自稚不群。既长,美须眉,躯干雄伟,志倜傥,不拘小节。弱冠修进士业,系京兆学籍。善于属文,才思敏捷,尝解试一路之士。然颇喜弓马,金天眷初,乃慨然应武略,易名世雄,字德威。后入道,改称今名字焉,仍以害风自呼之。

政和三年癸巳,重阳祖师二岁。

政和四年甲午,重阳祖师三岁。

政和五年乙未,重阳祖师四岁。

政和六年丙申,重阳祖师五岁。

政和七年丁酉,重阳祖师六岁。

重和元年戊戌,重阳祖师七岁。

宣和元年己亥,重阳祖师八岁。此年正月初五日,清净孙仙姑生于宁海州。

---

① "门下",彭定求《道藏辑要》(长春:吉林人民出版社,1995 年。以下简称"辑要本")无此二字。

宣和二年庚子，重阳祖师九岁。

宣和三年辛丑，重阳祖师十岁。

宣和四年壬寅，重阳祖师年十一。

宣和五年癸卯，重阳祖师年十二。是年三月初一日，长真①谭真人生于宁海州，始名玉，字伯玉。五月二十日，丹阳马真人生于宁海，今之降仙坊。按《传》，初名从义，字宜甫，本关中扶风人，五代兵乱，迁海上。

宣和六年甲辰，重阳祖师年十三。

宣和七年乙巳，重阳祖师年十四。

钦宗靖康元年丙午，重阳祖师年十五。

金太宗天会五年丁未，重阳祖师年十六。

天会六年戊申，重阳祖师年十七。其年，长真②真人六岁。按密国公撰《真人碑》云：六岁因戏堕于井，人急下救之，见公安坐水上，随挈而出。

天会七年己酉，重阳祖师年十八。

天会八年庚戌，重阳祖师年十九。

天会九年辛亥，重阳祖师年二十。

天会十年壬子，重阳祖师年二十一。

天会十一年癸丑，重阳祖师年二十二。

天会十二年甲寅，重阳祖师年二十三。

天会十三年乙卯，重阳祖师年二十四。

---

① "真"后，辑要本有"子"字。

② "长真"，辑要本作"谭"。

天会十四年丙辰，重阳祖师年二十五。

天会十五年丁巳，重阳祖师年二十六。此年，长真真人年十五。密国公作《真人碑》云：公十有五岁而志于学，其《葡萄篇》已脍炙人口。

天眷元年戊午，重阳祖师年二十七。按《传》，天眷初，应试武举，易名世雄，字德威。

天眷二年己未，重阳祖师年二十八。

天眷三年庚申，重阳祖师年二十九。正月初三日，广宁郝真人生于宁海州，初名升，字则未闻也。

皇统元年辛酉，重阳祖师年三十。

皇统二年壬戌，重阳祖师年三十一。其年三月十八日，玉阳王真人生于宁海州。

皇统三年癸亥，重阳祖师年三十二。

皇统四年甲子，重阳祖师年三十三。

皇统五年乙丑，重阳祖师年三十四。

皇统六年丙寅，重阳祖师年三十五。

皇统七年丁卯，重阳祖师年三十六。七月十二日，长生刘真人生于东莱之武官庄。

皇统八年戊辰，重阳祖师年三十七。是年正月十九日，长春丘①真人生于登州栖霞县之滨都。玉阳真人年七岁。按真人《云光集》自序云："七岁遇东华帝君于空中警觉，不令昏昧。"

海陵天德元年己巳，重阳祖师年三十八。

---

① "丘"，辑要本作"邱"，以下同此者，不再一一出校。

天德二年庚午，重阳祖师年三十九。

天德三年辛未，重阳祖师年四十。

天德四年壬申，重阳祖师年四十一。

贞元元年癸酉，重阳祖师年四十二。

贞元二年甲戌，重阳祖师年四十三。

贞元三年乙亥，重阳祖师年四十四。

正隆元年丙子，重阳祖师年四十五。

正隆二年丁丑，重阳祖师年四十六。

正隆三年戊寅，重阳祖师年四十七。

正隆四年己卯，重阳祖师年四十八。此年六月望日，师饮酒于终南甘河镇，会二仙人，被发披毡，而年貌同一。其[1]人徐曰："此子可教。"因授以口诀。故师《遇真》诗云："四旬八上始遭逢，口诀传来便有功。"其所遇者，纯阳吕真君也。

正隆五年庚辰，重阳祖师年四十九。中秋日，师于醴泉县再遇真仙，传秘语五篇，且曰："速去东海，投谭捉马。"已而，真仙忽失所在。

世宗大定元年辛巳，重阳祖师年五十。于终南南时村凿圹丈余，封高数尺，以活死人目之，坐于墓中。又于四隅各植海棠一株，人问其故，答曰："吾将来使四海教风为一家耳。"

大定二年壬午，重阳祖师年五十一。是年，坐活死人墓中。

大定三年癸未，重阳祖师年五十二。秋，填活死人墓，迁刘蒋村结茅，与玉蟾和公、灵阳李公三人同居，即今之祖庭重阳万

---

① "一其"，辑要本作"其一"。

寿宫也。

大定四年甲申，重阳祖师年五十三。师《全真集》自序云："余尝从甘河携酒一葫[①]，欲归庵，道逢一先生叫云：'害风肯与我酒吃否？'余与之，先生一饮[②]而尽，却令余以葫取河水。余取得水，授与先生，先生复授余，令余饮之，乃仙酎也。又曰：'子识刘海蟾否？'余曰：'但尝见画像耳。'先生笑之而去。"

大定五年乙酉，重阳祖师年五十四。是年，于终南上清太平宫壁上书云："害风害风旧病发，寿命不过五十八。两个先生决定来，一灵真性成搜刷。"

大定六年丙戌，重阳祖师年五十五。是岁，于长安滦村吕道人庵壁书云："地肺重阳子，呼为王害风。来时长日月，去后任西东。作伴云和水，为邻虚与空。一灵真性在，不与众心同。"此年，长春真人年一十九，弃俗入道，居昆嵛山。

大定七年丁亥，重阳祖师年五十六。于四月二十六日将刘蒋村茅庵自焚之，婆娑舞于火边。人问，答："茅庵烧了事休休，决有人[③]人却要修。"是日，宿甘河镇，辞众曰："余东海捉马去。"五月，过北邙山上清宫，题其壁云："丘谭王风捉马刘，昆嵛顶上打玉球。你还般[④]在寰海内，赢得三千八百筹。"至今石刻犹在。闰七月十八日，抵宁海州。会丹阳真人泊高巨才，邀师于范明叔怡老亭。九月，长春真人自昆嵛山来，谒祖师于全真庵，请为弟子。

---

① "葫"，辑要本作"壶"，下同。
② "饮"，原作"引"，据《正统道藏》三家本《重阳全真集》改。
③ "人"，辑要本作"仁"。
④ "般"，辑要本作"搬"。

祖师训名处机，字通密，号长春子，仍赠之以诗。祖师又于广宁真人卦肆前，背坐感发之。广宁从至朝元观，祖师授以口诀及以二词付之。祖师于十月一日就丹阳宅内锁门居环，百日为期，约五日一食，化丹阳夫妇。是冬，长真真人就环内出家，祖师训名处端，字通正，号长真子，时四十五岁矣。

大定八年戊子，重阳祖师年五十七。正月初十日出环，分梨十化毕。二月初八，丹阳真人出家，祖师训名钰，字玄宝，号丹阳子，时年四十六。是日，玉阳真人自牛仙山来，愿为门弟子，祖师训名处一，时年二十七。二月晦日，祖师挈丹阳、长真、长春、玉阳入昆嵛山石门口，开烟霞洞居之。三月，广宁真人来昆嵛山出家，祖师训名璘，号恬然子，时二十九岁。八月，祖师挈五真人自烟霞洞迁居文登县姜实庵，立七宝会。

大定九年己丑，重阳祖师年五十八。春，玉阳真人辞祖师，隐居查山。四月，祖师引丹阳、长真、长春、广宁迁居宁海州金莲堂。途中至龙泉，以所执伞柄，内盛焱阳子号，乘风而起，至查山玉①阳公前堕地，盖赐公之号也。重午日，孙仙姑诣金莲堂出家，祖师训名不二，号清净散人，时年五十一。六月，广宁真人辞祖师，亦居查山。八月，祖师立金莲会。九月，诣登州福山县，立三光会，于蓬莱立玉华会。是月，祖师领丹阳、长真、长春西至莱州，化长生真人出家，训名处玄，字通妙，号长生子，时年二十三。十月，于掖县立平等会。是月，挈四子至汴梁，寓磁器王氏旅邸中。

---

① “玉”，辑要本误作“王”。

大定十年庚寅，重阳祖师于正月初四日召丹阳、长真、长春立于榻下，时长生遁去，曰："丹阳已得道，长真已知道，吾无虑矣。处机所学，一听丹阳。处玄，长真当管领之。吾今赴师真之约耳。"丹阳请留颂，师曰："吾已书于长安滦村吕仙庵矣，令口①授汝。"言讫而逝。是年闰五月，于正月十一日始立春，是止五十八岁矣。四子尽礼，权瘗于孟宗献之花圃。既而丹阳真人率三友入关，谒和、李二真人于终南太平宫，会史处厚于京兆，刘通微、严处常于终南。二真人乃祖师之友，三子亦祖师之弟子也。

大定十一年辛卯，丹阳真人年四十九。是年，与三友居刘蒋祖庵，修治葬所。十月，广宁真人入关，乞食于京兆府。

大定十二年壬辰，丹阳真人年五十。春，于长安化自然钱，率三友复往汴梁，迁祖师仙柩西归，葬于刘蒋村祖庵。九月，广宁真人西游岐山，偶得名大通，字太古，号广宁子。

大定十三年癸巳，丹阳真人年五十一。是年，四师刘蒋居丧守坟。六月，广宁真人度大庆关东归。

大定十四年甲午，丹阳真人年五十二。二月，广宁真人至真定，默坐于朝天门外。八月，丹阳、长真、长生、长春于鄠县秦渡镇真武庙月夜共坐，各言其志。丹阳斗贫、长真斗是、长生斗志、长春斗闲②，翼旦乃别。丹阳刘蒋居环，长真居洛阳朝元宫，长生居洛阳市土地庙，长春西入磻溪。事见《金玉集》。

大定十五年乙未，丹阳真人年五十三。是年，长真真人乞食

---

① "口"，辑要本作"日"。
② "闲"，辑要本作"言"。

于磁州二祖镇，遇一妄人殴落二齿，市人共怒之，欲明于官，真人吐之而去。二月，广宁真人坐沃州石桥下。夏，清净散人入关，致祭祖庭。既而出关，居洛阳风仙姑洞。

大定十六年丙申，丹阳真人年五十四。长真真人此岁游历洺州，居白家滩。六月中，广宁真人夜梦神人，复授《易》之大义。既寤，明朝挥三十三图。事见《太古集》。

大定十七年丁酉，丹阳真人年五十五。长真真人行化于高唐县，与茶肆吴六书"龟蛇"字，曰："可置之壁间，以镇火灾。"是年，县城大火，唯茶肆乃免。

大定十八年戊戌，丹阳真人年五十六。于八月一日刘蒋出环，西游陇山华亭行化。长生真人是年还洛城东北云溪洞居之，门徒日集，凿三井洞。

大定十九年己亥，丹阳真人年五十七。二月十五日，于华亭县挈李大乘同居环百日。至八月，迁陇州佑德观居环。十一月十八日出环，宿勾兜堡，化解元李子和出家。长真真人游历卫州获嘉县，府君庙居之。

大定二十年庚子，丹阳真人年五十八。是年春，京兆章台街赵蓬莱施宅为庵，请真人居环。八月二十四日，长安僚庶请祈雨。真人作诗，期以二十五日雨足，至期果应。见《金玉集》。长真真人西游同州，居西里庵。长春真人自磻溪迁居陇州龙门山。

大定二十一年辛丑，丹阳真人年五十九。四月初，于鄠县刘蒋村张朝散竹园庵内居环。中元日作黄箓醮罢，复归祖庵。长真真人居华阴县纯阳洞。长生真人东归莱州。

大定二十二年壬寅，丹阳真人年六十。此年四月，东归宁海。

十二月，行化文登，渔户焚网者甚众。初八日，海市见于南海之上，士人以诗庆之。长生真人居武官，建庵，注《道德》《黄庭》等经。秋，玉阳真人来宁海，谒丹阳真人，同宿于金莲堂。广宁真人居真定府，升堂演道，听众常数百人。十二月二十九日，清净孙仙姑升仙于洛阳，年六十四矣。

大定二十三年癸卯，丹阳真人年六十一。四月行化芝阳，下元日文登作醮，祖师现于空际白龟之上。丹阳于十二月二十二日升仙于莱阳县游仙宫。长生、玉阳二真人同主葬事，守坟百日，各归其隐所。

大定二十四年甲辰，长真真人年六十二。是年正月十八日，长生真人于昌阳县姜守净家作醮，巳午间，重阳祖师云冠绛服、丹阳真人三髻现于空际彩云之上。五月旱，登郡太守请长生真人祈雨，海市现于竹岛。明日，丹阳真人现于应仙桥之西北，是日雨足。

大定二十五年乙巳，长真真人年六十三。是岁四月初一日，升仙于洛阳朝元宫。其畅道接物诗词目曰《水云集》，行于世。

大定二十六年丙午，长生真人年四十。冬，长春真人下龙门山，居终南祖庵。

大定二十七年丁未，长生真人年四十一。是年十一月十三日，玉阳真人奉诏至燕。帝问延生之理，师曰："惜精全神，修身之要。端拱无为，治天下之本。"上待以方外之礼。

大定二十八年戊申，长生真人年四十二。此年二月，长春真人奉诏至阙下。十一日，圣旨令主万春节醮，蒙赐巾袍。四月，敕居宫庵。五月十八日，召见于长松岛。七月，应制进词五首。

中秋，得旨还终南山。是月，玉阳真人亦得旨还山。十二月，上弗豫，遣使复召玉阳真人。真人谓使者曰："恐不及再睹天颜矣。"

大定二十九年己酉，长生真人年四十三。正月初三日，玉阳真人至都，嗣君命真人为先帝主醮而归。

章宗明昌元年庚戌，长生真人年四十四。重午日，莱阳县刘植请玉阳真人斋，且以无嗣告于师。师曰："公富而好礼，未应绝也。"为写"四四应真"四字。明年四月十四而生子，来乞名，师曰："吾已与名应真矣，今日纯阳真君降世辰也。"

明昌二年辛亥，长生真人年四十五。是岁十月，长春真人东归栖霞，住太虚观。

明昌三年壬子，长生真人年四十六。冬十月，长春真人芝阳洞作醮。

明昌四年癸丑，长生真人年四十七。

明昌五年甲寅，长生真人年四十八。秋九月，长春真人福山县醮，天门开，瑞鹤现，有诗见《磻溪集》。

明昌六年乙卯，长生真人年四十九。

承安元年丙辰，长生真人年五十。

承安二年丁巳，长生真人年五十一。六月，玉阳真人被召。七月初三日，见于便殿，赐坐。帝问以养生之道，抵暮方归。翼日，赐体玄大师号及紫衣，敕赐燕都修真、崇福二观，俾真人任便居之，月给斋钱二百镪。冬，长生真人奉召赴阙，帝问以至道，师曰："至道之要，寡嗜欲则身安，薄赋敛则国泰。"帝曰："先生，广成子之言乎？"敕近侍，馆榖于天长观。

承安三年戊午，长生真人年五十二。应对悉合上意。三月，得旨还山。敕赐观额五道，曰灵虚，曰太微，曰龙翔，曰集仙，曰妙真，令立观度人。玉阳真人犹居都下。春，终南吕庵主至都，师为请祖庵为灵虚观，以敕牒付吕，俾知观事，仍以诗送行。夏，师得旨东归侍亲。

承安四年己未，长生真人年五十三。是年，长春真人芝阳作醮。

承安五年庚申，长生真人年五十四。

泰和元年辛酉，长生真人年五十五。是年，游广陵，著《天道罪福论》。玉阳真人奉诏诣亳州太清宫，作普天醮，有诗见《云光集》。

泰和二年壬戌，长生真人年五十六。滨州作醮，有琼葩玉树之瑞，有诗见《盘阳集》。长春真人芝阳作醮。

泰和三年癸亥，长生真人年五十七。此年二月初六日，升仙于武官灵虚观。玉阳真人奉诏诣亳州太清宫，作普天醮，临坛度道士千余人。

泰和四年甲子，长春真人年五十七。

泰和五年乙丑，长春真人年五十八。夏五月，莱州醮，有瑞鹤彩云现，有词见《磻溪集》。

泰和六年丙寅，长春真人年五十九。

泰和七年丁卯，长春真人年六十。元妃施道经二藏，一驿送栖霞太虚观，一驿送圣水玉虚观。

泰和八年戊辰，长春真人年六十一。

大安元年己巳，长春真人年六十二。是年，游鳌山，有诗二十首。玉阳真人七月十四日至北京，应孛尤①鲁参政之请也，居

---

① "尤"，辑要本误作"木"。

华阳观。是时大旱，僚庶告真人雨期，真人曰："十七日沾足矣。"
至日果应。

大元庚午，长春真人年六十三。夏，玉阳真人蓟州玉田县醮
毕，谓众曰："北方道气将回，空中有神明往来，刀剑击触之象，
莫非生灵将受苦耶？"

大元辛未，长春真人年六十四。是年，东海召至燕都，及游
德兴琅山，俱有诗。见《鸣道集》。

壬申，长春真人年六十五。是年十二月三十日，广宁真人升
仙于宁海州先天观，春秋七十三矣。

癸酉，长春真人年六十六。

甲戌，长春真人年六十七。此年，游昆嵛烟霞洞，有诗。

乙亥，长春真人年六十八。

丙子，长春真人年六十九。时居登州，金主命东平监军王庭
玉赍诏召师归汴京，师曰："我循天理而行，天使行处无敢违也。"
乃不起。

丁丑，长春真人年七十。玉阳真人四月二十三日升仙于圣水
玉虚观，时七十六岁矣。

戊寅，长春真人年七十一。

己卯，长春真人年七十二。居莱州昊天观。是时，齐鲁陷
宋。八月，宋主遣使召师，不起。州牧谢曰："师居此，我辈诚
有所依。"师曰："吾之出处，非若辈可知也。他日恐不能留居此
耳。"是年五月，太祖圣武皇帝自奈蛮①国遣近侍刘仲禄持诏召

---

① "蛮"，辑要本作"曼"。

师。十二月，仲禄至莱州。

庚辰，长春真人年七十三。正月，自①莱州北行。二月，至燕都。四月，官僚请作醮于太极宫。五月，至德兴府，寓龙阳观。八月，至宣德州，寓朝元观。

辛巳，长春真人年七十四。是年五月朔，抵陆局河。七月，至阿不罕山，留宋道安等九人立栖霞观。中秋日，抵金山，过白骨甸。十一月，至邪迷思干城。俱有诗，见《鸣道集》。

壬午，长春真人年七十五。春三月，过铁门，达于行在。上设二帐于御幄之东以居之，时问以至道，师大略对以"节欲保躬、天道好生恶杀、治尚无为清静"之理。上悦，乃命左史书诸策。其详见《庆会录》《西游记》。

癸未，长春真人年七十六。是岁三月七日，得旨东还，赐号神仙，俾掌管天下道门，大小事务，一听神仙处置，他人无得干预。宫观差役，尽行蠲免，所在官司，常切卫护。六月，抵丰州。八月，至宣德州。

甲申，长春真人年七十七。春二月，居缙山秋阳观。三月，燕京官僚请住太极宫。是月，仙杖入燕都。

乙酉，长春真人年七十八。秋九月，荧惑犯尾宿，主燕地灾，宣抚王楫请师作醮禳之。醮竟，荧惑乃退数舍矣。

丙戌，长春真人年七十九。夏五月，燕境大旱，僚庶请师作醮，雨随时沾足。在都名儒皆有诗贺之。

丁亥，长春真人年八十。夏，大旱，在京士庶祷师作醮。师

---

① "自"，辑要本作"至"。

曰："我方留意醮事，公辈来请，所谓好事不约而同也。"仍云："当备二醮，以五月初一日为祈雨，三日为贺雨。"醮后，皆如师言。是月得旨，改太极宫为长春宫。六月，太液池涸，北口山摧。人告于师，师笑曰："山摧水枯，吾将与之俱乎！"七月四日，师谓门人曰："昔丹阳尝授记于予，云：'吾殁之后，教门大兴，四方往往化为道乡，道院皆敕赐名额。又当住持大宫观，仍有使者佩符乘传，斡①教门事。此汝功成名遂，归休之时也。'今丹阳师之言，一一皆验，吾归无憾焉。"九日，登宝玄堂，留颂而逝。

后　序

古人之有年谱，尚矣，所以著出处之实，使后世得以考观者焉。我玄门之七真，身虽游乎方外，道实满于人间。当国朝革命之际，其救世及物之功，不为不腆。故封龙李翰长敬斋云："七真之救世也，真叶上帝之心也。上帝之爱民也，真藉七真之教也。不然，何为天生圣皇，出宁四海。天生长春，左右大命。相与聚精会神，同始共终哉？"观此自可见矣。仆因焚诵之暇，不揆狂斐，遍考师真文集及诸家所撰传记，起重阳祖师降世之岁，讫长春真人升仙之秋，一百一十六年之间，出处事迹，详节编次，通为一谱。其或一二传记所载与各师真文集不相同者，舍传记而取文集也。盖文集纪录之真，传记有所未详也。呜呼！七真始终之大概具矣。若夫师真之尸居而龙见，雷声而渊默，神动而天随，

---

① "斡"，辑要本作"干"。

从容无为之妙，固不得以尽笔舌形容之。今之纪者，但取其修真立教之迹。姑①此启诸童蒙，俾于向上诸师知所宗本，非敢以渎我同志者也。

至元辛未岁中元日，天乐道人李道谦书于终南祖庭之筠溪道院。

《正统道藏》三家本，第 3 册，第 380—387 页

---

① "姑"，辑要本作"如"。

终南山祖庭仙真内传

终南山祖庭仙真内传序 ①

　　子綦之隐几坐忘，非南华之称赞，则人莫知其为有道。太白之仙丰道骨，非司马子微之裁鉴，则世莫识其为异人。学道之人，隐遁岩谷，跧守蓬庐，被褐怀玉。负抱经纶之才，不为世用，独善其身而恬然委蜕，千载而下不知其几千百人，不幸不为世所知。卒于湮没无闻，与草木俱腐，惜哉！幸而有好事者纪录为传，则又过神其事，反使后世不能尽信。吾恐隐士之心，必不汲汲于索隐行怪，以骇人之观听也。夫世之所贵乎修仙者，亦在乎守道不变，阴功济人，正容悟物，处顺安时而已。岂直以乘云气，跨箕尾，解水火，遗冠舃，拔宅升举，坐脱立亡，而后为得道之证耶？尝观旧所谓列仙、总仙、高道等传，未有不涉此议者，今已不存。天乐真人李君复于暇日编述尝居祖庭者已往师真道行，别为一传，使后人知所宗本。其辞直，其事的，坦然明白，略无诡侈。信可以发潜德之幽光，示后学之楷式，其用心岂浅浅哉？昔刘翰林碑祖师仙迹，以谓师之出神入梦，掷伞投冠，其他腾凌灭没之事，皆其权智，非师本教。噫！后之学者，有能体祖师之苦志炼行，阐化度人，以达于成己成物，则将来秉笔者自有定论，固无但私于我祖庭焉。

---

① 辑要本无此序。

至元甲申岁二月初吉，知常盛德大师提点终南甘河镇遇仙宫事王道明序。

终南山祖庭仙真内传卷上 ①

夷山天乐道人李道谦编

玉蟾真人

师姓和氏，名德瑾，秦州甘泉县人。天姿整秀，志学之岁，攻事翰墨。及冠，隐身为刀笔吏，然处事中正，以道存心，未尝取非义财。遇高人胜士，靡不参请。天德间，以部掾②出身，方将游仕宦途。忽一道者过门，师延至家，酌酒谈玄，大适其意，少焉而去。他日，道者复至，臂擎一枭，谓师曰："此物虽许大眼，了不识人。"师乃悟为异人，因问其乡里姓字，不告而往。后月余，道者复来，身染厉疾，止于其家。脓血污秽，殆不可近。师为召医，百疗不效。经岁乃殂，师备礼葬之。又数月，一老媪诣门，泣且告曰："老身有儿，性嗜云水，不事家业。近知游居贵宅，特来相寻。"师告以病殂，媪恸哭不已，曰："老身与儿，止是二口。儿今既死，何所托身。"师请以母礼事之。一日，媪曰："吾欲启圹，一睹儿面，虽死无憾。"恳告再四，师为发冢，但空棺而已。中有秘旨一幅，老媪亦失所在。师叹曰："吾今遇真仙，尚泪没尘坌中，果何为也？"由是黜妻弃子，易衣入道。时闻重阳祖

---

① 辑要本不分卷。

② "掾"，辑要本误作"椽"。

师亦遇真，居终南，乃往参同。大定三年，于刘蒋村结茅，与灵阳李公三人同处。既而心地圆通，大得其妙。七年丁亥，重阳东游海上，师与灵阳共居畅道。十年庚寅春，马谭刘丘四真将至，师及李灵阳时寓终南太平宫，留钱于货羹之家，谓曰："今日当有丘刘谭马四仙客至，可善待之。"良久四人果至，货羹人邀之曰："公辈岂非丘刘谭马邪？"四人相视而笑曰："汝何由知之？"曰："和、李二师已留羹钱矣。"四子叹异，食毕往见，忻然相得。师尝命画工写真，凭虎而睡，众莫能晓。秋九月初，师忽觉道体违和，丹阳命长春侍疾。至十四日，翛然顺化。四子葬于刘蒋庵侧。画凭虎睡者，乃预表归期在寅年也。升仙之后，有临潼张公久患风疾。众医莫效，将属纩之际，梦师至门，告以治疗之方。问其姓名，曰："吾终南和玉蟾也。"觉而其疾少愈。用其所告之剂，疾果顿差。张就庵设斋建亭，以酬其惠。谥曰玉蟾普明澄寂真人。今祖庭石刻尚在。

灵阳真人

师姓李氏，京兆终南县人。聪明特达，学问淹该。天德间，遇异人点化，自是落魄，不问家事。视富贵若浮云，远名利如桎梏。徜徉泉石，以道自乐。韬光晦迹，素厌人知。故终身不告人名字，里人但以李真人呼之。至大定三年，与重阳祖师洎玉蟾和公，同结茅于刘蒋居之。其于铅汞龙虎之学，多赖重阳指授。七年丁亥夏，重阳东游海上，师与和公止居刘蒋，修身接物。重阳至汴，寄之以诗云："传语和公与李公，首先一志三人同。"其为交契可知矣。迨十年春重阳升仙于汴梁，丘刘谭马四真入关，待二师以叔礼。是年秋，玉蟾亦假化，师与众真同处。二十八年春正月，长春丘君奉诏赴阙，拜别之际，师嘱曰："重阳谓汝必能大开玄教，今其时矣。万一善自保爱，来春鹤驭早还，吾专俟汝为丧主。"秋八月，长春得旨还终南。是冬，盘桓山阳、淮、洛之间。明年春二月，西归。过鄠郊秦渡镇，道众请留数日。先旬日前，师无恙，绝粒不食，众问之，曰："汝辈无虑吾，惟待丧主而已。"即遣人促长春亟归。既至，拜于榻前，即赐之墨。长春悟其旨，命匠造棺。未及成，师已顺化，时三①月初一日也。长春以礼葬于庵侧之仙茔。敬谥曰灵阳辉耀演化真人。

刘通微

先生姓刘氏，讳通微，字悦道，默然子道号也。东莱掖城人。世为乡里右族，倜傥不羁。在弱冠间，飞鹰走犬，博奕斗鸡，迷于花酒之场。一旦染奇疾，几至不救。梦入仙家之境，已而平复。遂悟幻化之理，以道存心。大定丁亥夏，重阳祖师将游海上。道过掖城，见先生神情爽迈，有飞举云霄之态。与之同话，机缘契合，授以修真秘旨及今名号。先生既得印可，即弃家长往。杖莱入关中，结茅于终南山甘谷之侧。吟风啸月，枕石漱流，放怀尘世之外。庚寅春，丘刘谭马四师西来，先生相得甚欢，同葺刘蒋庵居之。既而四师复诣汴梁，负祖师仙蜕归葬于庵侧。先生庐墓三年，北游岚、管。内全道妙，外应世缘，抠衣请教者日不虚席。于是立观度人，玄风大振于西山矣。嘉声远播，名达皇都。明昌

---

① "三"，辑要本作"二"。

初，道陵召至阙下，问以九还七返之事。先生曰："此山林野人所尚，陛下居九五之位，四海生民之主，不必留意于此。"但对以黄老清静无为、修身治国之要。上悦，敕馆于天长观，寻迁永寿道院，开堂演道，三教九流请益问话者户外屡满。未几，得旨还山，赐御书以宠其行。翱翔于齐鲁间，至埭州商河县聂家庄，谓门人曰："此吾归休之所也。"因葺治庐舍居之。一日，焚香礼圣，集众嘱以修真之语，曰："师真有阆风之召，吾当归矣。"奄然假化。即承安元年二月十五日，贞元节也。平生所作诗词目曰《全道集》，行于世。仙化之所，今大建朝元宫矣。

史处厚

先生家世乾州醴泉，姓史氏，名公密。初自垂髫，心慕至道。大定壬午岁，闻重阳祖师遇仙受秘诀，养道于终南。时走而请盟，遂蒙允纳，教以全真性命之学，仍训名处厚，号洞阳子。自是乞食炼心，往来于终南鄠、社间。七年丁亥春，重阳将游东海，欲令侍行。先生辞以母老，不敢远游。重阳遂画三髻道者，立于云中，傍有一松一鹤，付之曰："谨秘藏之，此为他日参同之符。"及庚寅春，重阳仙化于汴梁，丹阳宗师率三友入关。至长安孔仙庵，先生径往参谒。时丹阳初顶三髻，先生出示重阳向日所留画图，大为赞异。四师告以海上开化、汴梁升仙之事，递相印可，相得甚欢，即与四师同葺刘蒋庵居之。丹阳屡以诗词训告，次第诱掖。不数载间，克臻大妙。后复还醴泉，和光玩世，不拘礼法。时人以史风子呼之。忽歌舞于市，唯云归去蓬庄，众俗莫晓。如是者三日，径来庵中，奄然蝉蜕。时甲午六月十五日也。官僚士庶，靡不瞻拜。初葬醴泉，明年，丹阳移葬于刘蒋之仙茔。开棺视之，颜采如生。丹阳以四言赞之云："史公得遇，得遇重阳。重阳传授，传授玄黄。玄黄至理，至理不忘。内持修炼，外绝炎凉。水火既济，日月交光。龙吟离位，虎啸坎房。木金间隔，姹女圆方。刀圭烂饮，知味闻香。神丹结正，晃耀晶阳。风仙来度，显出嘉祥。歌舞三日，辞别街坊。惟云归去，趋赴蓬庄。复入庵内，奄然坐亡。观者云集，事理匪常。一灵真性，班列仙行。"先生道业，读此赞文自可见矣。享年七十有三。中统癸亥，再迁仙茔。开圹视之，仅及百年，骨虽散乱，其色如金，其坚若石。余所亲见者也，异哉！

严处常

先生姓严氏，名处常，号长清子。京兆栎阳县人，即重阳祖师之外戚。幼习儒，志尚清虚。以父母在堂，未能高蹈物表。为县法司，临事慈愍。一日，向暮还家，路拾遗书一卷，题曰："玉灵圣书，得之者仙。"于是焚香祝曰："我今二十有九，誓于不惑之年洁身入道。"祝毕，酹酒于醮盆中，有声隐隐若雷，家人咸以为异。后逾一纪，二亲俱丧，忽患目疾，治之愈甚。默自责曰："昔得圣书，誓以四十出家，今过期矣。此疾稍痊，即当从道。"无何，目明如故。遂往终南刘蒋，参重阳祖师，愿受教为门弟子，时大定癸未岁也。先生既蒙允纳，克志于道数年，祖师授以微旨。七年丁亥夏，祖师东游。先生遨游终南，泉石住处，颐神毓浩。十年春，丘刘谭马四师入关，蒙丹阳宗师复为印可，仍赠之《杨柳枝》词云："一虎一龙一处眠，打盘旋。一呼一吸一周天，遍三田。　　　一麦一麻通一线，袅祥烟。一来一往一还元，产胎仙。"先生拜受，自是了无疑障。居祖庭又逾十载，道契真常。以二十三年癸卯夏四月八日焚香辞众，无疾而逝，春秋七十三矣。

姚　玹

先生姓姚氏，讳玹，号云阳子。终南蒋夏村人，世为乡里巨族。父祖俱好赈赡贫乏，多积阴德，乃生先生。丰神洒落，超然挺出尘之姿。性甚仁慈，闻人有急，必往援救。与重阳祖师有缌麻之亲。大定丁亥四月，重阳诣门告别。先生问将安往，重阳告欲游海上，丘刘谭中捉马之行。先生素以害风相待，笑而别。无何，重阳自汴京为先生寄藏头拆①字诗一章，云："前相识，二官人。你真灵，看好因。抵芝苗，公未识。成道果，次须屯。蒙卦聚，神来佑。左源通，气转新。斧若磨，交利快。头一点，遇长春。"不数年，丹阳辈来居刘蒋庵，先生所居相去数里。闻之，往询其始末。见丘刘谭马四师皆凌云仙客，愕然叹曰："向重阳告别之语，今果验矣。我辈常以害风待，何愚之甚邪！"由斯顿悟，乃弃家捐累，乞受道于丹阳宗师。丹阳教以修真奥旨及赐今名号，仍赠之诗云："灰心忘富贵，槁体乐清贫。甘作逍遥客，长为自在人。气中须养气，神内更颐神。不着纤毫假，方能得至真。"恭侍左右，多所传授。先生得法之后，目不交睫，胁不沾席十有余年，深入大妙。壬寅，丹阳东归宁海，先生从行。迨丹阳上仙，先生游历磁、相间。爱滏阳风俗淳厚，筑白云庵居之。随机接物，

---

① "拆"，辑要本误作"折"。

演化度人。一日，谓众言曰："师真有命，吾其归乎。"于是沐浴更衣，跏趺而坐。日方卓午，寂尔返真，异香芬馥，移时而散，享年七十二。平生所述诗词号《破迷集》，行于世。

曹　瑱

先生姓曹，讳瑱，道号朝虚子。陕右坊州人，家世巨富，犹子徽美叔，早登甲第。先生少读书，乡里以孝悌称。为人忠厚谦和，襟怀萧爽。壮岁游场屋间，屡中高选。大定甲午暇日，因览仙经道典，掩卷叹曰："人生浮世，光阴电回，倏然而已。不究生前妙本，出世高标，果何为哉？"虽有学仙之志，罔知所适。闻丹阳宗师于终南祖庭居环堵，先生径往参谒。一见，神合气协，若有夙习之契。丹阳纳诸门下，教以道要。先生既蒙接引，心知至人不易遇也，遂捐进取心，以永依归。丹阳知先生逸气超迈，妙识高明。一日，因先生静室澄坐，思造乎静。丹阳诣之曰："学进欤？"先生稽首而跪乎前曰："学欲进，而未之能也。"丹阳曰："夫静也者，天命之原，仙圣之本。习而进之，犹假翰以登天。反思而究，则如坐堂上而睹阶前也。不曰静乎，擾而不烦。不曰真乎，作而不妄。"先生拜而谢曰："瑱得之矣，自信而不疑，自明而不昧。自古自今绳绳而不绝者，其斯之谓欤？"丹阳乃首肯，瑱再拜而退。后得玄门十解元者，自先生始也。凡初入道者，丹阳以先生为兄。壬寅，丹阳东归宁海，先生侍行。明年，丹阳羽化，先生代师行化海上。明昌中，与云中苏公、无染柳公奉长春师叔命，同飞舄燕蓟，演化度人，应缘接物。十有余年，玄化大行。于泰和丁卯夏四月，先生时寓燕都城东永寿观，忽告众曰：

"吾当归矣。"不数日，示微疾而逝，道众具礼，葬之观东。兵后乙巳冬，改葬于五华山。庚戌岁十二月，奉朝命追赠翊玄惠正朝虚真人号，盖掌教真常真人请之也。

来灵玉

先生世为京兆右族。姓来氏，讳灵玉，道号真阳子。幼习儒业，乡里以解元呼之。大定十年间，礼丹阳宗师出家。迨丹阳东归海上，先生侍行。嗣后事迹无所可考，姑略纪其大概，他日得之，当为详录。

雷大通

先生姓雷氏，名大通，道号洪阳子。世为延安敷政之巨族。身长六尺，情怀雅淡，不事小节。眉疏目秀，耳大准直，唇如渥丹，须髯美细。幼业儒，素尝以词赋魁乡选，故时人以解元称之。当大定乙未春，方夜读书灯下，月朗风清。欲竟三鼓，忽闻窗外以杖画地声，既而言曰："可叹愚迷谩用功，浮华一梦转头空。何如立志修仙举，永住三山最上宫。"先生剧启户出观，了无所见。秉烛视之，见以杖画向诗四句，后画"岩翁"二字。先生自是了悟空华，顿悱学仙之志。是岁秋，因赴试长安，闻终南祖庭有丹阳宗师阐全真教法，即往谒之，一见若有夙契。乃作诗二绝，写怀以呈。宗师即继韵答之，云："饶君声价胜苏秦，不似韬光更匿名。物外逍遥真坦荡，亘初一点自然明。静清便是长生诀，舍弃妻男没口传。悟后知空宁着有，自然获得好因缘。"先生焚香拜请，愿执弟子礼。宗师留于座下，训以今之名号。朝叩夕请，于道大有所得。壬寅夏，丹阳东归，先生留居祖庭，日进道业。甲辰春，闻丹阳上仙，杖屦游海上，奠祭坟垄。迨明昌初迤逦西来，道过滕郡，爱峄山岩壑幽邃，筑修真庵于响石洞。栖真养浩，演化度人。厥后诣门受教为门弟子者数百人，惟灵真子马了道、清明子王志专为入室，令各建方所，引接后进。至大安辛未秋，先生谓门人曰："百六数穷，劫灾斯至。生灵鱼肉，吾不忍处世也。"无几何，示微疾而逝，门人葬于修真庵侧。未几，兵甲扰攘，烽烟颎洞。后至大元抚定，人烟稍集。岁庚戌，先生之高弟清虚真人张志洞至自武川，睹先生宅兆卑隘，封树草略。即会四方法属，备衣衾石椁，大行改葬于雪山仙茔灵都宫。以弟子马灵真、王清明祔于左右，仍构堂设像，以事香火。

刘真一

先生姓刘氏，讳真一，道号朗然子。世为登州黄县之巨室，父祖以儒学起家，积德奉道，乡里所称。先生幼丧其父，读书日记数千言，辞源浩瀚。弱冠间，试艺春官，得占高甲，时人以解元呼之。然每以世事为不足玩，常有凌云迈往之志。忽得泄泻之疾，缠滞弥年。已及膏肓，百疗不效。大定己丑秋，重阳祖师挈丹阳、长真、长春三真过其门，母氏设斋供养之。且以子疾告，祖师视之曰："此吾门大士，非汝家子也。许之入道，则可矣。"母氏焚香跪于前曰："此疾果愈，俾侍几杖以从。"祖师以余饮与之。既饮，汗出如洗，厥疾渐瘳。迨明年祖师已升仙于汴梁，先生入关诣终南刘蒋村，礼丹阳宗师出家。奉侍既久，得付玄旨。壬寅夏，从丹阳东归。癸卯冬，丹阳将羽化，召先生嘱之曰："汝等要作神仙，须要积功累行。纵遇千魔万难，慎勿退堕，然后可领吾言。我开眼也见，瞑目也见。元来不在眼，但心中了然，则无所不见矣。"又曰："汝缘在北方，可往矣。"先生拜而谢。丹阳既升仙，迤逦北游平滦之境，所至请益者户外屦满。一日，至抚宁县，爱其山水佳胜，筑重阳观居之。厥后度门众数千余辈，创宫观大小仅三百区。北方道风洪畅，先生阐扬之力居多。至泰和丙寅岁二月初六日，召入室弟子邸道明等曰："吾其归矣，昔丹阳将升仙，嘱予进道之语，汝辈当无忘。《金玉集》凡入道者不可不观，为我镂梓散于多方可也。"须臾，翛然假化。平昔所作歌诗目曰《应缘集》，行于世矣。

李大乘

先生姓李氏，世为平凉府华亭县之大族。幼习儒业，长于辞翰。早年尝中乡选，迨中岁至御帘，下第，慨然有烟霞之志。大定戊戌秋，丹阳宗师行化西来，先生邀于私第事之。丹阳日谈道妙，于是黜妻弃累，改衣执弟子礼。丹阳训名大乘，号灵阳子。日受真教，曲尽妙蕴。己亥二月十五日，丹阳就先生花圃筑环，与先生同居，约百日为期。仍赠之诗云："西北亭川环堵居，此中堪可隐吾躯。眼前碧竹数君子，面对青松二大夫。流水假山儿戏尔，清风明月汝知乎？若能悟解予栽韭（原注：时宗师环中栽韭以寓意也），有分灵光赴玉都。"丹阳又见花圃中林檎一株，久已枯死，于四月十四日命移于环内栽之。仍作诗云："天上三十六，地下三十六。天地入宝瓶，七十二候足。"后至五月二十日，青芽遍吐，枯干复荣。丹阳谓大乘曰："四月十四乃纯阳降世辰也，至此日吾之生辰也。相去三十六日，天地昼夜相合为七十二候足矣。"先生作《异木记》以纪其神，刻诸贞石。无何，丹阳挈先生来终南祖庭，居数载之间，屡蒙印可。壬寅，丹阳将东归，长春谓先生曰："吾道东矣。"时馆陶刘武节得官鄂邑，雅与先生相善。官既满，请先生东游。至家，筑庵奉之。刘亦入道，为门弟子。厥后道缘日盛，门徒云集。又数年，先生示微疾顺化。其体若蝉蜕而轻，远近观者大加叹异。门人具礼，葬于庵侧。关中兵后，道众即先生华亭环圃，大行兴建为太清观矣。

赵九渊

先生姓赵氏，讳九渊，字几道，湛然子其号也。世为陇州陇安县之右族。先生自幼不同儿辈戏狎，既长，赋性谨愿，平居寡言。体貌魁伟，襟度洒落。习儒业，尝中乡试之甲科，故陇人以解元呼之。不事功名，每有高蹈远引之志。年逾三十，未尝婚娶。大定戊戌秋，丹阳宗师演化陇川，一时归向者云集。先生见之而心醉，曰："此吾归休之地。"于是设斋炷香，请预弟子列，丹阳纳之。明年，丹阳还祖庭，先生从居之。朝叩夕参，于道德性命之学大有所得。迨壬寅丹阳仙仗东归，先生往来终南凤、陇之间，徜徉自若也。河内张邦直、尹扶风日常延致其家，与之谈道。每留数月，为方外忘形之交。先生作文尚平淡，诗句雅健，得陶谢体。每诵《老》《庄》《黄庭》为日课，非法之言，略不出口。闻人谈及他人之短，辄瞑目不与之相接。但云："置论徒败德招怨，躬自厚而薄责于人，圣人之遗训也。"故所至，人皆敬慕之。正大末，凤、陇兵乱，先生负笈深入陇山，莫知所终。及大元抚治辅正，洞真真人于君奉旨住持终南祖庭。寻访先生遗文，得于陇州佑德观郑炼师子周处，目之曰《思玄集》。中统初，京兆昊天观先生门人赵志冲于府城之北特置吉地，请翰林待制孟攀鳞作志，起坟葬先生之衣冠，以致春秋之祀云。

苏　铉

先生姓苏氏，名铉，号云中子。华州蒲城人。赋性宽慈，谦而好礼。遇烟霞胜概，终日忘返。大定辛卯春，诣终南祖庭丹阳宗师席下，乞垂开度。丹阳置诸左右，教以入道仪范。服劳既久，未尝少懈。丹阳付授道妙，及屡以诗词接引，使进真功，以至心源明了，道体冲融。一时，羽属皆以"小丹阳"目之，其造道之深可见矣。后辞师游海上，和光同尘，扶宗翊教。壬寅夏，丹阳东归，复侍几杖。迨丹阳之上仙也，盘桓登、莱之间。明昌初，长春宗师命先生演教燕蓟，住崇福观。道缘日兴，从游者众。一日，谓门人曰："世缘尘务何时了绝，吾其归矣。"言讫，彩云缭绕空际，枕肱而逝。至大元乙巳冬，清和真人移葬于五华山仙茔。真常真人奉朝命追赠体元辅教云中真人号云。

于通清

先生河东隰州人，姓于氏，讳通清，字泰宁，道号真光子。初，母梦神人授丹一粒，服之有娠。洎分瑞之日，红光照室，半日方散。夙丧其父，所居与神霄宫相近。先生髫龀之岁，母氏携往宫炷香，手指道像而问母曰："此圣真者，人可得而为乎？"母曰："唯志于道者，可得而近之。"先生心诺其言，自是时诣宫嬉游。每见黄冠师诵经，必澄坐其侧谛听，筵终而去。既长，为人端直，不事家产。恒有高蹈物表之志，但未知所适。年几冠，母氏终天，葬祭尽礼。大定己亥岁，忽一道者诣门乞食，先生饭之。因问将安往，道者告以将诣终南参师。先生乃从其行，谒见丹阳宗师于祖庭。丹阳问其行止，先生具实以告。丹阳留居座下，执巾瓶之役数年。一日，手书立身法，付之曰："遵是而行，仙阶可至。"又屡授真诀，乃得心性圆通。后丹阳东归，留先生居祖庭。迨明昌辛亥长春亦东还海上，先生从居栖霞之太虚观。又数载，长春进而前曰："圣贤教门，方欲开阐，汝可分适北京等处弘扬吾道。"遂授以亲翰，付界教法。先生承命，至霤都环居三载。其神光屡见，僚庶敦请出环。参玄问道者不可胜计，莫不虚往而实归。厥后道缘日兴，度门弟子逾千人，唯卢柔和、丁至一为入室。僚庶选京城东北隅爽垲之地，筑华阳观奉之。先生亦自号涂阳隐士。大安己巳，玉阳真人仙仗北来，馆于观下。无何，挈先生至燕都，保赐紫衣师号。自是道价益高，门徒愈集。贞祐甲戌岁，蒙长春书，召还栖霞之太虚观，俾主观事。兴定改元，土寇扰攘，迁居福山县杏山村之修真庵。忽然，先生集众告曰："今日天气清朗，北兵寝息，吾其归矣。"遂沐浴，书颂曰："今朝推倒无根树，顷刻扳翻炼药炉。我独去时无滞碍，杖藜倒曳赴蓬壶。"掷笔瞑目而逝，春秋五十有六。时五云缭绕，笼罩庵所，竟日不散。兵后，住持彰德府天庆宫门下法孙李志方迁先生遗蜕，葬于府城西北王裕村之仙茔，构堂以奉香火矣。

赵悟玄

先生姓赵，名悟玄，字子深，道号了真子。京兆临潼人，家世业农。寄母胎十有二月，生于天德元年五月初二日。分瑞之际，神光满室。亲属相传，莫不为异。既长，志尚清虚，不乐世味。大定庚寅春，丹阳宗师率丘、刘、谭三友入关，道经零口镇。先生见之，识其非凡，遂邀至家，设斋延待。既而与母魏氏并姊弟妻侄六人，俱诣终南祖庵，投丹阳出家。丹阳方急于度人立教，俱蒙允纳。各付以修真微旨，及嗣后屡以法言诱掖，皆能为玄门之达者。惟先生侍丹阳最久，既得法之后，于刘蒋居环者数年。庚子岁，京兆赵恩舍宅修蓬莱庵，请先生居环。忻然就请，兀坐逾十年。尔后邠州淳化县秦庄道友李氏筑环，来请先生，又往居一纪之岁，遂得心符至道。因折柏四枝插于环中，乞今荣茂。泰和中，咸宁县樊川雒希瑄闻先生为有道者，筑环请居之。一日，房弟雒都巡于京兆茶肆内，见一道者来乞钱，遂手付一文，与之而去。后月余，还家谒先生于环堵，见而惊曰：“此向日茶肆乞钱道者也。”问兄：“先生亦尝出乎？”曰：“无。”都巡乃焚香拜礼，以朱阳村世业柏坡与先生，修全道庵，永为栖真福田。先生尝谓弟子然逸期曰：“京兆太白庙，道祖玄元示迹之地。向者丹阳已筑堂其侧，他日必为崇福道场，汝可居之。”先生亦时往来其中，今果为名观矣。居数载，先生复往淳化。以大安三年三月十有七日，无疾而逝，享年六十有三。生平畅道诗词号曰《仙梯集》，行于世。度弟子数百人，惟^①王德遇、然逸期为入室。后移葬先生于樊川全道庵之柏坡。访平凉同知杨庭秀为作墓碑，以纪其道行。天兴兵后，就全道故址，大行兴建为翠微宫矣。壬子岁，真常真人炷香祖庭，赠以弘玄真人号。

段明源

　　先生世居平水，法讳光普，字明源，道号真阳子。幼而聪慧，长而豪侠。因酒误伤人肢体，避罪入关中。偶至终南祖庭，闻丹阳宗师谈道，大有开悟。于是焚香拜礼，恳祈出家。丹阳见许，恭执劳役，以事左右。数年之间，渐有得于心。一日，跪告师前，丹阳教以寡欲澄心、摧强挫锐。先生既蒙印可，行其所受之学。不数载，乃得心宇瞻明，臻于妙道。遂杖筴^②还河东，于稷山县城之北筑了真庵，居环堵，自此依归者众。岁壬寅夏，忽谓门人曰："丹阳宗师将东归，可备香信，汝等随吾往谒。"即出环，率众而行，甫抵潼关，仙仗果至矣。丹阳叩其所修，先生以所进答之。丹阳叹曰："关中已有赵悟玄，河东又得段明源，吾教得所传矣。"先生拜辞而回，道价益高。三原杨明真闻之，往诣参请，多蒙指授，仍以物外人词见赠。迨明昌改元二月二十八日，先生召门人曰："吾有三山之游。"沐浴，书颂云："岁久乐希夷，光明性烛辉。灵通三岛路，气结六铢衣。放旷无拘束，逍遥出是非。默然无一事，鹤驭彩云归。"书毕，曲肱而逝。目光炯然，数日不落。备

---

① "惟"，辑要本误作"推"。

② "筴"，或为"策"之误。

礼，葬于了真庵侧。平生歌诗号曰《明源集》，行于世矣。

终南山祖庭仙真内传卷中

夷山天乐道人李道谦编

柳开悟

先生陕右坊州人，姓柳氏，讳开悟，字巨济，道号无染子。性聪敏少言，家富不喜华饰。业进士，博识强记，能属文。再赴廷试而还乡中，以才名推为州学录。大定壬辰春，因游长安遇丹阳宗师，与之语，及赠以词。先生有所开悟，遂舍家从之游。居刘蒋祖庵逾十年，于道大有所进。与曹瑱、来灵玉、刘真一、李大乘、雷大通、李大莹、赵九渊辈俱在丹阳门下，时人称之曰"玄门十解元"。丹阳东归，先生与诸公亦从行。迨丹阳上仙，先生于明昌间奉长春宗师命，演化燕蓟。既而迁固安之栖玄庵，以崇庆改元寿终。兵后乙巳冬十月，清和真人移葬于五华山。庚戌冬，掌教真常真人奉上命赠明玄崇德无染真人号，仍作墓碣铭。

任守一

先生姓任氏，讳守一，道号自然子。世为京兆鄠县之农家。体干魁梧，胸襟开朗，不拘小节，性喜射猎。一夕，梦鬼使摄入阴府，历见罪囚校对拷掠之事。觉而有悟，因毁弓折矢，对天自盟，愿改前非，以新厥德。径诣刘蒋祖庵丹阳宗师门下，求受道业，丹阳斥逐。至于数日，其心益坚。乃纳之，俾就环堵供事饮膳。三载之间，服劳益谨，未尝须臾少懈。丹阳怜之，指授真诀，教以忍辱降心，调炼神气。久之，心地虚明，渐有所得。一日，跪前告曰："庸鄙凡愚，蒙师开悟，顾无以报，愿垂慈悯，不弃陋拙，更执汲爨三年。"丹阳却之曰："汝向时未悟，须当服勤效役。今既有所得，当进汝真功，接引后进。"于是先生拜辞，乞食河朔间，道缘日盛。至大定癸卯冬，闻丹阳返真，先生庐墓三载。未几，忽召门人曰："昨夕师真有命，令从游道山。"沐浴更衣，翛然顺化，即明昌改元四月十四日也。兵后，门人移葬于登州蓬莱县百涧村重阳观，构堂设像矣。

杨明真

先生姓杨氏，世为耀州三原县人。父蕃，母刘氏，以天德庚午岁十一月十八日先生乃生。分瑞之际，青气盈室。幼而孤梗，不与群儿戏狎。既长，每发浮生如电之叹，志慕仙道。当大定十四年，闻丹阳宗师弘全真大教于终南祖庭，即弃家特诣门下，乞垂开度。丹阳见其体貌魁梧，胸襟开朗，叹曰："此真仙材也。"因训名明真，号碧虚子，授以还丹溯流之诀。先生既得受记，头骺面垢，乞食度日，或歌或舞，佯狂玩世，人皆以杨害风呼之。常持一马杓以为饮器，隐迹丐徒中，数岁不语。志逾金石，盘桓终南鄠、社间。后闻丹阳上仙，东游海上，奠祭坟垄。觐谒长生、玉阳二宗师，多蒙指授。迤逦西归，尝闻稷山县真阳子段君为丹阳许可，取道河东，炷香参拜。段君密授道要，又以物外人词赠之。先生辞而还秦，自是了无疑障。径入京兆省前宣诏厅，忘言危坐，虽纷华满前，未尝一盼而已。心灰体槁，如在山林，一纪之岁，入于大妙。承安己未，转运使高德卿忽患心痛，百医不效。属纩之际，梦先生以水噀之，遍身汗出，倏然而苏。不数日，四肢康豫，亲诣宣诏厅，焚香拜谢，多赠金帛。先生不受，复作诗十绝谢之。重午日，先生在清真庵画地为炉，撮土代香，翠烟霭出，盘结丈余，旋为华盖，移时不散。时有数鹤飞鸣其上，万目仰瞻，靡不赞异。由是统军完颜公助赀兴建，即今之丹霞观也。蒲城老苏两膝拘挛，不能步履。先生以水噀之，奔走如故。厥后里人之疾者，竞来求水。先生厌其纷冗，咒水一杯，注之井中，有声如雷。自此疾者汲而饮之，无不痊差。迄今号曰法水井。无何，还祖庭闲居，召门人修斋集众，嗣法于无欲子李公，及请知观毕知常，嘱以藏身之地。留颂云："八十年来如电拂，一堆臭腐弃荒田。予今去后全无碍，撒手归空合自然。"置笔奄然顺化。福山宋昭然者，与先生素不相协，先生窗外与之告别，宋遽出户迎待，适人来报先生羽化。时正大戊子六月十一日也，享年七十有九。度门人数百辈。平生著述目曰《长安集》，行于世。葬于刘蒋之仙蜕园。庚戌冬，掌教真常真人奉朝命，追谥曰碧虚毅烈真人。

周全道

先生姓周，名全道，世为古豳之巨室，生于皇统乙丑岁十二月二十二日。自幼语默，进止若成人，状貌奇古，神情雅澹。夙丧其父，生理萧索，竭力以事母。母忽感奇疾，百疗不愈。先生割股，与药同进，厥疾乃疗，乡党以孝闻。年及冠，里人有以子妻之者，先生婉其辞而却之。及母氏之终天也，哭泣过哀，几于灭性。叹曰："吾尝闻道家有言，一子进道，九祖登仙。欲报罔极之恩，无逾于此。"时大定癸巳岁，丹阳宗师环居终南祖庭，演全真教法。先生遂诣席下，求受道要。丹阳纳之，俾与弟子列，自薪水舂爨，皆使亲历。先生恭服勤劳，数年匪懈。丹阳察其有受道之志，一日召入环室，授以真诰，及赐全阳子号。先生既得法，克己炼心，行其所受。如是又数载，合堂云众莫不服其践履之实。无几何，丹阳谓曰："幽近边鄙，教化难通，汝当往居，以弘吾道。"先生受教而往，卜庵玉峰山下，颐神毓浩，演化度人，各随其根性浅深，皆蒙启发。至于疲癃残疾、嬛独鳏寡而无告者，收养于庵中。由是乡里士庶日益敬仰，幽人为之迁善。壬寅，丹阳东归。先生每至清明，必躬诣祖庭奠祭，岁以为常。贞祐间，羌人陷幽，先生亦在虏中。虽被俘絷，其精进道业，略不少渝。羌识其为异人，遂释之。四方来受教者，不可胜计，俱令各立方所，诱掖后进。元光末，尚书左丞张公信甫出镇幽郡，素忌先生之名，径来玉峰，叩其所修。先生告以道德性命之理，公喜其诚，出而语人曰："周全阳，有道者也。"翌日设斋，仍赠袍履，时遣人候问起居。先生亦常往来寓居长安之汉高祖庙，统军完颜公待以师礼。正大戊子，复还幽。以十月十有七日命众作斋，召嗣法门人圆明子李志源，嘱之曰："终南南时村，祖师开化炼真之地，吾欲修建，以彰仙迹，奈世态如此，不可强为也。他日升平之后，汝辈当勉力，以成吾志。"言讫，令侍者焚香，命众诵《清静经》。先生危坐澄听，甫竟三过，枕左肱而逝，春秋八十有四，葬于玉峰庵侧。士人王才卿者，与先生为莫逆，时仕庆阳。方天兵围城甚急，忽梦先生飘然而来曰："吾今特来与公相别，轩冕傥寄，不堪久恋。此身一失，再得实难。"珍重而去。未几围解，王乃访人，始知先生入梦告别之日，即返真之辰也。遽解印绶，黜妻子，乐道以终其身。先承安戊午岁，东鲁郓城县洞虚子张志渊者，尝两梦神人持白刃叱之曰："尔年将尽，胡为不参师学道，以免速死耶？"既觉，心神恍惚，因诣郭西郊行，俄见一道者，麻衣草履，躯干魁伟，自西而来，就张言曰："汝有宿缘，故来相接。"即于路左教以修真密旨，及以麻绦赠之，且曰："敬之哉，无忘吾训。三十年后，当有吾门人来此，与汝相会，是时汝得与师真结大缘矣。"张请其姓名，答曰："吾关中周全阳也。"俄失所在。张遂易衣入道，后于济州创白云观，度弟子数百人，悉立庵观于齐鲁之间。壬辰，六军下河南，李圆明挈众北渡，于东阿县筑栖真观居之。张闻往谒，告以向日遇师之故。圆明出先生画像示之，张焚香致拜曰："此正吾曩者所遇师也。"以圆明为道兄焉。乙未，关中抚定，圆明追念先生遗命，率法属百众西归，于南时创成道宫。张洞虚屡萃金币，以资其用。不十载，雄构壮缔，庨豁可观。辛丑春，清和真人命门人捧先生遗蜕葬于刘蒋之仙蜕园。壬子，掌教真常李君奉朝命追赠全阳广德弘化真人号。

乔潜道

先生家世平阳，族乔氏，名潜道，号冲虚子。赋性沉静，素嗜玄虚。大定壬辰岁，时年三十有六，与里人李冲道同游终南，拜礼丹阳宗师，求受全真教法。居刘蒋祖庭，采薪汲水，供事道众。艰辛备历，略不敢怠。一日，丹阳授以玄旨，仍付诗二绝云："乐天知命不愁穷，怀玉身心众莫同。烹炼神丹凭匠手，须教鼎内雪霜红。道中玄妙与谁穷，撞着知音语话同。守黑不教心上黑，丹红胜似面颜红。"先生既得道训，与同志李君相为切偲，克勤道业逾十载，故能各造玄奥。壬寅，丹阳东归。先生与李君共游合（原注：音阁）水，乞食度日。既而刘户部好谦语人曰："昔列子居郑圃四十年，人不知其有道。盖怀道抱德之士，如良贾之深藏其货，惟恐人知。吾观乔、李二仙①，其斯人之流乎？"县人闻之，日加敬仰。择故城之东北隅，筑太清观事之。丙午，长春宗师演教祖庭，二公径来席下，日亲教语。长春察其所安，忽谓众曰："乔、李二公克勤于道，真吾门之达者。"自是道价日益高。明昌辛亥，承长春命，同弘化河东，于临汾筑冲虚观居之。泰和壬戌，复来合水，栖真接物。贞祐丁丑春三②月，因与士人王可大坐间，忽曰："吾敢少烦于君，愿助一袍以赆吾行。"不数日，无疾而逝，享年八十一。可大来吊，方知索袍谓棺也。时门人李道隐居于他所。一旦，先生突然踵门，密有规诲，临别又曰："明日可一来，吾别有所属。"翌日，道隐行至中途，逢人来报，先生昨日已羽化矣，方知来者身外之化身也。

李冲道

先生姓李，名冲道，清虚子别号也。家世平阳。性刚毅，善辞翰，事父母孝。于大定壬辰间，年几不惑，遂与同里乔潜道结为林下莫逆友，偕诣陕右终南丹阳宗师门下，求受道业。宗师视其可教，留与弟子列，春爨洒扫，勤事数年，愈久愈敬。宗师一

---

① "仙"，辑要本作"公"。
② "三"，辑要本作"二"。

日授以秘旨，仍赠之诗云："逍遥物外兴无穷，且恁和光混俗同。堪叹浮生虚幻梦，恰如败叶舞秋红。任人闲笑道家穷，一志修仙俗匪同。三伏洞天霜雪降，灵苗慧草转添红。"先生既得印可，笃志于道，胁不占床者仅十霜，故得心宇泰定。忽夜见神光照室，朗如白昼。遂与乔君同往合阳，丐食炼行，弘演真教。丙午，长春自陇山来祖庭，复诣座下，参进上道。迨明昌辛亥长春东归，命先生与乔君弘化河东，于临汾县西筑冲虚观居之，度门弟子数百人，造庵观数十区。长歌短咏，稍露玄旨，乔君责之曰："道人贵韬光晦迹，目今向上真师在世，止可各进真道。"先生谢而焚之。一旦，命众具汤沐，且曰："吾世缘已尽，今当归矣。"嘱门人以志道之语，翛然顺化。非烟非雾，遍覆庭宇，三日而休[1]。士庶瞻拜，靡不叹异。葬于冲虚观，构堂造像，以奉香火。

赵九古

先生姓赵氏，讳九古，道号虚静子。家世檀州，祖宗簪缨相继，咸有政声。父淄州太守，改同知平凉府事，因家焉。先生大定三年癸未生，天姿澹静，日者相之曰："风清骨奇，非尘坌中所能留也。"夙丧其父，每有升虚之志。十七年丁酉，母欲娶之，而不从命，屡请入道。母数诘责，知其志不可夺，乃从之。闻府中崔羊头者为有道，往师焉。崔命执厨爨之役，每夜令造食五七度，度必改味。及所进，亦不多食，亦不令多造，使通宵不寐。如此三载，其心益恭，亦无分毫骄气，人以内奉先生呼之。崔知其可

---

① "休"，原作"修"，据辑要本改。

教。十九年己亥，俾先生诣华亭丹阳席下请益，丹阳纳之。庚子，丹阳还终南，命先生往龙门供侍长春，而亲训炙，长春易名道坚，时往来于平凉。丙午，长春挈居终南祖庭。长春起①戊申之诏也，留先生事灵阳李君。明昌辛亥，长春东归海上，携过掖城，命谒长生。未几，长生令先生归栖霞。长春喜其来也，命充文侍，掌经籍典教。凡僚庶道流来谒，必先参先生，然后入拜丈室。其为文清古，笔法类《瘗鹤铭》。迨己卯岁长春赴诏适西域，选侍行者，先生为之首。至赛蓝城，先生谓清和尹公曰："我至宣德时，觉有长往之兆。尝蒙师训，道人不以死生介怀，何所不可，公等善事师真。"言毕而逝，享年五十有九。葬之郭东原上，迄今土人祀之。初，长春过阿不罕山，留宋道安等九人建栖霞观以待。至壬午，为恶人妒忌起讼，众皆忧惧。道安昼寝见先生自天窗而下曰："吾师书至。"道安曰："自何来？"曰："自天上。"受而观之，止见"太清"二字。宋觉，白于众。翌日，果有书至自行在，讼事乃寝。盖先生之阴护也。癸未，长春东还，过其茔域，诸友欲扶榇而归，长春止之曰："四大假躯，终为弃物。一灵真性，自在无拘。奚拘拘然，以弃物为念哉？"明日遂行，既达汉地。自云中、武川、漯阳、燕蓟十余处，见先生单骑而至，预报长春宗师东还，何不远迎。其神异之迹，不能备纪，姑录一二，以表死而不亡者也。庚戌岁，真常真人奉命褒美道门师德，赠先生中贞翊教玄应真人号，葬冠履于五华山，以奉岁祀焉。

---

① "起"，辑要本作"赴"。

陶彦明

先生平阳襄陵县人，幼而好道，事父母以孝闻。年逾三十，怙恃俱失，先生哀毁过礼。服阕，慨然置家累，渡河而南，寓居灵宝县，欲投师学道，罔知所适。大定癸巳岁，河间许子静来为县宰，见先生气质淳正，且告之曰："公果欲慕道修仙，非得师匠，徒费世祀。吾闻丹阳马君弘全真之教，今居终南，汝可依归。"仍作诗送行，先生径诣刘蒋。丹阳见之，如有夙契，留居座下，与之名曰彦明，字明甫。亲炙日久，教以性命之理。朝夕训诲，以至心地开通，了无凝滞。使之游历诸方，究取父母未生前去。先生卜居渭南，箪食瓢饮。行其所受于师者，若将终身焉。不数岁，丹阳召还祖庭，问以日用，且叹曰："纯而不杂者，其惟陶明甫乎？"赐之号曰无名子。既而丹阳东归，先生亦出关，栖止于洛西抱犊山，寻迁桃花山，隐居逾二十年。忽告其徒曰："吾昨于定中偶忆先世尝居灵光洞，今失其所在。"后因游女几山，见石壁间有刻"灵光洞"三字，中有石床铁臼尚在，遂葺居之。众验其言，益加信敬。隐余①十载，俄迁居长渊，人莫测其意。不数日，北兵掠女几，民多被祸，独长渊无一骑之来。人益服先生有预见之慧。虽法寿甚高，而步履康健，精神悦怿，可见平日炼养之功也。正大丙戌秋，云溪庵门人狄抱元、王抱真请先生就庵过冬，先生辞曰："此中已备结冬之计，待来春当往，彼作归休之

---

① "余"，辑要本作"逾"。

所。"丁亥三月六日，杖笑①抵云溪，与道众笑谈终日。翌旦，更衣端坐，索纸笔书颂，奄然而逝，享年八十有六。停枢七日，颊红顶温，如熟睡状。殡于所居静室，明年离峰于君葬诸凤翼山之西。启棺，形质不变，香风满谷，万人瞻拜，莫不赞异。故左丞姚枢为作墓铭，以纪灵异焉。

王志达

先生延安之大簇，姓王氏，名志达，道号玄通子。生于天德庚午岁十二月二十九日。夙丧其父，妙龄雅负清鉴，每叹世缘虚幻，有超然拔俗之心。既长，以户殷充里正，征敛廉平，乡人敬之。以大定丁酉岁，因友人得疾，数日身化为大蛇，惟头面未变。先生视之，友曰："公辈可备筐器，送我于山，不然恐头面随化，伤及生人。"先生揭衾一视，其项已下果为蟒矣。遂与家人送至山麓间，即附草而去。先生惊骇，从此长往不归。路逢异人，授以玄旨，且曰："今丹阳师演化于终南，可往师焉。"俄失所在。先生径往，求为度脱。丹阳初不纳，至于责辱数日，求教益坚。悯其诚至，留居席下，俾随众执役，教以忍辱炼心。居数年，其勤俭谦退，愈久愈笃。未几，丹阳以道德性命之要付之。先生既得法，卜云阳县，环堵默坐一十三年，乃得心光内发，吐为辞章，吻合玄理。度门弟子数百人，后复还延安。五月，大旱，官民问先生雨期，曰："今日小雨，未能沾足，过此三日，泽大足矣。"至期，果如其言。泰和间，羌人入寇，人心骇惧。先生徐曰："请无

―――――――――――

① "笑"，或为"策"之误。

虑，昨吾定中见三千无首人，驱五百大兽至。"后数日，捷书至，果枭首三千级，获驼五百余头。四方闻之，益加敬奉。一日于市肆中小酌，出门仰瞻天表，还入坐，索纸笔书颂云："一轮红日耀中天，五色祥云顶上旋。珍重一声归去也，倒骑玄鹤海东边。"掷笔曲肱而逝，时大安庚午十二月初二日午时也，享年六十一。平生著述号《玄通集》，行于世。葬于府城之东南。天兴兵后，门人就先生葬所建玄通观，以奉香火焉。

薛知微

先生世居河东河津县，乃唐征辽将军薛仁贵之远孙也。法讳知微，字道渊，号碧霄子。以天德庚午岁生，幼不嬉戏，长慕清闲，性沉默寡言。年逾弱冠，酷好养生性命之学。大定辛卯岁，丹阳宗师演教终南，声扬远迩。先生乃黜妻子，敬谒席下，操绯彗以侍门庭，前后三霜，始终一节。丹阳识为受道器，乃付以修真秘旨。先生既得其传，复还乡里，筑庵守静，调气养神。如此六载，故得心宇泰定，性天疏明。辛丑，再至祖庭，奉师进道。忽一夕，天澄月朗，辄起取薪置诸屋下，众皆讶其诞。比明，雪已盈尺，共服先生有静定之功，洞见未然。癸卯，二三道侣拉同游天坛，先生曰："王屋洞天，素欲一往，安乐窝中可以托宿。"既至，主人迎居一室，轩扉雅敞，榜曰安乐窝。同行者相视叹曰："先生诚有道者也。"时丹阳东归海上。冬，法弟王志一欲游宁海参师。与之相别，先生恸哭，众莫测其所以。及王抵宁海，丹阳已羽化二旬矣。未几，复还乡中。王汝霖来见，先生曰："胡不早求良医，诊治厥疾。"王时无恙，闻先生之言，不以为事。未及月，忽中风而卒。崇庆间，儒士吴世杰、薛国宝问先生秋试题目，对曰："三王以赏刑致康。"至期果然，二人皆第。又一日，杜仲敏者来庵闲话，先生笑曰："公可速归，落井之妇犹可救也。"杜苍忙至家，果如所告。先生预见未然，皆类此。后南渡遨游嵩少间，寻迁内乡，爱其人淳景秀，即结茅隐居，多所接引。至正大壬辰冬十月三日，无疾而逝，享春秋八十三。所作诗词号《清虚集》。度门弟子数百人，唯侯志忍、柳志春、唐志安、范志冲四人为入室，皆立观度人于河东云应间，为当代之高道。兵后，迁先生遗蜕，葬于终南山下鄠县游仙宫之集真堂。掌教真常李君奉朝命追谥先生曰升玄真人云。

陈知命

先生姓陈，名知命，道号朝真子。终南县袁村人，与刘蒋为邻疃。重阳祖师累曾化度，先生以家产殷富，未能遽抛尘累。后因丹阳等四真来居祖庵，先生颇有入道之心。一日，丹阳宗师以青包巾一顶作诗，赠之云："青云翦破作云包，熟视陈公有分消。顾我共君同宿契，愿君同我乐逍遥。长生路上寻金矿，不夜乡中采玉苗。何啻一身超达去，九玄七祖上丹霄。"先生既蒙点化，叹曰："向日重阳累曾化度，我已愚昧，不能从师高蹈，傥一朝大限临头，宁得以此薄业，少延一日之生耶？"即日，礼丹阳为师，改衣入道。丹阳以先生有干济才，俾充祖庭庵主，积行立功。十载之间①，每以医药救人，多种阴德，其道众多赖芘荫。丹阳每作

---

① "间"，原文作"问"，据辑要本改。

诗词，教戒先生修真处静，大造其妙。无何，退职闲居，丹阳以吕道安代主庵事。先生专以修进为业。至承安丁巳，忽以手抚吕背，曰："公缘法甚大，将来此庵为观之日，度道士数百人为门弟子。是时吾道大弘，公适当其时，善自保爱，吾其归矣。"言讫，遍辞道侣，怡然顺化，享寿八十有一。停枢三日，肌体轻软，目光炯然。明年，玉阳宗师买祖庵为灵虚观，保赐吕道安冲虚大师号，俾掌敕牒，主领观事。后，果度道士仅三百人，皆符先生之言矣。

宋明一

先生姓宋，讳明一，号昭然子。登州福山县人。乃祖及父世为县吏，以廉平积德，见称于乡里。先生幼习儒业，长于词翰。每以此世为不足玩，发出尘学道之志。年逾三旬，辞亲长往，径入关中，礼丹阳宗师出家。千磨百炼，志如金石。服勤之暇，其于修真习静之业，与日俱进。丹阳付之口诀，仍以青华阳巾赐之。先生拜受，以其师之所赐，终身收掌，每至旦望顶之，朝拜真圣。迨大定壬寅春，丹阳鹤驭东归。先生侍行至海上，日以其母、兄、姊、侄六人俱礼丹阳入道。明年冬，丹阳上仙。先生复入关，居祖庭。丙午，率众诣陇山，请长春宗师还终南，大弘祖教。明昌辛亥，长春仙仗亦东游。先生受法旨，充祖庭尊宿。自后凡入道者，令先生为引度师。至正大丙戌，北兵下秦川，民庶惊扰，避地南山。道众俱入涝谷，先生独不肯往。众劝之行，先生曰："吾之宿债，安所逃乎？汝辈可行，吾独于此守之。"不数日，逻兵卒至，灵虚殿宇悉为灰烬，先生亦被害。翌日，道众下山视之，膏血不流，可谓纯阳之体，嵇康、罗公远之流乎？时十月十有三日也，享寿八十四。至大元壬子春正月，掌教真常真人李君奉朝命追赠先生以无忧真人号云。

吕道安

先生姓吕氏，讳道安，世为宁海巨族。幼年颖悟，志慕玄风。仙姿道骨，禀于天然。事父母孝，闻于乡里。年仅三十，二亲俱丧。尽葬祭礼，慨然捐俗入道。是时马、谭、丘、刘四师于终南守坟，先生只身西来，纳拜于丹阳宗师。丹阳与先生同里闬，素知门第清洁，遂令服勤左右。既熏陶日久，乃能了悟道妙。大定庚子岁，丹阳俾先生充祖庭庵主，抚育道众。时灵阳李君在世，亦多蒙启发。丙午，长春宗师自龙门来居祖庭，数载之间，日亲玄训，于道了无疑障。明昌辛亥，长春仙仗亦东归。先生修身以敬，莅众以宽，道风不减师真在日。乙卯，朝省罢无敕额庵院，悉役于官，祖庭亦在其数。自是门庭萧索，道侣散逸。承安丁巳，时玉阳真人被召阙下，遣人来召先生。明年春，至燕都，玉阳买祖庭为灵虚观，仍保授先生冲虚大师号，使掌敕牒，主领观事，且曰："重阳祖师徒步数千里，来化我辈，端为教门后事。我虽不能亲往来，尝敢忘汝于祖庭，夙缘甚厚，善为主持。"及以诗赠之云："大悟威光朗太空，先天真瑞信匆匆。虚无清静全今古，至道流传正祖宗。三界十方通一致，千经万论了无穷。忘情自现天元主，透出阴阳造化中。"先生西归祖庭，因缘复振。不数载，买度为道者，皆以先生为师，仅三百人。买额为观在陕右者数十区。至兴定辛巳二月十三日，嘱门人以修进之语，以法弟毕知常嗣主观事，翛然顺化，享年八十。葬于仙莹诸师之侧。大元壬子春，掌教真常真人李君奉朝命追赠先生以凝虚真人号。

毕知常

先生姓毕，讳知常。世为乾州醴泉之巨室，昆季四人，俱好清虚无为之学。大定壬辰岁，闻丹阳宗师于终南祖庵弘演真教，偕来席下出家。丹阳各付秘诀节次，授以诗词诱进，以至俱能深造道妙，翘翘为人天师。惟①先生最幼，置之左右，执巾瓶之役，日夕训诲，岁月既久，故遍得修身性命之要。迨壬寅夏丹阳东归，嘱先生西入陇山，侍长春丘君，采薪汲水凡五年。每进馈之暇，危然澄坐，通夕不寐，以修静定之功。明昌辛亥，长春仙仗亦东游，留先生与吕道安同主祖庵事。先生于吕虽为昆仲，待以师礼。六年乙卯，朝省新法，以祖庵无敕额，例没于官。承安丁巳，先生往海上谒诸宗师，长春以所有之赀，倾囊尽付，及亲作疏文，俾先生化导诸方，为重建计。明年春，先生上燕都。玉阳时应命阙下，召吕道安至燕，买祖庭为灵虚观。仍保赐先生通真大师号，令副知观事。与吕偕西归祖庭，道风为之再新。先生尤善医药，闻人之疾，不择贫富，必往救之。至兴定辛巳吕道安上仙，先生嗣主灵虚香火。其殿堂廊庑，创造增葺者甚多，道缘日弘。不数岁，度门人逾百众。无几何，谢观事闲居，退隐岐山县五姓之洞真观，和光同尘，颐真养浩。时亦一至灵虚，纲领观事。正大辛卯，关中受兵，先生与居民同避地于太白山之峡。至三月十六日

---

① "惟"，辑要本作"为"。

告门人曰："昨于定中山灵潜报，此地不堪久处，当徙之他所。世态如此，吾不忍见。"即焚香辞圣，翌旦奄然长逝，门人葬于所居之石室。居民有听其言而去者。不数日，兵至。不去之民俱被祸。大元庚子冬，洞真真人于君奉朝命来住祖庭。念及先生同出丹阳之门，又为平昔莫逆友，为众言曰："毕通真昔居此逾五十年，恢弘祖教，实吾门之大士也。"遂命门人迁先生遗蜕，葬于刘蒋之仙茔。壬子春，掌教真常李君奉朝命追赠先生曰广容真人。

终南山祖庭仙真内传卷下

夷山天乐道人李道谦编

清和真人

师姓尹氏，讳志平，字大和。远祖居沧州，前宋时有官莱州者，因家焉。显高祖妣有子七人，俱登进士第，仕至郡守者五人。大父公直、考弘谊，皆隐德不耀，于大定九年己丑正月二十日生师。是夕，其母方寐，梦仪卫异常，皆盛服而入，神思愕然。惊寝，师已诞矣。时里人相惊曰："尹氏宅火。"奔往救之，至则光照庭宇，知生子矣。咸曰："是家阴德动天，他日必为异人。"三岁颖悟，善记事。五岁入小学，日诵千余言，于理即玄解。在髫龀日，举止异凡儿。尝因祀事究生死理，杳然遐想自忘。十四岁，遇丹阳宗师，遽欲入道，其父难之，潜往。十九岁，复迫令还家，锢之，竟逃出再三，始从之。诣武官灵虚观长生宗师席下，执弟子礼。寻住昌邑县之西庵，常独坐树下达旦。或一夕静中，见长生飘然而来，断其首，剖其心，复置之，觉而大有所悟。后住庵福山县，惠济贫困者数年，众德之。明昌初，闻长春宗师还栖霞，往侍左右。长春特器异之，付授无所隐。玉阳王宗师屡握手谈道，授以口诀。又受《易》于太古郝宗师，皆世所未尝闻。自是道业日隆，声价大振，四方学者翕然宗之。时潍州龙虎完颜氏素豪倨，慕师道德，施圃地，创玉清观事之。数载之间，姬侍供奉者，未尝识其面目，亦未尝知其姓字，其所守如此。兴定己卯岁冬，大元太祖圣武皇帝自西域遣便宜刘仲禄征长春宗师。仲禄及益都，会真常李公，曰："长春今居东莱，非先见尹公，必不能成此盛事。"及潍阳，谒师于玉清，见其神采严重，不觉畏敬，自失从容。语及诏旨，师大喜曰："将以斯道觉斯民，今其时矣。"遂偕往觐长春于莱州昊天观。先是，金宋聘命交至，皆不应。至是长春与师议，决计北上。时从行者十有八人，皆德望素重者，师为之冠。自庚辰春启途，至癸未秋回辕，四载跋涉，备尝艰阻。既见上于西印度，奏对称旨。还及云中，长春闻山东乱，天兵又南下，曰："彼方生灵，命悬砧鼎，非汝莫能救。"因遣师往招慰，闻者乐附，所全活甚多。甲申岁，敕令长春住太极宫，即今之长春宫也。师在席下最为入室，四方尊礼者云合。师曰："我无功德，敢与享此供奉乎？"遂辞退，住德兴之龙阳观。屡承长春手泽，示以托重意，及蒙赐清和子号。迨长春上仙，师方隐上谷之烟霞观。又欲绝迹远遁，为众以主教事敦请，勉从之，还长春宫，以嗣玄教。厥后门徒辐辏，赍币乐贡者，日充塞庭户。壬辰春，太宗英文皇帝南征还。师迎见于顺天，慰问甚厚。仍令中宫代祀香于长春宫，贶赉优渥。癸巳夏，游毋闾山。太玄观之李虚玄语人曰："去年院中青气氤氲者累日，占者以为当有异人至，今师来，既验矣。"其演化白雪之间，道缘真迹备见《北游录》。至甲午春南归，及玉田，众喜，为数日留。日已晡，遽促驾兼夜行五六十里，舍丰草中，众莫知所以。后还宫，始知在玉田时，有寇数十，欲劫掠，追至大合甸，不及而返。从者相贺曰："非师，奈我辈何？"夏，闻朝廷遣官抚绥关辅，适无欲李公自卫来燕，致祭处顺堂。师命入关招集道侣，兴复终南刘蒋之祖庭。秋，中宫遣使劳问，赐道经一藏。乙未春，沁州牧杜德康请师主黄箓醮事。师由云应南下，所至原野道路，望尘迎拜者日千万计。愿纳宫观为门弟子者，若前高之玉虚、崞县之神清、定襄之重阳、平遥之兴国，咸请主于师。及理醮，时旱久且风，醮之三昼宵，灯烛恬然，在他境犹风。杜以州之神霄宫为献，尊事之。师以玄化大行，归功于重阳祖师，乃留意于终南祖庭。冬，京兆总管田德灿遣官偕无欲李公驰疏来请，雅与师意合。丙申春正月，始达终南，规度兆域。初，重阳祖师修道于刘蒋村。既成，火其庵而东。贻诗有"后人复修"语。先，大定间丹阳、长春二宗师已尝建立，值天兴劫火，焚毁殆尽。至是，师赓之，亦有继祖来修之什。于是翦芜平丘，筑垣架屋，而草创之。又若楼观宗圣宫、终南之太平、炭谷之太一、骊山之华清、太华之云台，诸宫遗址，悉择四方缘重者德付之，俾任兴复之责。时陕右甫定，遗民犹未安业，道众艰于得食，师以道德罪福之报抚慰之。是年夏，被命，令师选戒行精严之士，就禾林住持，为国祈福。秋，中书杨惟中召还燕，道经太行山间，群盗罗拜受教，悉为良民。戊戌春，忽曰："吾老矣，久厌劳事。"以正月上日，会四方耆宿，嗣法于真常李公，俾主教席。遂于长春西院及五华、大房增葺道院，以为佚老之所。庚子冬，京兆太傅移剌宝俭、总管田德灿请师主重阳祖师葬事，师欣然而往。虽冒寒跋涉，不惮也。常①曰："吾以报祖师恩耳。"当时秦地大旱，师下车而雪，大阐葬礼，以明年辛丑正月二十五日既事。时盛行兴造，及经理会葬者，多方道俗常数千人，物议恟恟②不安，赖师道德威重，镇伏邪气，故得完其功。师尝与老师宿德往来于楼观诸宫，逍遥自若，以扬玄化。是岁冬十月，仙仗还燕山，居五华、大房之间，远近达官士庶，仰之如景星丹凤。乙巳春，命潘冲和主领河东永乐纯阳宫之法席，以事建立。无何，中宫遣近侍赐黄金冠服，仍敕有司卫护。又令门人增饰潍阳之玉清，不数载，奂然一新矣。至辛亥二月五日，谓侍者曰："我常便房山之幽邃，故居之。今为我洒扫殿宇，以备长生升仙之斋。"翌日，焚香礼圣毕，谓众曰："吾将逝矣。"众惊愕，师嘿不应，惟戒葬事无丰。遂不食，但饮水歠茶，危坐谈道，语音雄畅如平日。是夜，正衣冠，曲肱而逝，享春秋八十有三。门众毁哭若丧考妣，时馨香之气满室。远近闻者奔走赙赠，络绎如市。初，师遗言葬大房。嗣教真常李君以大房去京师稍远，艰于登涉，辇枢葬于五华。构堂曰复真，以事香火。师平日著述目曰《葆光集》，行于世。中统二年秋九月，玺书追赠清和妙道广化真人号。

---

① "常"，辑要本作"尝"。
② "恟恟"，辑要本作"汹汹"。

真常真人

师族李氏，讳志常，字浩然。其先洺州永年人。宋季避地濮之范阳，寻又徙开之观城，因着籍焉。高祖皓、曾祖昌、祖明、父蔓皆隐德不耀，素为乡里所重。母聂氏夜梦异人，授之玉儿，觉而生师，即明昌四年癸丑正月二十日也。师生六岁，考妣俱丧。养于伯父济川家，济川讳蒙，名举子也。赋义两科，屡占上游。虽以四举终场，同进士出身，歉如也。爱师颖悟不群，意用作成，以偿平昔之愿。而师不喜文饰，雅好恬淡，常默祷高穹，望早逢异师胜友，式副夙心。年十有九，伯将议婚，师闻之，叹曰："本期学道，未涉津涯。若爱欲缠缚，则圣贤高蹈出尘之事业难乎有成矣。"居无几，负书曳杖，作云水之游。初隐东莱之牢山，复往天柱山之仙人宫。宫之主者曰汤阴李先生，有藻鉴。见师仪观魁伟，固已知其不凡。因冬夜谈道，言及日用，乃大加赏异。退谓其徒曰："余在道三十年，老师宿德与之谈论者，能如此子精当，曾不一二见。"迨辞，始告之曰："君玄门大器也，山庵荒僻，非君久淹之地。海上昔祖师至，异人并出，今独长春在焉，宜往从之。他日成就，未可量也。"师翌日遂行，至即墨之东山。属贞祐丧乱，土寇蜂起，山有窟室，可容数百人，寇至则避其中。众以师后，拒而不纳。俄为寇所获，问窟所在，棰楚惨毒，绝而复苏，竟不以告。寇退，窟人者出环，泣而谢之曰："吾侪小人数百口之命，悬于公一言，而公能忘不纳之怨，以死救之，其过常情远甚。"争为给养，至于康调。迄今父老犹能道之。岁戊寅夏六月，闻长春宗师自登居莱，师促装以往，拜谒席下。长春一见器许，待之异常。师于承教之后，益自奋励。历兵革死生忧患之际，曾不易其所守。山东东路转运使田琢器之，高其行。且闻昔在即墨，其主帅黄掴副统咨师筹划，保完一城，以书邀至益都，待以宾礼。己卯夏六月，益都副帅张林叛金归宋。冬十有二月，太祖圣武皇帝遣便宜刘仲禄赍诏备礼，起长春宗师于东莱。师睹此事机，知张林新以其地入宋，叛服①靡常，密念若不先入白则必见阻滞。乃往说林曰："长春师天人也，今三使征聘，毅然北行。舍近道而即远途，救世之心于斯可见。相君能为推毂，则非惟一方受赐，实四海生灵无涯之福也。"林悦，移檄所经，俾卫送以行。庚辰春正月，长春命驾，从行者一十八人，师其一也。二月达燕，明年春北上。秋七月，至阿不罕山，距汉地仅万里。并山汉人千家，逆尘罗拜，以为希世之遇，咸请立观，择人主之。长春坐上指师语众曰："此子通明中正，学问该洽，今为汝等留此，其善待之。"因赐号真常子，仍预书其观曰栖霞。长春既西迈，师率众兴作，刻日落成。又立长春、玉华二会，至今不辍。癸未夏五月，长春至自行在，憩于其观。一日，斋客四集，长春手持弓弦一，不言以授师。师亦不言而受，圈而佩之，作诗为谢，长春但笑领而已。盖阿不罕之留、弓弦之授，识者知其有付嘱之意。秋七月，至下水，时残暑尚炽，长春纳凉于官舍之门楼，字呼师而教之曰："真师不易逢，得道者不易遇，遇之而不易识也。守道之笃，人貌而天，行直寓六骸而渊宗，忘饥渴而常宁，至静而遗形，独游乎无极之妙庭。此语汝当记之，以俟他日自得之耳。"师拜

---

① "服"，原作"股"，据《正统道藏》三家本《甘水仙源录》、辑要本改。

谢已，乘间因问："向者避地山东，为寇棰挞，俄堕窈冥，赫日方中，而目无所见，幽明路隔。其归根复命之理，果何如哉？"长春曰："人之生死，犹昼夜，乃幻相相因之道，叩其道之至，则无有也。当汝疑念未起时，体取死生，昼夜了无干涉。则天光湛澄，若太虚之无际。名言象教不可得而喻，斯汝疑心静尽之地。"师复再拜受之。长春自入汉地，人事益繁，四方道俗来觐谒者，皆托于师。师阴蓄归隐之念而未有以发，虽心交不知也。长春忽语之曰："昔有一道人，赵其姓，初在门下，向道甚勤。一日，遽辞欲往他所。我因戒之曰：'不应去而去，不为退道即为慢道。'"师愕然，知斯言为己设，其念遂绝。师以长春西域见上演道之语，编为《西游记》，行于世。丁亥秋七月，长春仙去。清和嗣教，以师为都道录，兼领长春宫事。当时朝廷在禾林，师岁一往，以扶宗翊教为己任，虽龙沙风雪，寒裂肌肤，弗惮也。庚寅秋七月，太宗英文皇帝始即大宝，师见于乾楼辇。时方诏通经之士教储君，师乃进《诗》《书》《道德》《孝经》，上嘉之。冬十一月，得旨方还。辛卯冬，有诬告处顺堂绘壁有不应者，清和被执，众皆骇散。师独请代之，曰："清和，宗师也，职在传道。教门一切，我悉主之，罪则在我，他人无及焉。"使者高其节，从之，特免杻械，锁之入狱。夜半锁忽自开，师以语狱吏，吏复锁之，而复自开。平旦，吏以白有司，适与来使会食，所食肉骨上隐然见长春相，其讼遂息。癸巳夏六月，承诏即燕京教蒙古贵官之子十有八人，师荐寂照大师冯志亨佐其事，日就月将，而才艺有可称者。乙未秋七月，奉诏筑道观于禾林，委师选高道住持。戊戌春正月，清和会四方耆宿，手自为书付师，嗣主教席。师度不能辞，乃受之。

三月，赴阙，以教门事条奏，首及终南山灵虚观系重阳祖师炼真开化之地，得旨改称重阳宫。敕洞真于君住持，主领陕右教事。以白云綦公、无欲李公辅翼之，大行营建。乙巳，奏请河东永乐纯阳祠宇，及师真堂下并赐宫额，以彰玄化。丙午，定宗皇帝即位，诏师以戊申上元日就长春宫设普天大醮，仍降玺书。凡名山大川诸大宫观，及玄门有道之士，委师就给师德名号。岁舍辛亥，宪宗皇帝嗣登宝位，欲遵祀典，遍祭岳渎。秋八月，遣中使诏师至阙下，上端拱御榻，亲缄信香，冥心注祷于祀所，赐师金符宝诰，及内府白金五千两，以充其费。师奉旨驿车南下，遍诣岳渎，以行祀事。越明年春正月初吉，来终南祖庭，敬展精衷，恭行祀礼，规度营建，整治玄纲。凡山下仙宫道观，皆为一例①建功，师德赐赍各有差，以是地系教门根本故也。至四月既望，仙仗东归，由中条之纯阳宫，亦如终南故事。秋九月，还燕。癸丑冬十月，圣天子在藩邸开府上都，命师修金箓大斋，作大宗师，普度随路道士、女冠，给授戒牒。甲寅春正月，上遣使就宫，会集诸路高道作普天醮，敕师济度海内亡魂，赐黄金五百两、白金五千两。凡龙璧环钮镇信之物、焚献香灯，并从官给。自启事至满散，鸾鹤五云之瑞，不可殚纪。秋，闻亳社戍兵，师遣道人石志坚辈兴复太清宫。乙卯秋七月，见上于行宫。适西域进方物，时太子、诸王就宴，敕师预焉。十有二月朔旦，上谓师曰："朕欲天下百姓安生乐业，然与我同此心者未得其人，何如？"师奏曰："自古圣君有爱民之心，则才德之士必应诚而至。"因历举勋贤并用，上嘉

---

① "例"，原作"到"，据《正统道藏》三家本《甘水仙源录》改。

纳之。自午刻入承顾问，及灯乃退。丙辰春正月，以老辞。夏四月，至自北庭。六月庚申朔，师倦于应接，谢绝人事，隐几不言。戊寅，正襟危坐，语左右曰："昨夜境界异常，吾自知卦数已尽，归其时矣。主领后事，向已奏诚明张志敬受代，余无可议者。"翌日，乃留颂，顺正而化。春秋六十有四，葬于五华山之存存堂。平昔著述有《又玄集》二十卷，行于世。中统辛酉秋九月，制书诏①赠真常上德宣教真人号。

洞真真人

师讳善庆，字伯祥，宁海人，汉廷尉高门于公之后。祖彦升，尝主好畤县簿。考珍，韬光不仕。师以大定六年丙戌十二月初八日生，幼不茹荤，长通经史，雅嗜道德性命之学。与丹阳宗师同里闬。二十二年壬寅夏五月，丹阳自陕右还乡中，演道于金莲堂。老稚云集，师与焉，时年十七，丰神整秀。丹阳见而问之，知为彦升之孙，叹曰："吾向畏重阳谴诃，颇萌倦弛，然得以终其业者，彦升辅赞之功居多，使是儿入道以报乃祖之德，可乎？"翌日，师与众再至，丹阳袖②出一熟芋与之，师拜而食。其父母听执几杖以侍左右，乃蒙授以今之名字。既而父珍与其室王氏谋曰："吾止是儿，蒸尝所系，今丹阳化度入道，殆凤契乎？丹阳尝业儒，必不妄绝吾于氏③之祀。其修真之门，量有超出世法之外者。我辈区区，尚何所恋？"遂与女子泊家人辈俱受业于丹阳之

---

① "诏"，原作"超"，据《正统道藏》三家本《甘水仙源录》改。

② "袖"，原作"神"，据辑要本改。

③ "氏"，辑要本作"门"。

门。丹阳训珍法讳曰道济，王氏曰道清及号玉溪散人，女曰妙静，即师之姊也，后俱为玄门之宿德。再年癸卯冬，师从丹阳赴莱阳游仙观醮。未几，丹阳上仙，长生、玉阳二宗师来主丧事。尝闻丹阳有报德彦升语，乃授师道门仪范。命宋崇福相将入关，俾事长春宗师，以远乡土亲爱之情。师受教而西，至终南祖庭，拜谒灵阳李君，备陈长生、玉阳之命。灵阳见师天姿雅澹，举措不凡，教之栖山林、远鄽市、亲有道、种福田，且使枉道诣平凉，参高士崔羊头。师承命而往。一夕，宿回山王母宫，夜梦老媪持饼一盘，饷髽头道者。道者即取一饼，擘半与师食，仍自食其半。又二日，达平凉崔庵，参礼甫毕，俄一媪持饼一盘，来馈于崔，其崔与媪克肖梦中之见。崔取一饼，擘半与师食，即自食其半，且曰："连前夜者，食吾一饼矣。"时赵九古侍侧，崔指师曰："是子可教，其有道缘乎。"居逾月，多蒙指授。遂辞，诣陇州龙门山侍长春，恭执汲爨。乙巳春，长春命师诣洛阳，致书于长真宗师。长真训以推强挫锐、锻炼尘心为学道之要。无何，长真返真，师葬祭礼竟，复入关，丐食同、华间，行其所受。丙午，长春下陇山，振教祖庭。召师席下，令日服勤劳，以结胜缘。先长春游陇川日，爱汧阳县东之石门嘉胜，筑全真堂，命弟子蒲察道渊居之。明昌辛亥，长春将归海上，谓师曰："汝缘在斯，无他往。人需友以成，友不可不择。蒲察道渊者，心存至道，是人必能辅成尔业，可往居之。"师诣吴岳五峰山，凿石以处，日止一餐，昼夜不寐者七年。惟道是力，乃臻于妙。凡未然之事，必预知之。陇人迄今目其龛曰"于真人洞"，塑像事之。蒲察请师下山同处。承安戊午，郡之好事者输赀构造，揭玉清观额。寻礼玉阳，参受经箓，以辅道救物，远近益加崇敬。泰和癸亥，陇州牧保赐冲虚大师号。五年乙丑，复往栖霞觐长春，请进上道。无何，长春遂促西归。至临沂，遇玉阳于县廨。玉阳首问关中日与甚人为友，师以蒲察告玉阳。再问蒲察入道之由，师告以奉长春命。玉阳曰："审若是，则可与友矣。"遂蒙教以微旨，及授洞真子号。居数日，乃别。道过林虑，爱其幽阒，栖止于天平观。丙寅，长春介毕知常持教帖云："大抵上根之人，惟财色是远，汝既能推财让义，何必深山穷谷守静笃也？草字到日，即便下山，复还汧陇。目今教门阙少得力人，要汝弘阐尔，仍更名志道。"师拜命还秦。八年戊辰，南征凯还，悯其俘萦，购援者甚多。师自五峰卒业以来，诣门求度为道士者数百人，俱立观院于凤翔、汧、陇之间。元光癸未，汴梁中太一宫提点李冲虚举以自代，不起。正大改元，上悼西军战没，诏遣礼部尚书赵公秉文醮祭于平凉，延师为济度。醮竟，师以所奉信币悉具呈回，纳助军须之用。赵素重师高洁，图像荐诸朝，遣使召之，又不起。已而陇山兵乱，毕知常请师诣岐山五姓之洞真观，居环堵。丙戌，遣中使再召，起而应之。至京之日，奉旨提点中太一宫。若密国公璹、侯莘公挚、杨尚书云翼、许司谏古、冯内翰璧，诸相贵近，争相景慕。时金运将终，徭役丛出，民大不堪。征及道释，师每于执政者方便启导，屡寝其议，四方缁黄多赖以安。丁亥，北来道众传长春升仙于燕山。师日惟一饭，心丧者三年。庚寅，河南旱。诏近侍护师祷于济渎，上期望祀于宫中。醮竟，立致甘澍，特旨褒异，令兼领五岳佑神观事。是秋，书大有年。天兴癸巳春，汴京纳款。圣朝遣使访三教人，以师为之冠。秋七月，由中栾北渡，时依附者众，舟人疑有金帛。薄暮启船，遇一沙渚，绐以达岸，委之而去。黎明，惊涛四涌，莫不仓惶失措，师泰然无惧色。是日，会八柳树堤溃，水势南下，命弟子符道清济赂二舟，举脱其厄，于是挈众达大名。玄通范圆曦时主东平上清宫，闻师至，率在府僚属道众备车骑来迎，虚席引避。师辞不得已，乃弘教于东原。乙未秋，上燕都，谒长春处顺堂。燕人恳留，不获，南归。丙申夏，燕境蝗旱大作，行台诸官祷师禳祭。师俯徇舆情，启醮即雨，蝗不为灾。秋，清和真人尹君自关中还燕，命真常李君权教。筑室于西院，与师对处，日相陪佚。戊戌春，真常嗣掌教事。夏四月，朝廷选试道释，以师闻望隆重，进号通玄广德洞真真人。适北京留守乌德亨筑全真观，邀师矜式其国人，勉应而行。秋七月，真常奏请得旨，改终南灵虚观为重阳宫，敕师住持，主领陕右教门事。庚子夏，太傅移剌宝俭、京兆总管田德灿差官持疏往邀，即日命驾。乌公以下僚庶以师兴复祖庭之故，知不可留，馈金赆币者充积。过燕涉赵，度晋来秦，所至之方，诸侯郊迎，士庶向慕。以所得之货，悉为兴建之费。辛丑春正月，会诸路师德，葬祖师于白云殿。时关辅甫绥，民稀土旷。门下道流共念祖师开化之德，竞来入关，营佃方所，为之羽翼。东连海岱，西彻巩洮，南际江淮，北通沙漠，往还道俗，奉香送供者，络绎不绝。与李宫作务之众，恒不下数千人。赖师道德高厚，每至朔望，必设斋集众，教以修身养性为功，立观度人为行，及谕以罪福之理，俾各从所便。故得循规蹈矩，教门宁谧。不十载间，雄宫杰观，星罗云①布于三秦之分

---

① "云"，辑要本作"棋"。

矣，其祖庭制度为海内琳宫之冠。师以甘河祖师遇真之地建遇仙宫，以彰灵迹。又于西虢磻溪长春炼化之所，分命门人千指创长春成道宫，以报教育之德。夹谷先锋使于祖庭作功德主，建虚皇坛殿，以甲辰上元日请师设罗天大醮，荐悼海内亡魂，以落成之。适皇子阔端大王开府西凉，遣使赵崇简就宫修金箓醮七昼宵。方降圣之际，北东二方真文无火自化。使回启其灵异，王特降玺书护持玄教，仍增以重阳万寿宫额，赐与醮五师以真人号（原注：谓师与宋披云、薛太霞、綦白云、李无欲也）。夏五月，圣旨遣近使裴天民诣宫，行降御香，特加优遇。丙午秋，巩昌总帅汪德臣欲请师作醮，荐父灵仪。虑其不能动，启于王府，以汪侯开国大臣，遂命丞相完颜凤哥敬诣终南礼请，师即应之。巩昌地接西羌，居民但习浮屠之教，师以无为清静、正心诚意之道化之，风俗为之一变。冬，演教秦亭，应缘接物之迹，秦士有《西州录》。丁未春，还宫。秋八月，皇太后赐以冠服，仍颁宝诰，敕守臣外护玄化，无令扰渎。庚戌夏六月，通明阁告成，师拽杖逍遥其下曰："吾焚修祖庭，经营是阁仅十年，今始见成就，岂徒以夸其壮丽为哉？盖常人之情，见其严饰乎外者，而俨敬之心油然而生乎内。夫上达之士，以清静无事绝虑修身者，固不在是。其于弘教度人，此象设崇构之缘，亦不可偏废。教之所以崇，道之以所尊也。"冬十月三日，沐浴，正襟危坐，召众于前，嘱以修进之语。日方卓午，留颂而逝于众妙堂，春秋八十有五。醮祭九日，颜采如生。远近道俗执绋奉赗者数万人。葬于宫之仙蜕园，附玉蟾、灵阳二师之侧。度人畅道诗词目曰《洪钟集》，行于世。故翰林待制孟攀鳞作文，率长安士人特来祖庭致祭，河南转运使杨奂为作道行碑。至元戊寅岁，于白云殿后建思真堂，设像以事香火矣。

披云真人

师姓宋，讳德方，字广道，莱州掖城人。先世以积善见称。其初生之夕，里人见其家祥光照彻，比日即大定癸卯岁八月一日也，时人遂异之。仅能言，便好读书，不为童稚嬉戏事，颖悟强记，识者谓是夙性熏习。故在年十二问其母曰："人有死，可得免乎？"母曰："汝问神仙刘真人去。"时长生刘宗师阐教于武官，于是师明日径往。长生一见，爱其骨格清秀，音吐不凡，留侍几杖。因于洒扫应对之间，就愤悱郁积之地，投以正法，而启发之。师既得指授，朝夕充养，未始少息。后得度于玉阳，占道士籍。迨长生仙去，事长春宗师于栖霞。儒经道典，如《易》《老》《中庸》《大学》《庄》《列》等书，尤所酷好。外虽诗、书、子、史，亦罔不涉蜡①。于中采其穷理尽性之学，涵泳践履，潜通默识，光明洞达，动与之会，其日新之美，固已不可掩矣。庚辰春正月，大元太祖圣武皇帝遣近侍刘仲禄起长春于东海之滨，选其可与侍行者一十八人，师其一也。往复三载，还燕住长春宫。是时，从长春之众皆躬勤劳。师独泰然以琴书自娱。有评之于长春者，长春拒之曰："汝等勿呶呶，斯人已后扶宗翊教之事业，汝等皆不可及。"长春亦尝私谓师曰："汝缘当在西南。"师因语及道经泯灭，宜为恢复之事。长春曰："兹事体甚大，我则不暇兼，冥冥中自有主之者。他日尔当任之。"仍授以披云子号。及长春羽化，清和嗣典教

---

① "蜡"，据文意，当为"猎"之误。

事，令师提点教门，一举一动，无偏私而有规制。内外道流，莫不心服。癸巳，大丞相胡天禄时行台河东，请主醮事。甲午，游太原西山，得古昊天观故址，有二石洞，皆道像俨存，壁间有"宋童"二字。师修葺三年，殿阁峥嵘，金碧丹臒，如鳌头突出，一洞天也。丁酉，复主平阳醮事。因于玄都观思及长春向日堂下燕闲之际有曰："藏经大事，我则不暇，他日汝其任之。"又曰："汝缘当在西南之语。"乃私自念云："吾师长春君以神化天运之力，发而为前知之妙，凡有言之于其先，莫不验之于其后。谓缘在西南之语，我已安而践之矣，何独至于藏经而疑焉？"遂与门下讲师通真子秦志安等谋为锓木流布之计。丞相胡公闻而悦之，倾白金千两，以为创始之费。即授之通真子，令于平阳玄都观总其事。至事成之日，曾不愆于素。故翰林学士李冶所作碑文，从倡始而至毕乎，靡不备录。读之，见其补完亡缺，搜罗遗逸，而海内数万里皆经亲历之地。使他人处之，纵不为烦冗所困，则必厌其劳矣。师犹假余力，即莱州神山开九阳洞。及建立宫观，自燕至秦晋，几四十余区。辛丑春正月，会葬重阳祖师于终南。癸卯，自甘棠来永乐镇，拜谒于纯阳祠下。见其荒芜狭隘，师乃招集道众住持。后虽掌教真常李君奏请朝命，大行兴建者，师实为之张本。甲辰春，来终南祖庭，应皇子阔端大王醮事。醮竟，例赐玄都至道真人号。是时，藏经胜缘俱已断手，即闲居于雪堂，日与耆年宿德相会谈道。至丁未冬十月十有一日，沐浴更衣，示微疾而逝于所居之待鹤亭，春秋六十有五。越七日，葬于宫之仙蜕园。平生所作诗文目曰《乐全》前后二集，行于世。戊申冬，门人迁仙枢于河东永乐镇纯阳宫葬之，建祠立碑，以事香火。至元庚午岁春三月，圣旨追赠玄通弘教披云真人号。

白云真人

师姓綦氏，名志远，字子玄，世为莱州掖县巨族。祖德中、父遵，皆雅志田园，以阴德见称于乡里。皇统间，饿莩满野，其家设粥以济，至秋成乃止。大定己丑，重阳祖师挈丹阳、长真、长春三师过其门，尝邀至家，修斋供奉。后于乡里创龙翔观，朝夕香火，以奉上真。割膏腴田，施充常住，以赡云众。当明昌庚戌正月十九日，师乃生。幼不戏狎，年志学，使之读书，师曰："所愿学者，方外修真之业。"弱冠之岁，父母欲议婚。师闻之，潜于静室，自洁其身。家人知其志不可夺，即令披道士服，既而往栖霞参长春宗师。服勤久之，于道有所得。无几何，从长春居莱州昊天观。己卯岁，太祖圣武皇帝遣使持诏起长春游北阙。明年春正月，启途，选从者一十八人，师预其一也。霜眠露寝，往复三载，道路艰辛，备尝之矣。回达金山之巅，林间少憩，长春顾谓清和尹公曰："綦生赋性淳谨，将来吾教可胜大用。"甲申，长春还燕都，住长春宫，师服勤愈谨。迨长春上仙，清和嗣主教席，俾师知长春宫事，仍赐白云子号。既而委之行化山东，所至[①]迎迓者不辍。师以善言劝谕，四方耆宿奉币堂下者不可胜计。戊戌春，真常李君嗣掌教事。夏四月，入觐天廷，以师从行。秋七月，真常奏请得旨，命师同洞真于君住持终南山重阳宫，提点陕右教事。还燕，清和谓师曰："昔长春金山之语，今其时矣。汝当

---

① "所至"，辑要本脱此二字。

克勤，乃事无怠。"师谢而西来。庚子，率京兆僚属复上燕都，礼请清和主重阳祖师葬事。厥后祖庭兴修，师多所规画，仍于京兆府城玄都万寿宫及炭谷太一宫俱加营建。甲辰上元日，皇子阔端大王遣使赵崇简就宫修金箓醮七昼宵，使回启陈灵异，王特降旨护持玄教，洎预醮五师俱赐徽号，例授玄门弘教白云真人。丙午冬，皇太后赐以黄金冠服，特加优遇①。辛亥，宪宗皇帝嗣登大宝，颁降圣旨，敕师典领陕右道门如故。壬子冬，是时西蜀未全归附，一妄人诬告道众与蜀人相通。有司率兵大加按治，道众骇散。明年夏四月，圣天子在藩邸行宫六盘。师往谒见，以实哀诉，蒙降玺书抚慰始安。度门弟子数百人，建立宫观二十余所。至乙卯秋七月二十四日，示微疾而逝于玄都之丈室，春秋六十有六。初瘗于樊川白云观，后改葬于刘蒋祖庭之仙蜕园矣。

无欲真人

师家世耀州之美原，姓李氏，名志远，道号无欲子。以大定己丑岁十二月初十日生。五岁始能行，及长，慷慨特达，毅然以正直自负。乡里有狡狯者，每正辞折之，望而畏服。尝肆意酒间，视此世为不足玩。年三十七乃曰："与其汩没尘坌中，曷若徜徉方外邪？"时碧虚杨君大畅全真教法于长安，乃往见之。碧虚识为玄门重器，然天属所系，度其有难解于心者，且使还家，但勉以积善而已。师归，遂与诸亲友决，弃妻子而去。其妻讪之，笑而不顾。其父见而呵责，师婉辞告以性命之学。父乃悟，偕受业于

---

① "遇"，辑要本作"异"。

碧虚之门。师蓬首弊衣，行丐于市，时人以酒李先生呼之。日用间以修身利物为己任。大安庚午，秦境大旱，饿莩者相枕藉。邑人赵三郎富甲乡里，师以善言诱导，赵悟，乃发廪粟。师令法弟齐志道辈春[①]爨以给贫病，至秋敛而罢。已而入兴平环居千日，乃得大妙。适河渠使夹谷公请主县南龙祥观，师应之。居及五稔，迁居楼观，又迁京兆之丹霞。无何，碧虚俾营三原之碧虚观。正大戊子，碧虚嗣教于师而逝。未几，关中受兵，师挈众避乱于南山。至庚寅春，达南阳，会冲虚李君。洞真于君在汴，闻之，遣人持书请至，住丹阳观。癸巳，汴京纳款，城中绝粮，人争北渡。师继达汲郡，因以阴骘开谕津人，创灵虚、天庆二观，以济南来之众。明年，适燕。时清和尹君掌教，委师入秦兴复祖庭，授以提点陕西道门之职。启行之初，赆黄金一笏，以为创始之赀。过赵过魏，公侯郊迎，馈财币者不可胜计，悉归祖庭兴建之用。京兆总管田德灿督佐官就河中相迓，以府城佑德观居之。时关中甫定，暴恨相煽。刘蒋之侧，了无人迹。师率众垦筑，以创其业。辛丑春，会葬祖师之际，多所规画。壬寅，秦士议修文庙，阙瓦，师尽给之，士皆叹服。甲辰春，皇子阔端大王遣使就宫修金箓醮七昼宵。事竟，例赐无欲观妙真人号。秋，渭北万户郝公臧获数十，阴谋南遁，得其显状，尽欲刑之。师连夜驰至，以罪福之理晓劝，皆免。明年，京兆群小结连私逸，府尹韩渊议尸诸市，以令众感。师一言，但歼厥渠魁。太傅移剌宝俭，其母死，欲以二婢为殉。师以古葬礼正之，始革其弊。丙午，诣燕，注香堂下。

---

① "春"，原作"舂"，据《正统道藏》三家本《甘水仙源录》、辑要本改。

夏四月，回车过汴，寓丹阳观，坐中若有急色，介诸徒速出。甫离一舍，宋军已至^①城下，其先见类如此。明年秋八月，中宫赐冠服之宠。甲寅春，掌教真常李君以普天醮事，具书召师。时年八十有六，不敢以老耄^②辞。比至燕，疾笃，以六月二十六日于长春宫方壶翛然而逝。门人捧柩西归，葬于刘蒋之仙蜕园。师生平虽不读书，四方衣冠之士相待甚厚，在燕则王^③万庆淡游、赵复仁甫、敬铉鼎臣，在秦则紫阳杨奂、姚左辖枢、来献臣明之、邝郎中邦用辈，皆挽之以诗，及作文致祭，刻石于佑德之静复堂。读之，平日道业自可见矣。

圆明真人

师姓高氏，讳道宽，字裕之，世为应州怀仁县之豪族。质貌魁伟，襟度夷旷。以明昌乙卯岁七月十九日生。幼不同群儿戏狎，既长读书，通经史大义。性尚雅淡，每有出尘远引之思。以二亲在堂，莫遂其志。及大安兵兴，云应当其冲，即挈家避地居长安，隐身为刀笔吏。既而考妣俱下世，丧祭如礼。一夕，露坐家庭，夜将半，忽睹光明如昼，仰视西北，天门大辟，红霞翠霭之间，琼林琪树、宝殿瑶台，历历具见，须臾复阖。自是学道之心益切。兴定辛巳，闻章台街蓬莱庵全真安君有道，即捐家弃累，执弟子礼。安君爱其勇决，教以摧强挫锐、寡欲治心为修身之本。师佩

---

① "至"，辑要本作"出"。

② "耄"，辑要本作"耋"。

③ "王"，原作"主"，据《金史·王庭筠传》(北京：中华书局，1975 年) 改。按，王淡游系王庭筠之子，自号淡游。

服玄训，弊衣粝食，味道思真，晏如也。正大改元，游汴梁，依丹阳观冲虚李君参进上道。冲虚俾服勤劳，以资福德。师躬执爨汲之役，数年不怠，冲虚授之道要。丙戌，金主遣中使诣凤翔征洞真于君，仍命李冲虚选精严道人一员副行。冲虚召师前曰："师资契遇，实关冥理。洞真吾方外友，昔尝蒙丹阳、长春二师真印可，真玄门之宗匠。今上命有请，汝可偕往。他日兴起吾道，作成尔业者，其斯人欤，敬之哉！"师受教而行。洞真既至汴，奉命提点中太一宫。师居席下，朝叩夕请，其于道德性命之学有所进。癸巳，汴京下。师乃北渡上燕都，寻居德兴之龙阳观。颐神毓浩，若将终身焉。戊戌春，洞真召还燕，从演教白霫。庚子冬，又从入关，兴复终南祖庭。是时经营会葬祖师之际，师多方化导，禆赞其用。戊申，洞真赐号圆明子，署知重阳万寿宫，及提点甘河遇仙宫事。且语之曰："人徒知枯坐息思为进道之功，殊不知上达之士圆通定慧，体用并修，即动而静，虽撄而宁，为无为，事无事，同尘和光，此老氏之微旨也。今玄化盛兴，汝当奉此，应缘扶教，接物利生，以为登真达道之基，汝后必负教门重任。事虽稠叠，慎无惮，是皆庸玉汝于成也。"师叩头，跪进曰："仙真妙旨，实非凡俗所闻。今日见教，请事斯语。"由是俭以治身，宽以莅众。不数载，内外道众莫不得其欢心。识者叹服，以洞真为知人。壬子春，掌教真常李君祀香祖庭，俾师充京兆路道录，从事十年，事有成而无替。迨中统辛酉，诚明真人张君诣阙，保奏宣授陕西兴元等路道教提点，兼镇重阳万寿宫事。至元戊辰夏，皇侄永昌王赐金冠锦服。辛未，嗣教真人纯真王君赠号知常抱德圆明尊师。未几，永昌王再赐洞观普济圆明真人号。癸酉春，皇子安西王开府六盘。师一见，应对称旨，荐赐冠服。乙亥夏，召师就行宫修金箓罗天大醮。自将事之日迄于筵终，瑞云轮囷[①]，灵应昭著，备见于参政商君所作《投龙册碑》，兹不赘述。无几何，中宫又以冠服见赐，宠谕优渥。丙子秋七月，安西王颁降玺书，益以西蜀道教并付掌管。师典领教门逾二十年，专尚德化，未尝一施政刑。在祖庭则继创南昌上宫泊五祖大殿，其余厨[②]库藏厩，增葺者甚多。虽一稗子参请，亦必以礼相接，未尝有自得骄慢之色形于颜间。教事繁剧，物来即应，皆曲中其理。每至夜分，澄神静坐，达旦不寐，其修真炼养之功，习以为常。以是年逾八旬，步履康强，精神充怿。上而王公，下逮黎庶，莫不待以殊礼。故得教门静肃，道众乂安，四方阴受其赐[③]者，为不少。丁丑春正月上旬，忽得微疾，侍者劝进药。师曰："死生如旦暮，乃物之常理，奚药石可延分外之算邪？"至二十四日，遂不食，终日危坐，谈话如平昔，但教人以进道之语。翌日，奄然顺化于所居之静室，享春秋八十有三。越五日，葬于宫之仙蜕园。送葬道俗逾万人，其平生道力自可见矣。

《正统道藏》三家本，第19册，第516—543页

---

① "轮囷"，辑要本作"十围"。
② "厨"，辑要本作"府"。
③ "赐"，辑要本作"福"。

甘水仙源录

夷门天乐道人李道谦集

甘水仙源录序

夫道家之学以祖述黄老而宪章庄列者也，后之学者去圣逾远，所谓微妙玄通、大本大宗、闳衍[①]博大之理，枝分派别，莫得其传，盖已数千余岁。于今矣，道不终否，待时而行。我重阳祖师挺天人之姿，奋乎百世之下，乃于金正隆己卯夏遇真仙于终南山甘河镇，饮之神水，付以真诀。自是尽断诸缘，同尘万有，即养浩于刘蒋、南时等处者三年，故得心符至道。东游海滨，度高弟弟子丹阳、长真、长生、长春、玉阳、太古诸君，递相阐化。于是高人达士应运而出，大则京都，小则郡邑，建立名宫杰观比比皆是，遂使真风遍布于世间，圣泽丕敷于海内，开辟以来而道门弘阐未有如斯时之盛。呜呼！其重阳祖师暨门下诸君有功于玄教者，为不浅矣。道谦爰从弱冠寓迹于终南刘蒋之祖庭，迄今甫五十载，每因教事历览多方，所在福地名山、仙宫道观竖立各师真之道行，及建作胜缘之碑铭者，往往多鸿儒巨笔所作之文，虽荆金赵璧未易轻比。道谦既经所见，随即纪录，集为一书，目之曰《甘水仙源录》，锓梓以传。如他日嗣有所得，继之斯后，庶使向上诸师仙功道行不离几席之上，得以观览者焉，亦可谓玄教盛

---

① "衍"，辑要本作"行"。

事之一端也。至元戊子岁重九日，夷门天乐道人李道谦序。

甘水仙源录卷之一
夷门天乐道人李道谦集

诏　书

皇帝若曰：大[①]道开明，可致无为之化；至真在宥，迄成不宰之功。朕以祖宗获承基构，若稽昭代，雅慕玄风。自东华垂教之余，至重阳开化之始，真真不昧，代代相承，有感遂通，无远弗届。虽前代累承于褒赠，在朕心犹慊于追崇，乃命儒臣进加徽号。惟东华已称帝君，但增"紫府少阳"之字，其正阳、纯阳、海蟾、重阳，宜锡真君之名，丹阳以[②]下七真，俱号真人，载在方册，传之万世。噫，汉世之张道陵、唐朝之叶法善，俱锡天师之号，永为道纪之荣。当代不闻异辞，后来立为定制，朕之所慕，或庶几焉。

东华教主可赠东华紫府少阳帝君。

正阳钟离真人可赠正阳开悟传道真君。

纯阳吕真人可赠纯阳演正警化真君。

海蟾刘真人可赠海蟾明悟弘道真君。

重阳王真人可赠重阳全真开化真君。

---

① "大"，艺风堂拓片本（据陈垣编纂，陈智超、曾庆瑛校补：《道家金石略》，以下简称"艺拓本"）作"太"。

② "以"，艺拓本作"已"。

丹阳马先生①可赠丹阳抱一无为真人。

长真谭先生②可赠长真云水蕴德真人。

长生刘先生③可赠长生辅化明德真人。

长春丘先生④可赠长春演道主教真人。

玉阳王先生⑤可赠玉阳体玄广度真人。

广宁先生郝大通可赠广宁通玄太古真人。

清净散人孙不二可赠清净渊贞顺德真人。

宜令掌教光先体道诚明真人张志敬执行，准此。

至元六年正月日。

终南山神仙重阳真人⑥全真教祖碑

开府仪同三司上柱国密国公金源璹撰⑦

皇图启运，必生异人。大定隆兴，道圆贤哲。夫三教各有至言妙理，释教得佛之心者，达么⑧也，其教名之曰禅。儒教传孔子之家学者，子思也，其书名之曰《中庸》。道教通五千言之至理，

---

① "马先生"，艺拓本作"先生马钰"。

② "谭先生"，艺拓本作"先生谭处端"。

③ "刘先生"，艺拓本作"先生刘处玄"。

④ "丘先生"，艺拓本作"先生丘处机"。

⑤ "王先生"，艺拓本作"先生王处一"。

⑥ "重阳真人"，艺拓本、刘兆鹤与王西平编著《重阳宫道教碑石》（以下简称"重阳碑石本"）作"重阳子王真人"。

⑦ "开"之前，艺拓本、重阳碑石本有"前金皇叔"四字。"开府仪同三司上柱国密国公金源璹撰"下一行，艺拓本、重阳碑石本题有"葆真玄靖大师前诸路道教提举李道谦书篆"。

⑧ "么"，艺拓本作"磨"，重阳碑石本、辑要本作"摩"。

不言而传①，不行而至②，若③太上老子无为真常之道者，重阳子王真人④也，其教名之曰全真。屏去幻妄⑤，独全其真者，神仙也。真人名喆，字知明，应现于咸阳大魏村，仙母孕二十四月又十八日⑥。按二十四气，余土气而成真人也。真人美须髯，大目，身长六尺余寸。气豪言辩，以此得众。家业丰厚，以粟贷贫人，惠之者半，其济物之心略可见矣。弱冠，修进士举业，籍京兆府学，又善武略。圣朝天眷间，收复陕西，英豪获用，真人于是捐文场，应武举，易名德威，字世雄，其志足可以知。还，被道炁⑦充余，善根积著，天遣文武之进，两无成焉。于是慨然入道，改今之名字矣。会废齐摄事，秦民未附，岁又饥馑，时有群寇劫真人家财一空。其大父诉之统府，大索于邻里三百余户，其所亡者金币，颇复得焉。又获贼之渠魁，真人勉之曰："此乃乡党饥荒，譬如乞诸其邻者，亦非真盗也，安忍陷于死地？"纵舍使去。里人以此敬仰真人愈甚。咸阳、醴泉二邑，赖真人得安。是后，于终南刘蒋村创别业居之，置家事不问，半醉高吟，曰："昔日庞居士，如今王害风。"于是乡里见真人，曰："害风来也。"真人即应之，盖因自命而人云。正隆己卯季夏既望，于甘河镇醉中啖肉，有两衣

---

① "传"，重阳碑石本脱。
② "至"，艺拓本、重阳碑石本作"到"。
③ "若"，艺拓本、重阳碑石本作"居"。
④ "真人"，艺拓本、重阳碑石本作"先生"。此碑文下同此者，不再一一出校。
⑤ "幻妄"，艺拓本、重阳碑石本作"妄幻"。
⑥ "日"后，艺拓本、重阳碑石本有"生"字。
⑦ "炁"，艺拓本、重阳碑石本、辑要本作"气"。此碑文下同此者，不再一一出校。

毡者继至屠肆中。其二人形质一同，真人惊异，从至僻处，虔祷作礼。其二仙徐而言曰："此子可教矣。"遂授以口诀。其后愈狂，咏诗曰："四句八上始遭逢，口诀传来便有功。"明年，再遇于醴①泉，邀饮肆中酒家，问之乡贯年姓，答曰："濮人，年二十有二，姓则不知也。"其异欤，留歌颂五，命真人读余，火之，文载《全真集》中。自此，弃妻子，携幼女送姻家，曰："他家人口，我与养大。"弗议婚礼，留之而去。又为诗，故以猥贱语詈辱其子孙。其末后句云："相违地肺成欢乐，撞入南京便得真。"后别号重阳子，于南时村作穴室居之，名②曰活死人墓。后迁居刘蒋村北，寓水中坻。凡肆口而发，皆尘外句③。乡人唯以害风谑，而未始询其意。遇游则挈一壶，行歌且饮，有乞饮者亦不拒。或以壶取水与人，但觉其酿香冽异常。后复遇至人，饮以神粪④，因止酒，唯饮水焉。人闻真人口鼻间醺酣之气，而已醉矣。大定丁亥四月，忽自焚其庵，村民惊救，见真人狂舞于火边，其歌语，《传》中具载。又云："三年之后，别有人来修此庵。"口占诗有"修庵人未⑤比我风流"之句。凌晨，东迈过关，携铁罐一枚，随路乞化而言曰："我东方有缘尔。"七月，至山东宁海州，郡豪有马从义者，先梦南园仙鹤飞翥，俄顷⑥真人至。马公信犹未笃，真人于鹤起处

---

① "醴"，重阳碑石本作"礼"。
② "名"后，重阳碑石本有"之"字。
③ "句"，艺拓本、重阳碑石本作"语"。
④ "粪"，艺拓本、重阳碑石本作"潩"。
⑤ "未"，辑要本作"来"。
⑥ "俄顷"，艺拓本、重阳碑石本作"未几"。

筑全真庵，锁门百日，化之，或食或不食，又绝水火。庵至马宅几百步，复隔重街，马公寝于宅中楼上，门户扃闭，真人遇夜亲对谈论，不知从何而来。人欲写其神，左目右转，右目左转，或现①老少肥瘠黄朱青白，形色无定，人②不能状之。马梦母曰："有一客吕马通。"③未尝语人，次日，真人训马公名曰通。有④马复梦有梓匠周生者传道与马，即辞乃尊，有关中之行。披⑤席出家，见一道士入族人马户曹邸，马亦随入，见真人与道人⑥对坐，有马九官人者，求术于二老。真人目公曰："教马哥代我。"于是马公诵歌一首，约二百余字。梦觉，唯记歌尾三两句云："烧得白，炼得黄，便是长生不死方。"翌日，真人训马公法名曰钰，号丹阳子。又梦随真人入山，及旦，真人便呼马⑦公曰山侗。至于出神入梦，感化非一。有谭哥⑧者，患大风⑨疾，垂死，乞为弟子。真人以涤面余水赐之，盥竟，眉须⑩俨然如旧，顿觉道炁潇⑪洒，训名处端，号长真子。又有登州栖霞县丘哥者，幼亡父母，未尝读

---

① "现"，艺拓本、重阳碑石本作"见"。

② "人"，重阳碑石本无此字。

③ "有一客吕马通"，艺拓本、重阳碑石本作"有客吕马通者"。

④ "有"，艺拓本、重阳碑石本无此字。

⑤ "披"，艺拓本、重阳碑石本作"被"。

⑥ "人"，艺拓本、重阳碑石本作"士"。

⑦ "马"，艺拓本、重阳碑石本无此字。

⑧ "哥"，艺拓本、重阳碑石本作"玉"。

⑨ "风"，辑要本作"疯"。

⑩ "须"，艺拓本、重阳碑石本作"发"。

⑪ "潇"，艺拓本作"萧"。

书，来礼真人，使掌文翰，自后日记千余字，亦善吟咏，训名处机，号长春子者是也。后愿礼师者云集，真人诮骂捶楚以磨炼之，往往散去，得真人道者马、谭、丘而已。八年三月，凿洞于①昆嵛山，于岭上采石为用。不意有巨石飞落，人皆悚栗，真人振威大喝，其石屹然而止。山间樵苏者欢呼作礼，远近服其神变。又或餐瓦石，或现二首坐庵中，人见游于肆，或留之饭，预言来馈者何，神通应物，不可概举。至八月间，迁居文登姜氏庵，在张氏家食，童子辈见目前瑠璃码磟②、珍珠众宝，竞来乞取，余人则不能见。于文登建三教七宝会。九年己丑四月，宁海周伯通者，邀真人住庵，榜曰金莲堂。夜有神光，照耀如昼，人以为火灾，近之，见真人行光明中。宁海水至咸卤，真人咒庵之井，至今人享其甘洁，于是就庵建三教金莲会。至福山县又立三教三光会。至登州游蓬莱阁下观海，忽发飑③风，人见真人随风吹入海中。惊讶间，有顷，复跃出，唯遗失簪冠而已，移时却见逐水波泛泛而出。或言真人目秀者，即示以病眸。或夸真人无漏者，即于州衙前登溷。凡为变异，人不可测者，皆此类也。在登州建三教玉华会，至莱州起三教平等会，凡立会必以三教名之者，厥有旨哉。真人者，盖子思、达磨④之徒欤？足见其冲虚明妙，寂静圆融，不独居一教也。莱人从之者众，独纳刘处玄者，号长生子，有"钓

---

① "于"，艺拓本、重阳碑石本无此字。
② "瑠璃码磟"，艺拓本、重阳碑石本作"琉璃玛瑙"。
③ "飑"，重阳碑石本作"颷"。
④ "磨"，辑要本作"摩"。

罢将归又见鳌"之什。此四子者，世所谓丘刘谭马也。又于宁海涂①中，真人掷油伞于空，伞乘风而起，至查山王处一庵，其伞始坠，至掷处已二百余里也，其伞柄内有伞阳子号。王自鬌齓间尝过②玄庭宫主空中警化，今呼云玉阳子是也。与宁海州署相对，有卜隐郝生鬻肆。真人倒坐于其间，郝曰："请真人回头。"真人曰："尔不回头。"拂袖而去，郝亦随悟，乃广宁郝大通也。马公之妻孙不二者，亦同入道，早明心地，世云孙仙姑者。四哲之亚，真人门人又有此三大士矣。真人一日告众曰："时将至矣，明日西行。"道友乞诗词，自旦至夜，留诗曰："登途上路不由吾，云雾相招本性③苏。万里清风常作伴，一轮明月每为徒。山青水绿程程送，酒白粱黄旋旋沽。今夜一杯如有意，放开红烛照冰壶。"笔尚未投，从外有史公者来送酒，一座大惊。真人劝人诵《般若心经》《道德》《清静经》④及《孝经》，云可以修证。明日，率马公等四人径入大梁，于磁器⑤王家旅邸中宿止。时遇岁除，与众别曰："我将归矣。"众乞留颂，真人曰："我于长安栾村吕道人庵壁上书矣。"枕左肱而逝，众皆号恸，真人复起曰："何哭乎？"于是呼马公附耳密语，使向关中化人入道。至十年庚寅正月四日，口授颂曰："地肺重阳子，呼名王害风。来时长日月，去后任西东。作伴

---

① "涂"，艺拓本、重阳碑石本作"途"。
② "过"，艺拓本、重阳碑石本作"遇"。
③ "性"，重阳碑石本作"姓"。
④ 《般若心经》《道德》《清静经》，艺拓本、重阳碑石本作《道德》《清静经》《般若心经》。
⑤ "器"，艺拓本、重阳碑石本无此字。

云和水，为邻虚与空。一灵真性在，不与众人同。"颂毕，俨然而终。是后，马公传道，四海大行。伏遇世宗皇帝知真人道德高明，二十八年戊申二月，遣使访其门人，应命者丘与王也。命丘主万春节醮事，职高功。五月，见于寿安宫长松岛，讲论至道，圣情大悦，命居于官庵。又命塑纯阳、重阳、丹阳三师像于官庵正位。丘累进诗曲，其辞备载《磻溪集》中。八月，恳辞还山。至承安丁巳六月，章宗再诏王处一至阙下，特赐号体玄大师，及赐修真^①观一所。十月，召刘处玄至，命待诏天长观。自重阳、丹阳、长春暨诸师皆有文集传于世。呜呼，真人起西州，化行山东，道满于天下，名闻天子，开发后人，使尽逍遥之游，岂不伟欤！后真人五十六年，嗣法孙汴京嘉祥观提点真常子李志源、中太一宫提点洞真子于善庆二大士，真实道行，弘扬祖道者也，殷勤求记^②于玉阳子友人樗轩居士，居士援笔^③为之铭曰：

咸阳之属，曰大魏村，山川温丽，实生异人。幼之发秀，长而不群，工乎谈笑，妙于斯文，又善骑射，健勇绝伦。以文非时，复意于武，戡定祸乱，志欲斯举，文武二进，天不我与。盖公宿缘，道气为主，慨然入道，真仙自遇，顷^④刻授之，口诀秘语。人呼害风，真人承当。或歌或舞，以酒徜徉，维摩非病，接舆非^⑤狂，肆口而发，皆成文章。烧却庵舍，拂袖关中，乞化而往，全

---

① "真"，辑要本作"贞"。

② "记"，艺拓本、重阳碑石本作"文"。

③ "笔"后，艺拓本、重阳碑石本有"而"字。

④ "自遇，顷"，重阳碑石本脱此三字。

⑤ "非"，艺拓本、重阳碑石本作"不"。

真道东。宁海因缘，莱阳通融，亟显神异，东人毕从。陶汰真实，杜绝虚假，锻炼①百端，捶楚怒骂，余鄙解散，四子传化，四子为谁？丘刘谭马，德其亚者，王郝与孙，共成七贤，赞我真人。玉阳长春，大启其门，遭遇圣朝，为王之宾。真人高躅，望若星云，瀛海渺然，仙迹宛存，此道大行，逍遥乎真。②

终南山重阳祖师仙迹记③

翰林修撰嘉议大夫同知制诰上轻车都尉彭城郡开国伯食邑
七百户赐紫金鱼袋刘祖谦撰④

孔老之教，并行乎中国，根源乎至道，际六合，无内外，极万物，无洪纤，真理常全，无有欠余，固不可以浅识窥测。或者剖强名之原，指成器之迹，互相排斥，是此而非彼，而二家之言，遂争长于天下。是不知天下无二道，圣人不两心，所以积行立功，建一切法，导迪人心，使之迁善远罪，洋洋乎大同之域，其于佐

---

① "虚假锻炼"，重阳碑石本脱此四字。
② "乎真"，重阳碑石本脱此二字。此铭文之下，艺拓本、重阳碑石本有碑文如下："至元乙亥岁中元日陕西五路西蜀四川道教提点兼领重阳万寿宫事洞观普济圆明真人高道宽、重阳万寿宫提点悟真了一袭明真人申志信、衍真复朴纯素真人张志悦立石。长安虚静大（下阙）。功德主昭勇大将军京兆路总管兼府尹兼诸军奥鲁营缮司大使赵炳、营缮司副使王海、京兆等路采石提举谢泽、副提举段德续"。其中艺拓本作"下阙"部分，重阳碑石本作"□□□□□"。
③ 此题之下，重阳碑石本有"何志清开石"数语。
④ 柳风堂石墨本（据陈垣编纂，陈智超、曾庆瑛校补：《道家金石略》，以下简称"柳拓本"）、《金石萃编未刻稿》（据陈垣编纂，陈智超、曾庆瑛校补：《道家金石略》，以下简称"金石萃编本"）、重阳碑石本均无此句。

理帝王，一也。为老氏者曰吾宝慈俭，又曰常善救物，与夫孔圣本仁祖义之说，若合符契。今观终南山重阳祖师，始于业儒，其卒成道，凡接人初机，必先使读《孝经》《道德经》，又教之以孝谨纯一。及其立说，多引六经为证据。其在文登、宁海、莱州^①，尝率其徒演法建会者凡五，皆所以明正心诚意、少私寡欲之理，不主一相，不居一教也。师咸阳^②人，姓王氏，名喆，字知明，重阳其号。母孕二十四月而生，美须髯，目长于口，形质魁伟，任气而好侠。少读书，系学籍，又隶名武选。当天眷之初，以财雄乡里。岁且饥，人多殍亡，有盗尽劫其资以去。一日，适因物色得盗，终不之问，远近以为长者。正隆己卯间，忽遇至人于甘河，以师为可教，密付口诀，及^③饮以神水。自是尽断诸缘，同尘万有，阳^④狂垢污，人益叵测。虑夫大音不入俚耳，至言不契众心，故多为玩世辞语，使人喜闻而易入。其变异^⑤谈^⑥诡，千态万状，不可穷诘。呜呼，箕子狂九畴叙，接舆狂凤歌出，权智倒横直坚，均于扶世立教，良有以也。师后于南时村掘地为隧，封高数尺，榜曰活死人墓。又于四隅各植海棠一株，曰："吾将来使四海教风为一家耳。"居三年，复自实之，遂迁于刘蒋，与和、李二真人为友，各结茅居之。至大定丁亥夏，复焚其居，人争赴救，师婆娑

① "州"，辑要本误作"川"。
② "阳"后，柳拓本、金石萃编本有"大魏村"三字。
③ "及"，柳拓本、金石萃编本、重阳碑石本作"又"。
④ "阳"，柳拓本、金石萃编本、重阳碑石本、辑要本作"佯"。
⑤ "异"，柳拓本、金石萃编本、重阳碑石本作"怪"。
⑥ "谈"，辑要本作"谲"。

舞于火边，且作歌以见意。诘旦东迈，径达宁海，首会马钰于怡老亭。马亦儒流中豪杰者，初未易许师，故恳师庵居，固其扃鐍，率数日不给食，纵与食之，亦未尝见水火迹。或时夜就马语，莫知其所由来。及去，追之不及，扃鐍如故。间与魂交梦警，分梨赐栗①之化不一。马于是始加敬信，与其家人孙氏，俱执弟子礼。又得谭处端、刘处玄、丘处机、王处一、郝大通等七人，多类此。号马曰丹阳，谭曰长真，刘曰长生，丘曰长春，王曰玉阳，郝曰广宁②，孙曰清静散人，并结为方外眷属。迨己丑季秋，留王、郝于昆嵛山，携四子西归。抵汴，寓王氏逆旅。无几何，呼丹阳付密语，无疾而逝，春秋五十有八。四子归其枢，葬于刘蒋故庵之侧。丹阳因庐于墓次，今之祖庭是也。师先自六年前，于长安栾村庵壁留题云："害风害风旧病发，寿命不过五十八。"乃知仙龄有期，非偶然也。有诗词千余篇，分为《全真》前后集传于世③。玉峰老人胡光谦为之《传》。及丹阳嗣教，从之者益众，其徒遂满天下。丹阳东归，长春因刘蒋故庵大加营葺。玉阳又请④额为灵虚观。凡住持者，始受度为道士，以奉香火。世宗皇帝素钦其名，尝遣使访焉。戊申春，长春、玉阳应命至京师，赐以冠巾绦服，命居天长观。寻又征至北宫长松岛，与语，大悦，诏于岛西筑宫庵居之。承安、泰和间，道陵亦屡召玉阳、长生至阙下，赐居修

---

① "栗"，柳拓本、金石萃编本、重阳碑石本作"芋"。

② "广宁"，重阳碑石本作"大通"。

③ "世"，辑要本误作"是"。

④ "请"，柳拓本、金石萃编本、重阳碑石本作"买"。

真观，以待召①问。玉阳得号体玄大师。自丹阳而下，所为歌诗各有集，而郝广宁独邃于《易》，备见于《太古集》中。至正大初，密国公璹赞云："全真道东，四子传化，四子谓谁？丘刘谭马。德其亚者，王郝与孙，共成七贤，赞我真人。玉阳长春，大启其门，遭遇圣朝，为王之宾。瀛海渺然，仙迹②宛存。"细玩此赞，其师资道业，概可见矣。仆适承乏③翰林，与提点嘉祥观冲虚大师李志源，及提点中太一宫冲虚大师于善庆，无欲子④李志常⑤为方外友，因索鄙文以纪重阳仙迹。仆往年从事鄠⑥亭，密迩灵虚，宿闻真风，故就为之说，使后之学者知师出处之迹，其功用及物若是之大，得以考观而推行焉。若其出神入梦，掷伞投冠，其他⑦腾凌灭没之事，皆其权智，非师之本教。学者期⑧闻大道，无溺于方技可矣，是不得以固陋辞。天兴元年九月重阳日谨记。⑨

---

① "召"，重阳碑石本作"诏"。

② "迹"，柳拓本、金石萃编本作"踪"。

③ "乏"，重阳碑石本作"之"。

④ "子"，重阳碑石本作"公"。

⑤ "常"，柳拓本、金石萃编本、重阳碑石本作"远"。

⑥ "鄠"，重阳碑石本作"户"。

⑦ "他"，重阳碑石本作"它"。

⑧ "期"，柳拓本、金石萃编本作"斯"。

⑨ "重阳日"后，柳拓本、金石萃编本有"嘉议大夫翰林修撰同知制诰上轻车都尉彭城郡开国伯食邑七百户赐紫金鱼袋刘祖谦"一句。重阳碑石本此句作"天兴元年九月初吉翰林修撰同和制诰嘉议大夫上轻车都尉彭诚郡开国伯食邑七百户赐紫金鱼袋刘祖谦谨记"。（笔者按，"同和制诰"当为"同知制诰"之误、"诚"当为"城"之误）。此行之后，柳拓本、金石萃编本、重阳碑石本有碑文如下："安西王府文学姚燧以至元丙子中秋日书并题额，陕西四川等路道教提点同观普济圆明真人高道宽、重阳万寿宫提点悟真了一袭明（转下页）

丹阳真人马公登真记

邑子张子翼撰

真人间世^①之异人也，禀天仙之姿，应期运之数，明哲聪敏，冲粹夷旷，学穷六艺，行包九德。夫其器量弘深，襟宇豁达，邈乎人不可及已。然栖迟衡门，不苟禄仕，常喜诗酒，陶陶自乐，而不屑世务。一日，重阳真人西来，授以秘诀，则顿然而悟，视妻子如脱屣。于是捐千金之产，偕为水云之游。遡洛入关，结庐于太一之下，修真功，积真行，服纸麻之服，食粝粮之食。隆冬祁寒，露体跣足，恬然不之顾，惟一志于道。且手不接人一钱，积有年矣。至于出口成章，咳唾珠玑，多至数千百篇，无非发挥玄奥，冥合于希夷之趣者，布于四方，人人传诵。其安心定性，则清虚澹泊。其接物导人，则慈爱恺悌。由是远近趋风，士大夫争钦慕而师友之。于斯时也，踊金台刘公显武荣任京兆之运勾。一见真人，倾盖如故。自公退食，挥尘清谈，欢然相得，每期异日同为蓬阆之客。居无几何，真人会有乡关之行，乃匆匆执别。及抵山东，凡在三州五会之众，倾赴云集，欢喜踊跃，不啻如见慈父。乃起黄箓，争虔恳延致，以为济度师焉。癸卯冬闰，赴莱阳之请，乃馆于游仙观之环庵。席不及暖，遽然即真。越明年夏

（接上页）真人申志信、衍真复朴纯素真人张志悦立石。功德主昭勇大将军京兆路总管兼府尹兼诸军奥鲁总管营缮司大使赵炳、营缮司副使王海、京兆等处采石提举谢泽。助缘庞德林"。其中"同观"，重阳碑石本作"洞观"，其他文字与柳拓本、金石萃编本同。

① "间世"，辑要本作"世间"。

六月，显武公来宰斯邑，下车之日获闻真人于此登真也，即躬诣灵殡，流泪拜伏，不胜哀悼。徐谓道众曰："真人上升之际，得无遗教乎？当具告我。"翌日，曹瑱、刘真一乃奉上真人遗迹，仍略之曰："先师前冬腊月既望，遽示归真之意。越七日癸未，适遇重阳真人生朝，方陈设供养，才初鼓，震雷忽奋，闻重阳真人言曰：'子仙期已及，不当淹久。'及中夜，即枕左肱而化矣。既而复神游于酒监郭复中家，留颂二十字，且言在世无人识之意，墨迹在焉。又往刘锡之居，复书一绝，有风马升仙之言。洎吾邑黄箓感应之祥，蓬莱真容出现之异，其灵显之事孔多，盖不可以缕指数。"公嗟叹良久曰："异哉，真人行迹神妙如此，近古希有。苟不刻于翠琰，传之来世，良为可惜。汝等其奈之何？"答曰："弟子不肖，安能传播师父功行之万一，大可罪也予。虽然，窃闻古人有云，布衣之士，不附青云，乌能施名于后世哉？今日幸遇我公，岂非自有宿缘乎？"公曰："我闻命。"乃召邑子张子翼谓曰："丹阳师父仙去之迹，吾将勒石以传不朽。闻子游全真之门久矣，子其为我记之。"子翼承命，惊悸伏谢："驽材不足以仰承重委，愿选诸能者。"公曰："子无牢让。"子翼因不敢复辞，乃伏思而言曰："在昔西京曹参之来相齐也，尽召诸耆老问所以安集百姓者，然人人言异殊，未知所定。闻胶西盖公善治黄老言，乃使人厚币请之。既见，为言治道贵清静而民自定，推此类具言之。于是避正堂，舍盖公焉，其治要用黄老术，故相齐九年，齐国安集，大称贤相。今我显武公之来令是邑也，暂淹骥足，聊用牛刀，视事月余，阖境称治。向之冤抑无诉者得以伸其屈，奸猾抵献者无所肆其恶，百姓欢然，均赖其福。加之清廉公正，无一毫之私，虽鲁仲康之令中牟，西门豹之治邺县，不能过也。且莱阳素为剧县，号称难治，今庭无留事，居多暇日。乃延请道众，若铁查山玉阳子辈，引居便坐，讲道论德，探清静无为之本，穷修真养性之术，庭馆萧然，殊不觉有官况。既散，则复治事如初，从旦达暝，略不知倦然。夫公之高才绝能，剸裁如流，而清静之道，抑不为无助也。由是观之，与夫曹参之礼盖公何所异哉？矧乎同僚皆一时之贤，协心戮力，赞成美政。主簿夹谷昭信，朱勾课最，户无通租。仙尉蒲察武功彩棒威行，盗奔他境，遂使一邑之内，皆摄然安生，曾无所扰。其道治化，宣声远近，靡不景仰其德政矣。且夫公之为京兆运幕也，与真人道契弥笃，已见之于初。及真人登真于莱阳也，值公复宰斯邑，与诸僚佐特命树碑勒文，垂示无穷，以张大全真之教，复成之于末。窃观初末遇合之因缘，殆为大幸，实非人力所能及也。贱子不敏，因摭其相遇之实，得非[1]并记云。"
大定二十五年岁次乙巳正月十五日己亥谨记。

全真第二代丹阳抱一无为真人马宗师道行碑

翰林直学士中顺大夫陕西汉中道提刑按察副使王利用撰[2]

天地无为而全道，至人悟道以全真。广大简易，不见其朕，资生资始，而弗能主名。道全于内者，其天地乎？屈伸消长，莫测其变，德参化育，而必臻其极。真全于内者，其至人乎？丹阳

---

① "非"，辑要本作"以"。

② 此行之下，艺拓本、金石萃编本、重阳碑石本有碑文如下："嘉议大夫安西路总管兼府尹李颣篆额，三洞讲经开玄崇道法师安西路都道录赐紫孙德彧书丹"。

马宗师，瑞金莲于东海，根玄教于重阳。起迹于金源氏全盛之时，流派于我大元开创之始，与夫广成鸣道于上古，混元垂教于姬周，冲虚、南华立言于战国之世者，无以异也。师讳从义，字宜甫，世业儒，系出京兆扶风汉伏波将军援之后。五季兵乱，东迁宁海，因家焉。祖觉，字莘①叟，以孝行称。父师杨②，字希贤，容仪可观，沉默有度，事亲为学，绰有父风。客或惊走，以绸复掷于家者，视之，兼金也，白于父，藏之以待。旬日客至，即付之。客谢曰："吾吕仙也，居幽谷村，以淘采为业。积金两镒，将鬻于市，逼于监税者，赖公获免，愿中分以报。"希贤固却之。吕曰："公有黄向风义，后当有高士出焉。"他日访幽谷，人无姓吕③者，始知其异人也。师将育，母唐氏梦麻姑赐丹一粒，吞之，觉而分瑞，金天会元年癸卯五月二十日也。昆季五人，以仁、义、礼、智、信命之，故号五常马氏。师次子也，童时常④诵乘云驾鹤之语，及长，善文学，不喜进取。适李无梦炼大丹于昆嵛山，几三载矣，曰："仙至，则丹可成。"一日，师游其侧，无梦见而异之，曰："是子额有三山，手垂过膝，真大仙之才⑤。"因为之赞曰："身体堂堂，面圆耳长，眉修目俊，准直口方。相好具足，顶有神光，宜甫受记，同步蓬庄。"既而丹果成。忠显孙君惜师才德，以其子妻之，凡三息，曰庭珍、庭瑞、庭珪。师尝补试郡庠，

---

① "莘"，艺拓本、金石萃编本、重阳碑石本作"莘"。
② "杨"，艺拓本、金石萃编本、重阳碑石本作"扬"。
③ "姓吕"，辑要本作"吕姓"。
④ "常"，重阳碑石本作"尝"。
⑤ "才"，艺拓本、金石萃编本、重阳碑石本作"材"。

夜梦二衣褐者，一素补两肩，跪且泣曰："我辈十万余命，在公所主。"言讫而去。逐之，入屠者刘清圈中。壁有字云："我辈己亥十万人，太半已经辛巳杀，此门若是不慈悲，世世轴头常厮抹。"既觉，闻屠猪声。往视之，则清之子阿泽屠二猪，其一肩白。欲止，则弗及也。始悟己亥猪也，辛巳清之岁属也。诣术士孙子元占之，以决其惑，因稽寿几何。曰："君寿不逾四十九。"师叹曰："死生固不在人，曷若亲有道为长生计。"已而与客弈棋，乃失声曰："此一着下得是，不死矣。"大定七年丁亥秋七月，师偕高巨才、战法师饮于范明叔之怡老亭，酒酣赋诗曰："抱元守一是工^①夫，懒汉如今一也无。终日衔杯畅神思，醉中却有那人扶。"中元后复会，重阳祖师造其席，战师曰："布袍竹笠，冒暑而来，何勤如焉？"曰："宿缘仙契，径来访谒。"与之瓜，即从蒂食。询其故，曰："甘向苦中来。"复曰："奚自？"曰："终南不远三千里，特来扶醉人。"师心自谓曰："前所作有醉中人扶之语，此公何以得之？"就叩何名曰道。曰："五行不到处，父母未生时。"席间谈道，多与师合，乃邀居私第，出示所述《罗汉颂》一十六首，祖师赓和，宛若宿成，遂心服而师事之。先是，师梦南园地中，一鹤涌出，今兹欲为祖师结庵，祖师即指鹤出之地，师大异之。庵既构，字之曰全真。师欲从祖师西游，以累重难之，祖师乃盛陈离乡远游之乐，以开释焉。是岁十月朔，祖师令师锁庵，斋居百日，日止一餐，虽隆冬祁寒，唯笔砚几席、布衣草屦而已。形神和畅，若寒谷回春者焉。八年春正月十有一日，庵始启钥，祖师

---

① "工"，艺拓本、金石萃编本、重阳碑石本作"功"。

谓师曰："将谓汝三数日从我西游①，直锁害风百日，仍②作一场奇怪。"师悟，以资③产付庭珍辈，以离书付孙氏，遂易服而道焉。祖师因师梦中歌有"烧得白，炼得黄，便是长生不死方"之句，命师更名钰，字玄宝，号丹阳子。师又梦从祖师入山，及旦，祖师呼曰山侗，因为小字焉。居昆嵛之烟霞洞，师忽患头痛，殆若无所遁者，祖师令医于家。一日，谓门弟子曰："昨④日马公饮酒，其破道乎？"使候之。师盖药用酒引，不觉过量，疾甚。人复曰："马公将死矣。"祖师拊掌叹曰："吾远寻知友，缘信道不笃，而至此耶。"乃以炼心语疗之，曰："凡人入道，必戒酒色财气，攀缘爱念，忧愁思虑，此外更无良药矣。"疾遂愈。其年十月朔，令师焚誓状于文登苏氏庵。师从祖师至汴，寓王氏之旅邸，饮食起居，悉以仙机示之。锻炼既久，遂承秘印。十年春正月四日，祖师将升，师请曰："钰当为吾师服。"祖师曰："可赴终南刘蒋之故居。"嘱以后事而逝。师暨谭、刘、丘三道友入关，谒和、李二真人，诣刘蒋祖庵居之。十二年春，化自然钱于长安市中，复护仙柩，自汴之秦，归葬刘蒋，遵遗命也。师居庐，头分三髻。三髻者，三吉字，祖师之讳也。十四年秋夕，师与三道友言志于秦渡镇真武庙，师曰斗贫，谭曰斗是，刘曰斗志，丘曰斗闲。翌日乃别，师复归刘蒋，构一广庭，为环居之所。手书"祖庭心死"，以表其颜。庵为祖庭，自此始也。师谓门人曰："一昼夜，凡几时？"

---

① "游"，艺拓本、金石萃编本、重阳碑石本作"迈"。

② "仍"，艺拓本、金石萃编本、重阳碑石本作"乃"。

③ "资"，辑要本作"赀"。

④ "昨"，辑要本误作"作"。

对曰："十二。"曰："十二时中，天运造化，曾少停息否？"对曰：
"无。"师曰："学道者亦如是矣。"十八年，就化华亭刘昭信、李
大乘不果，乃赋诗曰："锦麟不得空涝漉，收拾纶竿归去来。"大
乘即悟，遂执弟子礼，赐以灵阳子之号。十九年春二月，师筑环
华亭，大乘亦与焉。墙外来禽一株，枯已久矣。四月十四日，移
植环内，以水沃之，曰："今日纯阳降世辰也，予生于五月二十
日。"至日，此树生叶矣。仍作颂曰："天上三十六，地下三十六，
天地入宝瓶，七十二候足。"大乘请释其旨，曰："此隐语也，其
应有日矣。"及期，绿叶敷荣，始知移植之日至五月二十①，相去
三十有六，是天地昼夜合为七十二候也。大乘因作《异木记》，以
志之。秋八月，迁居陇州佑德观，解元李子和辈愿执几杖以从，
继而弃俗归道者不啻百余人。二十年春，东还祖庭，适长安，居
蓬莱庵，从善友赵恩请也。秋八月，旱。师祈雨诗云："一犁沾足
待何时，五五不过二十五。"至日，果雨。二十一年冬，师谓门人
来灵玉曰："世所称衣服旧弊，重修洁者何名？"曰："拆洗。"师
曰："东方教法，年深弊坏，吾当往拆洗之。"未浃旬，官中有牒
发事，遂以关中教事付丘长春为主张焉，仙仗东归。过济南，有
韩淘清甫者，慕康节之为人，所居号安乐园，礼师乞垂开发。师
曰："夫道以无心为体，忘言为用，柔弱为本，清净②为基。节饮
食，绝思虑，静坐以调息，安寝以养气。心不驰则性定，形不劳
则精全，神不扰则丹结。然后灭情于虚，宁神于极，不出户庭而

---

① "十"后，艺拓本、金石萃编本、重阳碑石本有"日"字。
② "净"，艺拓本、金石萃编本、重阳碑石本作"静"。

妙道得矣。"淘谢曰："大道鸿蒙，无所扣诘。今闻至言，得其门而入矣。"师尝说四体用云："行则措足于坦途，住则凝神于太虚，坐则匀鼻端之息，卧则抱脐下之珠。"类此甚多，盖言道人分内事也。二十二年夏四月，至宁海。未几，行化于文登之七宝庵。门人穿井九尺，而大石障之，师乃云："穿凿须加二尺深，甘泉自有应清吟。"及疏凿尺有八寸，泉乃涌出。冬十二月晦，师谓门弟子曰："今日有非常之喜。"遂乃歌舞自娱。二十三年春正月，报者云："仙姑孙不二返真于洛阳矣。"冬十月下元日，文登①令尼厖②古武节请师作九幽醮，师谓姚铉、来灵玉曰："空中报祖师至，青巾白袍，坐白龟于碧莲叶上，龟曳其尾，见于云表。"道俗欢呼，焚香致拜。居无何，回首侧卧，东南而去。十二月，师赴莱阳游仙观，忽肆笔书《委形赞》，其略云："大哉登真，路入青冥。麟随绛节，凤捧朱軿。鸣銮佩玉，履虚步云。超受真诰，上登玉宸③。"特寓其归真之意耳。是月二十二日，祖师诞辰。师仰瞻天表，曹瑱问其故，曰："祖师偕和师叔至，当赴仙会矣。"于知一曰："教门洪大，胡不慭遗？"师曰："堂堂归去也，作个快活仙。"谓刘真一曰："汝等欲作神仙，须要积功累行，纵遇千魔百难，慎勿退惰④。果尔，然后知吾言不妄矣。"又曰："我开眼也见，瞑目也见，元来不在眼，但心中了然，无所不见耳。汝缘在北方，可往矣。"

---

① "登"，艺拓本、金石萃编本、重阳碑石本作"山"。
② "厖"，艺拓本、金石萃编本、辑要本作"庞"。
③ "宸"，重阳碑石本作"辰"。
④ "惰"，艺拓本、金石萃编本、重阳碑石本作"堕"。

时将二鼓，师东首枕肱而蜕。是夜，于刘锡屋壁间留一颂云："三阳会里行功圆，风马乘风已作仙。劝汝降伏龙与虎，自然有分亦登天。"俄顷，人云师已仙矣，方悟留题盖师之神也。初，昆嵛紫金山东华庵有松数株，变青为白，师曰："松之白，殆为我乎？"不半载，师果逝焉。长生、玉阳二宗师来莅丧事，七日而卜兆于游仙观而安厝之。二十五年，邑人疑仙骨陕右门人盗去，莱阳宰武节刘公启枢视之①，貌如生，乃更衣于金玉堂，复葬之。师幼习儒，长克家，有不赀之产，而乐周急，故得轻财好施名。《礼》所谓积而能散者，此也。虽为硕士，接一童子必致敬焉。老氏所谓不敢为天下先者，此也。承师训以阐化，援门人以归真，虽寓形于寰海，以济众为己任。《语》所谓人能弘道者，此也。一遇至②人，得传心法，日经锻炼而不弛其志。孟轲氏所谓乐取于人以为善者，此也。以致感海市之瑞像，变苦泉为灵液，刘清毁屠具而改行，栾周焚渔网以向风。所过者化，狂恣革其非心。所存者神，耋稚为之云集。果行西秦，飞舄东海，凡五道场，弘师教也。故曹瑱、雷大通、刘真一、于洞真③等数十人，实修真达道、扶宗翊教之士，悉出师陶铸之手。谭长真、刘长生、丘长春，皆祖师之高弟，尊师曰叔，师处之裕如也。生平所作歌诗，皆出尘绝俗之语，而沾丐后人者亦多矣。至元六年春正月，玺书加赠丹阳抱一

---

① "宰"后，艺拓本、金石萃编本、重阳碑石本有"显"字。"节"，艺拓本、金石萃编本、重阳碑石本无此字。

② "至"，艺拓本、金石萃编本、重阳碑石本作"异"。

③ "真"，原文作"庭"，据艺拓本、金石萃编本、重阳碑石本改。

无为真人之号。十九年秋八月朔，住持终南山重阳万寿宫真人李天乐持师道行之状致恳于仆，曰："吾嫡祖丹阳宗师葬于莱阳，进士张子翼作《登真记》，已识之矣。而祖师成己成物、盛德大业，师能缵承之；乘风御气、长生久视之道，师能揄扬之。祖庭会真，实本诸此。不以贞珉载其道行，以诏后人，殆为阙如。子无靳其文，庶传其不朽也。"仆惟道德之源，继继承承，不迷于后世者，丹阳师之力也，牢辞其可乎？乃系之以铭，其辞曰：

乾坤大道法自然，至人一出千百年。道非人弘道不[①]传，人能弘道道始全。重阳饱饮甘河泉，道眼直视东海堧。金焰烁烁开七莲，慨然捉马挥玉鞭。丹阳鸿儒宿有缘，行功锻炼方且圆。涣然冰释归真仙，词源落纸如云烟。机发于踵昆丘巅，降龙伏虎秘法玄。知知觉觉无后先，道场五阐教乃宣。秉风御气游八埏，下视尘世犹天渊。若子若孙称大贤，胸中冰雪壶中天，传心嗣法无穷边。[②]

---

① "不"，艺拓本、金石萃编本作"自"。

② 此行之下，艺拓本、金石萃编本、重阳碑石本有碑文如下："安西路道门提点圆明致道大师郭志祥等运石。至元癸未岁重午日，宣授陕西五路西蜀四川道教提点兼领重阳万寿宫事天乐真人李道谦、重阳万寿宫提点保和宁谧大师高志隐、冲和悟道大师冯志安、冲虚大师王志和等立石。侍者王德固同刊。宣授陇庆平凉管民长官乾州军民元帅武骁侯希真居士刘德山、宣差陕西提领玉局人匠总管崇道居士袁德素、男玉局直长奉真居士德谅助缘。崇玄大师张德宁镌字"。

长真子谭真人仙迹碑铭

开府仪同三司上柱国密国公金源璹撰

昔人有言，仙语无词，心传道见。神丹之诀，洞箫之音，流注于玄虚渺漠之间。其得之者，又不知几何人哉！隐之则红霞丹景，出之则琳宫金简，如斯人辈，似有为之士也。士至于无为无不为，携壶曳履，落魄于逆旅酒家之间，吟啸忘怀，与风月为莫逆，此亦近乎大隐者矣。德不孤，必有邻。道不我，须及人。黄、秦、晁、张，东坡门下之四贤也，诗文雄深，笔力雅健，故能弘先生之教。马、谭、丘、刘，重阳门下之四仙也。道用冲虚，处心清寂，故能明祖师之道。教何以弘？道何以明？其实皆一心也。其虚心明道者谁？长真子谭公真人也。师讳处端，字通正，山东宁海州人。其父即镠镣之工，于权衡出纳之间，无非平实。辍己生资以济贫窭，积善累行，备余庆而生先生。公幼而秀发，声韵琅然，人知其非常儿也。甫及六岁，因戏堕于井中，人急下井救之，见公安坐水上，随挈而出，略无伤焉。又所居遗火，巨栋碎于榻前，公方寝熟，呼而起之，神情自若。盖有道之士，非水火所能殒越也。至十有五龄而志于学，咏物警策，其《葡萄篇》已脍炙人口。及弱冠，乃尊以玉名之，遂涉猎诗书，工诸草隶。一朝，因醉遇雪，卧于途中，即感风痹之疾。公喟然叹曰："玉平昔为行于世，略无鲜益，中复遇奇疾，必非药石可疗之。"惟暗诵《北斗经》以求济。忽梦大席横空，公飞升欲据之，见北斗星君冠服而坐，公叩首作礼间，恍然而觉。自兹奉道之心笃矣。至大定丁亥岁仲秋，闻重阳真人度马宜甫为门生，公径赴真人所，祈请弃俗服羽，执弟子礼。真人付之以颂，便宿于庵中。时严冬飞雪，丹灶灰冷，藉海藻而寐，寒可堕指。真人遂展足令抱之，少顷，汗流被体，如置身炊甑中。拂晓，真人以盥洗余水使公涤面，从涤之月余，宿疾顿愈，于是公推心敬而事之。其妻严氏诣庵呼归，公怒而黜之。公拜祷真人，求道之日用，真人以四字秘诀授之，遂立今之名字焉，又道号长真子。师命公赴维阳，与马、丘、刘同处，真人《步虚词》中有"达真谭玉"之语，味之，岂小许哉？真人至汴，遗训命四子主掌教门。及重阳仙游，公与三大士负师遗蜕，径归关中，瘗之于刘蒋村祖庵之西隅，供祭尽师资之礼。顷有请长真斋者，公不避严凝，涉溪而往，冰介于凫鹭之间，足无所苦，人咸异之。后寓迹于河朔获鹿县府君庙之新庵。一日，先生锁庵而出，云往卫州。至夕，庙官温生者见庵中光辉①照映，即窗隙而窥之，见先生逼火而坐，温惊疑潜退。未晓，默遣人趋州，托乞药于师。其人至卫，见先生于卧内尚未起，授药而还。复视庵中，燃火犹未毕烬。与蓟子训历诸家之说，异世而同科尔。先生行业颇多，不能遍举。姑略而论数事于②后：忍折齿之愤，德也。施梦中之药，神也。知巨僚之见访，明也。书"龟蛇"以辟火，灵也。为人德能通神，明可济灵，非仙而何欤？又闻先生不择贵贱贤鄙，不异山林城市，俱以道化，无非晏然。作歌诗百余篇，目之曰《水云集》。宿慕洛阳天中之土，人多道心，有意作丹成之所。因见洛南之朝元宫，昔朗然子之故居也，爱其山水

---

① "辉"，辑要本作"晖"。

② "于"，原作"干"，据上下文改。

明秀，遗迹尚存。有道士张永寿者，时主观事，即以宫之东隙地数亩遗之，先生诛茅拾砾而庵焉。有洛人朱氏者奉道构庵，请公居之。先生于朱庵中神游间，似与重阳、丹阳遇，报以仙期，旋复返朝元之故居，即今之栖霞观也。观在后，长春丘公真人立名。至大定乙巳岁孟夏朔日，无疾留颂而逝，异香凝室者数日，世寿六十三。昔尝画龟蛇者，盖巳年巳月巳时归真之预知也。其门人王道明、董尚志自童稚礼先生，尽负汲香火之勤，先生驭鸾①之后数十年，居仙茔之侧。王生主栖霞观事，与董生始终醮祭无惰。拟行改葬，因李公都运先生暨四大道师李公志源、于公善庆、王公志渊、陈公无染以碑铭见嘱于老夫，敬喜而笔之。铭曰：

重阳真人，大道之师。长真先生，摄衣从之。以心传心，神鬼不知。我知至人，生于圣时。人贵其异，我敬其实。东齐发挥，西洛留迹。语见歌诗，名传金石。霞举玄风，云开丹液。野鹤昂藏，灵龟宝章。伏火制水，顺阴调阳。分形入梦，道术弥彰。先生未亡，千载馨香。

---

① "鸾"，辑要本作"銮"。

甘水仙源录卷之二
夷门天乐道人李道谦集

长生真人刘宗师道行碑
秦志安撰

夫欲袭气母，含元精，探混茫，窥杳冥，缩地脉，抽天扃，毫芒太虚，尘芥无①，鞭烈缺，笞霅霅，践汗漫，肩鸿蒙，万物之所待而成，一化之所系而灵者，岂寻常下士、蹇浅小夫之所能哉？今夫东莱长生真人，卯金右族，炎汉遗英，娇娇云翮，堂堂岳精，湖海不足以尽其涵容，星斗不足以极其高明。乃祖乃父，世居武官，好阴德，乐推恩，恤寒馁，惠孤惸，舍良田八十余顷与龙兴巨刹，以为常住种福之根。当前宋太平兴国间，朝廷嘉厥孝义，旌表门闾，蠲免租征，光照连郡。天不负仁，自红霞丹景中选择其仙材之精明者，降瑞于掖城。既挺世也，谨事孀母，特以孝闻，誓不婚宦，憎华丑荣，清净自守，希夷若昏，顾世间物，无足以撼其胸中之诚。屡辞故山，欲访异人，而慈亲盻盻然未之许也。大定己丑之春，忽于邻居壁间人所不能及处，挥洒二颂，而墨迹尚新，不留姓名，其末②句云："武官养性真仙地，须有长生不死人。"先生叹赏其笔力道劲，疑神物之所化成，而未能决其信情。是岁九月，霜寒露清，重阳祖师杖屦西行，携丘、谭、

---

① "无"后，辑要本有"垠"字。
② "末"，辑要本误作"未"。

马三仙之英,度海岛,历山城。先生闻之,竭蹶而趋,香火而迎。祖师顾而笑曰:"壁间墨痕,汝知之乎?"三子者亦相视而冰晒。方悟其颂乃神通变现之所以相惊也。于是镂肝荐诚,刻骨效盟,负几杖,执巾瓶,左右惟命,死生自程。祖师爱其殷勤,美其专精,顾其神彩之不群,乃叹曰:"松之月,竹之雪,故不受于黄尘。"赠之诗曰:"钓罢归来又见鳌,已知有分列仙曹。鸣榔相唤知予意,跃出洪波万丈高。"仍取壁间语意,以长生为之号,处玄为之讳,通妙为之字。时方弱冠之明年也。丘、刘、谭、马之名充塞乎九野八弦[①]。游汴梁,寓夷门,乞食炼形,隐姓埋名,朝叩暮请,行熏坐蒸,委曲而挑斡玄机,丁宁而启迪丹经,扫惑云,泮[②]迷冰。祖师既尽付其四象五行,乃遗物离人而退藏于天,所谓得知友而赴蓬瀛也。四子乃负仙骸,报洪恩,叩咸阳,历华阴,宁神于刘蒋旧庐之坰。四子之志各异,先生独遁迹于洛京,炼性于尘埃混合之中,养素于市廛杂沓之丛,管弦不足以滑其和,花柳不足以挠其精,心灰为之益寒,形木为之不春,人馈则食,不馈则殊无愠容。人问则对之以手,不问则终日纯纯,定力圆满,天光发明。乃迁于云溪之滨,门人为之穿洞室于岩垠。忽遇石井,寒泉泠泠,众骇其异。先生笑曰:"不远数尺,更有二井,乃我宿生修炼之所经营也。"凿之果然,迄今洞宫号为三泉。逮丙申岁,复还武官,往拜母氏,相见甚欢。卜太基之阴麓,建灵虚之祖堂,手植桧柏,苍翠成行。居无何,乡里诬告先生杀人,辄不辞而就

---

① "弦",辑要本作"埏"。
② "泮",辑要本作"拌"。

缚，坐狴犴者近将十旬。纯阳祖师听玉漏，驾苍麟，下碧霄，入幽图，就枷尾，付管城，教之习文。后杀人者自首，先生得以免缧绁之刑。比其出也，翰墨绝妙，有龙蛇飞举之形。大定戊申，主醮于昌阳，彩云覆坛，白鹤舞庭。是岁也，秋旱如焚，复披祷雨之诚。既登厥坛，四望无云，曰："来朝巳午之交，当有甘澍如倾。"言如有征，如影响之应形声。自后东州醮坛，独师主盟，必有祥风泠泠，桼楮币而上腾，其感应也如神，迄今诸郡石刻犹存。至承安之三年也，章宗闻其道价铿鍧，乃遣使者征之，鹤板蒲轮，接于紫宸，待如上宾，赐以琳宇，名曰修真。官僚士庶，络绎相仍，户外之屦，无时不盈。明年三月，乞还故山，天子不敢臣，额赐灵虚，宠光祖庭。迨癸亥岁二月仲春初六吉辰，鸣鼓集众，告之以阆苑之行，曲眠左肱，翛然返真。祥光氤氲，瑞气纷纶。所有遗文，《仙乐》《太虚》《盘阳》《同尘》《安闲》《修真》，仍注《道德》，演《阴符》，述《黄庭》，奥涉理窟，条达圣真，足以为万世之规绳。披云宋君袭教，轸承法轮，吸月之髓，餐日之魂，启玄牝，交谷神，不忘千劫之恩，乃纪跨鸾之盛迹，勒苍山之翠珉。其铭曰：

长生老仙，主张化权，吞虚无，吐自然。乘紫云而下，游碧海之边，遇甲子天元之会，契重阳多劫之缘。撞百关，通九泉，驱四兽，耕三田，坐洛阳之市井，凿云溪之洞天，融白雪以成粉，熟玄霜而不烟。声名篁鼓于凤州，光华照耀于金莲，构灵虚之绀宇，拜朝廷之紫宣。还断东莱之宿债，然后骨肉都融而游宴八骞也。

长春真人本行碑

寂通居士陈时可撰

戊子之秋八月丙午，余自山东抵京城，馆于长春宫者六旬。将徙居，清和子尹公谓余曰："我先师真人既葬矣，当有碑。知先师者，君最深，愿得君之词刻之，以示来世。"余再让于耆宿，且以晚涂思涸，不足以发明老仙为解，弗从也。乃命其法弟玄通大师李君浩然，状老仙之行，谒文于余曰："父师长春子，姓丘氏，讳处机，字通密，登州栖霞人。幼聪敏，日记千余言，能久而不忘。未冠学道，遇祖师重阳子于昆嵛山之烟霞洞。祖师知其非常人也，以《金鳞颂》赠之，遂执弟子礼。寻长生刘公、长真谭公、丹阳马公，皆造席下，相视莫逆，世谓之丘、刘、谭、马焉。大定九年，从祖师游梁。明年，祖师厌世。十有二年，师洎丹阳公护仙骨归终南，葬于其故里。师乃入磻^①溪穴居，日乞一食，行则一蓑，虽箄^②瓢不置也，人谓之蓑衣先生，昼夜不寐者六年。既而，隐陇州龙门山七年，如在磻溪时，其志道如此。道既成，远方学者咸依之，京兆统军夹谷公奉疏请还祖师之旧隐。师既至，构祖堂轮奂，余悉称是。诸方谓之祖庵，玄风愈振。二十八年春，师以道德升闻，征赴京师，官建庵于万宁宫之西，以便咨访。夏五月，召见于长松岛。秋七月，复见。师剖析至理，进《瑶台第一层》曲，眷遇至渥。翌日，遣中使赐上林桃，师不食茶果十余

---

① "磻"，辑要本误作"蟠"。
② "箄"，辑要本误作"簟"。

年矣，至是取其一啖之，重上赐也。八月，得旨还终南，仍赐钱十万，表辞之。尔后复居祖庵。明昌二年，东归栖霞，乃大建琳宫，敕赐其额曰太虚，气象雄伟，为东方道林之冠。泰和间，元妃重道，遥礼师禁中，遗道经一藏。师既居海上，达官贵人敬奉者日益多。定海军节度使刘公师鲁、邹公应中二老，当代名臣，皆相与友。贞祐甲戌之秋，山东乱，驸马都尉仆散公将兵讨之。时登及宁海未服，公请师抚谕，所至皆投戈拜命，二州遂定。己卯之冬，成吉思皇帝命侍臣刘仲禄持诏迎师。明年春，启行。夏四月，道出居庸，夜遇群盗于其北，皆稽颡以退，且曰无惊父师。是年十月，师在武川进表，使回复，有敕书，促师西行，称之曰师，曰真人，其见重如此。又明年春，逾岭而北。壬午之四月，甫达印度，见皇帝于大雪山之阳。问以长生药，师但举卫生之经以对。他日，又数论仁孝，皇帝以其实，嘉之。癸未之三月，车驾至赛蓝，诏许师东归，且赐以赆礼。师固辞曰：'臣归途万余里，得驲①骑馆谷足矣。'制可其奏，因尽蠲其徒之赋役。师之驰传往返也，所过迎者动数千人，所居户外之屦满矣，所去至有拥马首以泣者，其感人心如此。及入汉地，四方道流不远千里而来，所历城郭皆挽留。八月，至宣德，元帅邀师居真州之朝元观。明年春，住燕京大天长观，行省请也。自尔，使者赴行宫，皇帝必问神仙安否，还即有宣谕语，尝曰：'朕所有地，其欲居者居之。'继而行省又施琼华岛为观。兵革而来，天长已残废，岛尤甚。师葺之，工物不假化缘，皆远迩自献者，三年一新。师之在天长也，

---

① "驲"，辑要本作"驿"。

静侣云集，参叩玄旨，旁门异户，靡不向风。每醮辄鹤见。荧惑犯尾宿，师禳之即退舍。旱魃为民虐，师祈之则雨应。京人归慕，建长春等八会，教行四方。丁亥之五月，有旨以琼华岛为万安宫，天长观为长春宫，且授使者金虎牌，持护教门。六月二十有三日，雷雨大作，太液池之南岸崩裂，水入东湖，声闻数里，鱼鳖悉去，北口山亦摧。人有亦①是报者，师莞尔而笑曰：'山摧池枯，吾将与之俱乎！'七月四日，顾谓门人曰：'昔丹阳公尝记余曰：吾殁之后教门当大兴，四方往往化为道乡，公正当其时也，公又当住持大宫观。其言一一皆验，吾归无遗恨矣。'俄而示疾，数如偃中，侍者止之，师曰：'吾不欲劳人，汝等犹有分别在，且偃寝奚异哉？'七日，提举宋道安辈请师登堂，慰会众之望。师曰：'吾九日上堂去。'及是日，留颂葆光而归真焉，春秋八十。明年七夕前一日，将葬，群弟子启棺视之，师俨然如生。道俗瞻礼者三日，日万人，悉叹异之。九日，醮毕，闷仙蜕于白云观之处顺堂。师诚明慈俭，凡将帅来谒，必方便劝以不杀。人有急必周之，士有俘于人者必援而出之。士马所至，以师与之名，脱欲兵之祸者甚众。度弟子皆视其才何如，高者挈以道，其次训以功行，又其次化以罪福，罔有遗者。故其生也，四方之门人丹青其像事之。其殁也，近者号慕，远者骏奔，如考妣焉。及其葬也，会者又万人。近世之高道，福德兼备未有如师者。师于道经无所不读，儒书梵典亦历历上口。又喜属文赋诗，然未始起稿，大率以提唱玄要为意，虽不事雕镂，而自然成文，有《磻溪》《鸣道》二集行于

---

① "亦"，辑要本作"以"。

世云。"呜呼，浩然君能述其父师之道行若是昭昭然，可谓能子矣，又岂待鄙夫文之而后著耶？虽然，举其大者论之可也。我老仙生能无欲，没能不坏，百世异人也。又能以一介黄冠上而动人主如此，下而感人心如彼，非至诚粹德能然乎？长松之见，道已崇矣。及乎至自印度，教门益辟，求之古人，大略与寇天师相似。至校其出处之道，大有不同者。何哉？谦之之受知魏主也，自言尝遇老子，授以辟谷轻身之术及科戒，使之清整道教。又遇老子之玄孙，授以图箓真经、天宫静轮之法，使之辅佐北方太平真君。且有崔浩赞之，帝始崇奉。老仙则不尔，方其未召也，澹然海上，其与世相忘久矣。一日有诏迎致，诚出自然，非有以要之也。又其所以奏对者，皆以道。由是推之，贤于谦之远甚，是已足铭矣，而况道眼之具、道行之圆乎？宜乎嗣得其人，世有如尹公者，接迹而出，以光扬妙道，俾无坠耳。谨系之以铭，其辞曰：

全真一派，道为之源，鼻祖其谁，圣哉玄元。谁其导之，重阳伊始，谁其大之，子长春子。子居磻溪，一褁六年，箪瓢无有，人皆曰贤。庐于龙门，亦复如是，羽服来归，如渴于水。子诚真仙，道林之天，退然其中，气吞大千。世宗问道，再见松岛，俄听还山，烟萝甘老。章庙之世，作宫海滨，帝妃遗经，宝藏一新。干戈既举，一炬焦土，子率其徒，往来云屿。龙兴北庭，召以使星，逮乎东归，道乃益弘。方其生也，世绘其像，忽焉没兮，高堂厚葬。有子克嗣，尹公其人，福德两全，伟哉长春！

祭　文
定庵吴章撰

维丁亥岁七月十五日，燕京儒[1]学官孙周等谨以香茶之奠[2]，致祭于长春真人丘仙翁之灵。嗟嗟仙翁，早岁出家，壮而成道，九八仙而五四皓，无书不览，无事不知。九经库而五总龟，天下之老，天子之师，籍在仙班，厌居尘寰，举臂汗漫，骑鹤三山。名满世间，千秋万古，何者为住？何者为去？嗣教门人，结缘道友，衰绖满堂，如丧父母。吾属蹉跎，蒙知最重，奠拜灵筵[3]，器之为怆。呜呼哀哉，君寿国安，师能致之。含灵耳目，师能启之。水旱为沴，师能禳之。师为飞仙，何日忘之？呜呼哀哉，尚飨。

玉阳体玄广度真人王宗师道行碑铭并序
前[4]翰林直学士奉政大夫知制诰同修国史姚燧撰

至元二十有四年岁丁亥，秋九月，提点秦蜀九路道教天乐真人李道谦，偕终南上清太平宫提点贺志冲、李志真来言："伏读六年诏书，令掌教光先体道诚明真人张志敬，执行省节文。皇帝若曰：'自东华垂教，至重阳开化，朕心慊于追崇，乃命儒臣进[5]加

---

① "儒"，辑要本误作"孺"。
② "奠"，辑要本误作"尊"。
③ "筵"，辑要本误作"延"。
④ "前"，柳拓本无此字。
⑤ "进"，柳拓本无此字。

徽号，教主可赠东华紫府少阳帝君，钟离①正阳开悟传道真君，吕真人纯阳演正警化真君，刘真人海蟾明悟弘道真君，王真人重阳全真开化真君，马钰丹阳抱一无为真人，谭处端长真云水蕴德真人，刘处玄长生辅化明德真人，丘处机长春演道主教真人，王处一玉阳体玄广度真人，郝大通广宁通玄太古真人，孙不二清静渊贞顺德真人。'其于诔德述道，圣谟天出，称情适中，死濡生被，道纪光赖，永永万年。重惟重阳真君七弟子，有妇人者一，余六真②平生求道之确，成道之难，尚恐行实流之人间者，不托金石，无以闻之将来久远，用是以③祷词臣。并真君既传六人④，独是玉阳尚无属笔，敢以累君。"燧由职史馆以来，尝思古者史臣，不要死者之或知，不必生者之见求，于德于功，于事于言，见书见而闻书闻，信传信而疑传疑，实录直致，俾观者自判是非于千载下。细及龟筮货殖，方技⑤滑稽，隐逸卓行，犹特传之，况圣皇下诏褒崇有道之真人哉？固宜有述，不可以吾儒者不为其道，非职而辞也。按事状及《显异录》，真人王姓，名处一，宁海东牟人，以金熙宗皇统壬戌三月十八日母⑥梦丹霞被身而生。七岁，无疾死而复生，由是若知死生说。后遇异人坐大石，来前抚首与言，又闻空中神自名玄庭宫主，归乃敝服赤脚，狂歌市中。人谓或病失

---

① "离"后，柳拓本有"真人"二字。
② "有妇人者一，余六真"，柳拓本无此句。
③ "以"，柳拓本作"有"。
④ "并真君既传六人"，柳拓本作"真君并六真既各有传"。
⑤ "技"，柳拓本作"伎"。
⑥ "母"后，柳拓本有"周"字。

心，或识为无疾，将收敛冠巾妻之，不可，遂与母皆为老氏法。世宗大定八年，年二十七，闻开化真君至州，愿厕弟子列。真君知可授其道，为制今名，从居昆嵛烟霞洞，又名其母曰德清，号玄靖散人。明年，辞居查山。真君从其徒马无为、谭蕴德、丘演道、郝太古四真人者，自文登将归宁海，径龙泉，去查山二百里。时炎暑，真君持伞自手飞出，未晡，坠查山，柄得"㸆阳子"三字，识其师迹。"㸆"字书所无，若真君特制之，以号真人。后有诗"㸆""竹"通，为七个①，又若"㸆"②为本字，五人合"竹"二人为七者。后居云光洞，志行确苦。尝俯大壑，一足趺立，观者目瞪毛竖，舌挢然而不能下，称为铁脚仙。洞居九年，制练形魂，其③长春为诗颂④曰："九夏迎阳立，三冬抱雪眠。"亦庶几其跨火不焦、入水不濡之徒欤？遨游齐鲁间，大肆其术，度人逐鬼，踣盗碎石，出神入梦，召雨摇峰，烹鸡降鹤，起死嘘枯，麾诃嗾斥，一方千里，白叟黄童，竭蹶其庐。或以为善幻诬民，因召饮可鸩。真人出门，戒其徒先凿池灌水，挠而浊之。往则持杯尽饮，曰："吾贫人也，无尝从人丐取，今幸见招，愿丐余杯以尽君欢。"与之，又尽饮。归，解衣浴池中，有顷，池水沸涸，以故不死，犹须发髼鬙，不缨不能受冠。二十七年，征至燕京，居之天长观。尝问卫生为治，对曰："含精以养神，恭己以无为，虽广成复生为陛下言，无易臣者。"世宗嘉之，继问饮鸩，对曰："臣

---

① "个"后，柳拓本有"人"字。
② "㸆"，柳拓本、辑要本作"伞"。
③ "其"后，柳拓本有"友"字。
④ "颂"后，柳拓本有"之"字。

素无取仇人者，良由得疾致然。"或曰或谓异人，或谗善幻，世宗试而鸩之，见不可杀，悔怒而逐谗者。当时讳之，谬云然也。明年，为修真观，居不逾时，求还山，世宗赆之，委去。其年，世宗不豫，复来征，真人对使者曰："吾不难斯行，诚不及一仰清光矣。"明年正月三日下车，世宗崩已一日。章宗留为醮，资大行冥福。其年，复还山。莱阳富人刘植无子，六月为供致真人而薄其酒，曰取汝某室藏樽煮酒来，植依求之，则其妻密置，人初不知者。饮已，留书"四四应真"字，曰："以是嗣汝。"明年四月十四日真君降辰，植果育子，举家喜曰："四四，真人指月日为告耶？"即求子名，真人曰："吾已名之应真矣。"承安二年，再征至便殿，问①卫生，对如告世宗者，赐紫号体玄大师，居之崇福观，月给钱二百缗。是时吕道安将建祖庭，盖真君故庐，以无敕额，不敢集众，真人奏立观灵虚，赐道安冲虚大师，而祖庭造建始盛。以母玄靖年九十，求还山侍，厚赆遣之。泰和改元及三年，诏两设普天醮于亳州太清宫，度民为道士千余人。其年，玄靖逝。七年，居圣水玉虚观，元妃送道经一藏。大安改元，北京请居华阳观。庚午，醮蓟州玉田县，谓其徒曰："若闻空中剑楯击撞声乎？北方气运将回，生齿必有横罹其毒者。"是年，果②天兵南牧。丙子，文登请居天宝观。明年丁丑四月二十③三日，沐浴衣冠，拜上下四旁以逝，年七十六。有《云光集》行世，为其言者，条分派出，多于六宗，数不啻万。丘演道弟子尹清和真人，为道大宗，视真

---

① "问"前，柳拓本有"复"字。

② "果"，柳拓本无此字。

③ "二十"，柳拓本作"廿"。

人为叔。岁乙未，择其孙清泠子刘志源俾建上清太平宫，盖由螯屋民张守真能诵翊圣保德真君语必为今及^①，当来休咎征，且授九坛三剑之法，以捕逐鬼物。宋太宗尝敕有司作宫千柱，以妥景灵。金季荡焚，木灰瓦屑，清泠剪棘诛茅以居。时日薄西山，才构孚佑一殿，卒。其弟子陈志玄、朱志彦、赵志古、张志隐、李志宗、李志明、崔志安、赵志真及今贺、李两君，十人相嗣为之，历四十五年，构通明、紫微、七元三殿，虚皇一坛，凌霄一门，灵官、演法、湛然、传应法师祠四堂，钟楼、斋庖、庑廪将二百楹，位置虽劣祖庭，犹足为自关而西名山福地土木之冠。呜呼，上清作为^②宋太平兴国中，出内币，殚西土财力为之。既其毁也，乃复于道流数人之身。真人生逝于金，而见赠于皇元，真人生逝皆在山东，其徒教行关西，择胜地以祠^③其祖，亦事理之不可必究者也。彼真人者，果能不死，排空御气，载营而西，顾不抵掌云中曰："吾孙若曾，亦有可才如是者耶？"

诗曰：少正纯重兮，四君皆阳，生不并时兮，名相袭芳。岂以阳者兮，本天亲上，轻举凌空兮，易为向往。何独一君兮，海蟾自名，将取月魄兮，随日受明。日月为易兮，卫生要诀，世微五君兮，奥疑谁析。又尝思之兮，少正蟾纯，历世绵邈兮，绝学无人。呜呼重阳兮，才七弟子，有妇人焉兮，六人而已。父雄子良兮，中有玉阳，体玄广度兮，始人为狂。行歌市中兮，望道未

---

① "盖由螯屋民张守真能诵翊圣保德真君语必为今及"，柳拓本作"盖由传应大法师张守真受翊圣真君至言以彰宋朝"。

② "为"，柳拓本作"于"。

③ "祠"，柳拓本作"祀"。

见，从学昆崙兮，识习一变。离隐查山兮，旋徙云光，冬眠抱雪兮，夏立迎阳。九年德就兮，鬼盗避逐，腾神入梦兮，群异傍出。莫毒匪鸩兮，持饮如①浆，名蔼燕都兮，征来天长。卫生为治兮，宸扆问益，鸿言剖疑兮，中夜前席。别建修真兮，还山固求，凤翼承旗兮，邈不可留。归轸经时兮，世宗不豫，章庙累起兮，奏章帝所。惟不拒人兮，崇福玉虚，华阳天宝兮，不恒其居。在在授业兮，其出一户，鬶子暨孙兮，独逾万数。东海之波兮，百里涵濡，今焉西流兮，溢及镐都。太平之宫兮，古仙圣宅，一孙十曾兮，剪棘攸作。身生不西兮，逝未百年，而教之西兮，他②门孰先。碑其平生兮，道行弥晰，尔祖尔思兮，来裔无斁。③

广宁通玄太古真人郝宗师道行碑

嘉议大夫岭北湖南道提刑按察使东平徐琰撰

大元有天下，好贤乐善，度越前古，凡有德之士不及用者，必加宠数以旌显之，初无间于道俗存亡之异也。中统二年，诏赐盘山栖云道人王志谨之号曰惠慈利物至德真人。至元六年，诏赠栖云之师广宁郝大通之号曰广宁通玄太古真人。至元二十三年，诏赐栖云弟子洞阳徐志根之号曰崇玄诚德洞阳真人，旌有德也。是年三月，予将赴官湖南，道出汴梁，时洞阳掌本宗教，住朝元宫，率其属来见，请于予曰："贫道出家无过人之行，误蒙圣朝采

---

① "如"，辑要本误作"加"。
② "他"，柳拓本作"玄"。
③ "来裔无斁"之下一行，柳拓本有"大德十一年岁在丁未十月初吉本宫提点张志端、何道源等"。

录，锡以徽称，使得篸于师真之列，皆吾先师栖云之训也。栖云之所以表见于世者，独非先师太古之泽也欤？二师道行卓异，在人耳目，孰不知之，必得文士与之纪述，庶几可以传信后来，昭示永久。栖云则有翰林承旨慎独王公之作，已勒之石。若夫太古之碑，义不可后，而今尚缺然，是则嗣教者不敏之过，愿属笔于子。倘辱惠顾，我曹之责塞矣。"予自惟儒生昧于玄学，叙事遣辞或致抵捂，徒取诮于识者，牢让再三，竟不获已。又洞阳与予同宗，见待素厚，难于终拒，乃据洞阳所录宗师行实，采摭缀缉以付之，仍系以铭诗，俾步虚者歌之，以颂师德。师姓郝，名大通，字太古，道号广宁子，宁海人。家故饶财，为州首户。兄俊彦登进士第，官至朝列大夫、昌邑县令。师初讳升，少孤，事母孝，禀赋颖异，识度夷旷，萧然有出尘之资。读书喜《易》，研精尤甚，因洞^①晓阴阳律历之术，不乐仕进，慕司马季主、严君平之为人，以卜筮自晦。大定七年，重阳真君王祖师自关西宁海游行于市，见师言动不凡，仙质可度，思所以感发之者，遂背肆而坐。师曰："请先生回头。"真君应声曰："君何为不回头耶？"师悚然异之。真君出，师闭肆从之，及于馆所，而请教焉。真君授以二词，师大悟，不觉下拜，自是日往亲炙。以有老母，未即入道。明年，母捐馆，师乃弃家入昆嵛山，礼真君于烟霞洞，求为弟子。真君纳之，赐名璘，号恬然子，仍解衲衣，去其袖而与之曰："勿患无袖，汝当自成。"盖传法之意也。九年，宁海人有构金莲堂，以待真君挈其徒西归居之。师携瓦罐乞食，误触之，碎。真君别

授一罐，题颂其上云："扑碎真灰罐，却得害风观。直待悟残余，有个人人唤。"未几，师辞真君，去与王玉阳往居查山，真君亦赴汴京，马丹阳、谭长真、刘长生、丘长春四子实从。十一年，师闻真君上仙，四子已入关，遂西游以访之。十二年，葬真君于祖庭，师欲与四子同庐墓侧，长真激之曰："随人脚跟转可乎？"师明日遂行，至岐山，遇神人授今名字及道号。十三年，度大庆关而东，翱翔赵、魏间。十五年，坐于沃州石桥之下，缄口不语，河水泛溢，身不少移，水亦弗及。人馈之食则食，无则已。虽祁寒盛暑，兀然无变，身槁木而心死灰，如是者六年。昌邑君之季女嫁为真定郭长倩之夫人，长倩夫妇过沃州，知师在桥下，驻车拜谒，赠之衣物，所以存慰者甚厚，师藐然若不相识，一无所受。夫人感泣，长倩嗟异而去。二十二年，师过滦城，又与神人遇，受大易秘义，自尔为人言未来事，不差毫发。至镇阳居观，升堂演道，远近来听者常数百人。已而阐化诸方，专以利物度人为务，由是郝太古之名闻天下。明昌初，东还宁海。一日欲作《易》图，遽索纸笔，适粥熟，弟子不即与，请俟食已。师曰："速持来，我方得意，何暇食粥？"笔入手，布纸挥染，疾若风雨，不终朝，成三十三图，其旨意皆天人之蕴奥，昔贤所未发者。咸平高士王贤佐，占筮素精，见师推服，尽弃其学而学焉。由是技进，名动阙庭。其他灵异之迹，如天长预告侯子真之火，恩州夜入王镇国之梦者，尚多有之，不可殚纪。春秋七十有三，以崇庆元年腊月晦日，仙蜕于州之先天观。前此三年，敕其徒预营冢圹，告以死期，及是果然。平生制作有《三教入易论》一卷，《示教直言》一卷，《心经解》一卷，《救苦经解》一卷，《周易参同契简要释义》，诗赋、杂文、乐府，及所作《易》图，号《太古集》，凡十五卷，行于世。噫，道家者流，其源出于老①庄，后之人失其本旨，派而为方术，为符箓，为烧炼，为章醮，派愈分而迷愈远，其来久矣。迨乎金季，重阳真君不阶师友，一悟绝人，殆若天授。起于终南，达于昆嵛，招其同类而开导之、锻炼之，创立一家之教，曰全真。其修持大略以识心见性、除情去欲、忍耻含垢、苦己利人为之宗。老氏所谓"知其雄守其雌""知其白守其黑""知其荣守其辱""为道日损，损之又损，以至无为"。庄生所谓"游心于淡，合炁于漠""纯纯常常，乃比于狂""外天地，遗万物""探根宁极""才全而德不形"者，全真有之，老庄之道于是乎始合。重阳唱之，马、谭、刘、丘、王、郝六子和之，天下之道流祖之，是谓七真，师其一也。非天授之，其孰能与于此哉？师逝之后，弟子行缘四出，能世其业者甚众。高弟范玄通与栖云王宗师，又其尤者。当中原板荡，国朝隆兴之初，一居东平，一往来乎燕汴，建琳宇，开玄坛，聚徒讲说，贵贱钦仰，宗风大振，道价增崇，不减太古。今洞阳耆艾敦庞，刚毅木讷，食师之德，干父之蛊。当释道纷争，摧败挫衄之际，寂然湛然，守之以谦冲，安之以委顺，处之以镇静，操修无方，精进不辍，用能上取圣知，特降玺书褒美。较其难易，又不出于栖云之下，谓非太古之泽，将何归乎？凡今之人欲知太古，请观其子，欲知其子，请观其孙。铭曰：

东方云海空复空，群仙出没空明中。此语常怪东坡公，神仙有则八表同。不应秀止东方钟，昆嵛山高天比崇。左顾右瞰搏桑

---

① "老"，原文作"若"，据上下文改。

宫，上有一洞烟霞封。重阳发之麾鬼工，紫炁直与阎浮通。马谭刘丘王郝从，六子娇矫皆人雄。缥缈至自蓬莱峰，惊见碧海磨青铜。煌煌七朵金芙蓉，信哉仙人出于东。就中郝公鸾凤龙，洗心以易虚玲珑。藏用于密退以冲，粃糠富贵不挂胸。刚决物莫婴其锋，训练复遇王元戎。衲衣一传神契融，有袖无袖由人缝。同门之朋秬与稑，脚跟不必随渠侬。沃州石桥张果踪，亘如虹蜺插苍穹。大道在此南北冲，何须远走巢云松。止而不动吾非慵，艮乃万物之始终。结跏趺坐为瘖聋，朝观日出光眬瞳。吞霞入腹丹火红，暮观流波朝彼宗。河车挽水玄霜蓬，有人问之趋下风。如以寸莛撞巨钟，摇手使去妨吾功。过桥行人抗尘容，僵名仆利不有躬。见公视世犹蚁蜂，形骸土木心冥鸿。颡必有泚羞顽庸，反求于身当发蒙。摶贪节爱瘳癥恫，憧憧往来秋夏冬。百感一二亦已丰，如此利益谁能穷。确乎六年真苦攻，养成姹女连婴童。奋袖起舞知德充，愿以所余及倥侗。普度一切超樊笼，泥在钧兮金在镕。螟蛉螺蠃无常虫，功成朝元去匆匆。飞霞佩玉鸣冬隆，云装烟驾沧溟重。弱水万里昏蒙蒙，淮南小山空桂丛。黄芽欲种须圃农，公不可见忧心冲。栖云老仙亦难逢，住世赖有徐神翁。

七真赞

北平王粹子正述

重阳王真人

出应道运，豪雄绝伦。甘河得遇，兀若狂人。掣还四师，大开全真。巍巍法教，东海西秦。

丹阳马真人

晚契奇因，尽舍家赀。千朝得道，三髻承师。风雷示化，金玉垂辞。邈矣前躅，如何可追。

长真谭真人

一见师真，瘤疾顿愈。决烈入道，水云为侣。归槎终南，聚徒洛土。教风既弘，蜕然高举。

长生刘真人

童真之力，圣贤所扶。风姿秀异，洛市工夫。中遭厄郁，所守不渝。声名卒显，被召海隅。

长春丘真人

猗欤长者，不可复得。三朝推尊，才学功德。愍此兵戈，远涉西北。九九乃终，世人莫测。

玉阳王真人

幼遇玄庭，再礼重阳。飞伞送号，金莲共芳。迹多神异，名动帝王。高山景行，千载云光。

广宁郝真人

虽出阀阅，独喜林泉。两词一衲，终始师传。神示易秘，沃桥六年。化缘逆顺，悉合自然。

甘水仙源录卷之三

夷门天乐道人李道谦集

清[①]和妙道广化真人尹宗师碑铭并序

汝阳弋彀撰[②]

宗师，全真嗣教六世祖也。自守真绪，风化鼎盛，什百于畴昔。形器之域，古今同尽，春秋八十有三，遽有拂衣启手之叹，以辛亥二月六日升于大房山清和宫之正寝。宁神五华山者，几十稔矣。嗣教诚明张公一日语众曰："清和师思报祖师之恩，遂大葬之礼，仍即其福地，并建宫宇，胜概甲天下，弘阐祖道，功越古今。吾侪享其成业，今无一报，颜实腆矣。将刻碑纪实，以诏无穷，若何？"佥曰唯。遂以中统三年十[③]月吉日，征文于汝阳弋彀。仆以师真道德高厚，奥妙无方，讵以荒疏浅浅者所能窥测形容哉？固辞[④]不可，谨按门人马志通所纪行状，仍摭其功德之著，见于耳目者，序述之。夫道之在天下一而已，惟天之所以畀[⑤]付于圣贤者无不备，其所以济斯世而见于功用者，或久近广狭之不齐，何哉？曰时也。时非圣贤所能必，能不滞其时而已。或拱揖

① "清"前，艺拓本、重阳碑石本有"玄门掌教"四字。

② "汝阳弋彀撰"下，艺拓本、重阳碑石本有两行文字，分别为"平陆员择书丹""襄山李粇篆额"。重阳碑石本又有第三行文字，为"门人杨志松刊"。

③ "十"前，艺拓本、重阳碑石本有"冬"字。

④ "辞"，艺拓本、重阳碑石本作"让"。

⑤ "畀"，原作"卑"，据艺拓本、重阳碑石本、辑要本改。

廊庙，或私淑侧陋，或清静而化，揖让而治，或平水土，降播种，或放伐以救焚溺，或宽默以革苛伪。文胜质丧，则示还纯①反朴之训，礼坏乐崩，则正三纲五常之教。大则天下后世，小则一郡一邑，随机应变，与物推移，要不过乎徇道以济斯世耳。由迹以观之，功用之不齐者，所遇之时异也。则天之以是道而畀付于圣贤者，曷尝有二哉？道犹水也，渴则为酌饮，旱②则为灌溉。道犹火也，饥则为烹饪，寒则为煦妪。用虽不同，而水火曷尝有二哉？顷以金录③讫运，丧乱并兴，黔黎殄于菹醢，玉石烬于烈火。天意开顾，挺生至人，全畀斯道，以假援之之手。于是重阳而后，丹阳、长真、长生、长春继出，而全真之教兴。及清和接长春之统，授受之际，累圣之妙无余蕴。父作子述，阐化数十年，徒侣遍天下，闻望重朝野。风之所靡，狠戾易心，强梗顺命，革烦④苛为清静⑤，化汤火为衽席，挈一世鄙夭之民，跻之仁寿之域。自古教法之盛，功德之隆，惟清和师为最。盖天之畀付之道一，而所遇之时异也。师讳志平，字大和，姓尹氏。远祖居沧州，前宋时有官莱州者，因家焉。显高祖姚有子九人，俱登进士第，仕至郡守者七人。显大父公直、显考弘谊，皆隐德不耀。师于大定九年正月二十日生，是夕其母方寐，见仪卫异常，皆盛服而入，神思愕然，惊寤，师已诞矣。时里人相惊曰："尹氏宅火。"奔救之，至则

---

① "纯"，艺拓本、重阳碑石本、辑要本作"淳"。
② "旱"，重阳碑石本误作"早"。
③ "录"，重阳碑石本作"箓"。
④ "烦"，重阳碑石本作"顽"。
⑤ "静"，艺拓本、重阳碑石本作"净"。

无火。稍长，举止异凡儿。三岁颖悟善记事，五岁入学，日诵千余言，读书即玄解。尝因祀事，究生死理，杳然遐想自忘。七岁，遇陕西王大师，有从游意。十四岁，遇丹阳真人，遽欲弃家入道，其父难之，潜往。十九岁，复迫令还家，锢之，竟逃出再三，始从之。住昌邑县之西庵，常独坐树下达旦。或一夕，见长生刘真人飘然而来，断其首，剖其心，复置之，觉而大有所悟。后住庵福山县，养疾惠困，勤瘁者累年，众德之。游潍州，时龙虎完颜氏素豪倨，慕师道德，施囷地，创观曰玉清，率家人尊事之。今观废于兵，而松桧郁为茂林。后觐长春真人于栖霞观，执弟子礼，真人特器异之，付授无所隐。又受《易》于太古郝真人，受口诀于玉阳王真人。自是道业日隆，声价大振，四方学者翕然宗之。己卯岁，太祖皇帝遣便宜①刘仲禄征长春真人。仲禄及益都，真常李公曰："长春今在海上，非先见尹公，必不能成此盛事。"及潍阳，谒师于玉清之丈室，见其神采严重，不觉畏敬，自失从容。语及诏旨，师大喜曰："将以斯道觉斯民，今其时矣。"遂偕②往觐长春真人于莱州昊天观。先是，金宋聘命交至，皆不应。至是，师劝行，决计北上。时从者十八人，皆德望素重者，师为之冠。辛巳及癸未，备尝艰阻。既见帝于西印度，奏对称旨。还及③云中，真人闻山东乱，国兵又南下，曰："彼方生灵，命悬砧鼎，非汝莫能救。"遂遣往招慰，闻者乐附，所全活甚多。乙酉岁，敕

---

① "宜"，重阳碑石本作"官"。
② "偕"，辑要本作"谐"。
③ "及"，重阳碑石本作"至"。

令长春真人住太极宫，即今长春宫也。师在席下，四方尊礼者云合，师曰："我无功德，敢与享此供奉乎？"遂辞，退住德兴之龙阳观。屡承真人手札，示以托重意。及真人升，师方隐烟霞观，又欲绝迹远①遁，为众以主教事敦请，勉从之。还长春宫，以嗣事自任，自是徒众辐凑，辇赆乐贡者，日充塞庭宇。忽谓众曰："吾素厌冗剧，喜山林。"遂因平栾请主醮事，而出遁景州之东山。未几，燕之僚士固请还宫。壬辰，帝南征还，师迎见于顺天，慰问甚厚，仍令皇后代祀②香于长春宫，赆赉优渥。甲午春，游母③间山。太玄观之李虚玄语人曰："去年院中青气氤氲者累日，占者以为当有异人至。今师来，既验矣。"逾春南归，及玉田，众喜，为数日留。日已晡，遽促驾兼夜行五十余里，舍丰草中，众莫知所以。后还宫，始知在玉田时，有寇数百欲劫掠，追至大合甸，不及而反。从者相贺曰："非师奈我辈何？"时皇后遣使劳问，赐道经一藏。乙未春，诣沁州，主黄箓醮事。入郊④城境，居人或梦县之地祇曰："真人来，当警卫无虞。"及平遥理醮事，时旱久且风，醮之三昼夜，灯烛恬然，在他境犹风。沁帅杜德康、平遥帅梁瑜各施⑤宫观，一方倾心焉。九月达平阳，分命披云宋公率众镂道藏经板⑥，不数载而完，所费不赀，而人乐成之，亦师为之张本。师

---

① "远"，原作"连"，据艺拓本、重阳碑石本改。
② "祀"，艺拓本、重阳碑石本作"赐"。
③ "母"，艺拓本、重阳碑石本作"毋"。
④ "郊"，艺拓本、重阳碑石本作"交"。
⑤ "施"，重阳碑石本作"赐"。
⑥ "板"，重阳碑石本作"版"。

以此道化大行，归功祖师重阳真人，遂留意祖庭。时京兆行省田公驰疏来请，适与师意合。丙申春，始达，于榛莽中规度兆域及宫观基址。终南、太华等处诸观宇，废不能复，咸请主于师。时陕右甫定，遗民犹有保栅未下者，闻师至，相先归附，师为抚慰，皆按堵如故。继而被命于云中，令师选天下戒行精严之士，为国祈福，化人作善。时平遥之兴国观、崞之神清、前高之玉虚白云洞、定襄之重阳、沁之神霄、平阳之玄都，皆主于师。秋，帝命中书杨公召还燕，道经太行山间，群盗罗拜受教，悉为良民。出井陉，历赵魏齐鲁，请命者皆谢遣，原野道路设香花，望尘迎拜者日千万计，贡物山积，略不顾。戊戌春，忽曰："吾老矣，久厌劳事。"以正月上日，传衣钵于真常李公，俾主教事。乃卜筑五华山，并增葺大房山之真阳观，更曰清和宫，以为菟裘焉。终南①祖庭葬具已备，庚子冬②请师董其成，欣然而往，虽冒寒跋险不惮也。常曰："吾以报师恩耳。"时季冬，京兆一境旱，众祷曰："师来，和气必应。"下车而雪。大葬葬礼，以明年③正月二十五日既事。时陕右虽甫定，犹为边鄙重地，经理及会葬者，四方道俗云集，常数万人，物议恟恟不安，赖师道德素重④，镇伏邪炁⑤，故得完其功。初，重阳真人修道于此，既成，火其庵而东，贻诗有后人复修意。至是师赓之，亦有继祖来修之语。噫，百年事终始吻

①　"终南"，艺拓本、重阳碑石本无此二字。

②　"庚子冬"，艺拓本、重阳碑石本无此三字。

③　"明年"，艺拓本、重阳碑石本无此二字。

④　"重"，原作"里"，据艺拓本、重阳碑石本、辑要本改。

⑤　"炁"，艺拓本、重阳碑石本作"气"。

合，岂偶然哉？于是剪芜平丘，土木并作，堂庑殿阁，粲①然一新。既成，额以重阳，以示报本意。若华山之云台、骊山之华清、太平、宗圣等宫，悉择名重耆宿以主之，兴完皆逾旧。是年还燕，夏五月过太原，时自春不雨，禾种不入。师怜之，出己帑物为香火费，为民祈祷，雨大霈。及还燕，无几何，谓侍者曰："我常便清和宫之西堂，故居之。今为我洒扫方丈。"从之，翌日长往。及宫，洮颒礼圣毕，诀众曰："吾将逝矣。"众惊愕，师曰："吾意已决，夫复何言！"有进纸笔者，默②不应，惟戒葬事勿丰。遂不食，但饮水啜茶，危坐谈道，语音雄畅异常。是夜，久正衣冠，曲肱而逝。众毁哭过哀，时馨香③之气满室，远近闻者，奔走赙赗，哀戚若丧考妣。初，师遗言葬大房。至是，僚士固请，遂葬五华，徇舆意也。中统改元二年，诏赠清和妙道广化真人。师平日著述甚多，门人板④之，目曰《葆光集》，并《语录》⑤，皆通贯经艺，洞见道体，所谓博学而约说者。当时朝旨褒崇，及宏儒名卿诗文赞美，裒为一集，目曰《应缘录》。其觉后进，则高下不遗，蹊径坦明，以谦逊勤约为治心之要，以践履功行为入道之基。及其纵说，则时亦露机缄之妙，所谓穷理尽性以至命者也。得其门者，由堂及奥，其次不失为诚谨之士，其成就于人者如此。初，居潍阳龙虎家余⑥

---

① "粲"，艺拓本、重阳碑石本作"灿"。
② "默"，艺拓本、重阳碑石本作"嘿"。
③ "香"，艺拓本、重阳碑石本作"芳"。
④ "板"，艺拓本、重阳碑石本作"版"。
⑤ "录"后，艺拓本、重阳碑石本有"行于世"三字。
⑥ "余"，辑要本作"逾"。

二十年，姬侍日满前，终莫一识其面。尝失善马，获其盗，物色既验，盗畏罪不承，曰"此我马也"。师即还马纵去，其高洁不累于物如此。至大至刚之气，充诸内，形诸外，望之如神，即之如春，不怒而威，匪爵而尊，虽万乘不足加其重，虽穷处不足为之轻，其平日之所养者如此。及遭时得君，权道济物，祥风时雨，覆及远方，跂行喙息，罔不得其所，其见于功用者如此。其至诚前知，感通神明，则又时出人意表。以天挺之姿，承积累之基，譬犹日中之阳，月盈之光，不期盛而自盛，尚且谦抑自居，淡泊自乐，化应乎无穷之缘，神寂乎寥廓之乡，体用兼备，无过不及之弊，其诸异乎同源而异流者欤？抑世有以纲常为言者，是又大不然。自四海横溃，华礼①荡灭，污俗所染，又岂特于借锄德色，取帚诨语，八佾舞庭，召王所②狩者乎？及风化所过，暴者仁，夺者让，泰者抑，上下怗③然，此于纲常之助，其功岂易量哉？仆悼夫昧大体而妄自分裂者，故并及之。铭曰：

叔世运厄坤轴旋，皇纲解纽兵方连。鼎中生灵若小鲜，磨牙万喙垂饥涎。天生至人盖汝怜，神道设教畀己专。重阳发源亦有传，得自无始先天先。世间果有甘河泉，万劫老派常涓涓。流入潍阳玉清前，灌溉六叶开金莲。混沌虽凿大道全，积霭扫尽孤月圆。至理浑④融无正偏，漆园郑圃非独贤。遭时得君明机权，鉴光亦岂从媸妍。冥鸿高举蓬海边，阎阖万里来翩翩。鳌头可钓虎可

---

① "礼"，重阳碑石本作"理"。
② "所"，艺拓本、重阳碑石本作"出"。
③ "怗"，艺拓本作"帖"，重阳碑石本作"贴"，辑要本作"恬"。
④ "浑"，艺拓本、重阳碑石本作"混"。

编，万虬①谁信容笞鞭。颓波力障回九川，涂炭气化成几筵。惠雨
一洒劫火燃，大地垦作种玉田。精卫投石②海空填，螟蛉遇祝速
变迁。风云千载非偶然，转祸为福皆夤缘。归来演教谈妙玄，英
华咀嚼九九篇。琅函万轴成蹄筌，始信天上无痴仙。洙泗岂特徒
三千，灯分大小俱煒煒。有心不敢自圣癫，有口难说无碍禅。人
云功行遍八埏，波浪幻迹从汹汹。草楼③菟裘茅一椽，茹芝大房腹
便便。直钩坐钓三峰巅，宝地花木肥芊芊。青山不碍行云烟，死
而不亡④寿更延。他山有琰实可镌，光腾亿劫无岁年。千溪万壑分
婵娟，明月依旧⑤悬青天。⑥

玄门掌教大宗师真常真人道行碑铭

翰林学士承旨资善大夫知制诰兼修国史王鹗撰

　　道教之曰全真，以重阳真人为祖师，其自甘河仙遇，刘蒋焚
庵，行化关东，前后仅十年，而天下翕然宗之，非信道笃而自知
明，安能特立章章如是？卒之搜奇访逸，得高第⑦四人，曰丹阳、
曰长真、曰长生、曰长春。四人者，俱能整玄纲，弘圣教，使运
数起而道德新，趖矣哉！至于礼聘两国，声驰四方，生能无欲，

---

①　"虬"，艺拓本、重阳碑石本作"虬"。
②　"石"，重阳碑石本作"食"。
③　"楼"，辑要本作"屡"。
④　"亡"，重阳碑石本作"忘"。
⑤　"旧"，艺拓本作"日"。
⑥　"青天"之下，艺拓本、重阳碑石本另有两行文字，分别为"至元元年十月
　　二十三日""玄门正派嗣法演教宗师特授光先体道诚明真人张志敬建"。
⑦　"第"，辑要本作"弟"。

殁能不坏，惟长春师为然。师救物以仁，度人以慈，澹然无极，而众美从之，故游其门者率聪明特达之士。然传法嗣教止于尹清和、李真常二公而已。清和公早慕真风，遍趋法席，潍阳化度，沙漠侍行，为长春门弟子之冠。其踵师掌教，谦抑不居，竟脱烦劳，优游以寿终。若夫以清静养真，以仁恕接物，华实相副，文质兼全，名重望崇，使远近道俗趋拜堂下，惟恐其后，则吾真常公有之矣。公讳志常，字浩然，其先洺州永年人，宋季避地濮之范阳，寻又徙开之观城，因着籍焉。高祖皓、曾祖昌、祖明、父蔓，皆隐德不耀，素为乡里所重。明昌癸丑春正月十有九日，母聂氏夜梦异服一人，授以玉儿，觉而生公。二岁丧父，六岁丧母，养于伯父济川家。济川讳蒙，名举子也。赋义两科，屡占上游，虽以四举终场，同进士出身，歉如也。见公颖悟不群，崭然出头角，意欲作成，以偿平昔之愿。而公不喜文饬，雅好恬澹，常默祷高穹，望早逢异师胜友，式副夙心。年十有九，伯将议婚，公闻之，叹曰："本期学道，未涉津涯。若爱欲缠缚，则古人高蹈出尘之事业难乎有成矣？"同舍兄张本敏之初以嗣续规公，既知牢不可夺，乃各言所志而诀。居无几，负书曳杖，作云水之游。初，隐东莱之牢山，复徙天柱山之仙人宫。宫之主者曰汤阴李仙，见公仪观魁伟，音吐不凡，大加赏异。逮公辞，告之曰："君玄门大器也，山庵荒僻，非久淹之地。昔祖师所至，异人并出，今独长春在焉，宜往从之。他时成就，未可量也。"公翌日遂行，至即墨之东山。属贞祐丧乱，土寇蜂起，山有窟室，可容数百人，寇至则避其中。众以公后，拒而不纳。俄为寇所获，问窟所在，捶楚惨毒，绝而复苏，竟不以告。寇退，窟人者出，环泣而谢之曰：

"吾侪小人，数百口之命，悬于公一言，而公能忘不纳之怨，以死救之，其过常情远甚。"争为给养，至于康调，迄今父老犹能道之。岁戊寅夏六月，闻长春师自登居莱，公促装往拜席下。师一见器许，待之异常。山东路转运使田琢器之，高其行，且闻昔在即墨，主帅黄掴副统咨公筹划，保完一城，以书邀至益都，待以宾礼。己卯冬十有二月，我朝遣便宜刘相仲禄赍诏备礼，起长春师于东莱。时益都副帅张林自金归宋，叛服靡常，公惧其为阻滞，乃往说林，俾移檄所经，卫送以行。庚辰春正月，师始命驾，从行者十有八人，公其一也。二月，达燕。明年春二月，北上。秋七月，至阿不罕山，距汉地几万里。并山汉人千家逆师罗拜，以为希世之遇，咸请立观择人主之。师将行，指公，坐上语众曰："此子通明中正，学问该洽，今为汝等留此，其善待之。"因赐公真常子号，额名其观曰栖霞。师既西迈，公率众兴作，刻日落成。又立长春、玉华二会，至今不辍。癸未夏五月，师至自行在，憩于其观。一日，斋客四集，师手持一弓弦，不言以授公，公亦不言而受，圈而佩之，仍作诗为谢，师但笑领而已。盖阿不罕之留，弓弦之授，识者知其有付属之意。秋七月，从师还，至下水时，残暑尚炽，师因纳凉官舍之门楼，字呼公而教之曰："真师不易遇，得道者不易逢，逢之而不易识也。守道之笃，人貌而天，行直寓六骸而渊宗，忘饥渴而常宁，至静而遗形，独游乎无极之妙庭。此语汝当记之，以俟他日自得之耳。"公拜而谢，自承教之后，益自奋励，息机体真，敬事循理，历死生忧患之际，曾不易其所守。师住燕京之日，凡教门公事必与闻之。丁亥秋七月，师既仙去，清和嗣教，以公为都道录兼领长春宫事。己丑秋七月，见上于乾楼辇，时方诏通经之士教太子，公进《易》《诗》《书》《道德》《孝经》，且具陈大义，上嘉之。冬十一月，得旨方还。庚寅冬，有诬告处顺堂绘事有不应者，清和即日被执，众皆骇散，公独请代之曰："清和，宗师也，职在传道。教门一切，我悉主之，罪则在我，他人无及焉。"使者高其节，特免扭械，锁之入狱。夜半，锁忽自开，公以语狱吏，吏复锁之，而复自开。平旦，吏以白有司，适以来使会食，所食肉骨上隐然见师像，其讼遂息。癸巳夏六月，承诏即燕京教蒙古贵官之子十有八人，公荐寂照大师冯志亨佐其事，日就月将，而才艺有可称者。乙未秋七月，奉诏筑道院于和林，委公选高道乘传以来。虽清和掌教，而朝觐往来必以公，故公为朝廷所知，而数数得旨，玺书所称曰"仙孔八合识"。"八合识"，译语，"师"也。戊戌春正月，清和会四方耆旧，手自为书付公，俾嗣教。公度不能辞，乃受之。三月，大行台断事官忽土虎奉朝命复加玄门正派嗣法演教真常真人号。夏四月赴阙，以教门事条奏，首及终南山灵虚观系重阳祖师炼真开化之地，得旨赐重阳宫号，命大为营建。甲辰春正月，朝命令公于长春宫作普天大醮三千六百分位，及选行业精严之士，普赐戒箓。逮戊申春二月既望，醮始告成，凡七昼夜，祥应不可殚纪。岁辛亥，先帝即位之始年也，欲遵祀典，遍祭岳渎。冬十月，遣中使诏公至阙下，上端拱御榻，亲缄信香，冥心注想，默祷于祀所者久之，金盒锦幡，皆手授公，选近侍哈力丹为辅行，仍赐内府白金五千两以充其费。陛辞之日，锡公金符，及倚付玺书，令掌教如故。公至祭所，设金箓醮三昼夜，承制赐登坛道众紫衣，暨所属官吏预醮者，赏赉有差。询问穷乏，量加赈恤。自恒而岱，岱而衡，衡隶宋境，公尝奏可于天坛望祀焉。既又合祭四渎于济源，终之至于嵩，至于华，皆如恒岱之礼。祀所多有征应，鸿儒巨笔，碑以纪之。壬子春正月，命驾终南祖庭，恭行祀礼，规度营造，凡山下道院皆为一例，以是地系教门根本故也。逮四月既望，东归。癸丑春正月，奉上命作金箓大斋，给散随路道士女冠普度戒牒，以公为印押大宗师。甲寅春，上又遣使作普天大醮，分位日期，如戊申，而益以附荐海内亡魂，敕公为大济度师，出黄金五百两，白金五千两，凡龙璧环纽镇信之物，及沉檀龙麝诸香，并从官给。自发牒至满散，鸾鹤五云现于空际者无虚日。公复念燕境罪徒久幽狴犴，不以湔洗，则无由自新，言之有司，蒙开释者甚众。冬十有二月，有旨召公。乙卯秋七月，见上于行宫。适西域进方物，时太子诸王就宴，敕公预焉。舍馆既定，数召见，咨以治国保民之术。十有二月朔旦，上谓公曰："朕欲天下百姓安生乐业，然与我同此心者未见其人，何如？"公奏曰："自古圣君有爱民之心，则才德之士必应诚而至。"因历举勋贤并用，可成国泰民安之效，上嘉纳之，命书诸册。自午未间入承顾问，及灯乃退。丙辰春正月，以老辞。夏四月，至自北庭。五月至晦，总真阁之北檐无故摧坏。六月庚申朔，公倦于接应，谢绝宾客，隐几不言。戊寅，正襟危坐，语左右曰："昨夜境界异常，吾自知卦数已尽，归其时矣。主管教门，向已奏闻，令诚明张志敬受代，余无可议者。"翌日，悉以符印法衣付之，乃留颂，顺正而化，春秋六十有四。平昔著述多为人所持去，有《又①玄集》二十卷、《西

---

① "有又"，辑要本误作"又有"。

游记》二卷行于世。公以儒家者流决意学道，事师谨，与人忠，茹荤饮酒之戒，涓毫不犯。主宫门二十年，凡所营缮，皆公指授，翚飞栉①比，雄冠一时。四方信施，岁入良多，悉付之常住，一无私积，羽化之日，衣衾杖屦而已。性质直，不能曲意顺情，故谤讼屡兴，随即自解，公一不校，复以诚信待之。方其与同舍张君敏之诀也，各言其志，敏之卒中词赋高第，而公竟掌道教。长春别几二纪，敏之以使北见留，隐为黄冠，公兄事如昔，并其属给养之。时河南新附，士大夫之流寓于燕者，往往窜名道籍。公委曲招延，饭于斋堂，日数十人。或者厌其烦，公不恤也。其待士之诚类如此。长春道侣不下数百，独能识诚明于龆稚，教育成就，卒付重任，其知人之明又如此。故能历事三朝，荐承恩顾，云軿所至，倾动南北，香火送迎，络绎不绝。及闻讣音，近者素服长号，若丧考妣，远者出迓仙灵，为位以哭。可谓其生也荣，其死也哀矣。庚申夏四月，今上嗣登宝位。中统辛酉秋八月，诏赠真常上德宣教真人号。明年夏五月既望，予方逃暑不出，诚明子携诸执事踵门来见，曰："先师嗣法有功玄教，今厌世几七年，不有以追述其美，则门弟子辈俯仰惭怍，殆无了期。惟先生与师邻乡县，熟其为人，敢以斯文请。"予辞之力，不逾月，凡三见临，具状其师之道行，及持虚舟道人李鼎之和所为《传》，并以见示。予观其行实平美，略无纤芥谲怪之事，乃以予平昔之所见闻，并为次第其先后而铭之。铭曰：

道之为教，基于老氏，不肆不耀，知足知止。性而身之，全

---

① "栉"，辑要本误作"节"。

真则是，质而文之，真常乃尔。粤惟真常，系出仙李，重阳裔孙，长春嫡子。笑授弓弦，传法微旨，留建栖霞，嗣教伊始。言必成章，动必循理，诚以待士，廉以律己。万口推尊，三朝付倚，善始令终，荣生哀死。苍苍五华，涓涓一水，窈兮窆兮，闵我冠履。付畀得人，追书遗美，有状斯述，有传斯纪。仙灵虽升，仙闻不已，我铭以辞，无愧焉耳。

终南山重阳万寿宫洞真于真人道行碑^①

宣授河南路转运使兼廉访杨奂撰^②

盈尺之璧，径寸之珠，天下皆知其为^③宝也，不以蕴于山渊而不闻，况于人乎？东鲁宣父^④，炳辟世辟地之训，历代史臣，列隐逸逸民之传，宜乎绵亘千数百载而不废也。仆儒家者流，窃有志于史学。谨按洞真之行实，斯亦古之所谓宗师者欤？故碑之无疑。

---

① "终南山重阳万寿宫洞真于真人道行碑"，《沜阳述古编》（据陈垣编纂，陈智超、曾庆瑛校补：《道家金石略》，以下简称"沜阳本"）作"沜阳玉清万寿宫洞真真人于先生碑并序"，重阳碑石本作"□□□□□□□□□□□□先生碑并序"。

② "宣授河南路转运使兼廉访杨奂撰"，沜阳本作"宣差河南路征收课税所长官兼廉访致仕杨奂撰"，重阳碑石本作"参议京兆路宣抚司事前河南路征收课税所长官兼廉访致仕杨奂撰"。又此行之下，沜阳本有两行文字，分别为"终南山重阳遇仙宫提点洞微大师马志玄书丹并篆额""西溪浮休道人安悟玄刊"，重阳碑石本亦有两行文字，分别为"宣抚司掌书记员择书丹""宣抚司详议兼检察□□事张徽□额"。

③ 重阳碑石本缺"盈尺之璧径寸之珠天下皆知其为"数字。重阳碑石本因原碑上端残缺，行文中有多处缺字，以下不再一一出校。

④ "父"，重阳碑石本作"文"。

师讳善庆，字伯祥，宁海人，高门于公之后。祖彦升，主好畤县簿。考道济，韬光不仕。师幼不茹荤，长通经史大义，雅嗜道德性命之学，与马丹阳同里闬①。大定二十二年，丹阳演法于金莲道场，耋稚云集，而师预焉，时甫十七矣。丹阳见而奇②之，且叹曰："向畏重阳谴诃，颇萌倦弛，然得以终其业者，彦升力也。使是儿入道，殆天报乎其家。"听执几杖以从。再年冬，丹阳返真，径造陇州龙门山，谒丘长春，长春俾参长真于洛阳，得炼心法，丐食同、华间。明昌初，长春归海上，嘱曰："汝缘在汧陇，无他往。夫人需友以成，不可不择。"复入秦，卜吴岳东南峰，凿石以处，日止一餐。凡可以资于道者，造次不暂舍，绝迹人间七八年，迄今目其龛曰"于真人洞"。友蒲察道渊待之如师，后创观汧阳之石门。承安中，好事者③请玉清额，礼体玄大师，寻佩受法箓，以辅道救物，远近益加崇敬。泰和三年，陇之州将保赐冲虚大师号。五年，再谒长春，启证心印，退隐相州天平山。六年，长春介毕知常缄示密语，督还汧陇，仍易名志道。师再三敬诺，参长生。久之，道价隆重，辉照一时。虽黄发故老，自以为不逮也。常谓学仙者存乎积累，赴人之急，当如己之急。八年，南征凯还，悯其俘累，必尽力购援而后已。元光二年，陇山乱，中太一宫李冲虚闻之，举以自代，不起。正大改元，上悼西军战殁，遣礼部尚书赵公秉文祭于平凉，充济度师。秉文高其节，图像荐诸朝，召

---

① "闬"，原作"开"，据汧阳本改。

② "奇"，汧阳本、辑要本作"异"。

③ "者"后，重阳碑石本称，据《甘水仙源录》补"输资有司"四字。案《正统道藏》三家本《甘水仙源录》未见此四字。

之，又不起。二年，饥荒，或言路直秦岐之咽，过客无别，岁计奈何。师曰："吾门一见其难，而遽如许，不广甚矣。"言者悚愧。未几，秋大熟。迁五姓洞真观，环居弗出。逼中使络绎不绝，起而应之，遂领中太一宫事。七年，河南不雨，召近侍护师降香济源上。初期望祀于宫中，而临河阻风，铁札既沉，斥鼓棹①前进，登岸，风如故，立致甘澍，特旨褒异，兼提点五岳佑神观。天兴二年春，京城送款于我朝，驿访高道，以师为之冠。秋七月，约由中滦②渡北迈。时苦于饿，依附者众，船人疑其有金帛，迤逦沿流而下，夜将半，遇一沙渚，委之而去。黎明，惊涛四涌，莫不仓皇失措，会八柳树，堤溃乃定。徐谓弟子符道清曰："今日之事，非尔不能济。"道清，秦人，不安于水，承命捷若神助，俄赂二舟驰迓，举脱其厄，其临事如此。过魏、过鲁、过赵，诸侯郊迎以相蹑，拥彗以相先。玄通子范圆曦，方为人所尊信，主东平上清宫，闻风虚席引避，良有以也。乙未秋，入燕，致祠处顺堂下。适清和嗣教门事，待之如伯仲。丙申，燕境大旱而蝗，俯徇舆情，投符泸沟，乃雨，蝗不为灾。戊戌夏四月，诏天下选试道释，进号通玄广德洞真真人。秋七月，掌教李公真常奏③请住持终南山重阳万寿宫。适北京留守乌公筑全真观奉之。庚子，太④傅移剌宝俭、总管田雄交疏，邀师会葬祖庭，即入⑤命驾入关总宫事。

---

① "棹"，辑要本误作"掉"。
② "滦"，重阳碑石本作"栾"。
③ "奏"，重阳碑石本作"奉"。
④ "太"前，汧阳本、重阳碑石本有"京兆"二字。
⑤ "入"，汧阳本、辑要本作"日"。

綦白云、李无欲实纲维之，而曹冲和志阳实润色之。丙午夏五月，西游巩昌，以汪侯德臣敦请故也。冬，盘桓秦亭，宾僚刘泽珹、王道宁、焦澎，朝夕左右，动静语默，具《西州录》。丁未春二月，还宫。张道士来云中，躬拜庭下，师坚让不受。执事者曰："真人寿垂九秩，簪冠满前，以此而处渊源之地，过矣。"师曰："礼无不答，大白若辱，广德若不足，老氏有之。以丹阳接一童子，必答焉，忍自尊大耶？"庚戌冬十月二日，沐浴，正襟危坐，犹平日。翌日，留颂，以寓生不必乐、死不必忧之旨，曲肱敛息，坦然顺化，春秋八十五。后九日，葬于宫之西北隅，有《洪钟集》行于世。镇阳冯侍郎璧①传其事甚悉。在汴则尚书左丞张公行信、平章政事侯公挚、司谏许公古、礼部尚书杨公云翼、王府司马李守节、修撰雷渊、应奉翰林文字宋九嘉，在燕则陈漕长时可、吴大卿②、张侍读本，在关中则参省王辅臣、郎中邛邦用、讲议来献臣、同德寺丞杨天德、员外郎张徽、中书掾裴宪、经籍官孟攀鳞③、署丞张琚。盖当世景慕者也，容力取而言诘之哉？师间气天挺，谦慈夷粹，似简而不失其④倨，似和而不涉于流，信乎其难名也。四方学徒，不可胜数，虽久于其事者，未尝见喜怒之色形于颜间。察其日用之常，则寒暑风雨无少变，六十八年，胁不沾席，衣不解带，可谓慎终如始矣。与人言惟正心诚意而已，至于啬神颐真之秘，苟非其人，闭口不吐，恐失之强聒也。精洁俭

---

① "璧"，辑要本作"壁"。
② "卿"后，汧阳本有"章"字。
③ "鳞"，重阳碑石本作"麟"。
④ "其"，汧阳本、辑要本作"于"。

素，不习而能，一履袜之细，至经岁不易，肯以丝毫利诸己耶？东彻海岱，南穷襄邓，西极洮巩，北际燕辽，瑰踪璋迹，章章可考。葬之明年春，仆以南漕长告老燕台，无欲子促其徒往返六千里，恳征文石。呜呼！玄鹤不来，青山已尘，遐想岩扉，强勒之铭。铭曰：

维道与天初同原，方术分裂无乃繁。至人跃然起海门，丹阳嫡子重阳孙。空山大泽环四垣，隐几坐观万马奔。物生不愿为牺樽，火烈始见玉性温。西翱东翔动帝阍，岁旱怀诏济渎源。洪[①]流怒涛鲸吐吞，灵符一掷慑老坤。蕫廉冯夷掖两辕，焦谷载沃如平反。朝那夜哭战死魂，霓旌豹尾交缤翻。杨[②]枝麈洒消沉冤，随机应物忘清浑。疾雷破聩电烛昏，功成弗居德愈尊。上宾碧落何轩轩，道路掩面泫[③]宿恩。洪钟叩击皆玄言，包括郑圃罗漆园。陆陶殊派契义敦，我舌入笔势可扪，赤书翠琰馨兰荪。[④]

---

① "洪"，重阳碑石本作"鸿"。

② "杨"，辑要本作"扬"。

③ "泫"，重阳碑石本作"泣"。

④ "我舌入笔势可扪，赤书翠琰馨兰荪"之下，汧阳本有数行文字如次："□□□□十月吉日门下三洞讲经清微大师冯道真、宣差陕西并兴元等路道门提点兼重阳万寿宫事赐紫高道宽立石。功德主宣授乾州前征行元帅希真居士刘德山、夫人阎淑善、阎敬善、长男宣授乾州奥鲁元帅刘善应、次男宣授乾州军民征行元帅刘善庆，功德主征行都总领左德敏、夫人高氏、男征行元帅左天宠，功德主前陇州长官元帅姬晋、前长官元帅马妙信、太夫人冯永善、长男宣授元帅陇州防御使姬蒙古歹、次男征行元帅姬寿童、权元帅姬庆童、汧阳县令曳利阇僧、主簿张再立、都鉴屈正、典史张□、前陇州达剌花赤断事官木忽乃、男达剌花赤昔立吉思、前陇州达剌花赤高猪儿、男征行达剌花赤高沛哥、同知魏贞、防副杨顼、防判王珪、都目张安、孔目李安、（转下页）

甘水仙源录卷之四

夷门天乐道人李道谦集

真常子李真人碑铭

朝请大夫翰林修撰同知制诰赐紫金鱼袋张邦直撰

学道之难，大要有三：一曰悟理，二曰弘教，三曰付畀得人。能备是者，其真常真人乎？真人之所学，即世之所谓全真者也。是道之传，古所未有，倡始于重阳王君。门弟子得其传者，马丹阳玄宝洎其室孙清净不二，谭长真通[①]正，刘长生通妙，丘长春通密，王玉阳体玄，郝广宁大通，七人而已。厥后，学者遍天下，无虑数千万人，而习他教者为衰，呜呼盛哉！真人之时，马已谢世，而丘、刘、王、郝尚无恙，真人历扣四君，见者皆以为可教，乃抽关启钥，不少靳固。真人会集微妙，渊停海涵，无一不具，由是心益明了，而其道坐进矣。性好山林，乘兴即往，然未尝留滞一处。始在燕蓟间，寻之登、之莱、之嵩、之河秦，既而即大梁之丹阳观居焉。所至则徒众奔走往来，愿受教门下者无虚日，真人一皆接纳，饮食教诲，略无倦容，故人人咸自以为有得，而依归之诚益坚。真人一日遣人诣郿之五姓，邀宁海于公伯祥主中

（接上页）宣差巩昌路都打剌花赤乩乞帖木令、镇国上将军西川行枢密院副使汪良辰、昭勇大将军巩昌路便宜都总帅兼诸军奥鲁总管汪惟正、昭勇大将军都总管权便宜都总帅汪惟孝、武德将军同知便宜都总帅汪□、巩昌路同知都总管孙□、便宜都总帅府经历王□、宣授巩昌路都道录杨□、冲虚大师"。

① "通"，辑要本误作"道"。

太乙宫，且曰："于吾友也，风神洒落，识度夷旷，衣褐怀玉而不愿人知，盖吾先师长春子所密授者。他日兴吾教者，其斯人欤？"及癸巳之春，大朝遣使征真人。既受命治装，行有日，忽顾谓其众曰："天将兴治古之道，而吾不及见。吾向所以邀于者，正谓今日也。"遂以后事付于，而问曰："日景午未？"侍者曰："午矣。"乃枕肱而逝，享年八十有三。真人德兴人，讳志源，李其氏，真常盖丘师所赐号云。其他神异之事，当世名公巨人载之详矣，故不复具。系之以铭曰：

维昔重阳，倡此全真，孰承孰传，作者七人。迨及真人，会同诸师，微显阐幽，于南之陲。声闻于天，大朝来征，受命既还，忽焉遐登。真人尝云，宁海之于，他日兴教，在斯人欤！出言必酬，如响应声，所以前知，得于至诚。维生有闻，维后有传，概之古人，不几乎全。夷山之阳，汴水之湄，刻我铭诗，以永厥垂。

离峰子于公墓铭[1]

遗山元好问撰[2]

有为全真之言者卫致夷，状其师离峰[3]之行，请予为墓道之[4]碑曰："始吾离峰子事长生刘君，年未二十，便能以苦[5]自力，丐

①　"离峰子于公墓铭"，元好问《遗山集》卷31（《四部丛刊初编》本，以下简称"遗山集本"）作"紫虚大师于公墓碑"。

②　"遗山元好问撰"，遗山集本无此句。

③　"峰"后，遗山集本有"子"字。

④　"之"，遗山集本无此字。

⑤　"苦"后，遗山集本有"行"字。

食齐鲁间，虽腐败委弃，蝇蚋之余，不①少厌。不置庐舍为定居计，城市道途，昏②暮③即止，风雨寒暑不恤也。吾全真家禁睡眠，谓之炼阴魔，向上诸人，有胁不沾席数十年者。吾离峰子行丐至许昌，寄④岳祠，通夕疾走，环城数周，日以为常，其坚忍类如此。尝立城门之侧，有大车载槁秸而过⑤，槁触其鼻，忽若有所省，欢喜踊跃，不能自禁，为一老师锁闭空室中，三日乃止。初不知书，自是日诵数百言，有示《老》《庄》者⑥，随读随讲，如迎刃而解。不数年遍⑦内外学，作为歌诗，伸纸引笔，初若不经意，皆切于事而合于理，学者至今传之。为人伟仪观，器量宽博，世俗毁誉，不以关诸心，独于周急继困，⑧恒若不及也。南渡后，道价重一时，京师贵游闻师名，奔走承事，请为门弟子者不胜纪。正大中，被旨提点亳州太清宫，赐号⑨紫虚大师。离峰子之生平如⑩此。门人辈将以葬师洛阳长生观，⑪吾子尝许以

---

① "不"前，遗山集本有"食之"二字。

② "昏"前，遗山集本有"遇"字。

③ "暮"，遗山集本作"莫"。

④ "寄"后，遗山集本有"止"字。

⑤ "过"后，遗山集本有"者"字。

⑥ "有示《老》《庄》者"，遗山集本作"示之《老》《庄》"。

⑦ "遍"，遗山集本误作"偏"，且后有"通"字。

⑧ "周急继困"后，遗山集本有"解衣辍食"四字。

⑨ "号"，遗山集本无此字。

⑩ "如"前，遗山集本有"大略"二字。

⑪ "门人辈将以葬师洛阳长生观"，遗山集本作"致夷将以某年月日葬师于洛阳长生观"。

铭，幸卒成之。"予在三乡时，盖尝见^①离峰子于众人之中。官东南，离峰子^②乐与吾属游，思欲扣^③其所知而未果也。且卫^④求予文有年矣，今^⑤复自聊城走数百里及^⑥于济上，待之者又数^⑦月。病，予^⑧懒于笔墨，若谓有疑于师^⑨者。然予于离峰子何疑哉？予闻之今之人，全真道有取于老佛家^⑩之间，故其寒饿憔悴^⑪痛自黥劓若枯寂头陀然。及^⑫有得也，树林水鸟，竹木瓦石之所感触，则能^⑬颖脱，缚^⑭律自解，心光晔^⑮然，普照六合，亦与头陀得道者无异。故尝论之，夫事与理偕，有是理则有是事，^⑯然亦有无是

---

① "见"前，遗山集本有"望"字。
② "子"后，遗山集本有"亦尝寓书求子为录章封事予雅知若人"数语。
③ "扣"，遗山集本作"叩"。
④ "卫"，遗山集本作"致夷"。
⑤ "今"后，遗山集本有"年"字。
⑥ "及"后，遗山集有"予"字。
⑦ "数"，遗山集本作"累"。
⑧ "病予"，遗山集本作"予病"。
⑨ "师"前，遗山集本有"其"字。
⑩ "老佛家"，遗山集本作"佛老"。
⑪ "寒饿憔悴"，遗山集本作"憔悴寒饿"。
⑫ "及"后，遗山集本有"其"字。
⑬ "能"后，遗山集本有"事"字。
⑭ "缚"字，遗山集本漫漶不清。
⑮ "晔"，遗山集本作"烨"。
⑯ "有是理则有是事"后，遗山集本有"三尺童子以为然"一句。

理而有是事者。①予撰②《夷坚续志》③，有平居未尝知点画，一旦作偈颂，肆口成文，深入理窟者三数人。黥卒贩夫且然，况念念在道者乎？张内翰敏之，离峰子之旧④，叙其歌诗曰："师自以其言为道之弃物，今所以传者，欲知此老林下百眠⑤尘中几蜕耳。"又曰："悠然而风鸣，泛然而谷应，彼区区者或以律度求我，是亦⑥按天籁以宫商，责⑦浑沌之鲜丹青也。"吾友孙伯英，河洛名士，在太学时⑧，出高⑨献臣之门。若雷希颜⑩、辛敬之⑪、刘景玄⑫，皆天下之⑬选。而⑭伯英与之游，头角崭然，不甘落其后，一见师，即北面事之，竟为黄冠以殁。张予所敬，而孙⑮所爱也。二君子且

---

① "然亦有无是理而有是事者"，遗山集本作"然而无是理而有是事"。此句之后，遗山集本有"载于书接见于耳目，往往有之，是三尺童子不以为然，而老师宿学有不敢不以为然者"一句。

② "撰"，遗山集本作"谋"。

③ "夷坚续志"，遗山集本作"夷坚志"。

④ "之旧"，遗山集本作"旧也"。

⑤ "眠"，辑要本作"眠"。

⑥ "亦"，遗山集本无此字。

⑦ "责"前，遗山集本有"而"字。

⑧ "时"，遗山集本作"日"。

⑨ "高"后，遗山集本有"河南"二字。

⑩ "颜"后，遗山集本有"渊"字。

⑪ "之"后，遗山集本有"愿"字。

⑫ "玄"后，遗山集本有"昂霄其人"四字。

⑬ "之"，遗山集本无此字。

⑭ "而"，遗山集本无此字。

⑮ "孙"后，遗山集本有"予"字。

然，予于离峰子何疑哉？乃为^①铭。离峰子讳道显，出于文登于氏，初隐观津女几之桃花平，过洛阳，得其师^②刘君旧隐^③葺居之，是为长生观。住太清^④三年，避壬辰之兵于卢氏，漆水公迎置^⑤邓下，俄以疾终，春秋六十有五，离峰子^⑥其自号云。铭曰^⑦：

分食鸡豚，托处鼯蛇，视身寇雠，自干罝罗。乐有加耶？年可退耶？所持者狭，而所获奢耶？岂无考槃，在涧之阿？木茹草衣，召来天和，急而张之，弦绝奈何？学道之难成，使人咨嗟，曰妇姑勃磎，交丧则多。千日之功，或弃于毫末之差。彼避险而就夷，背实而趋华，拱璧以先驷马，不免于盗^⑧夸。若人者不溃于流，不磷于磨，始于同气关弓，终以大方为家。顾虽蜕骨^⑨于此，安知其不冠青云而佩飞霞也耶？

弘玄真人赵公道行碑

翰林待制知制诰兼修国史李谦撰

弘玄真人仙蜕之七十年，至元庚辰春，嗣法孙邢默庵道安托终南重阳万寿宫宗主天乐真人李道谦状其行实，遣弟子至京师以

---

① "为"后，遗山集本有"之"字。
② "其师"，遗山集本无此二字。
③ "隐"，遗山集本作"庐"。
④ "清"后，遗山集本有"宫"字。
⑤ "置"，遗山集本作"致"。
⑥ "子"，遗山集本无此字。
⑦ "铭曰"，遗山集无此二字。
⑧ "盗"，遗山集本作"道"。
⑨ "蜕骨"，遗山集本作"有墓"。

道行碑为请。推本源委，乃叙而铭之。按真人讳悟玄，字子深，姓赵氏，出临潼之零口民家。在孕十有二月，生于金天德元年，惊姜之夕，室有光烨然，父母异之。早孤，事母魏以孝谨称。性冲澹，屏弃外慕。既冠，读书通大义。时全真教始兴，真人闻而向焉。会第一代重阳公谢世，丹阳马公扶护而西，道出零口，真人迎馆于家，礼敬备至。丹阳观其有受道之器，与之语，遂相契。翌日，遇丹阳行丐长安市，真人出货泉百缗馈之，归谓母曰："人生几何，汩没一世间，徒劳人耳。不若鄙远俗务，栖心玄门，可以悟理，可以明性，可以达道。"母曰："果若有志，吾与偕往。"乃举家入道，访丹阳于终南之刘蒋，师事之。亲炙日久，丹阳教以息心养性之术，浸有所得。长安人赵恩虚第宅以请，乃筑为环堵，师弟子入居其中，今蓬莱观是也。宴坐数岁，心境澄澈，至理贯融，得丹阳之学为多。其后丹阳东游，有稷山段明源者，复究玄旨。丹阳喜曰："关西已有赵悟玄，河东又得段明源，吾教得所传矣。"是后关中之人，攀挹道誉，以不得参接为恨。邠州淳化李氏筑为精舍，延①真人以居，因剪柏四枝，手植于庭，且口占数语，以道其树善本之义，柏遂生，迄今茂盛。泰和中，樊川雒六郎者，事真人执礼恭甚。其弟某，家居城中，屡于茶肆见一道者居座傍。暇日谒其兄来樊川，闻真人为兄所礼敬也，同往拜之，阅其貌，则茶肆常见者。因以语兄，知真人未尝出，大加敬信，遂割别墅朱阳村之柏坡为真人筑庵之地。庵成，命曰全道。又谓弟子然逸期曰："京兆延祥观，道祖玄元示迹之地，曩者丹阳

---

① "延"，原作"廷"，据辑要本改。

师已筑堂其侧，他日必为崇福道场，汝可居之。"真人时亦往来其中，岁增月葺，今为名观。大安壬申春，真人拜扫先茔，诸弟子皆从，中路闻虚空有声，如乐音合奏，从者皆闻之。真人因作歌词以志其异，仅成半篇，命弟子鲁现琦识之。时弟子李道宝自洛西还，道中忽与真人遇，且曰："汝当速行，吾其逝也。"言终不见。至陕复遇真人，曰："向尝作歌词未终篇，今足成之，汝其无忘。"道宝至淳化，真人已返真矣。道宝为诸弟子言所见，举其词合现琦所识，遂成全篇，众皆骇异。真人阅世六十有三年，自号了真子。明年，葬柏坡之全道庵，同知平凉府事杨公庭秀实志其墓。国朝掌教宗师清和尹公拜祠下，叹其崖巅峻狭，不足以容广厦，命其徒芟夷坡之下，而改作焉，额曰翠微宫，尊之也。真常李公奉朝命，追赠今号曰弘玄真人。真人邃于玄学，所谓修丹养性、黄庭内外景之说，得之于心，宣之于口，皆成咏歌，有曰《九九诗》《无生吟》，具载《仙梯集》，传于道流。山东诸郡目真人曰"小丹阳"。初，真人居澧西，尝晨起呼众曰："三十年后，玄教大兴，当有宗师阐化，门人遍天下，汝等其勉之。"及长春丘真人赴太祖圣武皇帝之召，竟如其期，咸以为至诚前知，静而能应云。门弟子甚众，其尤贤而有道者曰清贫子王德遇、洗灯子然逸期、明微子王志清。嗣清贫者曰吕志真，嗣洗灯子者曰张道性。明微子度李志久，方主翠微宫事。铭曰：

　　道家者流祖玄元，太虚为室静为门。灵襟不受尘翳昏，扩然洞见天地根。厥初滥觞发真源，季世遂有支流分。禬禳科禁何纷纷，玄元至教几湮沦。全真之兴百余年，弱而能强谦而尊。无为而为妙用全，不言而言真理存。重阳而下数散仙，翼赞其道能弘宣。就中丹阳得真筌，谁能继之曰弘玄。妙龄不著爱欲缠，逃人径入终南山。环堵宴坐百虑捐，天光内照如澄渊。关中道誉芬芝兰，捐赀割土争招延。筑庵要结香火缘，嗣法有人今再传。淳化之柏高参天，翠微之宫蠹云烟。御风乘气返自然，惟余胜迹光樊川。

终南山碧虚真人杨先生墓铭

翰林修撰嘉议大夫同知制诰上轻车都尉彭城郡开国伯食邑
七百户赐紫金鱼袋刘祖谦撰

明昌初，仆时年十四五，就学于长安，闻得道羊皮先生已羽化于府署之宣诏厅，复有纸袄先生居焉，数数见之。方稚蒙，未能知其异人。泰和之末，得官有崀，或言杨碧虚者，传王祖师之道，名振关中，乃向所谓纸袄先生也。先生名明真，其号碧虚子，耀州三原赵曲里人，家世为农，兄弟四人俱入道，先生其伯也，仲曰守珪，余俱早世。先生始从马丹阳学，复诣山东见丘、王诸师，由宣诏厅往来南山。承安、泰和间，徒众颇多归之。适陕右二统帅俱皇族，相继师礼焉。运使嘉议高公，忽病心痛，治莫能效，先生为布气按摩立愈，有诗十绝为谢。先生素不识书，口占赓酬，略不停思，高大异之。尝云："先生独传祖师心要。纸袄草履，土木形骸，或歌或舞，或类狂痴，曾以养生安心术相授。"其为宦贵士流尊礼如此。道俗景仰，随问随答，顷刻诗颂积叠，人人满意。正大二年清明日，语门人李志常即祖坟预建寿塔，果以十年六月无疾而逝，享年八十。集所为歌诗余三百篇，目曰《长安集》。先是，其仲守珪受印可于先生，遂居凤翔。一日，求木于前知府术虎公。既瞑目，门人敛焉，郡人惊异，观者万计。二道人因忿争于前，久之不解，忽闻击木声，举盖再起，让曰："若辈将卖我作利赂耶？速盖棺，将无人矣。"葬后不数日，北兵奄至，城扉果阖，于是郡人始悟，事见定海节度使卢通议墓碑云。嘻，一门而二达者，异哉！志常以师之圹[①]独未有铭见请，宜铭：

世人憧憧名利场，体便绮纨味膏粱。气不内充性则戕，一真忽焉散微茫。反以纸袄为猖狂，谁知怀玉终煌煌。倒持阴阳长不亡，飞上神京朝玉皇。守炉炼丹曾窃尝，其徒今有李志常。

终南山全阳真人周尊师道行碑[②]
筠溪天乐道人李道谦撰[③]

至元甲戌岁秋九月壬午，终南山重阳成道宫提点吴志恒来刘蒋祖庭之筠溪，再拜稽首曰："我先师全阳周君，道高德著，福大缘深，愿得子之文刻石，以传来世。"余以不敏辞而弗许也。谨按藏室所收《金莲记》，及崆峒李公君瑞作师墓铭，并向者洞真真人于君常谈师之言行，而编次。师姓周氏，讳全道，世为古幽之巨室。乱后，谱牒遗坠，故世系莫得其详。生于皇统乙丑十二月二十二日，自幼语默，进止若成人，状邈奇古，神情雅澹。夙丧其父，生理萧索，竭力以事母。母忽感奇疾，百疗不愈，师割股

---

① "圹"，原作"扩"，据辑要本改。

② 此行，重阳碑石本作"终南山重阳成道宫全阳真人周尊师道行碑并序"。

③ 此行，重阳碑石本作"前诸路道教都提举葆真玄靖大师筠溪天乐先生李道谦撰"。且此行之上有"武信陈志元刊"，此行之下又有两行文字如次："门下三洞讲经开玄崇道大师孙德彧篆额""祖庭道士栖玄致道大师陈德定书丹"。

与药同进，厥疾乃瘳，乡党以孝闻。年及冠，里人有以子妻之者，师婉其辞而却之。及母氏之终天也，哀毁过礼，几于灭性，叹曰："吾尝闻道家有言，一子进道，九祖登仙。欲报罔极之恩，无逾于此。"时大定癸巳岁，闻丹阳宗师环居终南祖庵，弘演真教，师径诣席下，求受道要。丹阳纳之，俾与弟子列，自薪水舂爨，皆使亲历。师恭服勤劳，数年匪懈。丹阳察其有受道之志，一旦召入环室，付之真诀，及赐以全阳子号。师既得法，克己炼心，行其所受，如是又数载，合堂云众，莫不服其践履之实。无几何，丹阳谓曰："邠近边鄙，教化难通，汝当往居，以弘吾道。"师承命而行，卜庵玉峰山下，颐神养浩，积德累功。与人子言教之孝，与人弟言告之顺，贪者诲以廉，懦者谕[①]以立，各因其根性浅深，皆蒙启发。至于疲癃残疾、惸独鳏寡而无告者，收养于庵中。由是闾里士庶日益敬仰，邠人为之迁善。壬寅，丹阳鹤驭东归，师每至清明，必躬诣终南祖庭致祭，岁以为常。贞祐间，羌人陷邠，师亦在虏中，虽被俘挚，其精进道业略不少渝。羌识其为[②]异人，遂释之。厥后四方来诣门请益受教者，奚止满户外之屦。度弟子仅千人，俱令各立方所，诱掖后进。元光末，尚书左丞张公信甫出镇邠郡，素忌师名。一日，诣庵叩其所修，师告以道德性命之理。公喜其诚，出而语人曰："周全阳有道者也。"翌日设斋，仍赠以袍履，时遣人候问起居。师亦尝往来寓居长安县之汉高祖庙，统军完颜公待以师礼。正大戊子，复还邠，以十月十有七日

① "谕"，重阳碑石本作"喻"。

② "为"，重阳碑石本无此字。

命众作斋，召嗣法门人圆明子李志源洎诸上足嘱之曰："终南南时村活死人墓，祖师开化炼真之地，吾欲增葺以彰仙迹，奈世态如此，不可强为也。他日升平之后，汝辈各当勉力，以成吾志。"言讫，命侍者焚香，令众诵《清静经》，师危坐澄听，甫竟三过，枕左肱而逝，春秋八十有四。葬于玉峰庵侧。士人王才卿者，与师为莫逆友，时仕^①庆阳。方天兵围城甚急，忽梦师布衣藜杖造门而至曰："吾今特来与公相别。轩冕傥寄，不堪久恋，此身一失，再得实难。"珍重而去。未几围解，王乃访人，始知师入梦告别之日，乃返真之辰也。遽解印绶，黜妻子，乐道以终其身。先承安戊午岁，东鲁郓城县洞虚子张志渊者，尝两梦神人持白刃叱之曰："尔年将尽，胡为不参师学道，以脱速死耶？"既觉，心神恍惚，因诣郭西，郊行以畅其情。适见一道者麻衣草履，躯干魁伟，飘然西来，就而^②言曰："汝有宿缘，故来相接。"即于道傍树阴教以烹铅炼汞密语，及^③解以麻绦赠之，且曰："敬之哉，无忘吾训。三十年后，当有吾门弟来此，与汝相会，是时汝得与师真共结大缘矣。"张问其姓名，答曰："吾关中周全阳也。"俄失所在。张乃警悟，遂易衣入道，后于济州创白云观，度门弟数百人，悉立庵观于齐鲁之间。壬辰，六军下河南，李圆明挈众北渡，于东河^④县筑栖真观居之。张闻往见，告以向日遇师之故，圆明出师画像示之，张焚香致拜曰："此正吾曩者所遇师也。"即递相印可，以圆

---

① "仕"，重阳碑石本作"住"。

② "而"，重阳碑石本作"张"。

③ "及"，重阳碑石本作"仍"。

④ "河"，辑要本作"阿"。

明为道兄焉。乙未，关中甫①定，圆明追念师之遗命，率法属门众百余西归，于南时创重阳成道宫，张洞虚屡辇金币②以资其用。不十载，雄构壮缔，庨豁可观。辛丑春，清和真人会葬祖师毕，命门人捧师仙柩葬于刘蒋之仙蜕园。壬子，常教真常李君奉朝命，追赠全阳广德弘化真人号。师仁慈悯物，惠爱困穷，处己俭薄而厚于施设。每以谦冲自守，不恃其成而居物先。其啬气颐神之妙，乃平日素习，虽须臾不少替。迨乎应缘扶教，则任物之自然，而门徒辐集，权贵钦崇，非以计谋而致其事。仙宫道观所在，俱有成绩。兀坐终日，望之俨然而不见惰容，及其即之，熙然如阳和生物，使人虚往而实归。老氏之三宝、南华之真人行，师兼而有之，可谓圣门之达者欤！系之以③铭曰：

嗟若全阳，玄门之纲，天姿英伟，上性昭彰。松筠节操，铁石肝肠，释尘缘而求道要，适玄化之浸昌。三髻宗师，授以灵章，心渊而明，气大而刚。神宇泰定，发乎天光，七载而心符圣教，九年而妙契真常。承命而行，演道故乡，邻人先馈，奚啻五浆。示神变而警张，入梦魂而别王，驾一气之鸿蒙，恣八表以翱翔。游紫府，宴华堂，朝上帝，礼元皇，混太虚以莫测，齐浩劫以无疆。门徒道友，思之不忘。构祠而设像，暮灯而朝香，纪遗烈而刻贞珉，将为万世而传其芳也。④

---

① "甫"，重阳碑石本作"抚"。

② "币"，辑要本误作"弊"。

③ "以"，重阳碑石本无此字。

④ 铭文之下，重阳碑石本有文字如次："至元十二年下元日，本宗提点圆通惠照冲素大师吴志恒、提举明真安静大师孟志常、提举冲静大师杨志谦、（转下页）

普照真人玄通子范公墓志铭

上党宋子贞撰

公讳圆曦，姓范氏，号玄通子，宁海人。性有夙慧，能记[①]始生时事。少长见屠豕，遂不茹荤。居母丧，露处墓侧。父丧，具凶服，日一往，虽大风雨不避。幼业儒，喜涉猎书传，务通大义而已。年十九，从郝太古学为全真。太古深器之，潜授秘诀，且属以观事，常住多羡余几十万缗，听其出入不问。太古寻顺世，余众利其财，谋欲害公。公闻而笑曰："吾为众守耳，何至如是？"即并管钥以付，拂袖如胶西。屏绝世虑，自闭环室中，究其所谓精气神之学。继徙密州，州人大加敬信。贞祐初，红寇起，东海富人多以财宝寓公。城破寇入，公度不可保，乃尽出所有以啖渠帅[②]，老幼获免者甚众。寇退，遗民奉公为主，复为城守。先是有诏，能完复一州一县者，名就拜其州县长官。已而命下，公力辞之曰："道人得此安用？"改赐普照大师、本州道正，受之。山东益乱，由东平入覃怀，登太行，下辽山，以达邢台。时邢台已归命，遂属国朝。寻迁赵州，筑环堵不出。居一岁，闻丘长春奉诏

（接上页）提举明真大师段志元、知宫宋志瑞、前本宫提点明元葆光大师梁守一、前本宫提点无尘大师潘素济、前本宫提点通真大师王志远、前知宫了真子王志瑞、前滕兖济三州道门提点洞虚普惠真人张志渊、前本宫尊信悟真大师贾守真、前本宫尊宿纯和希真大师张志古、提领祝志渊、全阳尊师嗣□圆明洪□渊虚真人前提举重阳万寿宫事李志源立石"。

① "记"，辑要本作"纪"。
② "帅"，原作"师"，据辑要本改。

南下，诣谒于燕山，大蒙印可，俾充河间、真定等路道门提点。武仙之变，挈徒走泰山。丙戌，东平大行台严公迎修上清万寿宫，署道教都提点，时遣人候起居，或就咨访，礼意勤缛，莫与为比。公亦论列利害不屈，左右行台之政，多所裨益。积十有二年，宫事稍就绪，乃东游海上，谒太古祠，及一觇先垄，径诣真定，筑太古观，又修赵州之天宁观，时时往来其间。戊申，朝命加赐玄通广济普照真人，牢让不受。是岁，游关中，祀重阳祖师于终南，秦陇帅太傅濮国公素蹇傲，未尝下士，见公不觉膝屈，三返致疏，请提点重阳万寿宫。公辞以年老，不任应接，帅檄关吏不令出，公不得已为之住持。才半载，假以行缘诸方，复还真定。未几，会葬源明真人李志源于有莘，归次大名。一日，晨起盥漱毕，忽谓众曰："吾今日以往更不度人。"日始中，奄然长逝。平昔尝语人曰："从上诸师多淹疾累久，不得速去，甚不快人意。"或曰："师能之乎？"公曰："令汝看。"至是果然。岁在己酉十月二十五日也，享年七十二。门人王裕中等舁①其枢归东平，卜以明年二月二十五日葬于上清万寿宫之翛然堂。以子贞尝辱知于公，恳求乞铭。公为人开朗尚义，汲汲于济物，而疾恶之心太重，若将有志于世者。闲暇谈笑，亹亹可爱，一有不合，则面折力争，虽毫发不贷。要之，胸中无滞碍，故言虽切直，人不以为忤。与人交必尽诚，振乏急难，轻财如粪土。乐从士大夫游，汴梁既下，衣冠北渡者多往依焉。尤邃于玄学，神怪幻惑之术，略不挂口。其尝受戒箓称为门弟子者，不可胜计。四方请益之士多乞为歌诗，及

---

① "舁"，原作"辈"，据辑要本改。

其手字。公布纸落笔动数百幅，殊不致思，而文彩可观，得片言只字，皆藏之十①袭，以为秘宝。所至之地，则候骑络绎，幢盖塞路，马首不得前。自郡守县令而下，莫不奔走致敬，北面师事，其为时所重如此。铭曰：

三山无迹云海昏，海上渺渺余仙源。笃生异人弘妙门，太古嫡嗣重阳孙。清谈挥尘玉屑喷，戏墨落纸银涛翻。穷殚圣奥角与根，余子不得窥其藩。姝姝暖暖蓬艾繁，窃取温饱几穴垣。鹏化宁知北海鲲，麾斥八极恒孤骞。退身闲居道愈尊，所在请益如蜂屯。百岁厌代归朝元，羽轮飚车阆复昆。昭昭中有不亡存，惠子已矣谁与论。为公作诗铭九原，亦以发予之狂言。

栖云真人王尊师道行碑

翰林学士承旨资善大夫知制诰兼修国史王鹗撰

今上皇帝即位之二年，稽古建官，百度具举，内严省署，外列监司，班庆赏以酬勋庸，锡嘉名以尊有德。越八月之望，中书丞相奏："全真老宗师王栖云操行纯正，海内钦崇，宜降玺书，以彰宠数。"制可，特赐号惠慈利物至德真人。命下之日，四方万里闻之，莫不感悦，知其锡予允当，师真得人也。师法讳志谨，占籍东明之温里，家世业农，富而好礼。师生体异，夙有道缘，甫冠将娶，不告而出，径趋山东。路闻太古广宁真人演教宁海，执弟子礼，久之缘熟，渐次亲炙，口传心受，凡得一语，铭诸肺腑，自是日益修进，大蒙印可。逮广宁仙蜕，只影西来，坏衲破瓢，

---

① "十"，辑要本作"什"。

首蓬面垢，行不知所之，止不知所为，人役之，笑而往，人辱之，拜而受，韬光晦迹，未有识其为道者。寻值兵饥，盗贼蜂起，民皆潜匿。师遭执缚，将杀而烹之，神色不变，言辞慷慨，略无惧容，群盗知其异人而释之。乱甫定，从长春真人北游燕蓟，徜徉乎盘山西涧之石龛，草衣木食，若将终身焉。诸方学者日来质疑，由是道价愈增，令闻遐播，然犹执谦，乐居人后。长春仙去，方出经行，不喜置钵囊挂杖，盛暑不笠不扇，严冬不裘不帽，沿身之外无长物。人有以财物献者，虽勉受之，过目不问。后游诸方，到即缘契，兴建琳宇，在处有之。所至泰然，不以旧新介意，住虽久，去不回顾，暂①憩朝夕，亦犹久寓之安。车辙所经，愿为门弟子者动以千数，达官著姓，白叟黄童，山林缁素之流，闺闱笄总之子，莫不罗拜于前，其为世景仰如此。凡丫②童之拜，师即答之，或问之，则曰："凡隶玄门，皆太上之徒，吾之昆季也。天下之患，莫大乎傲慢轻易。道性人人具足，奚分长幼乎？"闻者叹服。平居澹泊，不事华饰，惟祭飨高真，色色庄严，未尝以为过，虽金冠玉佩，鹤氅凤履，服之不辞也。设醮之际，屡致休祯，或鸾鹤翔空，或风雨应期，隐而不言，不可殚纪。岁戊子，经镇市帅曹德禄邀，师作黄箓大斋，远近会者不下数千。其井仅供二三十人，德禄忧之，请于师。师命具茶果躬祭井上，以净席覆之，历一昼夜而后启，其泉汹涌，用之不竭，醮已复初。四方传诵，师不以为异，或询其故，师曰："无他，彼以诚告，我以诚应，

---

① "暂"，原作"惭"，据辑要本改。

② "丫"，辑要本误作"了"。

诚意交孚，天地可通，况其余乎！"闻者愈服，其感应不可备录。初，重阳真人西归，挈丹阳辈四子传道于汴之逆旅。主人王氏不礼，反谤毁之，重阳曰："吾居之地，他日当令子孙卜筑于此。"主人以为狂。未几，重阳登仙。后六十有四年，汴降，师挈其徒迹其地，不十数年，殿宇壮丽，气压诸方，识者知重阳之言始验。师亦不以为功，曰诸人之力也。凡所兴工，皆听自愿，不强率，不责办，故人乐为之用。中统癸亥夏六月己酉朔，晏坐方壶，不语不食，门弟子怪。问其故，但闭目凝神，指虚空而已。及沐浴安寝，静听不闻呻吟之声，熟视不睹屈伸之迹，门众环侍，不敢少离。叱之曰："汝等各干自己正事去。"越十有七日乙丑，盘桓枕肱，晏然而逝，春秋八十有六。倾城号泣三日，远近讣闻，皆为位以哭，事之如生，其至诚感人又如此。师虽不看书，所行皆合理事，所言唯真实语，动与二篇四辅相契。有一毫利人利物，即自①为之。向在特室环堵中，如对千百人，无做作，无纵恣，无亵慢，日日如是，岁岁如是，所谓独立而不改，周行而不殆，惟师有焉。师慈以利物，俭以律身，谦以自牧。老氏之三宝，师能保之，所以上格天心，下孚人望，巍然为一代宗师。学者瞠乎其后，而有不可及焉。岁阏逢困敦正月朏，师之门人论志元、魏志言持师行状，洎提点张志格、李志居书，不远数千里乞铭于予。予于师，乡里也，同宗也。昔予待罪翰林，稔师之名，限以南北，未之获见，北渡后始识于燕。予不知宗属近远，以年长一纪拜之，

---

① "自"，原作"目"，据辑要本改。

师亦答拜。比年数数会晤，时辱见临，请^①话终日。予乘间问之曰："师年八十，宜深居简出，坐以传教，使问道之人香火来，不亦重乎？顾区区普受人请，车无停辙，人无宁迹，毋乃涉于轻易耶？"师应之曰："渠书生也，凡在交际，宜有分别。我全真者流，不敢失前辈遗躅，富贵者召之亦往，贫贱者召之亦往，一日十请亦往，千里来请亦往，急于利人，所以不敢少安以自便耳。"又问："师所至，日书法名，不知其数。不询其人，不考其素，其中岂无恶少博徒，无乃为累乎？"师曰："全真化导，正在此耳。使朝为盗跖，暮为伯夷，则又何求？虽千百一人，亦化导之力也。"予闻之喜甚，知师之心，天地之心，父母之心也。后之学者，欲吾^②师之真、师之全，一编语录求之有余师。予衰朽之人，忝居翰职，应制之外，不宜为人作文字，惟师以同里同宗之分，而掌教诚明真人亦为言之，义不容辞，乃为书其大概，拜手稽首而为之铭。铭曰：

玄元至德，澹乎无为，支分派别，横流四驰。天授全真，障而东之，作者七人，为百世师。粤有广宁，号称铁面，栖云入侍，久经锻炼。只影西归，一无健羡，白刃交前，神色不变。北游燕蓟，养浩盘山，学者方来，日叩玄关。尔言虽答，予心自闲，长春仙寂，游戏人间。睠惟汴梁，重阳蜕息，大建朝元，翚飞雄翼。不自为功，归之众力，名飞九重，玺书褒德。八十有六，聊以应缘，密承道荫，在处百千。一闻讣音，泣涕涟涟，付畀知常，教

---

① "请"，原作"情"，据辑要本改。
② "吾"，辑要本作"晤"。

得所传。惟师之行，光乎道纪，惟师之名，达乎万里。堂堂一碑，未尽其美，我铭以辞，无愧焉耳。

应缘扶教崇道张尊师道行碑

承事郎太常博士应奉翰林文字孟棋[①] 撰

广哉道之为用，巨无不包，细无不入。后玄元之迹千八百年，黄其冠，鹤其氅，以五千言为宗者，不可胜纪。而全真之教，独能大振玄风，会众流而为一。夷考其行，岂无所本而然哉？当乾坤板荡之际，长春老仙征自海滨，首以好生恶杀为请，一言之功，既足以感九重而风四海。又侍从之士十有八人，皆英伟宏达，道行纯备，或心膂之，或羽翼之。欲玄风之不振，众流之不一，不可得矣。故应缘扶教崇道大宗师，十八人之一也。宗师姓张氏，讳志素，号谷神子，睢阳人。震肃之际，母梦衣冠丈人以芝见授，明日诞师。及长，风仪秀整，遇异人饮之以酒，襟灵顿悟，有潇洒出尘之想，遂拉同志谒长春真人于东莱。长春嚼齿大骂，漫不加省。二三子大惧，皆逡巡遁去，师留请益恭。长春噱然笑曰："孺子可教。"遂以备庖爨之列。始于侍海峤之游，赴龙庭之召，迄于环西域之辙，税燕城之驾，艰关数万里，首尾四十年，周旋供养，未尝失长春旨意，暂违几杖，辄有如失一手之喻。长春羽化，清和、真常二真人嗣教，师一居提点之位，一录中都路道教事，众务鳞集，他人若不可措手，师处之常有余裕。既而应北诸

---

① "棋"，应为"祺"之误。《孟祺传》见《元史》（北京：中华书局，1976 年）卷160。

侯之聘，演教白霄，门徒琳宇，灿然改一方之观。时谯郡玄元祖庭，久废于兵，佥以兴复为难。诚明真人念独师可办，尺书加币，改白霄之辕而南之。居十余年，殿堂廊庑合百余楹，彩碧一新。郡上其事，有诏特加拥卫，仍锡今宗师之号。至元五年十二月，屡有光自顶出，氤氲彻于空际。一日，语其徒曰："长春有阆风之召。"遂沐浴具衣冠而逝，寿八十有一。呜呼，异哉！师有才略干局，遇事必成，文章技术，靡不兼善。故讣传之日，咸有道林憔悴之叹。虽然，此奚足以知师？盖大方之家，以心为死灰，以形为槁木，黜聪明，去健羡，至于嗒焉隐几，不知有己而后已。师至人也，岂独异夫是哉？但真光内映，心与天游，物交于前，一与之渊默，一与之波流，发于外者不得不为贤智事业，与人蚩蚩语其渺冥恍惚之妙，不可得而致诘，特以土苴见称耳。观谷神子者，能以此言求之，庶乎其不缪矣。一日，住持太清宫提点李志秘状师生平，用道教提点刘公之命，以纪述为请。义不可让，遂约其所说而书之。至元九年春谨记。

甘水仙源录卷之五

夷门天乐道人李道谦集

玄门掌教宗师诚明真人道行碑铭[①]

翰林学士嘉议大夫知制诰兼同修国史王磐撰[②]

师姓张氏，讳志敬，字义卿，燕京安次人。幼清臞[③]，骨骼巉岩，寡言笑，不喜荤茹，见道士辄欢喜迎接，闻读道经则谛听不忍去。父母相谓曰："此儿其有方外之宿缘乎？"八岁送入长春宫，礼真常李真人为师，给使左右，朝夕未尝离。真常本儒者，喜文学，而师性敏悟，善诵习，工书翰，又谨饬如成人，故真常爱之特异。恕斋王先生以诗名当世，而清高绝俗，栖止道宫，真常命师从之学。方丈西有堂曰萃玄，侧有小楼，积书万卷，人莫能[④]到，真常以锁钥付师，恣所窥览。师资禀既异，所以涵养成就之者，又有本源，宜其所造超诣而不凡也。甲寅岁，以师提点教门事。后两年，真常示化，易箦之际，众以后事为请，真常曰："志敬在，诸君何虑焉？"哭临既毕，众环师而拜，内外翕然钦服。

---

① 此行，艺拓本、重阳碑石本作"玄门嗣法掌教宗师诚明真人道行碑铭并序"。
② 此行之下，艺拓本有两行文字，分别为"中奉大夫前中书省参知政事枢密副使商挺题额""陕西五路西蜀四川行中书省左右司员外贾庭臣书丹"。重阳碑石本作"中奉大夫前中书省参知政事枢密副使商挺题额""陕西五路西蜀四川行中书省左右司员外郎贾廷臣书丹"。
③ "臞"，艺拓本、重阳碑石本作"癯"。
④ "能"，艺拓本、重阳碑石本作"得"。

中统三年，朝廷赐之制书，其词曰："玄门掌教真人张志敬，自童子身，着道士服，志行修洁，问学淹该，甫逾不惑之年，纯作难能之事，增光前辈，垂法后人，可①特赐号光先体道诚明真人。"尚服新恩，益坚素守。至元二年，圣旨就长春宫建设金箓大醮三千六百分位。行事之日，有群鹤翔舞，下掠坛墠，去而复来者累日。天子嘉之，赐师金冠云罗法服一袭，仍命翰林词臣作《瑞应记》，刻之碑石。岳渎庙貌，罹金季兵火之余，率多摧毁，内府出元宝钞十万缗付师，雇②工缮修。师择道门中廉洁有干局者，量工役多寡，给以钱币，使各任其事。或铲瓦砾而更造，或补罅漏而增修，凡再易寒暑，四岳一渎，五庙完成，尽还旧观。方将砻磨贞石，叙圣代尊崇祀典，祇③敬山川，兴坏起废之盛美，而师忽感微疾，以至元七年冬十一月十有七日化，享年五十有一。京师士大夫、远方道俗，奉香火致奠礼者，填塞街陌，累月不已。噫，全真之教，以识心见性为宗，损己利物为行，不资参学，不立文字，自重阳王真人至李真常，凡三传，学者渐知读书，不以文字为障蔽。及师掌教，大畅玄旨，然后学者皆知讲论经典、涵泳义理，为真实入门。当嗣法之初，先辈师德存者尚多，师以晚进，躐出其上，中心不能无少望焉。师德度深厚，气貌温和，颓然处顺，不见涯涘，强④悍者服其谦恭，骄矜者惭其退让，故初虽少

---

① "可"，艺拓本、重阳碑石本无此字。
② "雇"，艺拓本作"顾"。
③ "祇"，辑要本作"祇"。
④ "强"，原作"疆"，据艺拓本、重阳碑石本改。

咈，久乃怗①然。加以持身精谨，遇物通方，京师贤士大夫及四方宾客，所与游者，靡不得其欢心。至元九年三月三日，葬五华山道院东。襄事毕，提点刘志敦持行状，致嗣教真人王志坦之命来求文。谨次第其行实之大略，而系之②以铭辞。铭曰：

降衷秉彝同此天，有生具足都浑全③。知诱物化中变迁，大朴乃始沦亏偏。爰有至人起秦川，不修不为口忘言。希风远暨东海壖，一驱学者归淳源。流传四叶道愈妍，嗣教乃得诚明贤。诚明早④有青霞志，善根宿植资禀异。髫丫⑤初入长春宫，三千道流仰标致。萃玄堂深人绝迹，戢戢千函锁幽秘。师持管钥恣披番，万卷汪洋在胸臆。捷趋径造浪苦辛，博中得约道乃⑥真。真常门人遍天下，齿尊缘熟非无人。一朝顺化拂衣去，心传密授惟师亲。将坛高筑拜韩信，千古盛事惊三军。学道由来在心悟，行辈不拘年早暮。羽服黄冠十万余，趋走长春宫下路。仙家阅世如流萍，空里浮云聚散轻。适向市朝观物变，忽乘鸾鹤上青冥。玉泉西北烟霞多，五华山色高嵯峨。飙驭一往同逝波，长留仙骨埋山阿。千秋风雨荒云⑦萝，坟前丰碑字不讹。⑧

---

① "怗"，重阳碑石本作"帖"。
② "之"，艺拓本、重阳碑石本无此字。
③ "全"，艺拓本、重阳碑石本作"然"。
④ "早"，辑要本作"果"。
⑤ "丫"，辑要本误作"了"。
⑥ "乃"，艺拓本、重阳碑石本作"万"。
⑦ "云"，辑要本作"风"。
⑧ 铭文之后，艺拓本、重阳碑石本有数行文字如次："提点重阳万寿宫事悟真了一袭明真人申志信""提点重阳万寿宫事衍真复朴纯素真人张志悦"（转下页）

湛然子赵先生墓碑

古之有道之士，正直其心，刚大其气，不为世故所夺，不为人欲所杂，利害忧乐不能惑，得失宠辱不能动，施于行业，著绝俗之善，形于言辞，见轶众之美，在儒林作儒术之仪范，居玄门立玄学之标准。非心之正直，气之刚大，涵养至到，始终全道者，其孰与于此哉？湛然子赵先生，讳九渊，字几道，陇州人。自幼出家，礼丹阳大宗师。天资高明，德性纯淑，洁静精微之理，素所深究，怪诞虚无之事，未之或及。知身以神为主也，故力于修炼，知道以文为用也，故寓于著述。谈不轻易，所谈必本于公论。交不泛滥，所交必取于端友。至于一篇一咏，一赠一答，皆所以发挥玄旨，畅叙幽情，混元洙泗，融为同境。由是道望崇重，教风周广于西土矣。丁亥中，翻然仙去。凡为门徒者，久服心训。嗣法子赵公志冲追念先师传授之恩，恨无以报，谨舍静赀，特置吉地，起坟立石，乃勒其文云。玄黓阉茂岁，阏逢摄提格月，昭阳大渊献日敬志。

（接上页）"陕西等路兼兴元府道门提点兼领重阳万寿宫事洞观普济广德圆明真人高道宽""大元国至元九年岁次壬申九月丙辰朔重九日甲子嗣法掌教纯真真人王志坦立石""高六逸民晚进汤洪刊"。

终南山灵虚观冲虚大师吕君墓志

陇山湛然子赵九渊撰

道家者流，备真功以光前人，修实德以诏来世，高蹈物表，超出尘寰，其亦绝类离伦之所为乎？伟矣哉！全真道教，其来尚尔，重阳祖师发其源，继有七真畅其委，接其武而开祖庭之基者谁欤？冲虚大师吕君其首也。君法讳道安，家本宁海，世为巨室。幼年颖悟，志慕玄门，仙风道骨禀于天，真功实德资于性，善继丹阳之志，远离东土之径。君也，其出家之雄欤？事师则夙夜匪懈，立志则终始不渝。故在祖庭四十余年，撑拄玄教，光大前猷，建堂殿，洁坛场，以严香火之奉。步斗牛，颐精神，以成静定之功。修外养内，积德累行，其诏来世之规者，何其博哉？承安扰攘，真道否闭。君也，其中流之壶欤？不降其志，不屈其身，回既倒之澜，挽将倾之栋。会玉阳真人奉敕主掌教事，君乃复构基址，于是宣赐观之号曰灵虚，制授君之称曰冲虚，披戴门弟子三百余人，祖庭之教粲然复兴矣。岁在兴定，数绝尘缘。一日，属门人以进道之语，乃书颂云："平生不解道诗篇，锹镢为朋四十年。稍通《阴符》三百字，粗明《道德》五千言。般般放下般般悟，物物俱忘物物捐。此去不遭阎老唤，今朝唯待玉皇宣。"颂毕，翛然羽化，享春秋者八十。噫嘻，出家修道如吕君者，信乎绝类离伦之流也。已而其法弟毕知常安厝君之灵梓于祖茔之北，丐予为志，以光潜德，因撫其实而为之记，且继之铭曰：

载惟吕公，昆嵛秀钟，幼脱尘网，早登道宫。侍师惟谨，接物惟恭，立志立事，有初有终。不忝厥祖，克修厥躬，值历道否，挽回教风。启佑我后，规恢实功，制授徽号，人钦德容。大数适至，尘缘顿空，舟移夜壑，珍藏里中。揭诸贞石，以炽无穷。

真静崔先生传

止轩杜仁杰撰[①]

　　先生姓崔氏，讳道演，字玄甫，观之修人，真静其号也。赋性雅质，无俗韵。长读三教书，洞晓大义，识者以为载道之器。事父母以纯孝闻，庐墓三年，去家为道士，师东海刘长生，甚得其传。顷归将[②]陵之韦家墅下栖焉，假医术筑所谓积善之基。富贵者无所取，贫窭者反多所给，是以四远无夭折，人咸德之。粗工王彰嫉甚，必欲致之死地而后已。一日，与先生遇诸旷，辄挽裂偃仆，以块封厥吻而去之。彰以为死矣，少之复甦，过者惊叫问状，曰"我每疾作乃如是"，后亦不复介意。居无何，弟子刘志恒请布金山昊天观居焉。边人杨涓、毕琳意在有所诘，期以仲冬来，过是不至。时大雨雪，毕因拥扫家庭间，获片楮，开看，乃先生让二子寒盟之章也。复有横山马志定、路志亨者，事先生有日矣，将去，以诗为赆，扁诸所居之堂。堂葺，诗奄然在壁[③]间，如新染翰者，其神异类此[④]。当贞祐之乱[⑤]，挺身南渡，因侨巩之纯阳观，

---

① "止轩杜仁杰撰"，艺拓本无此句。

② "将"，辑要本作"蒋"。

③ "奄然在壁"，艺拓本作"宛然留壁"。

④ "此"前，艺拓本有"如"字。

⑤ "之乱"，艺拓本作"俶扰"。

驻锡^①未几，屦满户外。越兴定辛巳八月二十九日，端坐南向而逝，俗寿八十有一。凡先生平生所为、所行、所得，唯门人张志伟^②独具其体云。

赞曰：天下所贵乎得道之士者，时其来顺其去而已矣，非直以乘云气，跨箕尾，解水火，遗冠舄，导以幡幢，殿以声乐，然后以为升天之证。吾读《列仙传》，涉此说者甚多。夫古之隐者，深山穷谷中恬然委蜕，千载而下，不知几千百人，不幸不为世所知，至于泯灭而无所闻^③。幸而为好事者纪录，而又过神其事，使后世不能尽信，惜哉！吾复^④揣隐者之心，恐不如是其汲汲于骇一时之观听也。如先生则不然，不内不外，非有非无。吾以为黄耶？其教戒精严有过乎释氏者。吾以为缁耶？其业履忠孝^⑤又出乎先儒。将前圣之万法，辄混而为一区，间者遗马、路以燎原之颂，堕杨、毕以雪庭之书，聊游戏乎三昧，此亦岂先生之本心也欤？要之，以慈俭礼让为立身之本，以《诗》《书》《语》《孟》为教人之符。及其逝也，兀然端坐如晏居，浩浩乎同造物者游，悠悠乎将元气者与俱。是以恩纶一出，名隶清都，号曰真静，不亦宜乎！^⑥

---

① "锡"，艺拓本作"鹤"。

② "张志伟"，艺拓本作"郝志坚"。

③ "闻"，艺拓本作"传"。

④ "复"后，艺拓本有"逆"字。

⑤ "忠孝"，艺拓本作"孝悌"。

⑥ 赞文之后，艺拓本有数行文字如次："清亭杜仁杰撰""益津高翻书丹篆额""奉高王天定摹，丁未上元日门人岱宗张志伟同山主王志深干缘""宣差东平路行军镇抚军民都弹压权府事李顺立石""陵川匠石会首司安正同男中刊"。

冲和真人潘公神道之碑

翰林侍讲学士少中大夫知制诰兼修国史徒单公履撰

自黄帝问道于广成，而神仙之说始兴。老氏跨殷历周，以《道德》五千言推极要妙，其教被于万世。降秦及汉，代有显人，安期、赤松、张道陵之流，或出而不晦，或见而不常，神奇之征，昭揭于世人之耳目者，非一事也。涉魏晋隋唐以来，蜕迹圜嚣，凝神碧落者，其名不可殚纪。至于协阴阳之秘幻，集灵异之大成，微而草野鄙人，幽而深闺稚女，一聆其名，知其为列仙者，唐吕纯阳一人而已。盛矣哉，其传之也，全真之教盖发源于此。其流逮于金初，祖师王公倡之于前，七真继起于后，而道大行矣。惟丘公起东海之滨，玄教真风，弥漫洋溢。其高弟一十八人，世称为十八大士者，师其一也。师姓潘氏，讳德冲，字仲和，冲和其号也，淄之齐东人。家世业农，大父秉政，适大安兵兴，起家为军都统，戍莱州。父楫，字济之，以儒为业，辟充益都府学教授。世父泽民，莱州节度判官。自高祖以上及于师，九世同居，家素饶财，尝遇岁凶，发粟赈饥，民赖以全活者甚众。乡闾有贫者，即假贷之，不责其偿，其乐施如此。一日，有术士过其家，语之曰："是家有阴德，必获阳报，当生异子。"初，师之母王氏尝梦有祥云入室，覆其身，良久乃去。自尔有娠，妊十九月师乃生。七岁不能言，其父忧之。忽有一道者来乞食，父延之入门，问所以从来，云："自东海，将适长安。"师即从傍与之语，应答如流，父骇愕。道者曰："是子神韵冲粹，非凡儿也，异日当为人天师，宜善鞠之。"自此遂能言。后稍长，警悟敏慧，常人莫及，读书日记千余言。后闻父母欲为娶妻，遂宵遁，即往栖霞滨都观。道过潍阳，时清和真人住持玉清宫，问所适，知其将诣长春，乃引见焉。自是服膺问道，得传心之要。长春委师以焚修之事，至其暇日，则默然坐静室中，凝神涤虑，物我两忘，一归于要妙幽玄之境，如是者十余年。太祖圣武皇帝亲征西域，闻长春之名，遣仲禄刘君赍诏诣海上，起之，乃从。长春西觐，风沙万里，不以为劳也。还燕之三年，长春仙去，真人尹公嗣法，命充燕京都道录兼领宫事。真常复总玄机，注倚尤深。燕去和林数千里，朝觐往返凡十有三，供拟之费，皆倚办于师，一无所阙。所以玄教真风恢张诞布，薄海内外无所不至者，师与有力焉。师之内诚外方，各有所任，道并行而不相悖者，又可见于此。岁乙未，平遥官长梁公偕同僚恳疏请清和真人重修兴国观，真人命师往。甫逾年，撤其旧而新之。壬寅，署师诸路道教都提举，仍兼本路道录。甲辰，河东永乐祠堂灾，祠盖吕纯阳之仙迹也。朝议以为纯阳之显道如此，祠而祀之，事涉简陋，可改为纯阳万寿宫。命李真常遴选道望隆盛、人所具瞻者，崇建焉。先是，长春自西域回，抵盖里泊，夜与诸门弟子谈，语次谓师曰："汝缘他年当在西南，此时永乐吾道矣。"至是真常泊[①]清和二宗师，集众言曰："纯阳吾教之祖也，今朝廷崇饬如此，孰可任其事者？"众以师德望干才，绰有余裕，即欲堪其役，无逾于师，况长春盖里泊之言已尝命之矣。乃署师为河东南北两路道教都提点，命往营之。师率其徒至永乐，百工劝缘，源源而来，如子之趋父事。陶甓伐木，云集川流，

---

① "泊"，原作"泊"，据辑要本改。

于是略基址，度远迩，程功能，平枝^①干，合事厄徒，百堵皆作，不数稔，新宫告成。堂殿廊庑，斋厨厩库，下至于寮舍湢浴之属，各有位置，莫不焕然一新。北逾一舍，有山曰九峰，土人云此纯阳得道处也。遣其徒刘若水起纯阳上宫，及于宫侧创下院十余区，市良田竹苇，及蔬圃果园、舟车碾磑，岁充常住百色之费。至于四方宾侣过谒宫下者，周爰四顾，见其严饬壮盛，俨敬之心油然而生。夫撤祠宇而为宫庭，其崇卑相去奚啻万万，然于纯阳之本真，何加损益？但致饬之道，斯其行者远矣，而人之观感异焉，此象教所以不可废于后世。耸天下耳目于见闻之际，而绝其亵易之心，严乎外者所以佐乎内。象之所以崇者，道之所以尊也。由是言之，师之恢大盛缘，作新崇构，岂徒以夸其壮丽也哉？己酉秋，中宫懿旨，凡海岳灵山及玄教师堂，遣近侍护师悉降香以礼之。乃增葺潍阳玉清宫，至昆嵛山麻姑洞，取历代诰册刊之石，以彰灵迹。壬子夏四月，真常因奉朝命祀岳渎，过永乐，见其规模宏敞，喜谓师曰："非师不能毕此胜缘。"乃倾帑以助其经费。明旦，与师同跻九峰之巅，见其秀拔如椅，遂易其名曰玉椅峰。甲寅春，圣天子在藩邸，命设普天醮于长春宫，于是召四方羽侣道行清高者毕集，师首与其选。致彩云鸾鹤之瑞，真常曰："此瑞公适当之。"遂以清和真人所遗金冠锦服为赠。事毕，还永乐。丙辰夏四月，适上宫。至五月朔旦，忽谓左右曰："吾幼遇长春师，授以秘传，终身诵之，粗有所得。继而清和、真常以纯阳师祖世缘见付，吾比年经营，略有次第。今世缘道念亦庶几兼修而并举，

---

① "枝"，辑要本作"板"。

无复事矣，吾其行乎！"众不知所谓。二十六日，将返下宫。时方盛夏，畏日载途。从者咸以为病，师曰："汝众弟行，无伤也。"忽阴雾四合，抵下宫四十余里，人不知暑，此尤可讶。初，纯^①阳殿前有古柿二本，根干盘错，枝叶茂盛。一夕，无风自折。众方惊悟曰："此柿无风而折，可谓大异。吾师前日之言，其兆于此矣。"是夜二更将尽，师忽扶杖而出，面四方，诵咒语。随即以灰掺之，露坐移时，若有所待，寻复入，以汤颒其面，即易衣索笔，书颂一篇。既毕，乃就枕，翛然而逝，春秋六十有六。门人奔讣于掌教诚明真人，遣提点孟公，赗赠甚厚。庚申岁三月初五日，葬于宫之乾位，仍建别祠，令嗣事者以奉岁时香火，报本反始之道也。既而诚明疏师之德上于朝，赐冲和微妙真人之号。师性资仁裕，戒履修洁，虽居道流，然乐善好施。中条东西居民，每岁初或有贷粟于宫者，数逾千石，适时凶荒，道侣不赡，众议欲征之。师曰："岁荒人饥，夺彼与此，是岂仁人之用心哉？"负者闻而德之，后每于纯阳诞日相率设会，献香资以致报，岁以为常。癸丑春，旱。总管徐德禄拉诸耆老祷于师，师为诵《灵宝经》。不旬日，致甘澍盈尺。师尝居九峰纯阳上宫，又号九峰老人。门人三宫提点渊静大师刘若水，乃于师诵经处筑台，志之曰"九峰老人诵经台"。因状其行，付提点纯阳万寿宫事文志通，自永乐走燕，凡二千里，拉知宫刘志复诣予而言曰："师之道行如此，然神隧之石未有所纪，敢请。"予以不敏辞，凡四五往返，请益坚。予以志通尊其师也笃，而托于予也专，是可嘉已，乃为述其始终而

---

① "纯"，辑要本作"重"。

次第之，因系之以说焉。夫道之为教尚矣，小而始于炼度之微，大而极于性命之奥，无非事者。至于营葺宫宇，惠鲜贫乏，此但触物应缘，随感而动，劳而不有，施而不报，特神化之糟粕耳，非师之至也。与接为构，纷纷扰扰，殆多事矣。然游神于淡，合气于漠，超然独观，以自出于尘境之外者，彼何足苴芥蒂乎其间也耶？故自从师海上，缔构诸方，迹与世俱，道随神运，固未尝一日不接于事为，亦未尝一日不在乎悠然泊然之中也。世徒见师之揆日作室，不少辍于斯须之顷，以为若是而止耳。岂知至人循其故然，无所事事，寂感一致，虚中泛应之心迹也哉？道一而已，自随其所见而名之者，盖不止于一而已也。试以四者言之，曰微、曰妙、曰玄、曰通。谓之微者，以其杳冥恍惚，不可为象者也。谓之妙者，以其变化不测，莫知所以然也。玄者，深而不可探也。通者，其化无不遍也。模状形容，固亦至矣，然智者之智，仁者之仁，虽所见殊方，会归则一，亦岂有二本哉！浑沦圆周，无所玷缺，在山满山，在河满河，道之全也。极六合之内外，尽万物之洪纤，虽神变无方，而莫非实理，道之真也。由是而为命，由是而为性，由是而为心，又由是而之于情，或源也，或委也，引而伸之，亦将何有不全，何有不真者乎？然则全也、真也，一而二，二而一者也。其万化之本根，一元之统体欤？长春之传于师者盖如此，师则有以推而广之，是可铭也。铭曰：

浑沦妙理含元精，先天后天无坏成。一真融冶储万形，繄谁不足谁奇赢。于于天乐诚难名，无何七凿情窦萌。以智相轧机相倾，纷然百伪无一诚。风颓俗靡三千龄，何人椅挈还大庭。岂谓否极时方亨，粤有奇人悼含灵。因心悟理开聩盲，尔全尔真性尔情。若醉而醒昏而醒①，六尘莹彻神珠明。维师启钥通玄扃，十年动息静不凝。外营扰扰中常宁，功成羽化何泠泠②。乘风万里游太清，俯视八极尘冥冥。中条之山郁葱青，黄流宛转相抱萦。纪师盛德存吾铭。

无为抱道素德真人夏公道行碑记

紫微野人姬志真撰

公姓夏，讳志诚，号清贫道人，济南章丘人。世本农家，以积善称于乡里，非义不为。历祖宗未尝有及公讼之门者，盖以分守传家焉。父珍，有三子，公其长也。生而简静，体貌魁伟，赋性敦厚，希言笑。自髫龀便有方外之志，甫弱冠，不愿有室，常以生死性命事为虞。俟二弟成人，俱为之婚姻，教以奉养二严，自求出家，人初不之许。泰和改元，公固辞，父母亦知不能夺其志，从之。径诣栖霞太虚观，师礼长春宗师，参求玄理，遂亲炙左右，得一善则服膺，朝夕不替。公不读世间书，然进修道德之语，日记千言。恒若不识不知者，但躬勤庶务而已，盖行众人之所难为也。贞祐中，四夷云扰，有大寇据海州，州之道众无计可出，宗师命公往救之，即不辞而去。既至，方便援引，获免者甚众。观其从命专直，虽经虎兕甲兵而无所避忌，盖敬信之心致一也。己卯，国朝遣使召宗师，公亦从。北行居延沙漠，迢递数万里，众有倦行役者，公以己乘之骑付之，而自徒步，盖苦己利他

---

① "醒"，辑要本作"醒"。
② "泠泠"，辑要本作"冷冷"。

之行如此也。及行在，居无几，复从宗师还燕，肇辟玄门，真风大振，远近炷香参谒者如市。公有所得珍玩财贿，虽过目不问其所以，人求则与之而无吝。宗师以公愿悫，命主玉虚观事。不数岁还宫，曳杖拂袖而来，囊橐俱弃，盖不以物介意也。复命主白云观事，公率众勉力，皆服其德。丁亥秋七月，宗师厌世，继而清和主盟玄教。壬辰，以公提点长春宫事。杂处稠人，未尝有尊大之心。无问则终日不语，有问则怡然而应，惟劝人行道而已。其在纷纭曹杂中，不择乞儿、皂隶及门弟之末行者，虽狂童对坐，尔汝谈笑，与贵戚大人不分等类，盖其心无彼此也。壬寅秋，领宫事已十余年，以老乞闲，众犹恋之不已，固辞方免。虽退居闲处，云为普请，则以身先之，盖忘我之至也。在宗师左右，始终恒若一日，其事上之心，无时少替。常危坐终日，介然如石，虽对喧悖淆混，若无闻见，如土木偶，其不识者目以为愚。或叩以方外先天之说，历历皆明其要，而未之尝言，盖涵养深厚，撄而能宁者也。详夫莅事则专，行身则真，视财则疏，处众则宽，奉上则敬，接人则诚，一皆出于道德之纯正。戊申，掌教真常真人以恩例授无为抱道素德清虚大师，兼赐金冠锦服。公乙卯年八月初六日化，享年八十三。门人奉其衣冠葬于五华之仙茔，礼也。辛酉，王庭嘉其德，遣使持旨追赠今号。予尝试论之，昔田子方之师曰东郭顺子，其为人也真，人貌而天，虚缘而葆真，清而容物。物无道，正容以悟之，使人之意也消。而田子方未尝誉之，以其德之难言也。素德真人若东郭之为人，何如是之同也？原自弱冠，以迄于终身，步趋玄域而无一毫利欲之私。至于以身率物，未尝诘责伤割于彼。其专心致志，内不失己，外不失物，往来尘境幻化之间而无碍，所谓人貌而天，清而容物者，宜矣。至论公行无妄迹，言无愧辞，手桡指顾，无不任^①真，语默作止，无不从实，此皆以迹求之而已。其在玄门六十余年，有所密受于真师者，未易以示人，所谓圣智造迷、鬼神莫测之事，将与天地相终始矣！是岂舆人所得而轻议哉？后之人闻公清静真实平澹之风，勉而效之，未有放其心而不复者，久而肖焉，与道几矣。中统阏逢困敦，姑洗既望，谨斋沐顿首勉为志云。

冲虚大师于公墓碣铭
太原李鼎撰

师姓于，名志可，字显道，冲虚其号也，宁海人，汉高门于公之后。父讳江，子六人，师其幼也。雅好淡净，髫龀有出尘之志。承安初，长生刘真人以道接人于武官，师闻之往焉，于顾盼之间，似有所契。虽为父兄约制，不得，即从之长往，而默相感召之机已动，而不能自止矣。年甫十九，乃决意往事之席下。居无几，长生归真，遂求法于长春宗师。宗师知其为受道器，乃授之。师既得法，因服炊爨之役十余年，期报厚德，时亦以严洁见称。后从宗师应诏，回处燕京大长春宫。宗师仙去，清和真人嗣教，乃命提点本宫事六年。常住物业，有增益而无废坏，上下协穆，内外宁谧，如空冥中有扶持之者。后以老得闲。至乙卯春二月庚午朏，越五日甲戌，托以微疾，敛息曲肱，安然顺化于白云观寝室中，葬之五华之众仙茔，春秋七十有一。众耆宿相与言曰：

---

① "任"，辑要本作"认"。

"此老自宗师仙去之后，受清和、真常二大宗师托，以提点宫门事，如彼其久，当时常日用度，或出或纳，物之充溢流转于前者，可胜计耶？及兹小敛之际，一衲一袍之外无长物，可称者一也。又从在道门以来，五十余年，衣不解带，胁不沾席，可称者二也。其临化之时，门人问及丧葬安措事，乃拒之曰：'吾将往矣，清浊各有所归，兹一聚尘，沉焚露瘞，无所不可，又何足问，任尔所为。'可称者三也。"至如其余，于语默动静之间，谦柔诚敬之德，日积月累，见之于所行者多矣，不必遍举。姑以兹三事占之，明见善守其传之于师者，精确纯正，而外物不能溷也。乃暨门弟子众人等，谋为不朽计，状其师平昔所行之大概，请文于予，将刻之石。予亦重师之有道，乃因其实而编次之，属之以铭曰：

万善之美，藏之于诚，何以占之，观其所行。五十余年，胁不沾席，胡不少转，我心匪石。财货泉如，人事丝如，胡不少溷，我心本虚。曲肱敛息，不昧所得，今果何存，溪声山色。假者见假，真者见真，吾玄门中，伟哉若人。耆宿门弟，谋不朽计，刻此铭辞，昭示后世。

玄门弘教白云真人綦公道①行碑

京兆府学教授少华李庭撰②

《书》曰"吉人为善，惟日不足"，谓心无所为而为之也。《易》曰"积善之家，必有余庆"，谓天无不报也。夫人有奇伟卓绝之行，而不得享乐于其身者，必有③其子孙。窃观白云真人綦公之父，修仁行义，孜孜不懈④，其于赈贫周⑤急，若饮食然，勤亦至矣。是以上天降监，挺生善人。仍命仙真周旋诱掖，卒使蝉蜕污浊之中，坐享清净之福者垂五十年，所谓"有积于冥冥，获报于昭昭"者，宁不信欤？公讳志远，字子玄，莱州掖县人。高祖元亨，尝历官至安化军节度使，曾祖贞、祖得中，皆雅志丘园，潜德不耀。父遵，性明毅慷慨，胸次洞然无畦畛。初，綦氏世为著姓，宗族尝至万指，中有孤惸，其征徭不能力给者，皆身任之。事既济，未尝纤毫有德色。里中人有以飞语被系有司者，义其无辜，即为代之，在囹圄中复能以恩信感动狱吏，因纵其出入。凡狱之冤者，多从容设策理出之。未几，己亦以恩获免。大定丁亥，重阳祖师挈诸师真西游，乃馆谷于其家，因语之曰："汝将来

---

① "道"，艺拓本、重阳碑石本作"本"。此行之下，重阳碑石本有"濡须逸人张德宁刊"一句。

② "少华李庭"，艺拓本、重阳碑石本作"前进士李庭"。此行之下，艺拓本有"三洞讲经开玄崇道大师安西路道门提点重紫眉山书楼孙德彧书丹并题额"一句。其中"安西路"，重阳碑石本作"西安路"，恐误。其他与艺拓本同。

③ "有"，艺拓本、重阳碑石本作"在"。

④ "懈"，辑要本作"倦"。

⑤ "周"，艺拓本、重阳碑石本作"赒"。

必有一子为羽衣。"遂即其里建龙翔观，朝夕香火，敬奉天真。泰和乙丑岁，余①民有菜色，因②发私廪为粥以给之，赖以全活者甚众。癸酉兵凶之后，遗骸遍野，亲犯寒苦，悉以收瘗。数获遗物甚腆，必伺其主而归之，无则皆散之，以赒不给。母张氏，亦有淑德，事舅姑以敬愿③称。既而生公，气质沉厚，寡言笑，举止不凡。至十五岁，尝使之学，辞曰："性非所好，乃所愿则④神仙轻举之事。"父母欲力夺之，即屏居一室，自洁其形。祖师先见之明，于斯⑤验矣。乃辞家礼长春大宗师丘公为师。戊寅，奉宗师教，住持莱州昊天观。大元龙兴，太祖圣武皇帝天资仁圣，志慕玄风。己卯冬，遣近臣刘仲禄赍手诏，驾安车，东抵海滨，就征宗师。明年春⑥启行，仍率高第⑦弟子一十八人与之偕，公即其一也。当⑧时，栉风沐雨，胼手胝足，跋涉数万里，见上于西域雪山之阳。因承虚己之问，⑨乃答以民为邦本，本固邦宁，既来之，即⑩安之，此济世之要术也。是言既奏，深契上心，玉音奖谕，惟恨相见之晚。因被旨佩虎符，宗主天下道流。比回，驻车金山之巅，

---

① "余"，艺拓本、辑要本作"饥"。
② "因"，艺拓本、重阳碑石本作"自"。
③ "愿"，辑要本作"顺"。
④ "则"后，艺拓本、重阳碑石本有"为"字。
⑤ "斯"，重阳碑石本作"兹"。
⑥ "春"，艺拓本、重阳碑石本无此字。
⑦ "第"，辑要本作"弟"。
⑧ "当"后，艺拓本、重阳碑石本有"是"字。
⑨ "因承虚己之问"，艺拓本、重阳碑石本作"宗师承虚己之问"。
⑩ "即"，艺拓本、重阳碑石本作"则"。

顾谓清和尹公曰："綦公从我以来，山行水宿，日益恭①敬，可谓勤矣。观其气象，将来弘吾教者，必斯人矣。"尹公曰："然。"至燕，宗师住②持太极宫，寻改大长春宫，委公总知宫门事，授清真大师号。洎以助国救民经箓付之，度道士吴志泱③等以备洒扫。宗师既仙去，遗命清和嗣教门事，公左右维持，终始未尝怠。甲午春，清和委以山东诸路，行缘所至，老师宿德④望风迎迓，辇粟帛委堂下者，动以千计。非诚心妙行有以动人悟物，能若是乎？戊戌春，太宗英文皇帝诏选高道，从掌教真常李公被诏赴阙。是岁冬，奉旨辅洞真于公，偕无欲李公复立终南祖庭，提点陕西教事。庚子春，遂入长安，从府僚之请也。建立大玄都万寿宫，若骊山之白鹿、终南之太一、樊川之白云、凤栖原之长生、蓝田之金山，皆斥⑤其旧而新之，其余宫观，修废补弊，不可殚纪。秋，太傅移剌公、总管田侯各⑥差官从公持疏诣燕，邀请清和大葬祖师。既毕，甲辰春，先锋使夹谷公⑦祖庭设罗天大醮，礼请于洞真、宋披云、薛太霞洎公与李无欲，共成五位真人，摄行醮事。会皇子永昌王遣使赵崇简设金箓大醮，为国祈祥，遂复同诸公莅事。观其进奏精严，灵异昭著，使回，具启其事。因引见，待之敬礼甚厚，

---

① "恭"，重阳碑石本作"躬"。
② "住"，艺拓本、辑要本作"主"。
③ "泱"，艺拓本、重阳碑石本、辑要本作"决"。
④ "德"后，艺拓本、重阳碑石本有"皆"字。
⑤ "斥"，辑要本作"撤"。
⑥ "各"，艺拓本、重阳碑石本作"皆"。
⑦ "公"后，艺拓本、重阳碑石本有"就"字。

进与醮五①真人徽号，公例加②玄门弘教白云真人。丁未冬，太傅移剌公就佑德观设黄箓大醮，临坛③仆体者百余人。戊申春，皇太后遣使杨仲明赍旨宠锡金符冠服，仍命领职如故。辛亥岁④夏，宪宗皇帝即位，遣使唐古出持玺昼宣谕，倚付掌管关中道教。癸丑，皇太弟遣使脱欢驰驿谕旨，待以师礼。乙卯六月，无疾，晨兴，忽集众谓门人申志信曰："吾将行矣，汝当嗣吾职，主张后事。"仍命经营丧具。至七月二十四日顺化而终，享年六十有六。明年，改葬于祖庭西北隅仙茔之次。己未冬，门人将树碑，志信偕本宫提举郭德山、李⑤志希等，状其行实，来谒文于庭。辞再三，不获已，谨次序其事。按公之为人，恂恂谦退，似不能言，至论及救时利⑥物之事，屹然山立，辞色俱厉，言必有据，众皆心服，以是宗师独为倚重。及来关中，道价日益隆，寻常以恬淡自持，未尝出怪诞之语以诱愚俗。一⑦时达官闻人翕然归仰，四方学徒不可胜数，故能名动阙庭，叠蒙奖赉。非践履纯实，何以及此？今夫世之人所以陷溺其心者，欲⑧与利耳，而公能断然绝之，其视财货不啻若涕唾然，盖其天姿过人远甚，故碑之无疑，仍系之以铭曰：

---

① "五"后，艺拓本、重阳碑石本有"位"字。
② "加"，艺拓本、重阳碑石本作"受"。
③ "坛"后，艺拓本、重阳碑石本有"摄召"二字。
④ "岁"，艺拓本、重阳碑石本无此字。
⑤ "李"前，艺拓本、重阳碑石本有"提领"二字。
⑥ "利"，艺拓本、重阳碑石本作"济"。
⑦ "一"前，艺拓本、重阳碑石本有"而"字。
⑧ "欲"前，艺拓本、重阳碑石本有"惟"字。

綦为著姓，居海滨兮，世载潜德，生哲人兮。天与之性，含元淳兮，不雕不饰，全其真兮。有来提警，繄长春兮，玄言秘诀，授受亲兮。刳①心去智，专精神兮，始终一节，无缁②磷兮。圣皇向道，起隐沦兮，万里逐③师，谒紫宸兮。一言止杀，如其仁兮，功塞两仪，孰④与伦兮。推其绪余，淑吾秦兮，餐⑤和饮惠，鸷猛驯兮。列圣相承，教益振兮，金冠鹤氅，宠渥新兮。高堂大厦，奂且轮兮，逍遥宴处，终其身兮。功成厌世，乃上宾兮，往来翛然，肘屈⑥伸兮。有不亡者，寿无垠兮，门人纪德，刊翠珉兮。千秋万岁，仰光尘兮。⑦

---

① "刳"原脱，据艺拓本、重阳碑石本、辑要本补。

② "缁"，重阳碑石本作"锱"。

③ "逐"，艺拓本、重阳碑石本作"承"。

④ "孰"，重阳碑石本作"谁"。

⑤ "餐"，重阳碑石本作"食"。

⑥ "屈"，艺拓本、重阳碑石本作"曲"。

⑦ 铭文之下，艺拓本、重阳碑石本有"至元二十五禩著雍困敦中秋日，冲虚安静大师重阳万寿宫提点兼本宗事赐紫门人苏志和等立石"一句。其中，重阳碑石本缺"敦"字，艺拓本又有"濡须逸人张德宁刊"一句。

甘水仙源录卷之六

夷门天乐道人李道谦集

终南山重阳万寿宫无欲观妙真人李公本行碑^①

宣差宗玄大师提点陕西五路兴元路教门

兼领重阳万寿事何道宁撰^②

钓六鳌于东海者，不为鲵鳜而垂钩；采合抱于邓林者，不为拱把而加斧。苟志于大，区区细务不较也。今观无欲行实，其超出物表之志，盖类是欤？公族姓李，讳仲美，原月山人。父珍，职官酝，有子四人，公其次，生于大定己丑。五岁始能步，及长，聪慧迈伦，慷慨特达，毅然以正直自负，里闬有狡狯者，每正辞折之，人望而畏服。尝肆意酒间，视举世为不足玩。年三十七，乃幡^③然曰："与其汩没尘坌中，孰若摆脱方外耶？"时全真教方行，意欲从师而未知所向，适碧虚杨先生主重阳祖庭事，乃往见之。碧虚素得人于眉睫间，知其为玄门重器，然天属所系，度其有难解于心者，且令还归，但勉以积善而已。公抵家，与诸亲友决，谢妻子而去。其妻讪之，笑而不顾。其父见而呵责，公婉其辞，晓之以理性之事，父徐省悟，亦欲向道，乃同诣碧虚门下。

---

① "李公本行碑"，重阳碑石本作"李先生碑并序"。

② 此行之下，重阳碑石本有两行文字如次："司天台算历官骆天骧篆额""葆真大师提举重阳万寿宫事权陕西五路兴元路教门提点李道谦书"。

③ "幡"，辑要本作"幡"。

碧虚以公识量不凡，命名守宁及无欲子号。公蓬头弊衣，行丐于市，时人谓之酒李先生。日用间，惟以济人利物为己任，至于幽微之理，允①造其极。大安庚午，秦境大旱，居民阻饥，公谓其属曰："饿殍如此，安忍坐视。"同邑赵三郎富甲关中，公诣其门，备诉田里艰棘之状，赵②悟，乃发廪粟付公赒赈。公与齐志道等昼夜春爨，以给贫病，日不减百人。井水适涸，众忧之，公密祷于神，凿泉得水，设济至秋敛而罢。公素不欲彰名，惧人知己，即日西行。已而有司奏闻，特赐赵③为润国长者。未几，入兴平环居，以千日为约，其静中妙用，见《长安集》。至期，渠河使夹谷公及耆老数辈，就环恳请，以县南龙祥观委公为主，公诺之。居五年，至兴定庚辰，住终南楼观五年，又迁京兆之丹霞。寻蒙师旨主营建三原碧虚观事，所寓之地，皆有成规。正大戊子春，碧虚于祖庭丈室谓公可以倚重，举以自代。关中搔动，公及军民避乱于南山，粮尽，人相鱼肉，几及我公，或曰"此酒李先生，素有道者也"。因携持出山，遂得免焉。庚寅春，如南阳，依附者众。会冲虚李公、洞真于公在汴，冲虚奏请住持丹阳观。癸巳，汴京款附于我朝。俄而忽起异议，无辜者皆坐诛。公与一长老止水泊中，迫于凶焰，长老悚栗不能自持，公止之曰："我辈平日所行，正为此耳。死生常事，夫何畏焉？"竟以事免④。城中绝粮，人争北渡，津人固拒，饥溺者以万计。公请洞真先登，因以阴骘开

---

① "允"，辑要本作"尤"。

② "赵"，重阳碑石本作"三郎"。

③ 同上。

④ "竟以事免"，重阳碑石本作"有顷，以故而免"。

谕津人，余皆获济。公继达新卫，门徒望风辐凑，今之灵虚、天庆创成荣观，自此始也。明年，领众适燕。时清和尹公掌教，每会道众议祖庭缘事，皆推公为能，公谢不逮，复奏请住持重阳宫兼任提点陕西教门事，更名志远，祖以厚贶。公东行而归，过^①鲁、过魏，自侯伯以下皆夹道祇^②迎。有以庵观奉之者，有愿为弟子者，有以财施者。公得之，不以一毫私己，悉归之祖庭。京兆田侯德粲闻公西归，督佐官就河中相迓，以府城佑德观归之，今玉清宫是也。时关中甫定，暴狠^③相煽，公以仁言诱掖，稍稍格心。比年南征，俘挚来者不绝。公询其主，有好善者，多端劝谕，引而归道，有不可必致者，乃议货取，随授以明文，许其自便，其感之深者，终不忍去。公尝往来于祖庭、玉清之间，然规画调度，未尝不拳拳于祖庭。丙申秋，受清和师书，督祖师葬事^④。掌教真常宗师又任以祖庭之职。冬十月，诏提点重阳宫。再年，秦士议修文庙，阙瓦，郎中邳邦用辈请于公，公尽给之，士皆称叹。庚子春三月，被旨特赐无欲观妙真人号。秋七月，河北郝公总管家隶百余，阴谋南遁，得其显状，尽欲刑之。公闻之，连夜驰至其门，以善言诲导，亡者皆免。明年，城中群小数百，结连私逸，权府韩渊密知其情，议尸诸市以令众，感公一言，但歼其魁渠。太傅移剌宝俭，其母死，欲以二婢为殉，公以古葬礼正之，始罢议。凡契丹人以人殉死者，弊因以革。丙午春，诏燕京作普天醮，

---

① "过"前，重阳碑石本有"过齐"二字。
② "祇"，辑要本误作"祇"。
③ "狠"，原作"很"，据辑要本改。
④ "事"后，辑要本有"毕"字。

公预焉。夏四月，归自卫，汴京长官复请住丹阳，栖云王公具礼郊迎，座中^①若有急色，介诸徒速出，人莫知其然。甫登舟，南军已拥京门，其先见类如此。明年，还宫。秋八月，朝旨加玄微真人号，寻又被冠服之宠。甲寅春，宗师以国家醮事，具书招致，年已八十六矣，不敢以老耄辞。比至堂下，疾笃，以后事付于法弟衍真大师张志悦，以其徒拜宗师为大度师，于长春方壶留颂而蜕，时夏六月二十六日也。诸徒奉枢西归，附葬于终南祖茔，礼也。葬之明年，志悦命李志安、陈志元具行状请于宗师，欲刻诸石。道宁适有事于堂下，宗师就命当笔，且曰："无欲领袖祖庭，盖有年矣，今子代之，始终行实，子必熟知，其文之也固宜。"道宁不复牢让，谨按无欲可见之行，为之说曰：有主持玄教之大人，不可无辅翼玄教之仁人。大人者正己而物正者也，我宗师正容悟物，天下羽士皆观而化。无欲公辅弼其教，以仁存心，俾祖师根本之地有隆无替，可谓无负宗师眷倚之意。盖公之为人，禀刚大正直之气，持特立独行之操，传授有源，充养有地。故施于事也，无不济之以仁，遇患难则^②先之，见人急难，必尽力救援而后已。有叩其修真之诀者，则以积累勉励之。其可与谈性命事者，每至夜分不寐。虽与童子言，亦谆谆未尝倦。至于名士大夫，尤乐与交游而相忘形骸。与人接谈，又能度其高下而切中其机。然且待人以约，持己以谦，其处众也，威而不猛，和而不流。在环堵四五年间，神变之妙，欲直书之，恐人以为诞。原其动静语默之

---

① "中"，重阳碑石本作"间"。

② "则"后，重阳碑石本有"身"字。

常，亦可谓间世异人者矣，故碑之而无慊。乃赞之曰：

伟欤李公，专气致柔，其守也坚，其行也周。解纷庶务，而善计不筹，一志不挠，而先[1]为之俦。若人者，将厌世扰攘，而追帝乡之游耶。吾知其了了诸缘，而嗒然乎归休也。[2]

紫阳真人祭无欲真人[3]

维大蒙古国岁舍乙卯正月己亥朔二十三日辛酉，友生河南漕长兼廉访致仕奉天杨奂谨致祭于无欲真人。[4]

开元[5]天宝，若吴尊师，性质[6]高鲠，克慎攸履，啸月吟风，嵩少之趾。所与善者，惟李谪仙、孔巢父尔。若张志和，号玄真子，浮家泛宅，逍遥卒岁，寓意于鱼，钓不设饵。曰陈少游，实观察使。曰颜鲁公，乃州刺史[7]，杖屦往来，迄今传之，以为胜事。奂也何人，浪名进士，职非颜陈，才非孔李，岩穴素契，洞真无欲，两翁而已。旅舍[8]京华，适癸之巳，天兵南渡，喋血千里，十二都门，闭而弗启，一死一生，誓言在耳。顷承驿召，入长安

---

① "先"，重阳碑石本作"仙"。
② 此赞文之后，重阳碑石本有两行文字如次："丙辰岁十二月初十日，同州定国□节度（下阙）立石""门人王志正镌字"。
③ "紫阳真人祭无欲真人"，重阳碑石本未见此题。
④ 此句，重阳碑石本作"（上阙）正月己亥朔二十三日辛酉，友生前河南路征收课税所长官兼廉访致仕奉天杨奂谨致祭于无欲真人"。
⑤ "开元"，重阳碑石本作"闻君"。
⑥ "质"，重阳碑石本作"资"。
⑦ "史"，重阳碑石本作"使"。
⑧ "舍"，重阳碑石本作"食"。

市，洞真羽化，吁亦久矣。真人[①]既见，倾写底里，目电射人，彻晓不寐。青山满眼，簿书纷委。盛夏五月，脑疮作祟，夜半托君，万有不讳。朝殒朝葬，暮殒墓瘗。大限未终，勉强而起。真人[②]入燕，遽然厌世。倏闻讣音，老泪如水。玉骨北还，卧病桑梓，剥琢[③]荆扉，尺书踵至。白马素车，远涉清渭，三奠生刍，少酬知己。俛念宿昔，能不监止，再见无时，伏惟尚飨。

佐玄寂照大师冯公道行碑铭
虎岩赵著撰

公讳志亨，字伯通，寂照其号，同州冯翊人，五代瀛王道之后。赋性明敏，业进士，年甫弱冠，府荐入京师，就住太学。两赴内试不中，适崇庆兵乱，还乡以诗书自娱，不复为举子计。本州节度使奥屯肃请摄教授事，公辞以不能。大兵西征，公因北渡，寓德兴，深居不出。岁癸未，长春宗师自北阙回，道过焉。公以其平昔圣学浸灌之故，至是为真师感发之机一召于外，而己之天机立应于内，鹤鸣子和，森不可御。寻即愿奉几杖，列门弟中。乃先谒真常真人为先容，真常一见，莫逆于心，遂引见焉。宗师亦不以常人待之。既还燕，一夕指公谓二三尊宿曰："斯人他日必能扶持吾玄门后事也。"公默然铭于胸中。后数载，宗师将归真宅，众乃以嗣事为请，师曰："我之托付，伯通知之矣，不必复

---

① "真人"，重阳碑石本作"先生"。
② 同上。
③ "琢"，重阳碑石本、辑要本作"啄"。

言。"长春仙去，公谓清和真人曰："道教之兴，自开辟以来，未有今日之盛。长春宗师人貌而天者也，教门后事，属意在君，岂非天乎？请毋多让。"遂集道众，并达官贵族、天下大老、便宜刘公之属，就迎于所居之静室，请定仙号。初，清和闭门而不纳，公爹户而入，扶至堂上，使众罗拜堂下。名位既正，玄风大振，公之力也。至乙未，清和因祖庭事往阐教于秦晋之间，默遗公手书云："予年迈①而往矣，老不歇心，少不努力，俱非所宜。况四时之序，功成者去，未成者来，汝当果断，时不可不顺。"公得书，乃自念言："真常摄行此事已十年，知之者不惟玄门道众，上至天庭，下至山野，皆知之。此盖天也，岂人私意所得而可否哉？"丁酉，清和承诏还宫，公乃取元初立清和弥缝扶护之礼，按为典故而行之，遂立真常。既毕，清和乃以归老之计，逍遥于自得之乡，真常乃以无碍智慧，进服教门之重任。辅兹二真人，终始进退，俱不失其正者，亦公之力也。先是承诏教授胄子十有八人，公乃于名家子弟中，选性行温恭者如其数为伴读，令读《孝经》《语》《孟》《中庸》《大学》等书，庶几各人于口传心受之间，而万善固有之地日益开明，能知治国平天下之道，本自正心诚意始。是后日就月将，果皆克自树立，不惟俱获重用，复以才德见称于士人。又劝宣抚王公，改枢密院为宣圣庙，命弟子薛德琚修葺武庙而守祀之。又创建五岳观，及道庵十余处，为道众修进之所。庚子冬十月，京兆太傅及总管田侯等，请清和改葬重阳祖师，以公为辅行。自燕至秦，三千余里，凡经过道家宫观，废者兴之，

---

① "迈"，原作"运"，据辑要本改。

缺者完之，至百余所。其间公为之记，使刻诸石者亦十二三焉。祖师葬事既已，复从清和还宫。戊申，真常大宗师依恩例赐金襕紫服，迁充教门都道录，权教门事，仍赐以今号，盖嘉之也。及将立玄学，公复以作成后进之心而赞助之，直至有成。甲寅秋八月二十三日，示疾即真，享寿七十有五，二十六日葬之五华山之西南原，礼也。化之明日，著因以祭文致奠礼于灵柩前。门人薛德珺、姚志玄执公之行状，求为墓铭，将刻石以表之。著辱公之交为最厚，因知公为最详，故不辞而为之。且真常之于此老，一相遇便欢若平生，遂引致博大真人门下，同着道家冠服，又与筑室于宫之右而居之，比至物化，三十五年之间。其相与往来者，梁运使斗南、陈翰林秀玉、吴大理卿德明辈，每论及当世人物，至以宰辅之器许之，其雅量高致为可知已。历观三代宗师所行之实迹，则是靡有一事不相咨问，不相假借而成之者。又于化前后凡十数日，数相往来于似梦非梦之中，岂亦各人胸次真理融会之地，别有相得于形声之表欤？何其诚通气合，物莫能间，而至于是耶！或者往往窃议，谓同出身于儒之故，兹盖囿于私智之所见也。化之后，真常祭之曰："与公相会，三旬有五。不交以势，不聚以富。忆初相见，无言心许。公今假化，境出非人。生死示迹，孰知其神。"此岂囿于私智者之所能及也哉？予故断之曰："如其不然，乌得为寂照？"乃铭之曰：

堂堂佐玄，博大无偏，止水应物，不随物迁。礼服智烛，仁宅义路，才德虽兼，时则不遇。荜门圭窦，终日如愚，穷通有别，圣道岂殊？忽遇长春，星拱北辰，一惠发药，德因日新。孔庙躬修，武庙继创，文武之道，将行有望。公之所开，岂小补哉？赞成玄教，亦卜大来。荆金赵璧，光而不耀，英华外发，诚明内照。昔日非熊，今学犹龙，彼此一时，不谋攸同。刊之金石，磨灭有终，盛德流风，云胡可穷。

重玄广德弘道真人孟公碑铭

太原虚舟道人李鼎撰

公名志源，字德清，号重玄子，其先本上京徒单氏。大定末，迁莱州胶水，居孟氏宅，人因以孟氏归之，此亦古之因食采地得氏者也。高祖觊，卒于汾阳军节度使。高祖母完颜氏，金源郡王希尹之妹。曾祖克宁，尚嘉祥县主，事熙宗、海陵、兴陵、道陵凡四朝。以功累迁至太师，封淄王，及薨，谥曰忠烈。祖斜哥，辞世袭千户，终于南京副留守。父给答马，复世袭千户职，母乌林答氏。略以金国名臣传考之，其家世可谓盛矣，况在大定、明昌、泰和间，使他人处之，鲜不为纷华之所流荡。公独从髫龀中厌富贵而乐淡薄，非性分上夙有熏习之力，能之乎？明昌初，年饥，即墨人高翔啸聚劫掠，诏命公之父讨之，乃曰："食者民之天，得之则生，弗得则死。抵死求生，小人之常情，讨而诛之，恶在其为民父母也。"遂宣布主上之德，赈以仓廪，不戮一人，寇为之平。古语有云："活千人之命，其后必有显者。"是公能了此大事，亦必借先世丰功厚泽阴相之力而致之耳。公有三兄六弟，其兄有官至骠骑者，有至辅国者，余皆克绍家声。泰和癸亥，父母与议婚事，公因遁去，径诣潍州玉清宫，见长春宗师，请为门弟子。师怜其贵家子，兼异其风骨不凡，后必为玄门大器，乃从其请，授今之名字。父兄疑其第四都全真观主知之，故为隐匿，縶归有司。公闻之，遂还家自言其志。父母知不可夺，因选第二都乐真观使居之，乐真今更名玉清矣。公虽得法于长春，充养之际，亦尝质于玉阳、太古二师真，玉阳赐号开真子。大[①]安己巳，长春应诏京师，还住玉清，知公有所得，乃赐重玄子号，盖嘉之也。贞祐癸酉，公之昆弟皆为兵乱荡散，而父母失依，公乃扶二亲就己所居，致孝养之力三载。虽二兄还，其安置省问诚敬之礼未尝缺。己卯，圣朝遣便宜刘仲禄起长春于海滨，门人中选道行清实可以从行者，得十八人，公其一也。及进程万里沙漠，其缁重车皆两人主之，惟公独御焉。清和悯其勤，请副于师，师曰：“吾知斯人之勤矣，但欲先行其人之所难，而后必有大所获耳。”公闻之，乃曰：“子于师丘山厚德，无以为报，其仆其御，实当为之事。予惟不知所求，亦不知为劳也。”同行者由是虽勤苦百至，皆争赴矣。辛巳，西至阿不罕山，始有汉人耕作，因公等九人，立栖霞观。癸未，住德兴之龙阳。甲申，长春奉旨住燕城太极宫，寻更名长春，公亦自龙阳来。丁亥，师反真，公年四十一矣。一日，静坐一室，忽于恍惚间见重阳、长真、长春三师真，公拜毕侍立。祖师言：“汝寿当七十五。”长春言：“汝五十后必负教门重任，事虽繁剧，汝勿惮，是皆磨砺汝之砥石，煅炼汝之炉冶也。”言讫，不知所在。寻觉身中百关通畅，真气溯[②]流，升尾闾，入泥丸。是后日复一日，神物变化，金浆玉液，黄庭绛宫，灌溉浸渍，非言可及。公因遍考先代师真得道之后，身中之事著见于书者，

---

① “大”，原作“太”，据文意改。
② “溯”，原作“沂”，据辑要本改。

针芥相投矣。公从此以来，虽颠沛造次，罔不在是。其身中所得流运之理，亦未尝止，想当时其为乐可胜计耶？至清和真人掌教，乃副知长春宫事，俄迁知宫。戊戌，受宫门提举。丙午，迁宫门提点。戊申，权教门事。己酉，以恩例赐金冠紫服，并至德玄虚悟真大师号。癸丑，掌教真常大宗师奉朝命普度戒箓，委公为监度师。丙辰，真常羽化，诚明真人张公嗣教。以公玄门大老之故，己又在制，遂授以教门都提点印，俾摄其事。戊午秋，应丞相胡公之请，主平阳黄箓罗天大醮，寻奉令旨，赐今真人号。中统二年辛酉，春秋七十有五矣，度门人五百有奇，宫观称是。是年春二月二日，顺正而化。前此数日，预以后事嘱门人。凡来省视者，见其耳聪目明，音吐洪畅，尽如平昔，皆不之信。至是，方知公之所得，过人远甚。越三日，葬之五华山仙茔，从遗命也。至于度门人，立宫观，兹皆绪余土苴，众人之所共见者，或可得而言之。今寿几八十矣，而精神不衰，临行一著，又明白如彼，其素养之于内，必有精真微妙，众人之所不能见之者，岂易得而言之也？送葬之日，官僚士庶前挤[1]后拥，倾动都邑，道众不言可知。秋九月，门人状其行，请文于予。予因按其实而次第之，属以铭曰：

茬苒柔木，言缫之丝，大浸滔[2]天，砥柱不移。二者之美，公并有之，公既有之，我请布之。一遇师真，便得正理，观公之性，已超异矣。及住大宫，中正不倚，四十年间，又出类矣。苟非其人，道不虚行，本若不立，道无由生。推公之孝，及公之诚，本

① "挤"，原作"祭"，据辑要本改。
② "滔"，辑要本作"沼"。

既立矣，道宜有成。人所见者，绪余土苴，公之得者，妙绝真假。天地一指，万物一马，不以是观，知公盖寡。与其观身，孰若观神，神如之何，把握乾坤。阴升阳降，黄河昆仑，至人妙处，不属见闻。精神骸骨，各归本始，门人治任，奢俭合礼。燕城之北，五华之址，碑以表之，公元不死。

浑源县真常子刘君道行记

前进士王鹗撰

　　君讳道宁，云中白登人，世为县吏，以廉平称。君生不好弄，间与诸儿戏，必结庵趺坐，曰"我学道尔"，识者知其有宿习。及长，雅意玄门，昆季凡四人，君其伯也，县民推嗣世业，力却之。泰①和壬戌，闻浑源隐士刘柴头号得道，乃与家人诀，诣屏风山金泉观，师事焉。师历试诸难，至遣丐食，君乐从不屑也。师知可教，遂授微旨。自是东游海上，西历关中，寓华山上方之白云宫。属岁饥僵馁，立志不少衰。既又如太原，泊神霄宫，有饶益院僧贤而饭之。道获楮币千二百贯，君榜求其主，逾月竟不至，悉以给贫乏，而一无所私。贞祐之甲戌，避地张村，穴洞以居。岁丙子，乡里稍安帖，土官冯禄闻君之在并也，迎归云内。君尸居环堵，若将与世绝者，而乐道之人，渴于请益，百方为出之。于是肩摩踵接，学君之学者，日益众矣。庚辰春，浑源长高定饱闻君誉，敬请之来。曰龙泉、曰金泉、曰玄元，皆名观也，君更为住持，而兴废起顿之功为多。癸未秋，真人丘长春入觐回，君执弟

---

① "泰"，辑要本误作"太"。

子礼，迓诸银海之东，目系道存，一见如故。问君之初事，以柴头对，师颔之曰："仙人中天隐也。"因授秘诀，加号真常，令筑室西京。未几，推为道官长，游戏十年，庭无一讼。逮长春仙蜕，清和绍休，尤与君相得。丙申之春，尹清和谒祖庭还，会君于古恒岳之阳，语之曰："吾近游陕右，奉田侯德粲之命，凡玄宫道宇，皆择人主之。惟华山之云台，地灵物秀，实仙家一洞天，非君无可托者。"君再辞不获，遂遣门人为经营。君亦往返再三，大兴筑构，所过崇奉，男女如市。癸卯中夏，田侯修华岳庙，复与丞相胡公天禄同署，邀君于云、应间。君闻命欣然，即日就途。甫四①三年，厥功告成。丙午春，有诏设普天大醮于燕京之长春宫，遍召诸方耆德，而君亦预焉。时李真人主醮事，得君甚喜。是年夏五月庚申，旋车古恒。越二十二日壬午，请州牧高仲拣洎门人许志安，属以后事。翌日将中，曲肱而逝，春秋七十有五。君生长大定、明昌间，不以世俗所乐者婴其心，而能远迹尘凡，栖心物表，东游西历，所至风靡。虽土木屡兴，聊亦应缘而已。尝作《巴人曲》接引于众，又著《会仙》《随应》《总仙》三录，以道神仙可学之事。临终语门弟子曰："可于丈室瘗吾躯，榜以'翛然'足矣。"盖取《南华》"翛然而来、翛然而往"之义，则君之平昔所养可知已。方君之在浑源，乐与学士魏公邦彦游，故其亡也，门人史志经状其行，走燕求记于公，且将刻石祠堂之侧。公一日携以过仆曰："真常好道人，吾知之详。然吾老，不作文字久矣，子其代予言。"仆初客燕城，殊无文思，重违学士之请，而复

---

① "四"，辑要本作"事"。

嘉志经之不忘所事，乃以临终之言名其堂，因为纪其始末云。若夫门弟之翘楚者，皆当识诸碑阴，兹不敢喋喋。岁疆圉协洽，清明前六日记。

重玄子李先生返真碑铭

嘉议大夫吏礼部尚书高鸣撰

金朝故事，新天子即位，例出诸王为方镇。大安、崇庆间，宣宗以丰王来彰德。先生时以高訾家推择为功曹掾，有廉平称，尤精算术，因之出入府中。雅性重厚，复小心畏慎，故见亲任。至宁元年，宣宗入继大统。明年，车驾幸汴梁，扈从以行，补户部令史。当艰难之际，柄臣高琪蔑视文史，其持下急如束湿，从事者为之惴恐，稍稍引去，先生以直道自任，气殊不少衰。会被檄漕米馈燕师，抵霸州，值北兵大入，几至不测，然忧世之恳，每见于颜间。议者谓，秩无崇卑，顾力行何如耳。若是而进武，则功名爵位，其畏不显？一日，忽报谢病归隆虑山，闻者愕然。适与丹阳马公之高弟卢公相遇，便请执礼为全真师。既付授有源，未几，默有所契，径入栖霞谷无忧洞，深坐练化，木茹涧饮，其节愈坚，苦学道者难言之行。元帅府宗室惟良、招抚使杜仙，皆一时豪杰，日加敬异，在屯戍扞御中，尝率僚佐致谒，其他可知。甲申，闻长春丘公应召还，附卢公远迓，得赐名志方，号重玄子。卢公有北京之命，谓先生缘在彰德，俾之南行。总管赵德用请住迎祥观，观虽兵烬日久，凡事草创，先生一顾奂焉，有承平旧物之渐。丁亥，长春公上仙，携法众往祭，因宿留檀、顺，若致心丧焉。庚寅，复还，士庶逢迎，欢动闾里，皆曰："吾家先生来也。"总帅萧仲通暨同列奉疏请主盟天庆宫。宫之荒废，略如始住迎祥时。先生力为经度，不数岁，大敞而新之，殿堂庭庑、坛藏厨库，下逮庖湢咸备，而法视他郡邑为冠。丁巳，宗王穆哥崇向高风，遣使持金冠云锦羽衣焜耀之，仍加真人号。以庚申二月九日，春秋七十有六，怡然留颂而逝，门弟子葬之王裕村某原，从治命也。所著《地元经》若干篇，行于世。甲子春，提点赵志璞偕法兄弟持状来谒曰："先师宁神，冢上之木拱矣，而旌纪寂寥，诚惠顾之以铭，死且无恨，敢请。"呜以先生之行有应铭者，盖先生少时已自不碌碌，虽由文法进，人皆以远大器许之。况潜邸旧人，依光日月，君臣相遇，古人谓之千载，虽方驾汉名臣可也，乃今挺然不顾，槁项黄馘，自弃于澹泊无端倪之地，以至成道，非烈丈夫，孰能如此？以是概之，真可铭也已。若夫万鹤绕醮坛而翔飞，蝗抱祭器而死，虎承牒而杀田豕，雪失道而作司南，其灵异类此者甚多，皆先生平日所不喜道，亦不敢具书。先生字友之，相州安阳人，初讳益，既入道，止以法名行。铭曰：

贪魁伥伥，不胶者臧。在昔所难，在我翕张。城旦刑书，家令智囊。顾乾龙未跃，已丽乎初九之阳。迨云雾潝然而从，相得益章，果以功名自任，于一代宗臣而有望。政屑就代来之议，犹作封侯之宋昌。胡舍彼而取此，抑可谓有天德沉潜之刚。翩翩独征，澹与世忘，拥肿之与邻，寂寞之为乡。是宜为下士所笑，而耿耿自信者，廓兮其心光。此孰得孰失，计必有能辨其详。或乘白云，或下大荒，千年夜旦，曾不失处顺安时之常。有丰者碑，植立墓傍，繄撷蓬之日，虽樵童牧竖，知有道者为不亡。

栖真子李尊师墓碑

嘉议大夫河东山西道提刑按察使王博文撰

尊师姓李氏，讳志明，字用晦，栖真其号也。世为潞之壶关人，以农为业。祖考而上，皆潜德不耀。甫九岁，去父母为全真学，初礼樊山潘先生为师，诵经读书，为童子事。稍长，遇超然广化王真人，授以火候周天之法、炼阴为阳之术。久之，觉有征验，鼓舞踊跃不自胜，乃曰"师真岂欺我哉"。自是益积日新之功，遂事长春真人，命名与字，爱之深，所以教之笃。始自薪水庖厨及一切劳筋力役心智之事，皆令亲历而备尝之，然后诱之以至道之妙，示之以用力之方，廑恳谆复不惮朝夕。师亦力强而志苦，至胁不沾席者余①十年。静而生慧，性识明了，伸纸引笔，肆口为歌颂，皆有理致。长春曰："李生果为受道之器，非余子所及也。"居无几，乃曳杖挂瓢，径归太原，葺保真观居之。或寄迹于鄽肆，或丐食于村墟，观化阅世，人无识之者，但以单子李师父目之。时方进取，国制未定，戎马营屯，星散汾、晋间，劫攘财物、戕害人命者，在所有之，有司莫敢谁何。岁庚寅，太宗皇帝南伐，驻跸并之古城。师率徒侣拜觐天光，拈香祝寿，上情悦怿，因敕兵人有暴民攘物者，以军法从事，遂著为令。由是行者无扰，居者晏然，师与有力焉。辛卯，再驾而南，复蒙盼睐，是后师之道价益重矣。清和宗师嗣教，命管领一路道门事，仍兼本府道录，复以道体冲虚大师之号畀之。未几，府尹石抹公及道录智公，以

---

① "余"，辑要本作"逾"。

保真狭隘，疏请师住持天庆故宫。天庆兵乱后，鞠为荆棘瓦砾之场，既允其请，慨然以兴复崇建为事。一日，从容语徒众曰："度道士以守宫观，虽近代之制，然自汉武帝时于甘泉宫中为台，画天地太一诸鬼神像，各置祭具，自是之后，蔓绵衍溢，恢张弘大，以至于今，其来远矣。吾道家者流，虽恬淡无为以治其心，可不以分祉祝厘为立教之迹乎？是则以营缮之事，不得不尽心力而为之也。"或有以功大难之者，师曰："古人有言，作舍道傍，三年不成，谋之欲众，断之在我。"即荷畚锸为之倡，从之者云集，贵者董其役，富者输其财，智者献其巧，壮者程其力。师斡旋运动于神明之中，而应之者不愆于素，遂使天庆之规制雄硕俊整，为一方之冠者，具见于荣禄宋公所撰《万寿宫碑》，兹故略。戊子夏，大旱，将为一路灾，府中祈雨，僚属以师主醮事，已而澍雨沾洽，岁以大丰。又宣差完颜胡失剌暴得奇疾，气息几绝，家人走告师以危殆状，躬诣其处咒诅，杯水下咽，复甦。其精诚之至，感格之效如此，平生不胜计，所录才一二耳。己酉，真常真人以师践履之实，洋溢远迩，迁河东南北两路道教副提点。凝坐一室中，不动声色，而事无不集者，雅为诚明宗师所敬重。中统二年，即升副为正。越明年，左仙翁保奏于永宁邸，即授栖真洪妙真人之号。方为人天所瞻仰，遽尔厌世，于至元丙寅建子月之浃晨 [①]返真，得年六十有七。又明年，师之高弟提点张志希、侯志正等，请道教都提点洞元大师申云叟继主天庆事，云叟即师之同法弟也。至元癸酉，予方官太原。适洞元还自燕都，将以是年四月己

---

① "晨"，辑要本作"辰"。

西葬师于太原府城之东南三里所，从遗命也。洞元持师之门人郭志修等所纂行实状，以墓碑为请。洞元与予二十年之旧也，固辞弗许，因请洞元言："尊师一方外闲人耳，无猗顿之富，无晋楚之力，徒以日积月累而岁以增加，遂令荒寒寂寞之域，一顾盼之顷化为天上之玉京，平地之宝坊，非德足以服人，诚足以感物，曷以臻此？庄子有言：'水之积也不厚，则其负大舟也无力……风之积也不厚，则其负大翼也无力。'以师今日之所成就者论之，可谓积厚而有力者哉。"铭曰：

维全不亏，不亏何伤？维真不伪，不伪可常。斯道昭昭，孰为主张，得其人而遇其时，遂川流而天光。佥谓若人，福厚莫量，心静而明，志坚而刚。内德既充，道价日彰，事之者炀灶争席，师之者抠衣升堂。腾实蜚声，佩兰袭芳，砥柱中流，横溃独障。游赤水而得玄珠，读《南华》而友子桑，视人世之死生，犹旦夜与阴阳。遽厌世而上仙，返白云之帝乡。顾虽蜕骨于此，既不足以丧吾存，则又何必惊于凡亡耶！

甘水仙源录卷之七

夷门天乐道人李道谦集

崇真光教淳和真人道行之碑

嘉议大夫吏礼部尚书高鸣撰

全真之教，始于少阳君，兴于重阳子，大盛于长春公。长春传之清和，清和传之真常，真常传之诚明，诚明传之淳和。淳和以大元数之，实为宗门五代祖，讳志坦，字公平，出于相州汤阴王氏。父讳忠，性悫愿，以赀雄其乡。母岳氏，闺壸有微妊，梦古仙来告曰："此子成人，必令学道，否则将祸而家。"已而公生焉。自童丱不好弄戏，且不喜华羡①物。甫及冠，即着道士服，师北京卢尊师。师乃丹阳马公之法孙、洞清于公之高弟也，时以道录居京之华阳宫。卢素严厉，少忤，辄责诮之，殆若官府然，故居门下者鲜克终。公参谒之余，力营百役，至于廥厩湢砌之细，躬执靡有懈。卢亦悯其勤而诚，复加以礼。癸未秋，谒大宗师长春真人于宣德，一见器之，传付秘诀。既恐无以善其后，遂行化兴中、义、锦间，日丐一食，虽蚊蚋噆败，亦不屑弃已，匪茹而居，不计何地，遇昏暮即止。戊子，闻清和宗师驻燕，知道统所在，参礼焉。师爱其力行，大加奖拔。公忽有开悟，恍若神明，顿还旧观。无几何，径入金坡，坐而炼化，穷深抵幽，木茹涧饮，人莫见其面。其志愈坚苦，虽晦迹十余年，无贤不肖皆曰："金坡王先生，有道之士也。"甲辰春，真常真人李公素高其玄，屡以书见招，来拜，为大度师。夏五月，从真常北上，参受三洞秘箓，以祈禳诃禁济人。其疾病，药石不可为者，假符水，或以袂拂之，罔不立验，咸畏服其神。皇太后钦挹真风，宠赉以礼。公益自谦逊，惟颠坠是惧。每蒙慰谕，必归功于圣神，若私不敢有者，其知本不伐也如此。留居阙庭者六年，还燕为教门都提点。燕去和林，里千六百有奇，凡赴十有七，驰驱寒暑，略无艰苦状。盖以辅翼玄教为己任，虽九死不悔也。先皇帝践祚之元年，龙集辛亥，

---

① "羡"，辑要本作"美"。

诏真常公佩金符，驰传祀岳渎，以公为辅行，继而奉香代祭者又四，皆以祈天永命、敛福锡民为意。癸丑，上问养生之术，对曰："此山林枯槁之士所宜，非天子之急务也。天子代天理物，当顺天心，与民兴利，则天降之福寿。近大赦天下，革故鼎新，民乐生活。开创以来，戕横天阏，精魂无依，非求诸冥冥中而莫之能救，是所谓恩已及于八方，泽又浸于九原矣。"因奏修黄箓普天大醮，上喜曰："天垂此教以利天下。"即诏公，命真常公于燕之长春宫陈设醮事，所须旅百①，俱出内帑，一无扰于民食墨得。甲寅三月十有五日，礼备将行，云肤寸而雨。公密祷于天，天为之静，风月肃然，星辰可摘，又有卿云鸾鹤之应，公卿文士咸作歌诗以赞其瑞。由是道价益重一时，贵游悉奔走承事，或执弟子礼。真常厌世，诚明嗣之，公之力居多。中统建元春，入关，旋及覃怀，陟天坛，爱之，留玉峰前期岁。相州神霄宫久虚玄席，诸耆宿士庶恳公主之。明年，会真常葬。又明年，复入金坡。至元改元，燕人杨提领者，素慕玄教，于私第之后圃，作环庵一区，愿得天下清修高尚之士奉之。佥曰："金坡王练师可即礼致焉。"三年冬，诚明复以提点事恳公。七年，诚明上仙。今皇帝诏公袭位，仍加真人号。以九年十一月二十有七日，蜕形于长春之玄堂，得年七十有三。越明年，门弟子梁志安、常志敏等，奉其衣冠，宁神于金坡山下，从治命也。时天气肃冽，比襄事，熙熙然化而阳春，执绋祖载者万余人，汗皆浃背，咸嗟异之，以谓纯诚之验也。所著《信心录》《六牛图》传于世。葬之明年，志安、志敏等状公

---

① "百"，辑要本作"帛"。

之行，来谒铭。鸣治彰德时，盖尝以疏请公主神霄，从游甚款，故习其为人，义不可辞。公美仪观，爱读书，尤喜性理学，深得奥义。好施与困乏无聊者，不以己之有无。谦恭宽硕，克己下人，故度门弟子者数千人，若观若庵者又营建百余区，可谓能弘其道矣。鸣呼，以公平日阴功济物之心，向在阙庭，假之以政，救时行道，焉知不有如行符设醮之功耶？若夫将适辽东也，祷之而愈风痹。又去许昌也，空中传玉帝有命。其灵异若是者甚多，然实非公之本心。且有《淳和真人传》在，兹略而不书。铭曰：

混沌既死，大道窈冥，乃醨其醇，乃浊其清。吃诟以形，勃磎以情，拱璧而先驷马，竟盗为夸矜。天开圣人，药石聋盲，著书二篇，强为之名。爰有漆园，演为鲲鹏，蝶梦破而虚白生，然后使混沌复起，大道复明，代有人焉，玄风日宏。有来重阳，莫之与京，孰其似之，淳和是承。挺焉志坚，夷焉心衡，嗒焉尸居，而闻望震惊。寂然无声，澹然无营，眇翩翩而独征。砥柱中央，万古不倾，力提玄纲，惟公主盟。虽以符水藉名而救世，是宜羔雁待之如老更。金坡苍苍，草木光荣，衣冠有藏，功行有铭。而复返其精，抑将乘泠泠[①]之风，御颢颢之气，游元洲而戏赤城也耶！

颐[②]真冲虚真人毛尊师蜕化铭
宣授河南府路提举学校官李国维撰

人命于天地两间，事莫大于生与死也。自生至死之际，善

---

① "泠泠"，辑要本作"冷冷"。
② "颐"，辑要本误作"顺"。

恶所归，其可以见之矣。且莫高者天，莫厚者地，在天而日月有晦蚀，在地而山川有崩陷。天地尚不能久，有坏如此，而况于人乎？乃知生不常存，惟静而复命曰常，死而不忘者寿，盖有道存焉耳。自大道既隐，人欲滋炽，不可救药。幸钟吕而下，降及近代，全真之教兴。有王重阳者出，化马、谭、丘、刘于海上，相从往返东西二都，仙迹显著，而后远近向风，而流传渐久，弥满四方，游其门而学者，不知其几万千人。至于识性命之理，了死生之事，而不失其所者，盖亦寡矣。百年以来，能继重阳、七真之风而不下，于今之高道，动化关、洛间，众所钦慕，卓然独异者，冲虚真人毛尊师也。师讳养素，字寿之，道号纯素子，颐真冲虚真人，其师号也。家世平水，太常博士兼秘书郎、沁州同知毛麾牧达之嫡孙。牧达以文行纯粹，前金明昌初，朝廷重其名，特征授宫教之职，得其师道，上下受益，历馆阁，通守外郡，于道无少违失，宜其为天所佑，有贤子孙。其父讳德，字日新，以门资入仕，不喜躁进。师性资冲澹，雅有出尘之志。幼丧母，事父谨敬，乡里以纯孝称。既长，侨寓许昌。贞祐初，适一羽客见过，风神萧爽。师一见，乃知其为异人，谨奉之久。羽客曰："此子可教。"授以秘语。师问仙号，曰："我华山陈希夷也。"言讫，忽失所在。自是心神涣释，道缘渐浓，又于隐君子于、宋二老，时亲言教，以谦光处已，实德接物。乃父既即世，丧祭礼阕，弃家易服而道，往礼太华惠照真人田无碍，即丹阳之法嗣也。谨执几杖，清苦玄门，几二十年。惠照异之，丹书秘诀，又得其传，天光焕发，日以益新，殆不可掩。因志在四方，不为物滞。门人常志久系出素宦，方监永宁务，弃官入道，同诸贵游，请师居凤翼道院。一日，其子寻访，既见，坚乞还归，师却之曰："吾既在道门，去就自有时，终不能为世俗累，尔无顾我。"子号泣而回。后天兴河南之变，大朝王师南渡，因复姑汾。时官府道俗，交状敦请，同法属王、叶诸公、栖霞党子春，住持玄都观。当其晋境，飞蝗满地，民心悬急，师率王、叶辈，斋戒致祷，蝗悉飞去，竟不成灾，人以为灵应昭然，精诚所致①，莫不尊敬之。但福地靖庐，未能全忘其情。乙未，同诸门人常志久，由陕而南，兴葺洛阳朝元、栖霞二宫，及华阴清华观。不数年，金碧轮奂，冠于他处。丁酉，汝州官府②状请住北极观。己亥，关洛荐饥，豪富闭粜③，师悉发余粮，均施困喂，赖以活者甚众。盖平昔乐于赒急，以仁为己任如此。辛丑，清和真人至终南，以师宿德望重，起为栖霞提点，兼领披云《玄都宝藏》八卦局。时紫阳杨使君行漕台，暨玉华王元礼、西庵杨相正卿诸公，俱在洛，与之游，相得甚厚，道价增重，光耀一时。甲辰，副提点寂照大师吴志明北上，赍皇后懿旨，有冲虚大师之号。继及真常掌教大宗师衔命南下，赐号颐真冲虚真人。既莅琳宫，主盟师席，熏戒严肃，日无惰容。庚戌，举燕京都道录韩公以自代，退迹清华。未几，韩复归燕弃世，再奉掌教诚明真人法谕，复领朝元、栖霞宫事。师于性理之学，克意终世，斯须无少间断，故能透脱融贯，全真正脉，其造之也不为不深。一日，炷香危坐，即示归寂之语，众莫能测。翌日晨兴，

---

① "致"，当为"至"之误。

② "府"，辑要本作"用"。

③ "粜"，原作"籴"，据辑要本改。

方理巾帻既毕，依墙俨然立化，神观不衰。是日，朝霞亘天，人有见师翱翔其上者。士子伊川杨君用、登封韩仲温因宿于宫，叹以为异，实已未七月上旬四日也，世寿八十有二。凡聚徒阐教，前后度门人百数辈。其遗骨瘗葬于本宫之先茔。关洛诸公多为作《传》，及赋歌诗挽诔之，有《泛霞图卷》传于世。翰林待制孟攀鳞、京兆教授李庭，叙之甚详。门弟子王志冲、张志佺、同道判常志久，赍讲师郭从道所作行状，谒余求志，辞不能已。余以谓：甚哉，道之难明也。其道有成不成，由其人之悟不悟，故前圣有"道心唯微"之旨，亦有谓"朝闻道，夕死可矣"之语，皆不以达道为易。其所以悟而成者，诚亦有所由来，必也所禀赋高明，所遇合神异，所以抱神守一甚固，积行累功甚勤，自种时一点物真，力耕敏耘，善始令终，然后可望入其阃域矣。师生于姑汾，长于贤祖考积庆之门，得天地之间气，其禀赋不必论也。隐于许下，遇希夷，许以可教，遂授其妙道。入太华礼田无碍，授丹书，其遇合可知也。内持孝敬以事亲奉天，外施慈仁以爱人及物，此非积累之功行乎？隐居华之下、洛之滨，清净虚寂，余四十载，有进无退，此非抱神守一甚固者乎？故卒能有成，脱尘网之中，出化机之表，翛然往来，入于自在逍遥之境界，不亦宜乎？后之学者，可不景行而加诸意。抑谓自大朝奄有天下，以至中统改元，当今皇天眷命，皇帝暨后妃、太子、诸王莫不敦尚玄风，敬礼高士，而师之所归至善若此，不可不为之铭。铭曰：

太古之时，人生之始，寿而不夭，仁而不鄙。大道既隐，衰俗靡靡，滋炽人欲，泯绝天理。轻妄好恶，劳烦听视，真趣之归，几人而已。在清流中，有纯素子，忘情名利，远迹朝市，养气烟霞，栖身山水。伊水洛水，嵩山华山，往求同志，密叩玄关。当扰攘之际，徜徉乎其间，契遇高真，逸驾相攀，传授秘诀，煅成大丹。辍食餬人，救时阻艰。内持外修，功成行完。策名紫府，垂范黄冠，尘缘方尽，飙驭将还。幻身外物，付之等闲，泛霞璇空，眇视尘寰。陈迹在碑，有志明刊。善始令终，众之所难。不归于地府，不列之王官，生死无变于己，而况乎利害之端，岂亦不几于神仙之一班，后人仰止，拂石以观。

终南山圆明真人李练师道行碑

祖庭天乐道人李道谦撰

师姓李，讳志源，邠州三水县人。天挺至性，宗党以孝悌称。自幼有冲举志。年未三十，考妣俱丧，乃弃家绝累，洁身入道，师事本州玉峰观全阳周君，服勤左右，数年匪懈。全阳悯其精恳，遂付以修真微旨，且使游历诸方，参证心印。至醴泉，与同志裴公结茅以居，遣欲凝神，虚心集道，历十有八载，故得尘虑尽销，天光内发。乡人李公，崇尚高洁，建道院，率闾里耆艾延至，事以师礼。无何，全阳召之还邠，赐号圆明子，俾主玉峰观。又尝集众言曰："圆明于道实有所得，他日吾归全之后，汝辈当尸祝之。"迨正大戊子冬十月，全阳返真，门众遵宿昔之命，举练师处师位，练师勉从其请。未几，迁居京兆府城之西汉高祖庙。凡昆季子侄，教育公溥，远近道属靡不得其欢心，始服全阳付畀得人之哲。天兴初，秦地受兵，练师挈众出关，寓陕州之鸡足山，寻迁洛阳长生观。及河南破，天朝遣使招集三教人，练师率众北渡，于东阿县筑栖真观居之，远迩闻其名德之重，请益受教者不可胜纪。玄通子范尊师方主东鲁道教事，待之如伯仲，时遣人候问起居，资其不给。甲午岁，关辅略定。练师念及终南南时村活死人墓，乃重阳祖师炼真之地。曩者全阳意欲葺居，以彰仙迹，适丁金季之乱，不克肯构，即遣门人王志瑞等西归耕占。乙未，参军齐大年与练师乡里之旧，时居赵州，慕其道德，创悟真庵，请至事之，百色用度，继奉不辍。丙申冬，适燕，谒处顺堂，掌教清和宗师遇以殊礼，署练师充真定路道门提点，且曰："吾向诣长安，祀香祖庭，见公遣人创制南时胜迹，吾就名与①重阳成道观矣。然此非细故，公傥不亲临，恐莫能济。"练师还赵之日，继令法弟吴志恒来充知观。戊戌冬，京兆总管田德粲差官持疏，往迓练师，即日命驾，率百众西还，大行起建。由是道缘益弘，门徒翕集。不数年，殿宇壮丽，与宗圣、上清、遇仙诸宫相甲乙。辛丑春，祖庭会葬之际，道流恒数千人，洞真宗师举练师提举重阳宫。练师以正己而物正之道，裨赞玄化，与有力焉。丙午八月朔旦，朝谒礼竟，忽谓众曰："吾昨承玄告，不能久留世矣，公辈各当以进修为业。及此师祖胜缘，实先师之志，今克伸之，吾归无慊矣，可善主持，无使中道而废。"遂绝粒忘言，越五日，沐浴更衣，奄然解化，春秋七十有一。门众葬于本宫东北之仙茔。庚戌冬，掌教真常真人奉上命委加玄教有道之士名号，以恩例追赠渊虚圆明真人，仍升观为宫，于戏盛哉！练师道器凝重，上性谦冲，律己容人，轻财重义。生平不读书，凡视听言动，吻合经旨。当作务纷扰之甚，其修炼之功亦无时少辍。丈室之中，惟巾盂几杖，

---

① "与"，辑要本作"以"。

无长物，一冠一袍之外，不置囊橐。终日块坐，殆若与世相忘者，及其即之，而饮人以和，使人自有所得。其教诱后进，又能随其根性高下，各有所发明，无非颐神毓气、诚意正心之要。虽髫童之愚，所为不道，亦未尝以恶言斥辱，但以善恶罪福之报方便启导之，必使心自惭服，以驯其化，其成就于人者如是。至元癸酉秋重阳日，提点吴志恒每念练师熏陶切磋之惠，思而不忘，丐予为文，用刻贞石，以垂不朽。向予与练师同居仙境，仅及十年，仰慕高风，亦乐道其盛德，仍系之以铭。铭曰：

真常之道，无门无房，谁其启之，教祖重阳。东游海上，四子传芳，支分派别，化洽万方。圆明老仙，天挺道器，丹阳裔孙，全阳嫡嗣。久进真修，功周德备，或出或处，有道有义。仙仗西来，肯构南时，门徒济济，教化熙熙。楼观嵯峨，金碧参差，肇开神宇，万世之基。善始令终，曲肱敛息，形有生化，道无终极。我铭以辞，无愧乎实，刻石琳宫，后昆懿则。

清虚大师把君道行录

翰林侍读学士正议大夫兼国子祭酒陈楚望撰

国家尊右三教，道其一也。为教者思宠遇之优渥，而归美报上之念，亦与国家相为无穷。是以道家者流，必创宫殿，集徒侣，崇奉玄昊，晨夕焚修，以为皇家祈天永命之地，此乃天保下报上之遗意，而通明殿之所以建也。天下之理，通则明。人心本自虚明洞达，一为外物所蔽，则明者塞矣，塞则暗莫甚焉。夫明必本于通，不通未有能明者也，此通明之义。是宜清虚大师把君以是铭诸心，而又以是名其殿也。君讳德伸，字仲直，世居唐邑。幼而好学，事亲以孝闻。学广闻多，而以老氏虚心体道之要，为入道之门户。值贞祐南迁，挈家襄陵十余载，二亲相继而逝。既终丧，欲访异人，辞故里，南游至蒙山，受道于无尘子卫君。无尘甚器重之，为立今名字。自此黄冠野服，惟意所适。晚寓青社，养素于太虚宫。先是，有同门高士王君，于府城东南隅卜建观基，欲居云游之众，城东二十里许购田园，以备香供之具。一旦，遇仲直，道同志合，悉以其地相付与，且曰："成吾志者，子也。"仲直躬率羽流，锐意缔构。是时总管于公、元帅姜公及诸方信士，随心乐施，助成胜事。崇通明之正殿，立玉帝之尊仪，方丈云堂，斋厨库庾，廊庑杂舍，以序营为，一新伟观。落成之后，每遇朔望，自总管以次官行香致礼，以赞颂天子万年之祝，其归美报上之一念，必使无负于尊右之初意。此仲直之本志也。玄门掌教大宗师真常真人名其观曰通玄，仍付以金襕紫衣，号曰清虚。大宗师诚明真人特授益都路道录。岁次乙亥，朝廷遣使征召，留长春宫，每事屡有咨访，特旨迁授提举诸路道教，以彰有德。昔河内司马子微受中岳体玄潘君正一之法，体玄受之于茅山升玄王君，升玄受之于华阳隐居陶君。自陶君至子微，历四世，而子微被召于唐景云间，乃以治国犹治身之说，纳诲于睿宗。自丹阳宗师以是道传之元元宋君，元元传之无尘子卫君，无尘子传之仲直，亦已四世。而仲直以有道荣膺召命，他日奏对，必能以正心诚意、开物成务之学，启沃圣心。其视子微治国治身之语，殆异世而同符矣。仲直老名而儒行者也，余与交最久，颇知出处之大概，并笔之以遗后之嗣教者，使有知焉。至元庚辰正月吉日记。

终南山楼观宗圣宫同尘真人李尊师道行碑[①]

宣授陕西五路西蜀四川道教提点天乐真人李道谦撰[②]

　　师姓李氏，讳志柔，字谦叔，其先洺水人。世业农桑，以门地清白见称于乡里。昆季[③]四人，师其次也。生有宿慧，及长，雅好林泉，萧然有出尘之趣[④]。父志微，素嗜玄学，先从赵州临城县太古高弟开玄真人李君参受全真教法，及学成行尊，所作歌诗[⑤]，深契玄理。泰和辛酉岁[⑥]，师亦事开玄，执弟子礼，服勤日久，开玄识为受道器，真筌[⑦]秘诀，付授无所隐。师既蒙印可，自是炼心养性，[⑧]丐食邢、洺间，虽绝粒数日，立志不少衰。寻隐居仙翁、广阳两山，谢绝人事者十有二年，潜究道德性命之学，大有所得。[⑨]是时，开玄及志微俱上仙，[⑩]其兄志端、弟志藏、志雍，皆

---

① "终南山楼观宗圣宫同尘真人李尊师道行碑"，《古楼观紫云衍庆集》卷中（据《正统道藏》三家本，以下简称"古楼观本"）作"大元宗圣宫主李尊师道行碑"。

② "宣授陕西五路西蜀四川道教提点天乐真人李道谦撰"，古楼观本无此句；王忠信编《楼观台道教碑石》（以下简称"楼观台碑石本"）作"夷山天乐道人李道谦撰，金泉庞志和书丹并篆额"。楼观台碑石本有脱字者，不一一出校。

③ "季"后，古楼观本、楼观台碑石本有"凡"字。

④ "趣"，古楼观本、楼观台碑石本作"韵"。

⑤ "诗"，古楼观本作"咏"。

⑥ "岁"，古楼观本无此字。

⑦ "筌"，古楼观本、楼观台碑石本作"诠"。

⑧ "师既蒙印可，自是炼心养性"，古楼观本作"师既蒙指授，自是炼养愈密"。

⑨ "潜究道德性命之学，大有所得"，古楼观本作"心境虚明，万理照彻"。

⑩ "是时开玄及志微俱上仙"，古楼观本作"尔后开玄及志微俱解化"。

从师游，盖相尚以道也。已而西山盗起，迁邢台，筑通真观居之。道价^①日隆，远近向慕，愿为门弟子者，户外之屦尝^②满。庚辰春，闻长春宗^③师拔起海隅，道经燕赵，师以礼饯行。^④迨癸未八月，长春奉诏南下，师复迓于宣德之朝元观。长春以师^⑤硕德宿望，赐号同尘子，教以立观度人，将迎往来道众为务。^⑥师恪遵玄训，于是始建长春^⑦于漳川，奉天、栖真于大名。丙戌，复诣燕，觐^⑧宝玄堂，参证心印。^⑨明年秋，长春返真，师杖屦南归，向化者益众，如磁州之神霄、相州^⑩之清虚、林虑之天平、广宗之大同、燕都^⑪之洞真，皆以次而举。其门弟诸方起建大小庵观二百余区^⑫，化度道流称是。丙申，清和宗^⑬师自燕入秦，兴复终南刘蒋祖庭，^⑭时师亦侍行。适楼观宗圣宫^⑮道士张致坚以废址系玄元道祖

---

① "价"，古楼观本误作"假"。

② "尝"，古楼观本作"常"。

③ "宗"，楼观台碑石本作"国"。

④ "师以礼饯行"，古楼观本作"师具礼以饯行"。

⑤ "师"，古楼观本、楼观台碑石本无此字。

⑥ "教以立观度人，将迎往来道众为务"，古楼观本作"且嘱以立观度人，将迎往来阐化为务"。

⑦ "春"后，古楼观本有"观"字。

⑧ "觐"，辑要本误作"观"。

⑨ "参证心印"，古楼观本无此句。

⑩ "州"，古楼观本、楼观台碑石本无此字。

⑪ "都"，古楼观本、楼观台碑石本无此字。

⑫ "二百余区"，古楼观本作"殆三百区"。

⑬ "宗"前，古楼观本、楼观台碑石本有"大"字。

⑭ "兴复终南刘蒋祖庭"，古楼观本作"礼谒祖宫"。

⑮ "楼观宗圣宫"，古楼观本作"宗圣"。

演《道德》二篇圣迹，天兴兵乱，焚毁殆尽，具状恳宗师乞为重建计。宗师以为，无丹山岂能栖彩①凤，有任公乃得厌大鱼，即以状付师，俾②任其责。师奉命率徒，划荆芜，陶瓦甓，经之营之，日渐成序。丁酉冬，真常宗师署师大名、邢洺两路教门提点暨清真大师号，俾往来秦、魏、赵间，以办其事。不十载，雄楼杰观，粲然一新。庚戌，洺州牧石德玉慕师名节③，诣阙保奏，赐黄金冠服，加号同尘洪④妙真人。甲寅春，诏燕京大长春宫修普天大醮，师预高道之选。事竟，盘桓邢、洺，诸观院⑤有未完者，例为补葺。中统癸亥，诚明宗师命督还楼观，凡有阙略，悉加修饰，方之前代，增益数倍矣。⑥至元改元，奉德音，禁民侵扰，及使臣军旅无听留宿，以便焚诵。三年丙寅夏六月二日，沐浴正襟，俨若平日，集众于前，戒以修身利物为念，以后事嗣弟子石志坚主领。翌日，翛然顺化，享年七十有八。方其敛息之际，宫北焦家巷居民见空界五云浮动，仙音朗彻。奔往视之，师乃升矣。畏暑流金，颜色如生，醮祭⑦三日，权瘗于所居之丈室。既事，遣介赴丧于东门人。⑧忽一日，大名奉天宫群鹤飞鸣，下直坛殿，众目仰瞻。须

---

① "彩"，古楼观本误作"采"。

② "俾"，古楼观本作"畀"。

③ "节"，古楼观本作"德"。

④ "洪"，古楼观本作"弘"。

⑤ "观院"，古楼观本作"宫观"。

⑥ "悉加修饰，方之前代，增益数倍矣"，古楼观本作"悉皆完饰，方之前代，虽未大备，其已成殿阁，峻丽则复过之"。

⑦ "祭"后，古楼观本、楼观台碑石本有"者"字。

⑧ "遣介赴丧于东门人"，古楼观本作"遣介讣丧于山东门人"。

臾，讣音至，识者以为师之神游也。后四年庚午，门下诸耆宿卜以清明日葬于宫东南成道①观之仙游堂。师纯素诚敬②，终日危坐，望之毅然，若不可犯。逮其即之，教人不倦，皆啬养精气神③之秘，其次则必以退己进人、罪福之方，随其④高下接引之，诞惑幻怪之语不道也。虽应缘世务中，其颐真毓浩之业未始少间，轻财重义、慈俭谦裕，殆若夙成。四方学徒不可胜计，岁时供奉，金帛充溢，悉归常住，为兴建费，衣冠之外囊无私积，故能享其寿，致高名。⑤所至之地，权豪士庶莫不再拜礼敬，北面师⑥事之，自非胸中诚实所格，畴克尔耶⑦？以予⑧尝辱知于师，比其葬也，石君志坚状师平昔所行大概，恳来乞文，将刻之石。予⑨亦重师之有道，不得以固陋辞，即因其实而纪之。⑩铭曰：

希夷道妙言难穷，诚之所感斯能通。粤有人兮宿慧充，开玄嫡嗣同尘公。早⑪年颖悟超樊笼，仁慈清俭居谦冲。虎龙交媾全真

---

① "成道"，古楼观本作"会灵"。

② "纯素诚敬"，古楼观本作"天姿纯粹"。

③ "啬养精气神"，古楼观本作"啬气宝神"。

④ "其"，古楼观本、楼观台碑石本无此字。

⑤ "诞惑幻怪之语不道也……故能享其寿，致高名"，古楼观本无此段文字。"其寿"，楼观台碑石本作"耆寿"。

⑥ "师"，古楼观本无此字。

⑦ "耶"，古楼观本、楼观台碑石本作"邪"。

⑧ "予"，楼观台碑石本作"余"。

⑨ 同上。

⑩ "不得以固陋辞，即因其实而纪之"，古楼观本、楼观台碑石本作"不敢以固陋辞，乃因其实而纪之"。

⑪ "早"，古楼观本作"蚤"。

功，炼就骨肉俱相融。令名籍籍压①岱嵩②，所在请益来参同。西翱东翔阐宗风，随机接物开盲聋。草楼灰烬施神工③，瑶坛玉宇增兴隆。功成道备师知雄，④退身闲居德愈崇。百年厌世游太空，昭昭不亡存其中。我作铭诗树琳宫，高天厚地齐始终。⑤

洗灯子然先生道行碑铭

翰林直学士中顺大夫陕西汉中道提刑按察副使王利用撰

道家者流，盖逸民之徒欤？语其心则冲虚清静，语其身则落魄不羁，语其情则爱恶俱遣，语其志则持守不移。其设教也，不娶不宦，不荤不垢，慈而祥，贫而乐，和柔谦退而已。所以老庄于周，钟离于汉，吕仙之于唐，继继承承，而不世出也。其簪冠模范，心迹尘俗者，姑置而勿论。金源氏作，重阳祖师饮甘泉而了道，丹阳马师遇重阳以修真，赵玉斗法嗣于丹阳，洗灯子光续于赵斗。教法大阐，而关中为最者，洗灯师与有力焉。师讳逸期，字守约，姓然氏，京兆泾阳人，大定辛卯，分瑞于世。骨相异常，弱不好弄，及其长也，神注于颜，髯过于腹，澹然寡欲，乐慕玄风。父母欲妻之，誓而弗许，遂礼清阳子桃花陈先生为师。洒扫

---

① "压"，古楼观本作"齐"。
② "嵩"，古楼观本作"崧"。
③ "工"，古楼观本作"功"。
④ "功成道备师知雄"，古楼观本无此句。
⑤ 铭文之后，古楼观本有"宣授陕西五路西蜀四川道教提点玄明文靖天乐真人李道谦撰"一句，楼观台碑石本有"大朝至元七年上章敦牂岁夷则中元日知宫成志通、王志安、聂志真、提点成志远立石"。

叩诘，尽瘁服劳，虽经叱诃责[①]辱，未少退惰，昼不懈，夜不寐者，凡六寒暑矣。清阳子曰："汝虽经锻炼，功行未圆，若非明师指诀，讵可入于大乘？东山道人与汝有千劫缘，当往参礼。"力遣之，乃谢去，至骊山，遇了真子赵公，方悟陈师之言。久炙仙机，默有所契，了真子曰："静功垂成，更加砻励可也。长安太白延祥观，乃唐朝玄元道祖示现之迹，吾丹阳师已为建立全真堂于其侧，他日必为大福田，汝可识之。"即日西迈，过醴泉，邑人留居环堵，遂乃踵纳真息，内杜德机，弃智忘言，识心见性，不三年，造夫大妙之域。一日，火光从环堵中出，众以为灾，奔赴之，至则见师暝笑而坐。众感而异之，方悟火光乃神光也，于是敬仰礼奉倍于他日。师厌其烦渎，出游商颜，卜筑三阳草庵以止息焉，字其庵曰还真。三阳地势高迥，泉素[②]艰得，师指其震隅曰："泉其在此乎？"发之，泉果涌出，甘冽如饴。遂赋诗曰："一阳初动震天关，须信还真地有缘。昨夜乖[③]龙轰霹雳，迸潮海眼出寒泉。"居十岁，闻望益彰，门人大集，乡之善友敦请西游，遂赴了真师所嘱太白延祥观而住持焉。士庶参谒，曲尽诚敬，持纸幅恳求翰墨者比比也。或者辞色颇倨，即书二诗付之，持归披读，了无一字。翌日，再诣师席，具白其事。师笑曰："尔元不曾开眼，再读当有所见。"展而视之，墨迹俨存，惊悔拜谢而去。节度使曳剌金紫之在邓也，病笃，梦异人饮以法水，寤而即愈，命工绘其像，

---

① "责"，原作"贵"，据辑要本改。

② "素"，辑要本作"数"。

③ "乖"，辑要本作"乘"。

晨昏敬礼焉。闻师历商过邓，使数人邀于路，至则骇曰："乃梦中所遇之异人也。"出像示之，惟萧①。师知其意诚，谕以诗曰："忆昔垂纶逾四载，至今犹自不吞钩。可怜笑杀滩头鹭，辜负寒江一叶舟。"金紫拜而受之。岁壬辰秋七月，居浙川，召门下杨志坚、张道性，语之曰："比岁暮，吾将行矣。"其年冬十一月二十八日，命道侣次第而坐，曰："诸公盍为我饯行？"因令高歌起舞，时及四鼓，乃留颂曰："四大元无主，包罗物外身。壶中天地好，归跨紫麒麟。"颂毕，掷笔，端坐而蜕，春秋六十有二。乃卜服饵谷之兆而权厝焉。越明年，门人白志柔等欲改葬樊川了真师仙茔之次，焚香启柩，面如生，亦足以表其平日修炼之功矣。至元癸未冬十二月，嗣法提点赵志晖、提举王志灵、知观李道和辈，持师道行之状，介道友通真子乞文于予，曰："吾师襟灵明爽，虚室生白，经文洞晓，肆笔成书。曩昔著述歌诗几四百首，引援门弟子无虑千余人，墓虽有志，若非道行碑铭，恐无以白于世而寿于后也。"予感其求请之恳，乃为之铭曰：

维炼金兮，纯粹其精，维质玉兮，珑玲其声。德参乎两仪，秀禀乎五行，言乃矢口而发，书乃肆笔而成。降龙伏虎兮，翱翔乎河洛七八之数，乘风御气兮，逍遥乎鹍鹏九万之程。其来也孤云，其去也迅霆，孰知夫洗灯莫测之妙，盍视此翠琰不朽之铭乎？

---

① "萧"，辑要本作"肖"。

通真子秦公道行碑铭 [①]

遗山真隐元好问撰 [②]

通真子讳志安，字彦容，出于陵川秦氏。大父 [③] 事轲，通经博古，工作大字，为州里所 [④] 重。父讳略，字简夫，中岁困于名场，即以诗为颛 [⑤] 门之学，自号西溪道人，殊 [⑥] 有古意，苦于雕琢 [⑦] 而无迹可寻，一时 [⑧] 文士极称道之。生二子，通真子 [⑨] 其长也。自早 [⑩] 岁趣尚高雅，三举进士，而于得丧，澹如也。贞祐初， [⑪] 避乱南渡，西溪年在喜惧，亲旧以禄养为言，不获已，复一试有司，至御帘罢归。正大中，西溪下世，通真子已四十，遂置 [⑫] 家事不问，放浪嵩少间，稍 [⑬] 取方外书读之，以求治心养性之要 [⑭]。既而 [⑮] 于二家之

---

① "通真子秦公道行碑铭"，艺拓本、遗山集本（卷31）作"通真子墓碣铭"。

② 此行之下，艺拓本有"济上李庭玉书丹并篆额，石工元亨刊"一句，遗山集本无此句。

③ "父"后，艺拓本、遗山集本有"讳"字。

④ "所"后，艺拓本、遗山集本有"推"字。

⑤ "颛"，艺拓本、遗山集本作"专"。

⑥ "殊"前，艺拓本、遗山集本有"诗"字。

⑦ "雕琢"，艺拓本、遗山集本作"瑚琲"。

⑧ "一时"，艺拓本、遗山集本作"当代"。

⑨ "子"，艺拓本、遗山集本无此字。

⑩ "早"，艺拓本、遗山集本作"蚤"。

⑪ "贞祐初"，遗山集本无此三字。

⑫ "置"，遗山集本作"致"。

⑬ "稍"，遗山集本无此字。

⑭ "要"，遗山集本作"实"。

⑮ "既而"，遗山集本无此二字。

学有所疑，质诸禅子①，厌其推堕溷漾中，而无可征诘也，去从道士游。河南破，北归，遇披云老师宋公于上党，略数语，即有契，乃②叹曰："吾得归宿之所矣。"因执弟子礼事之，③且求道藏书纵观之。披云为言："丧乱之后，图籍散落无几，独管岑④者仅存。吾欲力绍绝业，锓木流⑤布，有可成之资，第未有任其责者耳。独善其⑥身，曷若与天下共之？"通真子再⑦拜曰："谨⑧受教。"于是，补完订正，⑨出于其手者为多⑩。中间奉被朝旨，借力贵近⑪，百方并进，卒至于能事颖脱，真风遐布，而通真子之道价亦⑫重于一时矣。通真子记诵该洽，篇什敏捷，乐于提诲，不立崖岸，居玄都垂十稔，虽日课校雠，其参玄学，受章句，自远方至者，源源不

---

① "子"后，艺拓本、遗山集本有"久之"二字。

② "乃"，遗山集本无此字。

③ "因执弟子礼事之"后，艺拓本、遗山集本有"受上清、大洞、紫虚等箓"一句。

④ "岑"，遗山集本作"州"。

⑤ "流"，遗山集本作"宣"。

⑥ "其"，艺拓本、遗山集本作"一"。

⑦ "再"，艺拓本作"载"。

⑧ "谨"前，艺拓本脱二字，遗山集本又脱"谨"字。

⑨ "于是，补完订正"，艺拓本作"乃立局二十有七，役工五百有奇，通真子校书平阳玄都以总之。其于三洞四辅，万八千余篇，补完订正"，此句遗山集本脱"真子"二字，其他与艺拓本同。

⑩ "多"后，艺拓本、遗山集本有"仍增入《金莲正宗记》、《烟霞录》、绎仙、婺仙等传附焉。起丁酉，尽甲辰"一段。

⑪ "近"后，艺拓本、遗山集本有"牵合补缀"一句。

⑫ "亦"，遗山集本作"益"。

绝。他主师席者，皆窃有望洋之叹焉^①。藏室^②既成之五月，谓^③徒众言："宝藏成坏，事关幽显，冥冥之间，当有阴相者。今大缘已竟，吾其行乎！"越二十^④五日，夜参半，天无阴翳，忽震雷^⑤风烈，大木随拔，遽沐浴易衣，蜕形于所居之樗栎堂，得年五十有七。弟子李志实^⑥等，以丁未年月日^⑦奉其衣冠宁神于天坛之麓，披云之命也。所著《林泉集》二十卷，行于代。往予先君子令陵川，予始成童，乃识通真子之大父，闲居嵩^⑧山，与西溪^⑨为诗酒之友者十五年。通真子以世契之重^⑩，与予道相合而意相得也，故志实辈百拜，求为其师作铭。今年春二月，刘志清^⑪者复自济上访予新兴，冰雪冱寒，跋涉千里，其勤有足哀者，况于平生之言^⑫？乃为作铭，锓^⑬刻之松台。其铭曰：

昔在穷桑发真源，凿民耳目神始全。遭罹元二^⑭坤轴旋，坏劫

---

① "焉"，遗山集本无此字。

② "藏室"，艺拓本、遗山集本作"宝藏"。

③ "谓"，遗山集本作"为"。

④ "十"后，艺拓本、遗山集本有"有"字。

⑤ "雷"，艺拓本、遗山集本作"电"。

⑥ "弟子"，遗山集本作"高弟"。"实"后，艺拓本有"郭志希"三字。

⑦ "丁未年月日"，艺拓本作"乙巳年正月"，遗山集本作"某月日"。

⑧ "嵩"，遗山集本作"崧"。

⑨ "溪"后，艺拓本、遗山集本有"翁"字。

⑩ "重"，遗山集本作"故"。

⑪ "清"，艺拓本、遗山集本作"玄"。

⑫ "况于平生之言"，遗山集本无此句。

⑬ "锓"，艺拓本、遗山集本作"使"。

⑭ "元二"，艺拓本、遗山集本作"元元"。

欲堕未开前。道山绝业畴当[1]传，百于苤苣了大缘。若有人兮靖[2]以专，向也易老同初筵。玄纲力挽孰我先，苦节终至[3]孰我坚。网罗落简手自编，寒暑不废朱黄研。琅函琼笈阅[4]九渊，垂芒八角星日悬。司功会计盍[5]上迁，乃今出瓶鸟飞翻。安常处顺古所贤，死而不亡岂其然。华阳九障名一焉，岂不委形殂宾天。为复延康转灵篇，为复蕊珠参七言。为复虎书校三元，为复逸度论九玄。宁当裹[6]蹄烧紫烟，宁当麟角煎[7]集弦。宁当千家课芝田，[8]宁当七祖归枯禅。松台有铭阅[9]千年，我相夫子非顽仙。[10]

恕斋王先生事迹

先生姓王氏，名粹，字子正，北平之巨族也。才高而学赡，少有诗名，每一咏出，脍炙人口。然与世疏阔，不事举业。正大

---

① "畴当"，遗山集本作"当时"。

② "靖"，艺拓本、遗山集本作"静"。

③ "至"，艺拓本、遗山集本作"志"。

④ "阅"，艺拓本、遗山集本作"闭"。

⑤ "盍"，艺拓本、遗山集本作"盖"。

⑥ "裹"，艺拓本作"马"。

⑦ "煎"，艺拓本脱此字。

⑧ "家课芝田"，艺拓本脱此四字。"宁当裹蹄烧紫烟，宁当麟角煎集弦，宁当千家课芝田"，遗山集本无此三句。

⑨ "阅"，艺拓本、遗山集本作"鹤"。

⑩ 此铭文之后，艺拓本有"戊申年九月日，济源遇真观门人唐志清、史志冲、赵志久、杨志素、张志久、史志通（下缺）□□□□□□□志□□宫李志□、任志□、史志烈、胡志谦、高志清，龙祥观蓬志玉，洞云观李志远，清乐观刘志柔，长生观周志全"数语。

间，薄游邓下。时漆水公节镇唐邓，喜文章，乐与士夫游，故中朝名士多往依焉，先生亦客其门。会天兵南下，民迁襄阳，先生亦漂泊江汉间。甲午，杨侯彦诚被命，招集三教、医卜等流，一时士人皆得保其妻孥，复还中国。杨侯独迎先生至燕，遇真常大宗师，即北面事之，执弟子礼，居长春宫。真常遇之甚厚，复以上世师祖本行属之为《传》，将藏诸秘籍，以永其传。先生遂居萃玄堂，研精致思，旁求远索，绅绎而编缉之。年四十余，以癸卯九月无疾而逝。不浃旬而见梦于诚明张君，其云为款曲，不异平昔。少焉，作诗而别云："当时每恨花开早，及看花开花已老。花落花开能几何？回头又见春光好。"诘旦，诚明以所梦之诗，白于真常宗师。真常叹曰："子正仙矣。"闻者异之。先生为人，性恬澹无机构，廉洁贞介，与人交悉待之以诚。闻有道行者，虽穷居陋巷，必亲之。嗜读书，作文尤长于诗，其五言雅淡，有陶韦之风焉。

讷庵张先生事迹

先生讳本，字敏之，观津人。幼年与真常李真人为同舍生。初，真常之入道也，先生以嗣续规之，既知牢不可夺，乃各言所志而诀。贞祐二年，先生中词赋高第。平生工于大篆及八分，作诗殊有古意。正大九年，以翰林学士使北。见留，遂隐为黄冠。居燕京长春宫仅十年，时真常掌道教，兄事如昔，尽礼给养之，后游济南，翛然而化。

甘水仙源录卷之八

夷门天乐道人李道谦集

纯成子李君墓志铭①

宣授怀孟路提学②李蔚庆之撰

讲师李君没，其友申公都③提举以告，且曰："讲师操履坚正，德业冲粹，人所共知。临终以后事见托，经营宅兆，今已安措。不有铭辞，无以慰诸幽，愿详其所④闻而志之。"讲师讳志全，字鼎臣，太原太谷人。少业进士，父洵直⑤以经义中明昌五年第。讲师⑥挺志不群，守箕裘之旧，孜孜讲习，视富贵如探囊中物也。当立之年，不意世变，干戈日寻，无复进取，遑遑如也。当时，天子好长生之道⑦，不远万里召见丘长春⑧，宾礼至厚，玄风⑨大振，闻者皆兴。故讲师所以归心，依⑩河阳张尊师为引度。长春西回，

---

① "纯成子李君墓志铭"，艺拓本作"大朝故讲师李君墓志铭"。
② "学"后，艺拓本有"官"字。此行之下，艺拓本有"东阳逸士史天佑书丹并篆额"一句。
③ "都"，艺拓本无此字。
④ "所"，艺拓本无此字。
⑤ "直"，艺拓本作"真"。
⑥ "讲师"，艺拓本作"公"。
⑦ "道"，艺拓本作"术"。
⑧ "丘长春"，艺拓本作"长春师真"。
⑨ "风"，艺拓本作"门"。
⑩ "依"，艺拓本无此字。

策杖徒步，谒见于奉圣龙阳观，授以道妙暨讳名。自是山居有年，名闻籍甚。其后东莱宋披云以所在道书焚于劫火，奉朝旨收拾于灰烬之余，散乱无复可考，求博洽异闻之士，俾校雠之，乃得讲师，始终十年，朝夕不倦。三洞灵文，号为完书，功亦不细。教主李真常①奉恩例，赐公纯成大师，提举燕京玄学。未几，复还天坛旧隐，徜徉岩壑，将终老焉。忽以升闻，中统二年六月日也，②享年七十有一。③平昔著述号《酎泉集》三十卷行于世，又集七真及已下诸师诗赋二十卷，目曰《修真文苑》。④呜呼，士尝论之，以君才学，取一第不为难矣。世方扰攘，河朔尤甚，自保不暇，度日如年。壮志衰谢，甘埋于尘土，谁为知者，泯灭无疑也。⑤回视埋没于草莱，湮⑥灭无闻者为何如哉？乃作铭曰：

于⑦嗟纯成，幼戴儒冠，读书几载，校艺秋官。誓将一⑧举，九万鹏搏，运有定厄，世无常安。幡然学道，秉心如丹，长春西回，景星争观。徒步千里，一见相欢，授以道妙，佩服馨兰。苦心修炼，几换炎寒，要游玉京⑨，此事无难。三洞宝典，灰烬遗残，

---

① "李真常"，艺拓本作"真常宗师"。
② "中统二年六月日也"，艺拓本作"时中统二年六月"。
③ "享年七十有一"，艺拓本作"自出家年七十有二"。
④ "平昔著述号《酎泉集》三十卷行于世，又集七真及已下诸师诗赋二十卷，目曰《修真文苑》"，艺拓本作"平昔著述号《酎泉集》行于世"。
⑤ "泯灭无疑也"后，艺拓本有"一登玄关，蒙师推奖，遂为高士，精微玄妙□□□□盖期与云□为友，鸠蒙正游，识者皆知其远大也"数语。
⑥ "湮"，艺拓本作"埋"。
⑦ "于"，艺拓本作"吁"。
⑧ "一"，艺拓本作"共"。
⑨ "京"，艺拓本作"府"。

校雠十稔，书始为完。拂衣高蹈，雅志林峦，却归旧隐，终老盘桓。无何仙去，闻者悲酸，刻诸琬琰，过者详看。当知道中，自有凤鸾。[①]

洞观普济圆明真人高君道行碑[②]
安西王府文学姚燧撰[③]

我元自太祖圣武皇帝视丘长春有道，聘为玄门宗，厥后太、定、宪三宗及今皇帝，皆禀孝自天，善继以述。虽长春返真，不虚其位，命尹清和、李真常、张诚明、王纯真与今张玄逸[④]嗣焉而迭居之，如丘在太祖世。其徒认县官崇礼斯道之盛，语其师之居，不敢斥，必曰堂下。然堂下治京师，而祖师之藏，与夫成道之庐，则在今终南山之刘蒋。自堂下视之，犹木根而水源，必茂浚乎此，乃始不忧传脉之不盛。故凡四方走币堂下为香火之奉者，必割畀而实之祖庭，待以兴化弘教之须。岂惟是为然？惟人亦然。苟可

---

① 铭文之后，艺拓本有数行文字如次："□语一章复奉吊三洞讲师鼎臣先生□宗主申□稽首载拜""清白家传允厥中，文章典雅振宗风。道山绛阙声名重，璞玉浑金气象雄。观化□间还有一，比肩当代更谁□。临行□□门公案，蝼蚁乌鸢总是空""平水县洪庆观道士郭志□刊""至元二年岁次乙丑五月上旬三日""天坛宗主□教门下提举洞元虚靖大师申道□谨立石"。

② 此行，重阳碑石本作"圆明真人高公碑铭"，为原碑篆额。此行之下又题有"提点陕西四川道教兼领重阳万寿宫事洞观普济圆明真人高公道行碑并序"一句。

③ "安西王府文学姚燧撰"，重阳碑石本作"安西王府文学兼提举陕西四川中兴等路学校事姚燧撰"。此行之下，重阳碑石本有两行文字如次："王府典书权璹书""青社萧魁篆额"。

④ "张玄逸"，重阳碑石本作"祁洞明"。

以任兴化弘教之责，亦必擢置祖庭，受事之陈①，不令拱手肆志于无用之地。呜呼，才有大细，故任有重轻。德有著微，故居有久近。自秦而夏而梁而蜀，治辖恒半堂下，其任如彼其重也。自庚子从洞真入关，今兹四十年，职道教者独再纪，其居如此其久也。则夫为才之大，为德之著，尚特②言说③而始白之人耶？君姓高氏，讳道宽，字裕之，应之怀仁人。其世夙豪于财，而系则不详。幼业读书，能通大义焉。长为吏长安，丁内外艰，始弃室为黄冠师。其从受学三人，始则安蓬莱瀹其源，继则李冲虚大其流，终则于洞真会其融而导其归。故游洞真门最久，洞真亦恃君有受而克大其传。既告以道德之微言，又授上清、紫虚之箓，赐号圆明子，署知重阳万寿宫，及提点甘河遇仙宫。岁壬子，真常擢为京兆道录者十年。中统辛酉，诚明荐之朝，制以为提点陕西兴元等路道教兼领重阳万寿宫事。至元辛未，纯真易子为尊师，加"知常抱德"于"圆明"之上。丙子，天后、皇子安西王各锡黄金云罗冠服一被，教令又益以西蜀道教，犹仍"圆明"，第易"知常抱德"为"洞观普济"，尊师为真人。以明年丁丑春正月二十有五日上征，逆而推之，尽金明昌乙卯秋七月十有九日，为阅春秋八十有三，而藏冠屦于仙蜕之园云。其年五月，嗣真人李天乐实状其行，俾道录郭志祥持示燧曰："真人之德，宜显诗之，将维子是请也。"燧曰："嗣真人与道录之言不可辞让，况及先真人风概之一际乎？"乃遂诗之，其辞曰：

---

① "陈"，辑要本作"际"。
② "特"，重阳碑石本作"恃"，辑要本作"待"。
③ "说"，重阳碑石本无此字。

緊昔君生，应之怀仁，后由兵兴，避走而秦。幼知读书，长而试吏，束于亲存，供为子事。棘棘时艰，风树悲缠，乃斩慈爱，一志求仙。中夜耿光，天门启奥，琼屋磊嵬，飞扬葆蘙。是皆平日，积想之为，初匪高高，善幻为斯。以君达观，能不是觉，盖以自信，精神之确。伊谁云师，乃即安君，望粗有见，要眇靳闻。久之于于，东乱汴水，丹阳之孙，冲虚是倚。及门不屑，示教多方，轧以击摧，观其竞疆。纳以浊垢，察其茹受，积久不移，用视持守。投畀井臼，臧^①获所难，人勉于暂，君久益安。积信冲虚，待目日改，作新授付，已密有在。洞真征车，既牵既膏，庭议具虞，翩其避逃。乃敕冲虚，悃款相布，使就其徒，择为行辅。冲虚戒君，中使与西，曰惟若人，丹阳耳提。穴石吴岳，闻道日跻，彼伏鹄卵，知求鲁鸡。子今幸际，犹升有梯。竟偕洞真，自陇而汴，趋风后尘，闻见再变。洞真留主，中太一宫，君遂不去，几舄与同。玉步既改，君始北迈，结庐德兴，规以自晦。洞真逾燕，挈徒而东，衍教白霫，召君来从。曰子为道，轻世自足，偃蹇云山，其过乖物。其反子者，同尘无厌，征逐府寺，其归附炎。二者揆道，无一而可，由先失人，后则忘我。安知至人，与世斡流，浚其灵台，与理充周。余也谁昔，子外之病，教之无为，恬澹虚静。上而人天，性命之原，欲子内服，玄圣之言。子守是说，胶辖拘碍，囿于一小，曾未闻大。修身有得，及物利生，钧之为德，何害并行。勉出酬应，无惮而退，若金用砺，磨钝而锐。小子识之，劬心自荷，君拜稽首，受训不那。又从会葬，祖师刘蒋，

---

① "臧"，重阳碑石本作"藏"。

关中刳兵，所在榛莽。白骨陵丘，熊虎为群，作室几时，雄楼切云。后为终南，胜概之甲，君时佐用，身任寡乏。行衰四方，言能动顽，虚马与舆，出以实还。劳则伏矣，略而不有，鼓钟于宫，誉者盈口。洞真亦^①期，可振玄风，署知重阳，甘河两宫。真常拔之，俾录道教，广员千里，实长京兆。猬磔琳宫，简其条章，草靡风行，教益奋张。诚明奏制，提点延庆，陇秦山南，治辖之广。孰非开府，皇子异诸，裂地之多，古先有无。帝曰钦哉，汝有河外，官惟其能，承制自拜。乃降教令，益之两川，蜀凡道流，曰始愿焉。尝观为治，教难政易，政恃赏刑，民有劝避。教以道^②民，孝悌之兴，难也乌在，身先未能。矧乎教道，难者之又，如适断发，鬻髦求售。彼捐彝伦，何有于师，无赏以訦^③，无刑以随。来则受之，去不越逐，总总而居，从厥攸欲。自非其道，不令而从，孰久不斁，贱贵归心。嗟君居此，历逾再纪，年八十三，陨乎顺委。冠屦安坟，仙蜕有园，谁其嗣君，君有顾言。既谓天乐，子余所厚，匪我私之，子蕴之茂。畀汝印奁，赐服命书，子欲不取，人畴汝逾。高风日邈，皇子悼怛，即命天乐，从君顾托。立君之位，师君之为，猗哉皇子，终始^④君知。北山之石，贯古不朽，有龟作趺，有螭络首。于以树之，清渭之阴，刻此铭诗，式耀来今。^⑤

---

① "亦"，重阳碑石本作"以"。
② "道"，重阳碑石本作"导"。
③ "訦"，重阳碑石本作"咏"。
④ "终始"，辑要本作"始终"。
⑤ 此赞辞之后，重阳碑石本有"（上缺）至元十五年五月重午日建""长安虚静大师张居安镌"等数语。

太华真隐褚君传

安西王府文学姚燧编 ①

灵台真隐褚君，幼业儒，长而遭时艰，求所以托焉而逃者，寄迹老子法中。受学刘真常，栖迟不在城邑，多名山中，如保之葛洪、琅琊②之七峰、应之岳神，无常居焉。后由真常主华阴之云台宫，始从之西。真常逝而徙上方，留弟子主云台。华③岳也，为山益奇。上方，又天下之绝险，自趾④望之，石壁切云霄，峻削⑤正矗，非恃铁絙不得缘縆⑥上下。不⑦知铁絙成于何代何人，意者古能险之圣也。将至其颠，下临壑谷，深数里，盲烟幂⑧翳其中，非神完气劲，鲜不视眩而魄震。君负食上下自给，如由堂⑨适奥，嬉然不为艰。薄寒则上下负食益勤，为御冬备。一岁偶未集，冰雪塞山门，计廪才得常⑩冬之半，始服气减食，为胎息，远或⑪数

---

① 姚燧《牧庵集》卷30（《四部丛刊初编》本，以下简称"牧庵集本"）无此句。
② "琊"，牧庵集本作"邪"。
③ "华"前，牧庵集本"云台"二字。
④ "趾"，牧庵集本作"北"。
⑤ "削"，牧庵集本作"峭"。
⑥ "縆"，牧庵集本作"坠"。
⑦ "不"前，牧庵集本作有"又"字。
⑧ "幂"，牧庵集本作"幕"。
⑨ "堂"，牧庵集本作"室"。
⑩ "常"，牧庵集本作"当"。
⑪ "或"，牧庵集本作"则"。

日一炊。明年，山门开，弟子往哭，求其死①，见步履话②言不衰他时，方神其为非庸人。伺③下山，止之曰："不可复有往也已，设向师食不继，僵死冰雪，弟子虽有喙，何说自白其能孝于天下？必勿复往也已。"君难逆其请，指牛心谷曰："此汉太尉杨公震授徒之槐市也。"或闻而稽疑其传，止得公尝④教授，湖⑤不见其居华阴者，不识君何据曰然。谷南直中方入，行二许里⑥，深林奇石，泉浅浅⑦鸣其下。垦地盈亩，构室延袤不足寻丈，环莳佳花美箭。人之来者，始则爱其萧爽，不自知置身尘埃之外，居不是⑧晷，既已欠伸，佗⑨然而思去矣。君又屏弟子独居，或劝宜留一人自佐，曰："吾居此乐，彼居此戚，所安先不同。犹强⑩而留之，能勉⑪期月之外，要终相弃去。吾故与之为约，非春粮采薪之⑫至绝而继，具而去。"亦古之君子以人望人，不竭忠也。其出山还云台，必以水冰无所仰饮，十月为候，二月还谷。性嗜读书，逾熟《左氏博议》。日食数龠，饮酒未醮而止，不尽醉也。人家得名酒，争携饷

① "死"，牧庵集本、辑要本作"尸"。

② "话"，辑要本作"语"。

③ "伺"，牧庵集本作"同"。

④ "尝"，牧庵集本作"常"。

⑤ "湖"，牧庵集本作"胡"。

⑥ "许里"，牧庵集本作"里许"。

⑦ "浅浅"，牧庵集本作"溅溅"。

⑧ "是"，牧庵集本作"戾"，辑要本作"移"。

⑨ "佗"，牧庵集本作"弛"。

⑩ "强"，原作"疆"，据牧庵集本改。

⑪ "勉"，牧庵集本作"施"。

⑫ "之"，牧庵集本作"不"。

之，至则沉罂泉中，时依林坐石，引瓢独酌。日入则入室而休，或坐罢寝觉，起行庭中。一夕如闻林间行声戛戛，君则曰兽也，虽不得其名，可试而知。引石投之，曰麇鹿哉，将惊而奔。或止而不去者，虎耳，果止，听不去。明旦，视樊垣外虎迹纵横。再夜，走^①行如前夕，不以自戒而止。闻而谈者，神明之。亦有他土^②樵人猎夫之适山，初未闻君为孰何人，责之具炊，寝则假榻，甚者易而诟咄^③随之。益勤以安，无难色忿言其外，若职宜然者。去或问姓名，惟他语不告，终问之，则曰："吾求知人耶？必求人知而求若知耶？吾居此，在人所不问，而吾所不告也。"人见其苦身不近人情如是，然不违俗。上自王公，而下及台皂，争以一际颜色为快。燧亦尝一^④再造庐焉，告以人间声利，泛如秋风之过耳，噤不酬应。叩之山间为乐何如，必尽举平生所见好石幽树，佳泉危栈，亹亹忘罢。若幸夫人^⑤一往，而我能先之者。相舍^⑥以出，觉胸臆尘鄙如雪之见睍，消释无留余者数日。益信夫游方之外，有恬愉静退之士如君者，罕类例求也。君名志通，字伯达。名闻天聪，俾祷水旱^⑦有应，不为渗，赐号佑德真人，提点岳祠灏灵宫。又以岳祠风雨将骞，内出钞万八千锭，为完辑^⑧费。三年易

---

① "走"，牧庵集本作"起"。

② "土"，牧庵集本误作"士"。

③ "咄"，牧庵集本作"之"。

④ "一"，牧庵集本无此字。

⑤ "人"后，牧庵集本有"之"字。

⑥ "舍"，牧庵集本作"送"。

⑦ "水旱"，牧庵集本无此二字。

⑧ "辑"，牧庵集本作"葺"。

弊①而新，饰潓为犟，过者改观，始②有应务之才，特韬之耳。年八十，德③益深，闻益彰，圣皇思见益急，当岁己卯至元十六年，诏中使起之。北面受命稽首曰："草莽之臣通也，自知审矣。畴昔壮也，言不足以资廊庙择，力不足以强④御侮，今老矣。先狗马填沟⑤壑，晨夕虽蒙冒龙光，力疾以行，终不达，恐伤陛下仁及草木之化，是以昧死请。"中使竟虚车而返。今李大参公号知君深，且乐诵人善者，戒燧传之，无俾不闻于今而泯于后焉。公名德辉，字仲实，前北京等路行中书省，今以中奉大夫出相安西府云。

洞玄子史公道行录

慎独老人东明前进士王鹗撰

公名志经，字天纬，绛州翼城人，世习儒业。祖彬，字执中，父公佐，字良臣，皆隐德不耀。公以泰和壬戌岁生，生而夙慧，雅有道缘。六岁从里人吉德居读书属句，天资颖悟，复出侪辈。贞祐甲戌，翼城再陷，流寓于云中，主完颜氏家。渠见其不凡，养以如子。兴定辛巳，遁迹投玄，礼恒岳刘真常为师。师一见器之，事必咨委。岁癸未，长春大宗师应诏东还，公从其师拜于阿不罕私第，长春训以今名。自后道行日隆，盘桓于蔚、代、朔、应间，研精问学，弊衣粝食，晏如也。丙申，清和老仙泊京兆总

---

① "三年易弊"，牧庵集本作"三千易弊"，辑要本作"三年物易"。

② "始"后，牧庵集本有"知"字。

③ "德"，牧庵集本作"得"。

④ "强"，原作"疆"，据牧庵集本改。

⑤ "沟"，牧庵集本无此字。

管田侯议茸西岳云台观，劝请真常师。师许之，间遣门人辈斧荆榛，舆瓦砾。不数年，渐至完美。云台道众拟公住持，而未许也。辛丑，专价持书控马来邀，公雅意西游，欣然就道。秋八月，达华封。公以华山名岳，灵迹甚多，兵戈相寻，至于湮没，乃搜奇访异，亲历见闻，至古今名士所作碑记、表传、诗文，极力求之，期于必得而后已，于是著为《华山志》十有四卷。丙午，真常羽化，公诣浑源哭之，且心丧三年。己酉，拜于洞真真人，参受经箓。庚戌，掌教李真人屡以书请，辞不获已，来燕。玄学讲余间，受《易》《老》微旨。辛亥，从真人北觐，例赐紫衣，加号弘①真宣义大师。壬子，复从真人遍祀岳渎。戊午，东游海滨，谒七真故居，访重阳祖师行化遗迹。癸亥春，自登、莱还燕。公平生喜著述，为文不事雕篆，率皆真实语，前后累数百万言，皆有理致可观，无长语浮辞。惟华山一志，纤悉备具，尤为尽心，在他人不可及，观者当自知之。方刘真常之将归也，遗言葬诸翛然堂。襄事既毕，公自来燕，因魏学士邦彦祷予作记，时已饱公之名。予顷年往来长春，与公良晤，乘闲求予作《华山志》序。予谓龙溪孟驾之既作之于前，而莲峰太霞老、三洞讲经赵法师又皆发明于后，予再言之，赘也。惟公平昔道价至老益振，于是不可不书，乃为书其出处大略，使后之学者可以述追遐轨，而执笔志高道者或有考焉。岁旃蒙赤奋若春正月丁酉谨录。

---

① "弘"，辑要本作"玄"。

史讲师道行录后跋文

筠溪天乐道人夷山李道谦撰

讲师洞玄史公，余自弱冠始识芝眉于太华，后既会于终南，又复会于燕山，中间音容契遇，简棱①往来者，逾三十载。公以至元癸酉冬自燕还云台。再年甲戌秋七月，仙仗来终南，炷香祖庭，出所述《长春宗师庆会图》，托余为序，而弥纶其阙。因得与公焚香谈道，樽酒论文，从游乎数月。逮季冬初吉，座中屡出长别之语，幡然东归，而坚不可留。今年乙亥春，闻公于正月四日以后事嘱诸嗣师寂然褚君，神游于所居之松菊堂矣，享春秋七十有四。呜呼，异哉！公先自庚戌岁承掌教真人命，遨游四方，远越二纪，以著述经传、扶植玄教为己任，高名扬海宇，伟迹遍天下。老年辙还故隐，翛然仙去，可谓人能弘道，道不负人者也。是岁日南至，公之门人刘志新持翰林学士承旨王君作公道行录，丐余续其后事，将刊贞珉，以垂不朽。余亦景仰公之有道，故乐为之书。

泰安阜上张氏先茔记

济南杜仁杰撰

布山之阳，有邸曰阜上。阜上之民有张氏，家以财谷雄里社。当前金正隆间，人夥地狭，往往无所资衣食，唯张氏有田若干亩，有牛若干角，然能周急继困，遇客无问贵贱，馆之如一，当时遂

---

① "棱"，辑要本作"膑"。

有长者之称。张氏冢男讳林者,因卜新茔于阜之西南三里许,卜者尹通实相其事。林问通曰:"是葬也,有何征兆?"通曰:"比襄事时,有一缟兔起巽方,走乾位。"及窆,果应。续谓林曰:"君家三世之后,当有异人出,子不复能见矣。"林生彬,生仙,祚胤始大。仙生四子,孟曰荣,仲曰平,季曰山。其第四子方在孕,未期月,母刘氏见茹荤者辄掩鼻而去。及劬劳之日,若昏聩然,有人疾呼曰:"长老在门首,汝当敬谒。"遂出,见一僧坐马上,合爪言曰:"我必饭于而家。"觉而举一子,骨法殊不类凡儿。甫龀,并不饮食肉人乳,亦异哉。六岁,习神童,诵五经,略皆上口,然不乐居家。十二,去父母入山学道,礼真静崔先生为师,得法讳志伟,号天倪子。发辞吐气,已不在了蓬老辈下。不数年,道价腾满齐鲁间。时东西诸侯皆出于武弁,见之无不屈膝。东平严武惠公以宁海范普照住持万寿上清宫,舆议以谓,治军民如武惠,掌道教如普照,可谓无前矣,必得峻洁知办如张志伟者以贰宫政,斯可矣。至三谒,然后惠然。居无几,废者兴,缺者完,惰者勤,慢者敬,凡所应用,无一不备,金曰称哉。已而驿禀朝廷,赐号崇真保德大师,授紫衣,缘以金襕,报之也。于是慨然拂衣,复还布山之旧隐。间与故人毕清卿对榻以谈,方偃息间,顷缘泰山之阿入西溪谷,若有人前导者,由渊济公祠至竹林寺,楼观参差,如在天上,从者四五辈,皆素所不识。觉而告之毕,曰:"果有是耶?"其年七月,武惠公以书来召,因论泰安之为郡,"盖前古帝王封禅之所。其宫卫,其辇辂,其祠宇,自经劫火之后,百不一存,良可悼惜,下官忝在其境,不粗为修葺之,甚非所谓事神之义也,敢以大师道荫为我纲维是事,乃所愿也。"师伛偻致辞曰:"某一空山食菜道人,何敢承当?"武惠答以"工匠之役,木石之资,与夫彩绘丹腹之费,我尽领之,师无让为",遂诺之。经构迄今三①十余年,无空日,故自绝顶大新玉女祠,倍于故殿三之二,取东海白玉石为像如人然,一称殿之广袤。天门旧无屋,又创立之。下至会真宫、玉帝殿及圣祖殿,方丈廊庑斋厨,皆不与焉。外则岱岳、朝元等观,皆增修有数,抑亦劳哉。若夫师之寝处衣食,与役夫等。是以人忘其死而成师之志,虽国朝为之,亦不能齐一如此。有司闻之,特加崇真明道圆融大师之号,兼提点泰安州教门事。复于中统四年,蒙燕都大长春宫掌教诚明真人专使赍奉圣训,委师提举修饰东岳庙事。予②自壬辰北渡后,往来于奉高者有年矣,贪缘得与师交际,其相与之意甚厚,且尝有同老泰山之约。一日,以乃祖《先茔记》见祝,予敢不敬从。如吾师者,退然才中人,癯瘁若不能胜衣,然问无不知,叩③无不应,若乃芥纳须弥,囊括宇宙,不足喻其胸次横阔之万一。乃以区区土木之功相溷,何其不知师之甚耶?虽然,谚有之:"一子受恩,禄及满家。一人成道,超升九族。"或有此理。向之所谓白兔之示现,老僧之托化,泰山之神游,今则验之。噫,信乎其为张氏之异人也,明矣。他日委蜕而去,羽化而仙,凡为而徒者,如欲纪其出处之大略,请以《先茔记》为证云。

---

① "三",辑要本作"二"。

② "予",辑要本误作"子"。

③ "叩",原作"扣",据辑要本改。

终南刘先生事迹

先生姓刘氏，讳志源，道号清泠子，相台固县人也。家故饶财，夙丧其父，昆季三人，奉孀母以居。先生自幼不凡，有潇洒出尘之想。及母氏终天，尽三年之丧，于是径诣澶州洪洋山郎尊师席下，改衣入道。自此心地益明，志行苦卓。尝往来于开、滑间，衣弊足跣，人不堪其忧，先生自以为乐也。其兄闻之，初未之信。一日，以缣一束置于路，潜隐窥之，先生过而不顾，兄乃叹异，始加敬服。崇庆间，东游铁查山，谒玉阳真人，得授秘诀。无几，金天失驭，山东郡县自相屠戮。时先生丐食于贤堌，堌地颇高，其下有穴，可容数百人。北兵奄至，近堌之民俱潜穴中。先生端坐其上，寇亦莫能为害。如是数年，一方赖以全活，民到于今称之。先生又于澶渊之雁华台凿龛而处，时大军之后，豺狼遍野，昼而食人，先生泰然不以为怖。龛之左右常有数狼驯狎，似相守卫之状。老氏所谓"善摄生者，虎无所措其爪，兵无所容其刃"，先生有之。癸未冬，长春宗师奉诏南下，先生迓于宣德。长春一见深许，授之以履，令勿跣步，仍委提举大名路教门事。由是道价益隆，度门弟子数百人，建立庵观百有余所。乙未，清和真人祀香祖庭，明年还燕，召先生谓之曰："终南山上清太平宫，乃朔圣真君示现圣迹，宋朝敕修，名宫也。兵乱以来，偶堕灰劫，非得福大缘深之士，莫能兴复。公可往任其责，且以辅翼祖庭为务。"先生承命，遂挈徒入关。至则披荆剪棘，伐木购工，数年之间，殿堂廊庑粲然一新，远近莫不称羡。噫，若先生者，其在玄门亦可谓有功者矣。癸卯秋九月二十三日，留颂委蜕而逝，享寿七十有四，葬于终南县城之南长春观。壬子，掌教真常李真人祀香祖庭，奉朝命追赠为纯德妙成真人云。

清平子赵先生道行碑

祖庭大重阳万寿宫讲经师张好古撰

全真之道，一言可以尽之，曰诚而已。诚者，实之谓也。历观重阳祖师以下诸仙真，或立观度人，或扶宗翊教，所以积功累行而令名无穷，非诚实无妄，其孰能与于此乎？清平子赵先生，即其人也。先生讳志渊，单州人。自幼举止不凡，雅好恬澹。甫及冠，父母俱丧，闻滕州灵真子马尊师有道之士，径往参访，愿留而受业于门。灵真历试诸难，以苦其志，熏炼既久，玄机秘诀，悉以传之。先生于是辞雪岩，游宁海。玉阳一见器许，而道价日增矣。大安、崇庆间，先生避兵王屋山，草衣木食，不变所守。后闻河朔既定，行化诸方，以诚感人，所至景慕。大元癸未，长春宗师奉诏南下，诣谒于燕山，特蒙奖异，且以修真观俾居之。先生每日一造师席，听受谈演，故于九转七返深根固蒂之妙，了无疑障。及长春升，始从洺州僚庶之请，主^①持神霄万寿宫。先生应物无心，到即缘契，至若大名、磁、相之间，度学者凡数百人，立庵观十有余所，然犹执谦乐退，未尝以师名自居。乙未，掌教清和真人祀香祖庭，先生亦来就见。明年，清和还燕，留先生充提举。时关中兵革甫定，岁且饥，祖庭道众屡欲委去，赖先

---

① "主"，辑要本作"住"。

生训以功行，化以罪福，方便诱掖，内外怗①然。丁酉，清和以书遗先生曰："骊山华清宫，古仙圣迹，自来国家崇奉祈福之地，若非门下老成人，孰能主张？君年深在道，有力于教门，可以提点事任修复之责。"因赐清虚大师号。先生既受命，乃率其徒，芟剪荆榛，葺整屋宇，丹垩藻绘，粲然一新。又建遇仙观于终南山之蔡村，以辅翼祖庭之胜迹。其他一庵一宇，在在有之。辛丑，会葬祖师毕，东归洺州。癸卯，神霄宫大殿告成，天为降瑞，众皆称贺，先生亦不以为异。初，先生之在祖庭也，与清泠子刘先生为莫逆友。是年冬，清泠之门人有自魏府来者，报其师已于九月二十三日返真于终南矣。先生以季冬朔旦启行，欲诣魏府，致遥奠之礼，暮宿广平，遽然叹曰："观物之化，不知化及我也。"即还宫，召门弟子曰："昨夜师真有命，令吾速归祖庭，吾其逝乎！"遂以后事付张志静，索纸笔留颂曰："修行端的要工夫，炼就丹砂不用炉。摆手便归云外路，高穹②风月自如如。"置笔而化，实初三日也，春秋七十有七，葬于州城南之道院。后四十六年，至元戊子春，华清宫提点李志通、遇仙观尊宿杨志素、提领苏道常等，以其法属讲师吕志真为介绍，持状来谒曰："吾祖清平老人，宁神于东州有年矣，惟是陕右门徒设祠置像，以奉岁时之香火，虽未尝绝，然道行之碑至今未有能立者，岂非不敏之过欤？敢再拜以铭辞为请。"予谓铭所以纪德也，先生之德有足铭者。盖先生为人纯素笃实，蕴之为德行，行之为事业，终身出处，无一毫牵合之

---

① "怗"，辑要本作"帖"。
② "穹"，辑要本作"穷"。

私。以是观之，真可铭也已。若夫主醮之际，鹤现于邯郸，示寂之时，神游于京兆，改葬而容貌不变，设斋而丹童退临。其灵异类此者甚夥，是皆出乎自然，非先生之本心，故直叙其大概而铭之。铭曰：

大哉至道初无形，中藏妙用由人弘。重阳扶起先天扃[1]，开化独以全真名。群仙瑞世相继承，扶宗翊教教乃兴。粤有人焉号清平，善根宿植粹且精。妙龄学道已有声，再遇长春心益明。内丹养就居磁洺，门徒济济来不停。拂衣遂作关中行，清和一见称老成。华清久废托主盟，坐视瓦砾成丹青。遇仙创始亲经营，至今胜概光祖庭。功成东归遽飞升，乘风驭气何泠泠。先生之名莫与京，先生之行纯乎诚。我作铭诗非虚称，庶几来者永有征。

知常姬真人事迹[2]

师[3]姓姬，名翼，字辅之，泽州高平县人。系出长安雍氏，有唐故孝义雍睦、前沔州别驾雍府君，即其祖也。后有官是邑，有因而家焉。[4]至金世宗即位，避御讳，易为今姓。师始生，其母梦仙人授一玉石，吞之，觉而即孕。师自幼雅重，识者知其不凡。

---

① "扃"，辑要本误作"局"。
② 元延祐六年李怀素刻本《知常先生云山集》卷5（《北京图书馆古籍珍本丛刊》，第91册，北京：书目文献出版社。以下简称"延祐本"）作"知常真人行实"。
③ "师"，延祐本作"真人"。以下称"师"处，延祐本皆作"真人"，不再一一出校。
④ "后有官是邑，有因而家焉"，延祐本、辑要本作"后有官是邑者，因而家焉"。

四岁读书，九岁考妣俱丧，比年十三而能^①诗赋。甫弱冠，天文、地理、阴阳、律历之学，无不精究。辛巳，天兵下河东泽潞，居民半为俘虏，师孑然一身，流离窜徙^②，寓冀州之南宫。甲午，栖云王真人演教诸方，道出于此。师一言相契，遂执^③弟子礼，赐名志真，号知常子。自是从游盘山，颐真养浩，大蒙印可。壬子岁，掌教真常李君起置玄学于燕京大长春宫，师亦与其请，日与四方师德递主法席，后学之士多赖进益。甲寅春，栖云来燕，赴普天醮事。礼竟，挈师还汴梁^④，居朝元宫。无几，栖云登真，以师嗣主教事。至元丁卯春二月，圣主降诏云："姬志真德行贞良，文学优赡，易垂《直解》，道入《总章》。早师万寿于盘山，晚主朝元于汴水。稔闻操履，宜先^⑤褒崇，可特赐文醇德懿知常真人之号。尚体纶章，永祈国算。"师以明年十二月三十日示微疾而逝，春秋七十有六。所著诗文曰《云山集》，及《道德经总章》《周易直解》^⑥行于世云。

延安路赵先生本行记

朝列大夫守延安治中赐紫金鱼袋张子献撰

夫人之所以得大自在者，以其了达生死去来，不有凝滞而然

---

① "能"后，延祐本有"作"字。
② "徙"，原作"徒"，据延祐本、辑要本改。
③ "执"，延祐本作"出"。
④ "梁"，延祐本无此字。
⑤ "先"，延祐本作"见"。
⑥ "直解"后，延祐本有"《南华解义》《冲虚断章》"。

也。昔御寇乘风而行，泠然善也，南华以为犹有所待，若夫乘天地之正，御六气之辩，以游无穷者，彼且恶乎待哉？今延安赵先生，所谓无待之人也。先生名抱渊，道号还元子，俗呼曰魔哥，延安之鸡川人。家世业农，屡积阴德。先生自幼不凡，志在方外，尝遇有道之士谓之曰："汝夙有善缘，我今传汝秘诀，勉自修习，终当有成。"遂结庵以居。事母至孝，乡党共称之。后因戴柏高师父引，诣刘真人席下，得授心印，隐居阳山，一纪不出。先生素不读书，忽一日，梦真君召，赐金一席，辞而弗受，复以《道德》二篇付之，先生即吞之入腹。自此性天明朗，心地开通，闻所不闻，知所不知，诗词歌咏，若涌泉之流注。因述歌云："昨日庵前遇庄列，二人点我长生诀。"又云："寻个知音寻不得，野人独步下秦川。"遂来终南参重阳祖师，玄机密旨，大蒙启证。后历名山胜境，落魄不羁，寓意于诗酒之间，自称太上弟子。至晚年还乡，于迎祥观住坐。泰和五年，甘泉县道友敦请先生住庵，乃作《无梦令》词答之，其末句云："相别相别，来岁春分时节。"时人莫晓其意。俄尔，次年二月初四日，上遣二使者奉冠服召先生赴阙，先生固辞曰："吾一老村夫耳，莫难行焉。"使者坚索登程，先生与道友党珍及门弟子言："我且当回避。"遂沐浴正衣冠而坐，至三更，忽睹电光满室，声震如雷，众皆惊骇。奔往视之，则先生俨然而逝矣。留颂云："松梢皓鹤向风冷，只有翻云归去心。万里青天一片雪，尽教华表柱头寻。"是夜正属春分之际，诚有验于词中之语，享年七十有二。平生述作，集为《混成篇》传于世。噫，昔先生阳山养浩，一纪不出，岂非御六气之辩者哉？舍纶召之荣，而蜕壳飞升，又岂非乘天地之正哉？斯不亦无待之人，独往独来而得自在者？予故曰："人之所以得大自在者，以其了达生死去来，不有凝滞而然也。庸不信夫？"先生示灭之后，来使绘真容以复上命，时先生已预赴阙矣。使者具告其事，朝廷莫不惊叹。复遣使马进章赍持赙物，与合郡官僚卜于迎祥观西，凿石为洞，高棺厚葬，建祠树碑，用彰仙迹，使有四时香火之奉焉。来使索予作记，以传不朽。仆自顾不才，安敢当此。然忝窃朝廷之禄，敢违来使之命，且景仰先生之高风，恨不得再见，于是乎奋笔以书其实事云。

洞元虚静大师申公提点墓志铭
建安张好古撰

公名志贞，字正之，泽州高平县人。幼读书，中经童举辞，后流寓太原，遂废干禄之学，易衣入道。初从超然子王君游，后处燕京大长春宫，礼真常李真人为师。真常得公甚喜，授洞元子号，且以诗赠之，曰："一志守其贞，出尘功可毕。"时恕斋王先生、讷庵张内翰以宏才硕学栖止道宫。公复于暇日就听讲论，由是德日进而名亦彰矣。庚子，真常宗师委公任宫①门事，号②称干济。甲辰，宣差裴天民奉诏诸路降香，以公为辅行，还燕，升宫门知宫，盖嘉之也。戊申，宗师以恩例赐紫衣，迁充宫门提举。辛亥，奉旨代宗师诣东岳作醮，礼成，投简龙潭，殊获征应。甲寅，以提举教门事从宗师遍祀岳渎。明年，复从宗师北觐。又明

---

① "宫"，原作"官"，据辑要本改。
② "号"，辑要本作"后"。

年，宗师厌世，诚明嗣教，命公宗主天坛上方紫微宫事，因自号云叟，逍遥山林，若将终身焉。中统壬戌，永宁王邸久闻道誉，特赐洞元虚静大师之号。至元四年丁卯，太原府天庆宫恳公主持师席。七年冬，诚明屡书邀致堂下。未几，诚明上仙，淳和真人复以道教都提点强公，不得已而起。随曳杖南遁，历并、汾，憩河中，所至，留请者甚众。壬午，西游祖庭，增葺终南山傅村长春观，以为菟裘焉。忽以微疾顺正而化，享年七十有五，实甲申岁七月二十三日也。公为人仪貌秀整，器识宏远，所与游悉闻人名士。虽真常掌教，凡事必委于公，而公亦以辅翼玄教为己任。至若朝觐往来，历阴山数万里之险，略不以艰苦为念。人或讶之，则曰："吾不为，玄门肯如是乎？"在燕之日，未尝不用力于祖庭，良以报本故也。平生不移所守，故凡得丧祸福，无足以挠其心者。闲居则左琴右书，自适其乐。又善于应接，无问贵贱长幼，莫不得其欢心。然察公所行皆当理事，所言惟真实语，略无纤毫贪狗之意，方之古人，斯亦可以无愧矣。既殁，门人鲁志兴集所为诗文得一十六卷，号曰《濩泽蒙斋集》传于世。一日，志兴具状以墓铭见请，予方固辞，而天乐真人亦为予言曰："此老在教门中可谓尽力者，汝其铭之毋让。"予曰："诺。"遂叙而铭之。铭曰：

　　嗟哉申公，气大而刚，作事可法，出言有章。由我者，吾而道义是守。不我者，天而得丧俱亡。若人者，将尽力玄门，归而恳诸帝旁耶？吾知其挈所有，乘所遇，以游于世而卒返其乡者也。

甘水仙源录卷之九

夷门天乐道人李道谦集

鄠县秦渡镇重修志道观碑

前鄠州教授雪溪逸人俞应卯撰

祖师重阳以全真名教者，即无极之真，二五之精，妙合而凝，所以为万善之原也。号之为师之祖者，盖师道立则善人多，善人多则朝廷正而天下治也。道之体，大而无外，细而无内。道之用，无物不有，无时不然，不以尧而存，不以桀而亡，不以愚而不足，不以贤而有余。何者？盖元气敷施，阳以刚之，阴以柔之，木金水火以布列之。此气也，人得之所以为人也。太极浑浩，健以行之，顺以立之，仁义礼智以纲纪之。此理也，人得之所以为道也。乾父坤母，既以五性之全，一理之真，而赋之人。而人不能全此真者，不为嗜好夺之，则为强暴失之，不为名利汩之，则为恣欲亡之。此真之不能全，则天下宜乎无善人。无善人则国何由而治，天下何由而平。惟能全是道之真者，可以为帝王师，可以为后世法。推而行之，则无非饮纯饫朴之俗。神而化之，岂有茹名嗜利之风？子云昧此，所以有事莽之污，所以有投阁之骇。子房识此，所以成相汉之业，所以成赤松之游。斯道也，先天而天弗违，后天而奉天时，修之则吉，悖之则凶，信不诬矣。惟黄帝师是道于广成，故垂衣裳而天下治。舜受尧之天下，师是道于巢、许而万国宁。武丁学是道于甘盘而商中兴。苟非其人，道不虚行。且太上玄元生于三代之时，尝为柱下史矣，遇周室道衰，不能推其所为，遂著《道德》之编以贻后世。其曰道大，而又曰王配天地之大，岂不与吾夫子一王之法同其功乎？南华真人生于战国之时，尝为漆园吏矣，因天下争夺，不能展其所行，故寓其言于道，以示诸人，曰《易》以道阴阳，《春秋》以道名分，盖亦与吾夫子尊王之心合其志也。迨西汉之四皓，以是道定国本之计于一言。东汉之严光，以是道契中兴之主于平昔。至于晋、宋、齐、梁，历唐暨宋，时虽不古，而斯道自存，如许旌阳、葛勾漏、陶隐居、寇谦之、司马子微、东华、正阳、纯阳与夫希夷，亦善推其所全之真以及当时之君。其正阳、纯阳，阴阳不测之神，至今常显于寰宇之内，故重阳祖师得以继是道之正传，全一真之妙理。师本醴泉人也，姓王氏，于金朝初兴之日，举进士，中甲科。人物魁梧，天资秀伟，方瞳荧荧，美髯郁郁。奈何道与时违，故不以轩冕利禄萦其心，常以水竹烟霞乐其志，遂卜终南刘蒋而居焉。一日，遇钟、吕于甘河，传是道之妙诀，以重阳为号，以嘉为名，于所居之室四隅，各植海棠一株。继而策杖出关，东归海上。有问其故，则曰"我向丘刘谭里捉马去"，人皆未谕其旨。未几，从游者七，其所亲侍者四，马钰、谭处端、刘处玄、丘处机是也。号马为丹阳、谭为长真、刘为长生、丘为长春。西还抵汴，遽谓门人曰："东华、钟、吕之约，不敢愆期，吾后事在刘蒋。全真之教，汝辈当勉之。"言毕，具汤沐，奄然而逝。汴之名公、巨卿、贤士大夫，无有不赴吊者。既而四师輂仙梓以入关中，遵遗命而葬刘蒋。事毕将归，四宗师憩于秦渡镇真武堂茂树之下，彷徨然犹有慕师之戚，执手分袂，各述其所蕴之志，俱不负祖师之嘱。

长春隐于太公之磻溪，长生寓东周之瀍水，长真居水南之朝元，惟丹阳反筑室于场，为今之终南重阳万寿宫也。自是全真之教渐兴，师宗之德益著。于兴定间，有景慕四真之事者，依真武堂经营宫室，以奉香火，恩例赐额为志道观。值金祚将终，民多凶暴，观宇灰烬①。恭惟大元圣文神武，奄有四海，生民绥定，百废俱兴，惟志道废址尚存，荆榛堙塞。一日，洞真真人于君道经秦渡，载瞻故基，慨然有过河洛思禹之心，对羹墙见尧之感。遂命门人骆志通鸠工事材，构殿宇，聚徒众，恢拓乎宗师之迹，增光乎玄教之风，使一祖四宗之德业，为可大可久之基，岂不伟欤？予于暇日，徜徉琳宇间，览纪事于碣石者，与道体往往相违，是以慊焉。一日，志通表四真之事迹，丐予属文纪述其事。尝观太史公序九流之说，儒与道特冠于众流之上。道之与儒，同此一理，儒之与道，同此一机，通其变则天下无弊法，执其方则天下无善教。若非圜机之士，不足以论此也。然教之在天下，亦何常师之有？且祖师以全真名教者，岂非吾儒真实无妄之理乎。其炼形修性，岂非大《易》穷神知化之妙乎？方其护祖师之柩，归而克葬之后，高弟能继志述事者有之，庐其墓侧者有之。于斯时也，何异乎吾夫子殁，而门人治任将归、相向而哭之意欤？及其长春宗师被诏北庭②，而好生之德感动人主，转不杀之机于一言之顷。于斯时也，又何异乎吾孟子告时君不嗜杀人者能一之之仁欤？由是观之，则祖师所修之道，宗师所继之志，既可以③帝王之取法，则

---

① "烬"，辑要本误作"炉"。
② "庭"，辑要本作"廷"。
③ "以"后，辑要本有"备"字。

又足以致天下之治平，大非秦皇、汉武之时方士杂学之比，亦非晨门荷蓧之徒、长沮桀溺之辈。观今日书同文，车同轨，四海之内晏然，朝廷之政清肃，然后知植海棠之意，不诬于其先，丘刘谭马之事，有验于其后。噫，是道也，自常情①观之，神妙难测，由至人守之，不外乎一真之理。故全真之教虽遗世独立，而尊君亲上之心常存。虽退遁隐居，而爱人利物之仁愈切。即无思无为之诚，以显其有感有应之理。在宗师既能神知来而智藏往，于门人又能继其志而述其事，岂不有补于圣明之朝乎！非志于道，其孰能与于此哉？从而赞之曰：

道体浑浩兮，无臭无声。阴阳肇判兮，成象成形。幽潜沦隐兮，升降八纮。惟人为贵兮，万物之灵。原始要终兮，故知死生。嗜欲之汩沉兮，出入莫测其心。列仙之相传兮，祇欲全乎无极之真。不先觉于重阳兮，孰开妙理于我人。为道之纪纲兮，橐钥乎二五之精。志道复古兮，奂然而一新。真人常在兮，道备而德纯。一祖四宗兮，亘万古以皆春。

燕京白云观处顺堂会葬记
寂通居士陈时可撰

长春大宗师既仙去，嗣其道者尹公乃易其宫之东甲第为观，号曰白云，为葬事张本也。越明年三月朔，召其徒而告之曰："父师殡于葆光，未安也。吾将卜地白云，构堂其上而安厝之，何如？"或曰："工力非细，道粮不足，未易为也。"公曰："诚以孝思

---

① "情"，原作"清"，据辑要本改。

报德，何患乎不成？矧我父师遗德在人，四方门弟子畴不追慕，当自有赞成者，公等勿疑。纵复不然，尽常住物给其费，各操一瓢可也。"于是普请其众，以四月丁未除地建址。越四日庚戌，云中、河东道侣数百辈，裹赢粮来助，凡四旬成。其堂制度雄丽，榜之曰处顺。既祥，奉仙骨以葬，其岁月事迹，已见于《本行碑》。一日，求予别为之记，将以诸方会葬者之名氏刻于石之阴，以大其事。余然之。有笑而诘余者曰："昔庄子之将死也，弟子欲厚葬之，庄子曰：'吾将以天地为棺椁，以日月为连璧，星辰为珠玑，万物为赍送，吾葬具岂不备耶？'弟子曰：'吾恐乌鸢之食夫子也。'曰：'在上为乌鸢食，在下为蝼蚁食，夺彼与此，何其偏也？'老聃之死也，秦佚吊之，三号而出，曰：'适来夫子时也，适去夫子顺也。安时而处顺，哀乐不能入也，古者谓是帝之悬解。'道家者流，学老聃者也。今夫长春子之徒，徒以处顺名其堂，而其师反真之日，相与严敦匠之事，且嗷嗷然哭之，其哀如是。及至葬，大备其礼，四方来会之道俗逾万人，至有司卫之以甲兵，其厚且侈又如是。是岂老庄之意乎？"余应之曰："以长春子之悬解，其视生死如昨梦然，岂有望于是哉？但弟子戴师之恩，不得不尔。且所谓理事者，若知之乎？夫忘哀乐、外形骸，理也，方外之圣贤自处如此。至于送终追远，事也，人间世之礼如此。若泥于理而蔽于事，得谓之囿①乎？吾书生也，试以吾孔孟之道语若。《易》曰：'古之葬者，厚衣之以薪，葬之中野，不封不树，丧期无数。后世圣人易之以棺椁，盖取诸《大过》。'欲其甚

---

① "囿"，辑要本作"智"。

大过厚也。孟子之书有曰：'昔者孔子殁，三年之外，门人治任将归，入揖于子贡，相向而哭，皆失声，然后归。子贡反，筑室于场，独居三年，然后归，不忘孔子也。'今也，游长春之门者，既学其道矣，能不以墨者之薄葬其师，又将慎终追远如子贡之徒，何害为达哉？若以为哭则害道也，若尝笑乎？"曰："然。""笑与哭，哀乐也，而笑独不害乎？《中庸》曰：'喜怒哀乐之未发，谓之中，发而皆中节，谓之和。中也者，天下之大本也。和也者，天下之达道也。'苟哀乐中节，又何害于道乎？"难者乃屈，因书其事为记，且遗其徒以诗，使歌以供师，以见弟子思师之至，师有德之至也。其词曰：

师乘云兮帝之乡，蜕仙骨兮留葆光。将葬兹兮启玉棺，貌如生兮发肤完，既更其衣兮又新其冠。人所知兮其不朽，所不知者兮不亡之寿。师在天兮阅尘世，有室轮囷兮可游可憩。师怜我勤兮时来归，跨凤骖鸾兮匪鞭匪筶。屋头有山兮门临风漪，杖屦所经兮若或见之。歆我兮佑我，进敠蔬兮侍香火。玄门之教兮师能弘，国家崇尚兮子孙奉承。我曹报德兮来者无怠，暮礼朝参兮敬之如在。

怀州清真观记 [1]

新兴元好问撰 [2]

修武清真观在县北 [3]，全真诸人为长春丘公 [4] 所建者。大定初，丘公 [5] 自东莱入于 [6] 关，隐 [7] 磻溪十数年不出，天下以为有道者。兴陵召赴阙，取道山阳，爱其风土之美，徘徊 [8] 久之，且谓其徒言："在所道院，武官为之冠，滨都次之，圣水又次之。若辈得居于此，则与滨都、圣水相甲乙矣。"诸人乃乞地于乡豪马子安 [9] 而得之，积以岁月，庐舍乃具。舍傍 [10] 近出大泉，溉田 [11] 千亩，稻塍莲荡，东与苏门接，茂林修竹，往往而在。太行诸峰，壁立千仞，云烟朝暮，使人顾揖不暇。考之地志，盖晋 [12] 诸贤之所乐而忘返处也。大安初，以恩例赐今名。丘公命其高弟刘志敏来居， [13]

---

① "怀州清真观记"，《遗山集》卷35（《四部丛刊初编》本，以下简称"遗山集本"）作"清真观记"。

② 遗山集本无此句。

③ "北"后，遗山集本有"马坊"二字。

④ "长春丘公"，遗山集本作"丘尊师之"。

⑤ "公"，遗山集本无此字。

⑥ "于"，遗山集本无此字。

⑦ "隐"后，遗山集本有"于"字。

⑧ "徘徊"，遗山集本作"裴回"。

⑨ "安"后，遗山集本有"家"字。

⑩ "傍"，遗山集本作"旁"。

⑪ "田"，遗山集无此字。

⑫ "晋"前，遗山集本有"魏"字。

⑬ "丘公命其高弟刘志敏来居"，遗山集本作"贞祐丙子，丘令刘志敏来居"。此句之后，又有"刘，县人，丘高弟也"。

聚^①徒至百人。兴定庚辰之兵，观毁^②。正大辛卯，志敏之徒冷德明^③复葺居之，今所食亦^④千指矣。余自大梁羁馆聊城，^⑤德明之法兄弟房志起^⑥，介于幕府参佐祁文举、郎文炳、赵尚宾，^⑦请予为记。冷与房道行清高，皆喜从吾属游，故为次第之，^⑧并著予所感焉。盖自神州陆沉之祸之后，^⑨为之教者独全真道而已。尝试言之，圣人之忧天下后世深矣，^⑩故为之立四民，建三纲五常，士农工贾各有业。父慈子孝，兄友弟敬，君臣严，夫妇顺，各有守。九官而有司徒，仁义礼乐，典章法度，与为士者共守之。天下之人耕而食，蚕而衣，养生送死而无憾。粲然而有文，骧然而有恩于圣人之教也。如^⑪饥^⑫之必食，寒^⑬之必衣，由身而家，由家而达之天下四^⑭方，由不可斯须离，至百世千世万世而不可变。其

---

① "聚"前，遗山集本有"故"字。
② "毁"后，遗山集本有"废"字。
③ "冷德明"后，遗山集本有"者"字。"冷"，辑要本作"泠"，下同。
④ "亦"，遗山集本作"又"。
⑤ "余自大梁羁馆聊城"，遗山集本作"岁甲午，予自大梁管聊城"。
⑥ "起"后，遗山集本有"自覃怀来"四字。
⑦ "介于幕府参佐祁文举、郎文炳、赵尚宾"，遗山集本作"介于幕府诸君"。
⑧ "冷与房道行清高，皆喜从吾属游，故为次第之"，遗山集本作"房外朴而内敏，质直而尚义，有似夫墨名而儒实者，因为次第之"。
⑨ "盖自神州陆沉之祸之后"，遗山集本"盖"字作"呜呼"，且此句之后有"生聚已久而未复其半，茧茧之与居，泯泯之与徒"数语。
⑩ "圣人之忧天下后世深矣"，此句之后，遗山集本有"百姓不可以逸居而无教"数语。
⑪ "如"，遗山集本作"若"。
⑫ "饥"后，遗山集本有"者"字。
⑬ "寒"后，遗山集本有"者"字。
⑭ "四"，遗山集本误作"而"。

是之谓教，而道存乎其间。^①传有之："天佑下民，作之君，作之师。"道之行与否，皆属^②之天。今司^③徒之官与士之业废者将三十年，寒者不必衣，饥^④者不必食，乃不可以常理诘之者。如皇极书所言，^⑤王伯而降，至于为兵为火，为血为肉。元元之厄，^⑥适当斯时。^⑦人情甚不美，重为风俗所移，幸乱乐祸，勇斗而^⑧嗜杀，其势不自相鱼肉，^⑨未艾也。^⑩丘公往年召对龙庭，^⑪亿兆之命悬于治国保民^⑫之一言，虽冯瀛之悟辽主不是过。^⑬天下之所以服其教者，特以此耳。今黄冠之人，^⑭十分天下之二，声势^⑮隆盛，鼓动海

---

① "而道存乎其间"，遗山集本作"而道存焉于其间"。

② "属"，遗山集本作"归"。

③ "司"，遗山集本作"师"。

④ "饥"前，遗山集本有"而"字。

⑤ "乃不可以常理诘之者。如皇极书所言"，遗山集本作"盖理有不可晓者，岂非天耶？如经世书所言，皇极之数"。

⑥ "至于为兵为火，为血为肉。元元之厄"，遗山集本作"至于为兵火，为血肉，阳九百六"。

⑦ "适当斯时"后，遗山集本有"符坚、石勒大业广明，五季之乱，不如是之极也"一句。

⑧ "而"，遗山集本无此字。

⑨ "其势不自相鱼肉"后，遗山集本有"举六合而墟之"一句。

⑩ "未艾也"，遗山集本作"不止也"。

⑪ "丘公往年召对龙庭"，遗山集本作"丘往赴龙庭之召"。

⑫ "治国保民"，遗山集本作"好生恶死"。

⑬ "虽冯瀛之悟辽主不是过"，遗山集本作"诚有之，则虽冯瀛王之对辽主不是过"。

⑭ "天下之所以服其教者，特以此耳。今黄冠之人"，遗山集本作"从是而后，黄冠之人"。

⑮ "势"，遗山集本作"焰"。

岳，虽凶暴鸷悍，甚愚无闻知之徒，久与[①]俱化，衔锋茹毒，迟回顾盼，若有物掣之而不得逞。父不能诏[②]其子，兄不能克其弟，礼义无以制其本，刑罚无以惩其末。所谓全真家者，乃能救之荡然大坏不收之后。杀心炽然如大火，聚力为扑灭之。呜呼，岂非天耶？丁酉十二月有六日记。[③]

卫州胙城县灵虚观碑

翰林修撰郡人王恽撰[④]

卫之胙县，距城北墉，有观曰灵虚，盖玄微真人大度师李公所建也。门人奉教，岁久弥笃，故殿堂像设，廊庑斋室，制不崇侈，略溃于成。初，胙之割于滑也，越金明昌间河改南道，因入于卫。[⑤]贞祐南迁，迫为疆场，[⑥]建帅[⑦]府，统州治，[⑧]宿重兵，系浮梁，陒为京师[⑨]北门。岁壬辰，金人撤守，天兵徇取之。明年，京

---

① “久与”，遗山集本作“皆与之”。

② “诏”，遗山集本作“召”。

③ “丁酉十二月有六日记”，遗山集本作“六月十六日前进士河东元某记”。

④ 王恽《秋涧集》卷53（《四部丛刊初编》本，以下简称“秋涧集本”）无此句。

⑤ “卫之胙县，距城北墉，有观曰灵虚，盖玄微真人大度师李公所建也。门人奉教，岁久弥笃，故殿堂像设，廊庑斋室，制不崇侈，略溃于成。初，胙之割于滑也，越金明昌间河改南道，因入于卫”，秋涧集本无此句。代之以“胙之为邑久矣，昔周以黄帝后姞姓封此，是为燕国，至秦，废燕为胙”，其中“是为”双行小字。

⑥ “贞祐南迁，迫为疆场”，秋涧集本作“贞祐初，金架南迁，竟河为界”。

⑦ “帅”，秋涧集本误作“师”。

⑧ “统州治”，秋涧集本无此三字。

⑨ “陒为京师”，秋涧集本作“院为汴京”。

城大饥，人相食，出逃死求饷①者，日不下千数。既抵河津，人利其财贿，率不时济，殍死风雪中及已济而陷没者，一日间亦无虑百数。②方草昧未判，独全真教大行，③所在翕然从风，虽强梁跋扈④性于嗜杀之徒，率徼福避祸，佩法号者，⑤皆是也。时无欲子李公已在卫，有日目其事，⑥愀然叹曰："厄会乃尔，人发杀机，复至于此耶？⑦吾挐舟而来，本行化北游，⑧兹焉不格⑨，安往而施其道哉？"遂税驾河上，建此道场，以为神道设教之本。⑩于是玄⑪风一扇，比屋回心，贪残狼⑫戾，化而柔良，津人跂俗悔过⑬。受教⑭于门者，肩相摩而踵相接矣。凶焰燎原，扑杀心于已炽。慈航登岸，夷天险为坦途。由是而观，非好生至⑮德浃⑯于人心者，其能

① "求饷"，秋涧集本作"北渡"。
② "殍死风雪中及已济而陷没者，一日间亦无虑百数"，秋涧集本作"莩死风雪间及已济而沉溺者，亦无虑千百数"。其中，"没"，辑要本作"殁"。
③ "方草昧未判，独全真教大行"，秋涧集本作"时全真教大行"。
④ "强"，原作"疆"，据文意改。又"强梁跋扈"，秋涧集本作"虎苛狼戾"。
⑤ "徼福避祸，佩法号者"，秋涧集本作"率授法名会首者"。
⑥ "时无欲子李公已在卫，有日目其事"，秋涧集本作"师时在卫，目其事"。
⑦ "厄会乃尔，人发杀机，复至于此耶"，秋涧集本作"人发杀机一至于此耶"。
⑧ "本行化北游"，秋涧集本作"正为此尔"。
⑨ "格"，秋涧集本作"化"。
⑩ "建此道场，以为神道设教之本"，秋涧集本作"起观，距城之北墉曰：'将以此道场为设教张本之自。'"
⑪ "玄"，秋涧集本作"仁"。
⑫ "狼"，秋涧集本、辑要本作"狠"。
⑬ "过"，秋涧集本作"祸"。
⑭ "受教"，秋涧集本作"徼福"。
⑮ "至"，秋涧集本作"大"。
⑯ "浃"，秋涧集本作"洽"。

若是哉？师一日晨起，集大众谓曰："吾学道有年，印于心者，[①]一与虚而已。盖生之所恃，精与神也，神之所安，虚与静也。一则为营魄之主，虚则乃万物之本。[②]故经云：'天得一以清，地得一以宁，神得一以灵。'[③]'致虚极，[④]守静笃，万物并作，吾以观其复。'惟其虚则能灵，灵则自虚矣。且天地虚而发亭毓[⑤]之妙，日月虚而荡照临之光，山泽[⑥]虚而蒸云雷之变，人心虚而为万物之灵。[⑦]致虚而要其极，不过炼精守寂，涤情去欲而已。[⑧]因题其额曰灵虚。二三子敬[⑨]奉吾教，且曰：'君子盛德，容貌若愚。'[⑩]今业浆之家，十馈其八九。吾不可久于此。"明日遂行。自是风声教习，洋溢[⑪]于河朔矣。师讳志远[⑫]，秦原月山人。年余[⑬]三十，弃妻子入道，师浮山碧虚子，遂尽得真传，深入性窟，故为大宗主推

---

① "印于心者"，秋涧集本作"所得而为心印者"。
② "盖生之所恃，精与神也……虚则乃万物之本"，秋涧集本无此句。
③ "故经云：'天得一以清，地得一以宁，神得一以灵。'"秋涧集本作"昔之得一者，天以之而清，地以之而宁，神以之而灵"。
④ "致虚极"前，秋涧集本有"又云"二字。
⑤ "毓"，秋涧集本似作"毒"。
⑥ "泽"，秋涧集本作"岳"。
⑦ "人心虚而为万物之灵"，秋涧集本作"谷神虚而通天地之根"。
⑧ "涤情去欲而已"，秋涧集本作"涤除玄览耳"。此句之后，秋涧集本有"故得心善渊，居善地"数语。
⑨ "敬"前，秋涧集本有"其"字。
⑩ "君子盛德，容貌若愚"，秋涧集本作"大德不德"。
⑪ "洋溢"，秋涧集本作"大被"。
⑫ "志远"，秋涧集本作"仲美"。
⑬ "余"，秋涧集本无此字，辑要本作"逾"。

德，主持①玄教于终南祖庭者，盖有年矣。②生平以济物为本，事具《重阳宫碑》，兹不复云。岁丙午，诏大醮燕京，师预焉。上③既受厘，特加师玄微真人号，且膺宝冠霞帔之宠，世以酒李先生行云。甲寅春，复以醮事赴召堂下，真人以是年夏六月羽化于燕之长春宫。④及西归，门人启枢，颜色如生。越⑤冬十有一月，扶护至卫，弟子⑥王志安等以缞绖成礼，哀号凝慕，如丧考妣，醮祭三昼夜而去，礼也。启行，有祥云晻晻自东北来，阴翳盖如，抵西南河堧而散。⑦是夜⑧朔风震屋，将济⑨即止，船安如陆。⑩吁，亦异哉！中统五年春，⑪志安等图为不朽，用⑫昭师德，遂以礼币来谒曰："先师行业，杳乎难名。⑬教⑭之所及，师之所在也。然过化存神之妙，经度营建之始，⑮无文以诏来者，责其谁归？吾子方有

---

① "主持"，秋涧集本作"分掌"。

② "盖有年矣"，秋涧集本作"逾三纪焉"。

③ "上"，秋涧集本无此字。

④ "甲寅春，复以醮事赴召堂下，真人以是年夏六月羽化于燕之长春宫"，秋涧集本作"甲寅夏六月，羽化于燕之长春宫"。

⑤ "越"，秋涧集本无此字。

⑥ "弟子"，秋涧集本作"门徒"。

⑦ "哀号凝慕……抵西南河堧而散"，秋涧集本无此句。

⑧ "是夜"，秋涧集本作"醮祭之夕"。

⑨ "济"后，秋涧集本有"河"字。

⑩ "船安如陆"，秋涧集本无此句。

⑪ "中统五年春"，秋涧集本作"后十有二年"。

⑫ "用"后，秋涧集本有"光"字。

⑬ "先师行业，杳乎难名"，秋涧集本无此句。

⑭ "教"前，秋涧集本有"先师"二字。

⑮ "然过化存神之妙，经度营建之始"，秋涧集本作"然过化存神，兴修道宇之自"。

志图经，^①乡枌盛事，幸为我乐^②道之，敢再拜以请。"仆儒家者流，道不同不相为谋，独嘉其尊师重教，穷源务本，^③笃^④信有如此者，故即其说而为次第云。^⑤且^⑥全真为教，始以修真绝俗，远引高蹈，灭景^⑦山林，如标枝野鹿，漠然不与世接。果哉！末之难矣，^⑧终之混迹人间，蝉蜕泥滓，以兼善济物为日用之方^⑨。岂以道真治身，以绪余为国，以土苴治天下乎？^⑩不然，天命之性，有物有则，彝伦一叙，终不得而弊之耶^⑪？如长春真人^⑫丘公，在先朝时，皇帝清问，首以治国保民为本，其利亦云博哉^⑬。今观玄微真人度师^⑭李公出处^⑮行己，若易地则皆然尔，于是乎书。且为门人作诗，追远仙游，以极奔逸绝尘之想。^⑯渺渺帝乡，乘白云而何在。依依玄鹤，抱黄石以空悲。其辞曰：

---

① "吾子方有志图经"，秋涧集本作"吾子属列太史"。

② "乐"，秋涧集本作"论"。

③ "穷源务本"，秋涧集本作"推源知本"。

④ "笃"前，秋涧集本有"其"字。

⑤ "故即其说而为次第云"，秋涧集本作"故略为序说云"。

⑥ "且"，秋涧集本无此字。

⑦ "灭景"，秋涧集本作"冥灭"。

⑧ "果哉！末之难矣"，秋涧集本作"此其本也"。

⑨ "方"，秋涧集本作"妙"。此句之后，秋涧集本有"其混沌民之风邪"。

⑩ "岂以道真治身，以绪余为国，以土苴治天下乎"，秋涧集本无此句。

⑪ "耶"，秋涧集本作"邪"。

⑫ "真人"，秋涧集本无此二字。

⑬ "哉"，秋涧集本作"矣"。

⑭ "真人度师"，秋涧集本无此四字。

⑮ "出处"，秋涧集本作"处身"。

⑯ "以极奔逸绝尘之想"，秋涧集本作"以极遐想之意"。

道之大原出于天，柱史首探玄中玄。后人依假土苴传，腾口取说①书百千。祈禳服食金鼎铅，栖居紫清②致神③仙。全真独扶龟玉筌，径④以方寸为福田。七子大凿疏河源，龙章凤质炳后先。风声波动东海堧，真人⑤跃出原⑥月山。天禀至性虚静⑦专，一物不获乃我愆。黄流泅泅翻鱣⑧鲔，贪噬不已⑨垂饥涎。汴人脱死常⑩胶船，葬之尔腹诚可冤。先生有道光日躔，手拂醉袖败履穿。鱣牙笑拔须为编，浊浪蹴破⑪为澄渊。遗黎北渡赖以全，功成不居世愈贤。超出物表冥鸿翻⑫，千年乔木郁紫烟。以灵揭宫含至言，头头具道道眼圆。伐柯睨柯开蒙颛，门人奉行周且旋。如入郑圃居漆园，至今遗照无微边。皎焉灵台霜月悬，黄鹤一去不复还。终南太华空巍然，金华元精万古缘。吁嗟世盲谁与痊，⑬山中瑶草空⑭芊芊。何时真游来羽轩，赤霄望入昆仑巅。我诗刻石不可谖，用

① "腾口取说"，秋涧集本作"刺口论说"。
② "清"，秋涧集本作"青"。
③ "神"，秋涧集本作"蓬"。
④ "径"，秋涧集本作"只"。
⑤ "真人"，秋涧集本作"李公"。
⑥ "原"，秋涧集本作"秦"。
⑦ "静"，秋涧集本作"靖"。
⑧ "鱣"，秋涧集本作"鲸"。
⑨ "不已"，秋涧集本作"一世"。
⑩ "常"，秋涧集本作"乘"。
⑪ "浊浪蹴破"，秋涧集本作"浊波吹破"。
⑫ "翻"，秋涧集本作"翩"。
⑬ "金华元精万古缘。吁嗟世盲谁与痊"，秋涧集本无此两句。
⑭ "空"，秋涧集本作"春"。

作华表归来篇。

邓州重阳观记

郑亭麻九畴撰

夫李以冬实，尼父书以为异。梨以秋花，景佺引以自咎。今榜观以重阳，李梨之类乎？非也。盖物当落而再华者，异乎天者也。人已漓而再朴者，同乎天者也。同乎天者为天道，异乎天者为人道。夫天以气论，人以神论，神得之于天，神犹气也。天本阳，肃物则为阴矣。人本阳，接物则为阴矣。天虽暂阴，俄反乎阳，故天能常天。人一逐阴，而阳终不复，故人不能常神。且夫霜之落木曾几旦昼，而阳气生于黄泉，与夫人之大朴已散而放逿自若者，岂不大异？人能再朴，如大凝而霆，大昧而暾，是则榜观以重阳者，其有以警夫柱下之门者乎？柱下以朴为阳，故其言曰"复归于朴"。后世方士之谈，不与柱下合，舍道而修术，故以朴为阳之说遂泯。人之生也，朴九而漓一则孩，漓九而朴一则殆。柱下之学，其婴儿之未孩乎？朴非愚也，朴犹素也，未败于五色，朴犹淡也，未爽于五味。此冲阳之阳也，苟舍是而求阳，击鼓而求亡子①者也。求阳以朴，终南王重阳岂其人耶？予②不知其何如人，见其门弟子曰："王重阳讳喆，字知明，重阳其号也，有文武艺，当废齐阜昌间，脱落功名，日酣于酒。岁四十有八，遇二异人，得证玄理，弥复跌宕，东迈濒海，从游者众，既而蜕于汴梁。

---

① "子"，原作"予"，据文意改。
② "予"，原作"子"，据文意改。

今邓之镇防营偏校王立，登之蓬莱人，幼尝受诲于其徒，自执干戈以卫边藩，盖数十年。今老矣，思昔玄言，乐于恬退，家之南有柱下古祠，剪荆筑垣，乃建斯观，以重阳之门人王道贤、韩炼真、刘志刚住持之。蒙国朝恩例，得请其额，仍其师之号以榜之。其椽甍像器，蔬畦佃具工役之费，凡二万镪，皆王立为之。一日，托其同门于志慧、吴通温持予故人王万山书，求予文诸石。既不能拒，乃取柱下以朴为阳之意以警之，且为之铭曰：

朴为气母基无形，无形之中阳所冥。自从六凿凿窍成，遂使晦魄蚀阳晶。何曾一刻收心兵，蕉颠鹿倒醒未醒。玄珠不觉沉沦瞑，谁能却作抱中婴。力挽苍龙还太清，粤有畸人黜聪明。独骑元气朝神京，绛霄下瞰汉与星。岂有微坌干宫庭，阳之重兮大朴盈。后嗣作观师其名，嗟我有言空籁鸣。无言之言乃真铭。

燕京创建玉清观碑
云梦赵复撰

一介之士，苟存心于爱物，则于人必有所济。古之君子，抱负道德，不幸而不得有为于时，犹当行之一邑一乡，以尽己之职分。逮其必不得已，则以活人为己任。昔陆宣公以仁义之学辅德宗，晚贬忠州，辟瓮牖，终日端坐其中，书本草，制药物，以惠州闾之有疢疾者。故参政范文正公尝言，达愿为帝王师，穷愿为良医。仁者以经济民物为心，盖未尝必天下以不遇而遂忘之也。燕有隐君子姓马氏，名天麟，字君瑞，志希其法名也，世居上谷之德兴，自其父祖以上皆以医学起家，而潜德不耀。初，金国大定、明昌中，经理北边，桓州开大元帅府，公之父以医从行。公时年几冠，由晓女直^①言，擢帅府译史，历仕诸帅，皆以干济称。积十余年，秩满罢归。贞祐甲戌，杖策渡河，校功幕府，有司核按旧迹，补亳州卫真县酒税监，满即投檄不仕，居许、汴间。与里人冲虚大师李公有旧，常往来京城之丹阳观，且日与名士大夫游。正大壬辰，国破，公自许昌挺身北渡抵燕，遂纳拜于洞真于真人为受业师。公既与世不偶，乃北逾居庸，涉武川，乞食昌州境中。见营幕错居，感疾者众，类乏医疗，公慨念畴昔，即发其所秘三折肱之艺，煮散饵之，病者四起。会那演相公避暑岭外，婴酒积症，病卧帐中，命公视之，一剂立愈。忻然握手，相得如平生欢，因联骑南下，礼清和老师，得印号清夷子。公既归燕，直相府之东，通衢之北，百步而近曰甘泉坊，有东岳行祠，居人奉事惟谨。及公至，虚席请居之，因并施焉。既又斥地得数亩，薙草攫秽，延袤如度，售材陶甓^②，创建为玉清观，栖泊道流，馆谷诸方。盖燕距昌千有余里，公夏时而往，比秋而还，岁率^③为常。其所游者，皆名王贵人，凡医术所赅，悉归常住，一物不留私囊中。那演暨其弟三相公素服公廉静寡欲，咸加礼重，常饮^④助其所不给。及南庵庵主李公志玄者，复相与经营，宣力甚多。已署正殿四楹，将立元始像，斋堂寝室，可食可居，庖湢蔬井，可濯可溉，高明爽垲，鱼贯顺序，焚香燕处。希夷无为，以祖述黄老，而宪章庄列，公之志愿，能事毕矣。公雅与太一知宫李公

---

① "直"，辑要本作"真"。

② "甓"，辑要本误作"甕"。

③ "率"，原作"卒"，据辑要本改。

④ "饮"，原作"似"，据辑要本改。

志通及丹阳大师刘公志安道同德合，为方外采真之游。一日，无故而疾作。尝^①谓二公曰："余年逾从心，大期斯迫，与公等交游三十年，踪迹半天下，区区营巢一枝者，将为度师真人诸上足传道之地耳。门人法属，未有畀付，玉清后事，欲勒诸坚珉，以垂不朽，幸卒勉之。"既稽诸宿论，佥谓宜允。公性资慷慨，豁落无隐，恭谨博爱，轻财好施。自从事冠裳，律己严甚，恪守师训，刓形待物。昌州当驲^②骑孔道，每岁掌教真常真人北觐天庭，公必先事经理，纤悉备具，罔有阙遗。则公之用力于斯道，可谓廑矣，故备述其平生始末而系之以铭。其辞曰：

太虚无形，玉清无色，道斯强名，化宁有极。恭皇于穆，象帝之先，翚飞轮奂，栋宇森然。黝垩山升，梓材鱼贯，为国表仪，视民容观。翼翼相府，维护维呵，莦莦有侣，宣力孔多。得一以盈，绪于土苴，修之乃真，以福天下。污隆既异，怀卷无方，经生起死，折肱之良。我辟玄宫，以阅众甫，博大宗师，神明为伍。西山之东，东山之西，勒此铭诗，为天下溪。

德兴府秋阳观碑

澶渊张本撰

大朝庚辰岁，长春真人丘公卧云海上，以真风玄行闻于辇毂。天子赐近臣金虎符，赍手诏来聘，仍命使辂所历听，便宜行事。太守郊迎，县令前驱，驲^③驰数万里，以甲骑五百拥卫其行。

① "尝"，辑要本作"常"。
② "驲"，辑要本作"驿"。
③ 同上。

既蒙入见，扈从日久，从容赐还，卫送之制，一如初命。将抵燕山，驻车于德兴，且宽跋涉之役也。怀来之野，积岁连兵，遗骨暴露，大翮山之羽士韩志久敛而瘗之，方修黄箓之祀，再拜恳公来尸其事。灵应之征，青鸾寻仪，山市为见。既竟，杖登乎大翮之阳，览山川之胜。南望晋山，下瞰沃壤，极目砥平，仰见居庸，乱峰仞耸，蒸岚郁黛，如云軿千乘，旌影磨空，将会蓬瀛。而东背①视大翮一带诸山，烟霏林缬，苍翠间错，如张百幅锦屏于葛稚川之居。左右两峰，葱翠峭出，如碧幢对侍，肃肃然听有所止作。山半一泉，佶曲而下，如玉龙收雨，蜿蜿蜒蜒，而自容与也。公乃停览倚杖而叹曰："岩壑之僻如此，林泉之佳如彼，市朝腾沸而莫能干，轮蹄旁午而不相及，此非洞天之杳杳乎？时暑方收，秋露甫降，千英含②实，万叶翻光，炎曦再丽于西成之隙，此非秋阳之杲杲乎？吾将以仙居构此山，以秋阳名此居。来汝志久，其为我成之。"羽士既诺而退曰："秋阳之见于书者，曾子尝言之矣，苏子亦赋之矣。吾师复以此名吾观者，岂非其意欲令我辈内行肃肃如秋之清，外貌融融如阳之和，二理相涵，庶乎道家者流之能事毕矣。"羽士既服厥命，以虚接物，以严律己，披榛伐木，陶甓购③工，亲历艰险，虽顷刻之间不敢优游胁沾于席。既盈十霜，起三清正殿、七真殿、两庑、东西方丈、中外二门，翚飞焕然，至于宾馆、云庵、泉厨、蔬圃，凡所区处，莫不适宜。玄鹤朝来，

---

① "背"，辑要本作"北"。

② "含"，原作"舍"，据辑要本改。

③ "购"，辑要本作"构"。

白云夜集，栋宇幽敞，花木秀阴，小有洞中之一天也。居徒尝[①]至七百余指，岁种白粮，奉御膳一车入贡以为常。观其规模创制，章章悉备，羽士志尚，亦可见于兹矣。以币走燕京，谒文于仆曰："惟先师之志，惟小子罔克自度以承之，数载于此，若履春冰，若奉盘水，惴惴然惟恐荒坠厥命。今其克保厥终，惟师之精爽在天，无遗其羞。先生盖尝侍翰林，必世之善为辞令者，所言足以传世，幸赐之文，以庇我后人，图惟兹不朽也。"仆亦佳羽士出自燕山韩氏，韩实闻族，能遽释于胶，以履百艰，成其师之志，亦可尚也。系之以辞曰：

蓬壶匪遥，或寓于尘，有发其潜，须偶至人。大翮之墟，万山鳞鳞，朝挹清泉，夜宿白云。云何代邈，寂尔无闻，岂彼开泰，亦有其辰。谁知秋阳，冥俟长春，一入品题，倍出精神。烟岚改色，花木生熏，殿宇崛起，丈庑区分。居能倡玄，静可安仁，尺材心计，块石手亲。非彼羽衣，自乐百勤，师所志之，亦我其伸。惟久则弊，匪增莫新，尚告将来，视此刻文。

创建真常观记
翰林学士嘉议大夫知制诰兼修国史王磐撰

真常观，长春宫之别院也，真常李公所创，因以名之。初，宫之西正与朝元阁相直，可一里所，有废地一区，荆棘瓦砾，翳蔽封塞。盖兵火之余，户口稀少，居人恶其荒僻无邻，莫肯居焉。一日，真常杖屦偶过其处，披荆棘，蹑瓦砾，登北阜之上，周览

---

① "尝"，辑要本作"常"。

四顾，徘徊久之，谓从者曰："此可居也。吾他日得谢事，将憩老于兹焉。"暇日稍稍芟除荆棘，辇去瓦砾，发地而土壤膏腴，凿井而水泉甘冽，遂葺治蔬圃，种艺杂木。版筑斧斤之工，未尝施设，而道宫琳宇，幽栖高隐之气象，已班班于目中矣。及真常弃世，诚明张真人嗣掌玄教，继真常遗意，构三清殿、九真堂、斋堂厨舍、祈真之坛、灵官之祠，又构环堵静位十余所，以居宫中年德尊高、不任事役、喜修习静功者。诚明弃世后数年，提点冉志诚、文侍李志恒等，一日会坐堂上，顾瞻栋宇之高爽，历览园圃之清幽，相与言曰："剪荆棘，除瓦砾，取众人之所弃以开胜境者，真常李公之高识也。鸠工役，庀材①用，继先师之遗意以集盛缘者，诚明张公之仁心也。吾侪托先师之余荫，无所营为，而坐享成功，不可使二贤师之善事泯灭无闻也。当伐石为记，以传不朽。"遂以立观事迹来求文，余曰："论事而观其迹，不若遗迹而求其理，理得而事不隐矣。夫道宫之有别院，非以增添栋宇也，非以崇饰壮丽也，非以丰阜财产也，非以资助游观也。贤者怀高世之情，抗遗俗之志，道尊而物附，德盛而人归，盖欲高举远引而不可得遂焉。故即此近便之地、闲旷之墟，以暂寄其山林栖遁之情耳。南华有言'圣人鹑居而鷇食'。夫鹑居者居无定处也，鷇食者食不自营也。今也掌玄教者，盖与古人不相侔矣。居京师住持皇家香火焚修，宫观徒众千百，崇墉华栋，连亘街衢。京师居人数十万户，斋醮祈禳之事，日来而无穷。通显士大夫洎豪家富室，庆吊问遗，往来之礼，水流而不尽。而又天下州郡黄冠羽士之流，岁时参请

---

① "材"，原作"林"，据辑要本改。

堂下者，踵相接而未尝绝也。小阙其礼则疵衅生，一不副其所望则怨怼作。道宫虽名为闲静清高之地，而实与一繁剧大官府无异焉。故长春之有别院，所以为避喧拨冗之地也欤？清心时来，憩止退堂，则永遂休闲，此别院之所可贵可尚而不可无也。老氏有云：'君子终日行不离辎重，虽有荣观，燕处超然。'故别院者，君子所以驻辎重而存燕处者欤？若夫计地产之肥硗，校栋宇之多寡，如豪家大族增置财产，以厚自封殖而务致富强，则非贤者之用心矣。予故表而出之。"至元乙亥岁秋七月十五日记。

大金陕州修灵虚观记

女几野人辛愿撰

兴定纪号之三禩，岁在己卯孟夏四月，陕州灵虚观道士辛姓而希声其名者，因宁海羽客于君，揭其地图及其建置行事之始终，以来谒文于予曰："希声世籍河东，为平阳人，自幼出家，去乡里远游，参九鼎铁查山云光洞体玄大师玉阳真人为道士，颇窥至道之要。大师讳处一，姓王氏，牟平人，受道于祖师重阳真人，为全真高弟，与丘、刘、谭、马、孙、郝诸大仙伯比肩知名。自世宗皇帝暨章宗、东海三朝，仍皆蒙礼遇，锡号赐服，为吾门光华。年七十六，厌世蜕形于东牟，盖三年于此矣。平生唱道偈颂文字颇多，已尽播四方好事之口，独所著五言长韵《金丹诗诀》一章，希声私藏甚久，人无知者。今希声年且老，托迹于陕，乃与二三同志，创兹一居，奉为十方同门往来游憩膳宿之所。载惟先师玄妙之文，不可终秘不传，谨已刻石，与天下后世修真之士共之。然不得妙于文辞者记其本末，则一切暧昧犹不传也。窃闻吾子好为古文，多从方外游，敢敬以请。"予嘉其诚笃，不可辞，且必不得免，乃不辞而为之。谨按道家源于黄帝、老聃，至列御寇、庄周氏，廓而大之，乃与孔子之道并立，为教于天下而不废。盖其一死生，齐物我，会群有于至虚，而取其独为最妙者，而其秕糠之余，犹降而为天地神明、内圣外王之业。自司马子长、刘向、葛洪之徒，号称闳博，皆论著其美，而不敢以小。而世之昧者往往泥于糟粕，以为聃之书灭绝仁义礼乐，不可以训。驯至晋梁君子，清谈乱国，因以异端非圣诋之，过矣。窃尝论之，今所谓全真氏，虽为近出，大能备该黄帝、老聃之蕴，然则涉世制行，殊有可喜者。其逊让似儒，其勤苦似墨，其慈爱似佛，至于块守质朴，澹无营为，则又类夫修混沌者。异于畔岸以为高，黠滑以为通，诡诞以为了，惊聋眩瞽，盗取声利，抗颜自得，而不知愧耻者远甚。间有去此而即彼者，皆自其人之无良，非道之有不善也。然则希声图创建立以待学者，其意盖亦出于如此，故予有取于是，而乐为称道，庶将来闻其风，遵其途，以游黄帝、老聃之闾阈者，知夫圣人道之大全，固有所在，不可滞乎一曲而已。其观之基址，以亩计之者五。而以置其地，以承安之壬申。圣堂、厨所、云寮皆备具于三室，而广其制度，不侈不陋。是时兵饿方相仍，故其措置大略如此。其最竭力同事以兴是役者武道坚，希声同郡，而年甚先，今老死已久。其费钱买额赞成之者李拯，咸平人，世为宦族，清修好道，今方以材选为令于杞。于君名道显，淡守中，皆与希声同为门人云。

甘水仙源录卷之十

夷门天乐道人李道谦集

修^①建开阳观碑

翰林张本撰

丁酉之春，仲月既望，景州开阳观之羽士，以燕京长春宫提点大师张志素为介，玄衣白简，晨踏于门，再拜稽首而言曰："景之开阳观，惟先师通玄大师以德起筑，实经其始。惟长春真人以师之厥德克配，实赐之名。其声问发越之所从，本根封殖之所由，日月骎骎，遂奄以殁。惟小子实任其责，夙夜孔怀，恐遗前人之羞。敢状其事以告闻者，惟先生盖尝侍翰林，必世之名善为文辞者，所作足以垂后，幸宠之珍文，刻诸玄石，以为不朽之传。"仆亦义其门弟子能述其师之志，理不得让，系之以辞曰："通玄姓杨，讳至道，滦州马城县之灵泉人，其师号通玄，前金之赐书也。自明昌庚戌，改衣入道，朗然先生之所引度也。既陪杖屦三年，寻有四方之志。抵武清，居于圈堵，不接人事者三易寒暑。起，过惠州，经灵岩，人有以非意酷相加者，不为之辩。及知其岩之可以栖真也，脱冠跣足，穴石作洞，首鼠十年，服勤如一。及洞成，有泉出焉，今之所谓滴水洞也。惠州神山县官属耆德，尚其志操，疏邀至境，遂起太清观，实泰和丁卯岁也。贞祐改元，复

---

① "修"，陈垣编纂，陈智超、曾庆瑛校补:《道家金石略》（以下简称"金石略本"）无此字。

云水于兴平之间。大朝本观功德主燕京行省参谋国家奴、景州牧王仲温佯、陈玫、润州牧李济暨诸僚佐，稔闻道价，愿得以亲炙。丁丑岁，以状奉州之苏家庄，隙地南北二十，东西三里为奇，左龙冈，右混河，前抵铁山，后连鹏岭，听其耕凿卜筑，惟意于其间。始披榛伐木，陶甓辇石，内以玄行风动所居，外以艰苦身倡其徒，不盈十稔，营三清正殿，及云堂于西，香积于东，翠飞粲然，方壶宾馆，静密得宜，蔬圃翼张，果林圜列，紫户扃云，秀阴蔽日，小有洞中之一天也。其辟土垦田，积十余顷，虽居徒数百指，其饘粥之计，未尝人有所攫拂。适观之落成，长春真人以中旨赐还，遂趋赴谒名，得以开阳命之。夫阳之为德，固仁明刚健，然其一消一盈，亦尝累于时之所变迁也。剥之六五，为比则五阴方进，为用则一复未萌，此非困于消乎？乾之上九，为德则太刚欲折，为候则炎炎将焚，此非逼于盈乎？有以全刚明之德，成施生之功者，其惟开阳之谓欤？于时为春，于德为生，于气为和，于数为中，前已离乎虚空不用之地，后不至于亢极有悔之时。吾观之得以此命者，岂其通玄之德，柔不至息，刚不至绝，中有以仿佛，长春拟议以正其名也。通玄父讳冲，常言先世相袭惟一子，四叶以来，暨以阴德自力。至通玄，兄弟六人，其次曰伯义，奉其先人之祀。季早世，自其长曰伯和，又其次曰道夷，次曰志坚，及通玄皆为羽衣。通玄性刚明，有志节，然能循循自樽抑，故见于眉宇者，常穆如也。为人推诚，不喜以囊橐相覆掩，凡历艰险，必率先诸人。其馆谷往来羽流，虽倾囊倒困而乐为之。故生平无私积，远近受业余[①]三百人。壬辰岁十二月初三日，示微

---

① "余"，辑要本作"逾"。

疾，说偈而终。门人营祠于观之东偏而葬之，岁时来会，祭奠不辍。铭曰：

辟户曰乾，如阳之开，粹宇之命，胡为来哉。通玄卜筑，实肖其德，长春合之，球琳一色。于戏通玄，今为飞仙，彼居之安，无恃吾前。阳不可亢，亢则凶极，委靡循循，亦几于息。择乎两端，日丽春熙，惟其有者，是以似之。或承之羞，中乾面泽，贻此刻文，服之无斁。

顺德府通真观碑
平章政事宋子贞撰

夫道家者流，推老氏为始祖。老氏之教，主之以太一，建之以常无。有以冲虚恬淡养其内，以柔弱谦下济其外，盖将使人穷天地之始，会万物之终，刳心去智，动合于自然。以之修身则寿而康，以之齐家则吉而昌，以之治国平天下则民安而祚久长，非有甚高难行之论、幻怪诡异之观也。世既下降，传之者或异，一变而为秦汉之方药，再变而为魏晋之虚玄，三变而为隋唐之禳禬，使五千言之玄训束之高阁，以为无用之具矣。金正隆间，重阳祖师王公，以师心自得之学，阐化于关右，制以强名，谓之全真，当时未甚知贵。国朝启运之初，其门人丘长春首被征聘，仍付之道教，天下翕然宗之。由一以化百，由百以化千，由千以化万，虽十族之乡，百家之闾，莫不有玄学以相师授，而况大都大邑者哉？此通真观之所以作也。谨按其观在郡城之西南隅，始岁在辛巳，同尘真人李志柔，依城隍庙聚徒而居之，寻购地其傍，广以为观，因得今额。才构一室，以为讲论之所会。以掌教尹清和之命，俾居终南之宗圣宫，即以观事嘱之于弟志雍暨韩志久。而二人者，皆道念深重，能守师训，又得郡守安国军节度使赵侯伯元为功德主，于是远近响应，缘力日振。首建大殿于其东，以像三清，次筑祖堂于其西，以祀七真，然后斋堂方丈，静位散室，膳馐之厨，云众之居，相望而作。至于井灶厩库，级甃彩绘，罔有不备。拓庭而能宽，植木而能疏，沉沉焉，洞洞焉，真高人之雅居而列仙之别馆也。观之南别置蔬圃，以资道众。其为屋凡四十间，为像凡二十一躯，为地合六十亩。始大殿告成而志雍遽蜕去，余皆志久为之。庚申之夏，余自覃怀应聘于上都，亦尝一过其地，故特书之，使千载而下居其室食其功者，知有所自来矣。同尘，洺水人，自其父志微，素喜冲澹，尝事开玄真人李志实，故同尘亦在弟子之列。及学成行尊，而其兄志端、弟志藏、志雍皆从之游，俱尝隶籍是观。同尘性淳至，早岁得炼气诀，隐居于仙翁、广阳两山之间，绝迹人间者盖十有二年。及闻长春宗师奉诏南下，乃迎谒于燕山，玄关秘锁迎刃而解。其后传道四方，游无定所。及住持终南，道价益重，遂以朝命得今真人之号，并黄金冠服。陶铸之下，率多成德，其化行一乡，行乎一邑，自为方所者，若宫若观若庵，殆百余区，然犹以通真为指南。志久，潞之长子人，实与余同里闬，雅为大宗师李真常之所知，因以承制之命，赐号通真大师。及今诚明真人张公嗣掌道教，又令纲纪[①]顺德、洺、磁、威四州之众，其为人盖可知。铭曰：

乾坤肇对鸡子封，恍惚有象存其中。化育万有初无功，混混

---

① "纲纪"，辑要本作"纪纲"。

浩浩始复终。广成多言坐崆峒，阳和泄地一脉通。函关郁郁紫氛充，两篇道德开盲聋。言各有师师有宗，子孙异日纷相攻。终南跃起重阳公，净扫浮云还太空。天皇下降开玄风，一窍吹作万不同。襄城道士得小童，平地幻出蓬莱宫。地周千里归骈懋，物不疵疠年谷丰。岁时筐筥走媪翁，自今以始传无穷。

重修太清观记

奉天王奕撰

地胜而后境胜，理之必然者也。方此之时，以洺水之阳，北负梁山，东肘黄河，独无名宫杰观乎？连年会道者马志玄于燕、于蓟门，不远数千里，请记太清之顶末。扣其所以然，则曰："创之者，先师乔炼师也，潜道其名，德光其字，平阳人。天资恬淡，纯厚而耽林泉之乐。初岁入关中，得法于丹阳宗师，既而丐隐县市，为刘户部好谦所知。一日，拉同志李君清虚游故城之东北隅赵氏园，面太华而叹曰：'修真之地，孰逾于此欤？'赵闻而施其地，乃与清虚结茅以居，盖大定十七年也。后因庵而观，土木工技，竞以时集，殿宇像设之严，指顾告成。至于宾客栖止，厨藏厩圃之所，莫不毕具。天兴之乱，扫然矣。曰复之者，熙真先生吉志通、炼阳子张志洞也。始于丙申，讫于辛丑，甫五六载而丹艧斑斑然，钟磬锵锵然，簪裾济济然。向之瓦砾荆棘之场，一还旧观矣，实县宰白侯玉主之，而邑民杜恩等翼成之也。其大概如是。"余亦窃有感焉。呜呼！人心何尝不善，而所以为善者，顾时之何如耳。方功利驰逐之秋，而矰缴已施，陷阱步设，则高举遐飞之士不得不隐于尘外，此又 ① 必然之理也。然则古之所谓避地避言者，其今之全真之教所由兴耶？或者例以迹而疑其心，是殆见其善者机也。使有志于世者，诚能审涵养勤恪之为常，达推移扩充之为变，率其子弟如全真之属，重道尊师，化其邻里，如全真之徒，真履实践，朝夕以无间，举动以相先，而能不失其孝悌忠信之实，则一身之计可以移之于一家，一家之事可以移之于一国，一国之政可以充之于天下矣。虽坐进夫三代唐虞之治，而使民之仁寿，物之蕃昌，犹指诸掌。然则敢问其要，自正心诚意始。壬子正月戊戌日记。

渊静观记

河东高鸣撰

恒山为中国巨镇，稽之书，实有虞氏朔巡狩之地。后代 ② 相承，实祠于大茂峰之绝顶，以备封祀，世因谓之神尖。距神尖而东不两舍，抵石门，有谷曰带耳。厥土衍沃，崇岗限其阴，磵水络之，淙淙然东南流，可以湘濯灌溉。环望千金、铁冠诸岭，岩岫历历如在掌上，四时变化，云烟草树，浓淡覆露，殊惬人思致，殆亦天壤间一嘉处也。全真重显子筑观于其中，额曰渊静。于是乎，一山之胜概，尽为渊静几阁之供矣。初，重显子自武川来，将遍游南方，设教度人。唐司仓、张玮辈，倾心事之，既日闻道妙，咸有社稷尸祝之意。重显子曰："吾得一把茅、一盂饭足

---

① "又"，辑要本作"有"。
② "代"，辑要本作"世"。

矣，何苦以胶胶羡物为哉？所慊者，圣真无象设之宇，门弟子无以揭香火之处。"大众杂然，曰："谨受教。"岁己丑，玮割世业膏腴田三十亩始基之，输币入粟者道路不绝，及庀工董役，火西流而载，旬三浃而成，其用简，其功速，若有神阴相之者。俨大殿于端，掖西以堂，又掖东以庖，危墉屹乎四周，不华不质，不庳不侈，曲中仪轨，凡若干楹。虽城邑名构穷土木金碧之盛，以山林泉石左映右带，而气象有出乎其表者矣？盖重显子生有淑性，儿时已不茹荤血。大定间，同郡灵真子为引度，即许以法器。灵真子实丹阳马公之高弟，惟传授有源，又尝尸居环堵，久于炼化，故其得道甚敏。及谒长春宗师，又知修行之要，独善其身，不若广建道场，为大利益事。用是所至之方，苟缘契有在，必尽心焉。区以计之，如渊静者百有奇。至谓幽深高洁，为仙家福地，如小有洞天者，皆不敢与渊静齿。懿哉！若重显子，可谓笃道自信，不负玄门者矣。后二十年，门人等合谋曰："物理有废兴，世代有迁革，惟金石可以传不朽。夫吾师之功载卓卓如此，不自以为功，其任责在后人尔。今师已矣，为后人者不务光扬褒大，不幸当不能逃数之时，视遗迹泯焉无据，则负负其何言？盍请工文辞者以卒事。"既数踵门，余甚怜其勤厚意，遂为著其始末云。重显子，其自号也，姓陈，讳志益，单州琴台人。尝住侍葛公山清虚宫，壬辰春顺化，享齿八十有一，赠洞虚真人。自余高风异行，暨所度弟子名氏，有清虚之碑在，兹略而不书。癸丑二月二十有二日记。

神清观记

北平王粹撰

凡道观之称于世者，或占山水之秀，或擅宫宇之盛。非宫宇则无以示教，非山水则无以远俗，是二者难于兼得。虽使兼之，非有道德之士，亦莫能与焉。崞之神清观，通玄大师云阳子柳志春之所居也，其山水则五台、滹水在其东，崞山、正阳在其西，南有金山天涯，阳武前高，北有雁门地角，大和如野。其宫宇则三清之殿，七真之堂，真官山祇^①之祠，云堂丈室，斋厨廪廒之属，饰之以金碧，树之以松槐，环之以园圃，辉映远近，崞人崇奉之日久矣。始涂阳王朴与州长阎镇诸公，协力兴建，疏邀云阳子住持，累年而成，名曰神清，清和真人赐之也。乙未春，会真人适终南，道由忻、崞之间，云阳子偕耆宿官僚迎谒，至则憩于神清者月余，遂以其观归之。汾晋诸观归于真人者，神清其首也。未几，真人还长春宫，云阳子承命以杨志应知观事。庚子秋九月，云阳子从綦清真抵燕，请真人西行，改葬重阳师祖于刘蒋间，稽首堂下，言曰："志春赖父师道荫，洒扫神清已数年矣，今栋宇粗备，簪褐幸集，岁屡熟而人安且和。及此闲暇，无文以纪之，窃惧其事迹之泯没于后也。"俄以知长春宫事抱真大师张德方为介，来乞文勤甚。粹盖尝察云阳子为人矣，心淳而气和，量弘而行峻，众中混然不自露见，然四方耆旧咸推其为有道之士，兹神清所由兴也。山水之秀，又皆萃于观之左右前后，岂天设福

地，必俟有道之士而授之耶？庙貌既盛，教风既行，云阳子不敢以为己有，会遇大宗师而出之。若王朴、阎镇与其一时耆宿官僚赞成道缘者，皆当大书特书，而播清芬于无穷也。然神清之为观也，亦美矣，有山水之秀，有宫宇之盛，又有道德之士表而出之，兼是三者，余所罕及。卒被大宗师之光明造化，将见卓然立于天壤之中，亘千百世而独存者矣。粹尝许云阳子观记，久而未暇为也。闻其归时，嘱抱真者辞意恳切，故为之书其大略如此。惜乎云阳子已西，欲问其详，不可复得。他日傥能西游，过云阳子于神清，瞻其宫宇，览其山水，苟斯文有所未尽者，尚当增益。冬十月二十八日记。

陇州汧阳县新修玉清观记

临潢李邦献撰

为山九仞，功亏一篑，圣人之所深惜也。物有垂成而不遂者，君子见之，亦岂无慨然伤悼而欲遂成之心？汧阳玉清观，营建有日矣，既成而后，谋记之于石，以延安令常元亨为文，期日刻之。适西北寇至，以是遂辍，今犹未克模勒，是可叹也。顷西省郎中粘割公子阳被檄自朝那入于凤鸣，道经是邑，其宰导而谒之。既至，堂庑清肃，门坛闃寂，桧柏森密，竹木丛蔚。而又汧水北来，石壁当其冲，势若窘束不得逞，回折而流，涌湍激射，若雷之殷殷然。其区处域别，皆有嘉趣，或面山而庐，或枕流而轩，山光在目，水声在耳，四顾洒落，殆若世尘所不到，怅然眷恋而不忍去。周行遍历，见素碑莹镜而无字刻，诘诸主观，因得常令所为文。然边幅破裂、字形漫灭绝去者十二三，读至行尽，每每句不相续。至于经始落成，犹不见其日，但末①见为文之始，泰和丁卯岁尔。公曰："石既砻矣，文既成矣，何待而不遽立也？"主观答以兵革之故。公执纸怅叹，卷而怀之，因许以补亡葺罅，而后命工开镌，必为若辈终是业也。一日，仆以事诣府，谒公于普照方丈，公以此文示仆，因命考之。其大略曰：县之东南抵汧之石岸，岸相对如门，土人谓之石门。或传导汧入渭，禹之所凿也。濒岸而北，藉石临水，有地广袤数亩，始全真蒲察师卜庵于此。师操行清高，刻苦于道，由是人敬仰之。既而羽衣黄冠争筑室于其侧，皆愿执庚桑楚之役。他日，师集其众而告曰："吾与若辈兀兀然日无所为，而栖此烟霞之胜境②，具何福缘而享此乐也？与夫作一己修真之地，曷若为万民祈福之宫？吾欲于此起观宇，使神明有所依止，不亦可乎？"众伏膺师训，唯诺而退，皆愿协力而赞成之。乃相与行化于县人，于是远近响应，结缘而来者络绎如市，富以其财，贫以其力，故材木砖甓，凡所当用者，刻期而备。殿宇像设，与其所当修起者，不日而成。既而请额于朝廷，而敕赐曰玉清。居无几何，师忽不疾而逝，纩息不属，而视之宛然如生。同学于善庆与门弟子思师之德，龛其像而事之。其始终可见者如此而已。而公徐曰："子为我因其旧文而更新之。"仆以初未尝亲历其地，且所志者不详，而欲固辞，因语公曰："道家者流，而以清静无为为本，今师劳人之力而糜土木之费，非所谓知其本者也，何以文为？"公曰："不然。常善救人，故无弃人，老氏之微旨也。

---

① "末"，原作"未"，据辑要本改。
② "境"，辑要本作"景"。

师佩是言而有度人之心。然人之禀赋各异，天资厚者，善由中出，而易入于道。薄者扞①格而不能合，故假神明之像，使日知所敬以畏其外，由之以厚其中也。师岂好为浮夸侈靡者哉？况因夫人之所欲为而为之，非能力使强敛，乌得以是而讹师也？且夫物有既成而微阙者，因而成之，亦士君子之美事也，又何辞焉？"闻公之言，即公之心，则知废者皆可以兴，坠者皆可以起，因援笔而粗书之。正大乙酉季冬二十有七日记。

大都清逸观碑

正奉大夫参知政事商挺撰

己卯之岁，长春丘公来自海上，应太祖皇帝之聘，越金山而入西域也。弟子从行者十八人，各有科品，隶琴书科则有真人冲和潘公焉。及南归至盖里泊，夜宣教语，谓众曰："今大兵之后，人民涂炭，居无室，行无食者，皆是也。立观度人，时不可失。此修行之先务，人人当铭诸心。"长春既居燕，士庶之托迹，四方道侣之来归依者，不啻千数，宫中为之嗔咽。公曰："吾师之言不可忘也。"乃择胜地以为长春别馆。壬辰岁，广阳坊居民有货其居者，公往相焉，曰："土厚木茂，清幽之气蔚然，真道宫也。"遂捐资以贸之。建正殿，翼左右二室，以居天尊泊诸神像，讲堂、斋庖、方丈、客寮，靡不有所，亦门人韩、郭、尹、刘诸人善继其志而后有成也。仍筑琴台于殿之阴，金②朝有名琴二：曰春雷、曰

---

① "扞"，原作"杆"，据辑要本改。
② "金"，原作"今"，据辑要本改。

玉振，皆在承华殿。贞祐之变，玉振为长春所得，命公蓄之，故以名其台。而又葺蔬圃以供岁计，植花木为游观之所。观成之日，实城西南之冠①，求额于清和真人，故以清逸名之。至元丙戌秋，门人王志和偕同辈二三人状观之颠末，来求文以刻之石。有以清逸名额之意为问者，予应之曰："天地之气，有清有浊。人受所赋，则清者贤而浊者愚。世之贤者，有避世之士焉，薄功名而不为，轻世位而不居，寄形于寂寞之滨，委心于纷华之外者，静安闲适以自乐其所乐耳。潘公之修是观也，静而深，有山林之趣，幽而雅，无金碧之华，琴台足以寓意，庭柯足以怡颜，四时花木足以招徕宾客，门巷萧条，俗驾稀而市声远。人之至也，犹若脱尘羁，逃世网，其心放焉而有忘其归者，况家于其中也哉？彼恋功名，嗜富贵，萦内疚以汩心志，图外观以维车服，而疲惫精神于车尘马足间，视清逸者为何如？"作者喟然叹曰："清和之言旨哉，请以是说书之石，用告来者。"于是乎书。公讳德冲，字仲和，淄州齐东人。方在娠，母梦祥云覆其体，妊十九月乃生。七岁犹不言，忽有一道者过其门而丐焉，即从傍与语，家人遂惊。道者曰："道器也。"令其父教之读书，日诵千余言。将娶妇，遂潜往栖霞滨都观，请谒长春师，过潍阳玉清宫，清和尹公为绍介焉。初号冲和，后领河东道教事，居纯阳上宫，又号九峰老人，赐号玄都广道冲和真人。铭曰：

　　清逸之观何隆隆，乾坤清气公所钟。祥云覆母身乃降，道气大受超凡庸。神仙官府聊相从，翛然远引追乔松。石坛月高晓露

---

① "冠"，辑要本误作"观"。

浓，满庭花木春融融。利名不到蓬莱中，抗尘走俗嗟樊笼。琴台千古遗高风，自愧老笔铭新宫。

增修华清宫记

参知政事陕西四川等路行中书省事商挺撰

始余从先大夫右司君宦游长安，道过华清，周行廊庑间，因读唐宋以来名贤石刻，其间兴废沿革，炳然如在目前。重楼延阁，层台邃沼，虽不逮承平盛时，而规模制度，宛然故在。迨天兵南下，居民东迁，所在宫观，例堕灰劫。秦为兵冲，焚毁尤甚，所谓华清者，亦不免莽为秽区矣。岁癸丑，奉命西来，复过故宫，意谓荡然无复向日，及见其屋宇修整，阶序廊大，为殿者八：曰三清、曰紫微、曰御容、曰四圣、曰三官、曰列祖、曰真武、曰玉女。为阁者二：曰朝元、曰经藏。为汤所者二：曰九龙、曰芙蓉。钟鼓有楼，灵官有堂，星坛云室，蔬圃水轮，以次而具。丹垩藻绘，粲然一新，若初未毁，而又有加焉者。诘其故，主宫赵志古等合辞言曰："辛丑春，先师清平老人赵公志渊自洺州从清和宗师会葬祖庭，还过骊山，四顾彷徨，悯宫室之雕废，遂慨然以修复为事。乃命其徒，剪榛棘，砻柱础，陶瓴甓，勤垣墉。于是四方道侣，各执其艺，来会宫下，鼓舞忻跃，咸愿荐力，土木之功，以时竟举。斜倾者起之，腐败者易之，破缺者完之，漫漶者饰之。又得太傅移剌公、总管田公输赀助役，相与翼成，稍稍兴葺，仅见伦叙。事未竟，不幸先师捐馆，命弟子张志静主之。无何，张亦厌世，志古等才谫力绵，大惧不任，以坠宗绪。自是胁不沾席，食不甘味，饥寒疾苦不以累其业者，逾十五年，始克有成。敢以记请，庶征石书辞，俾先师之功勤永有传焉。"属时多故，辞未能也。中统改元，与平章廉公再被隆委，殿邦坤隅。志古辈复以其师行实来谒，且迫促前记。余谓秦中名山水多矣，可取者唯华清为最。辟门可以瞰清渭，登高可以临商於。高甍巨栋，绵亘盘郁，寒藤老树，蒙络摇缀，而汉唐之离宫别馆咸在焉。斯则华清之奇观也，前人述之备矣。又况东西奔走，实当冲要，而能洁斋馆以待宾僚，蓄刍槁以备传客，饥者食之，寒者隩之，疲者休之，小大毕慰，其意咸充然若有所得，此其与时迁徙，应物变化，随俗施事，无所往而不宜者也。向非清平玄应感人，曷能新宫宇，还旧观？非志古辈竭力尽悴，曷能勤堂构，绍宗风？而暗无一言，是使师弟子之功泯默①而不传也。聊推次营造之始末，俾刻诸石，用纪岁月云。时中统二年九月日记。

七真传序

南至封龙山樵李冶②仁卿撰

山车垂钩，不雕不几之谓真。婴啼孺慕，与生俱生之谓真。上皇之世，一真大全，其化渊渊，其俗平平，标枝野鹿，同归自然，物与无妄，夫何为乎？虽接子之或使，亦季真之莫为已。世既下衰，道术幅裂，一真内溃，万伪臷臷，猖狂恣睢，谩谰佹僪，剞奸厥诈，沂鄂太素。于斯时也，不有至人济之无假之津，返之远古之宅，则日填月积，积习生常，氓之蚩蚩，将为异物。天可

---

① "默"，辑要本作"没"。

② "冶"，辑要本误作"治"。

倚杵，初不待千岁之辽，是故帝鸿世有广成之救，姬周世有混元之救，战国世有南华、冲虚之救，而七真继踵，叠为近世之救。所遇虽殊，其为救一也。自重阳始祖开真筌于金源氏正隆、大定之初，长春老仙翁①真风于我国朝启运建极之际，中间陶铸群生，使之保合太和，各正性命，盖千万数。而俘卤之余齿，冻馁之残喘，狴犴之假息，所以起尸肉骼，膏枯已痛，俾人蒙安乐之福者，又莫得而周知。然则七真之救世也，真叶上帝之心也，上帝之爱民也，真藉七真之教也。不然，何为天生圣皇，出宁四海，天生长春，左右大命，相与聚精会神而同始共终哉？长春上宾，清和敕葳②之，真常发挥之，今而诚明布濩之，则夫七真之盛迹，炳如日月在天矣。虽无文字纂述，固不没没，况传赞精确，仙语琅琅耶？诸君叙列，曲折备尽，然走复赘谈其傍，亦侧听阳阿，从而和之耳。乃若虚舟灵风飘荡、变化日新之说，此又玄中之玄。走虽老，尚获一溉之益。《诗》云："招招舟子，人涉卬否。人涉卬否，卬须我友。"稽首诚明，毋曰子非其人。岁至元乙丑日序。

送真人于公如北京引

戊戌岁三月初吉，北京司钥万户乌公遣介绍抵长春，奉玄缥书，邀真人洞真老，以矜式其国人。既可所请。四月望日，公复躬亲备车马来逆③。仆闻洞真宁海人，自髫龀入道，居关中五十余

---

① "翁"，辑要本作"扇"。

② "葳"，辑要本作"蔵"。

③ "逆"，辑要本作"迎"。

年，里闬不一游。其苦节厉志，行辈鲜俪，洁行仁声，远近著闻。正大间，被中旨提点汴京中太一官。越壬辰，大军南渡，燕京长春宫诸耆宿莫不悬悬于怀，后闻严行台护归东平，莫不相庆。因至燕，谒处顺堂，宫人恳留，不获，南归五年矣。羽士服其精严，如奉神人。都人瞻其容止，如睹列仙。一日命驾，猿鹤为之怨惊，松菊为之寂寞。众设坚议以阻其行，其信不可夺也。至欲有以力挽而俾不得去者，仆曰："至人兼善之心，视斯世如一，常以其有余补其所不足。长春、清和留西堂，李真常主法席，其余耆德不可概举。比辍，此老以及远方。正如海藏，虽去一珠，吾光无所损。施之他室，照夜为有余矣。又况白霤土厚人纯，劝善易入，闻道易行，加之乌使君、侯漕台辈身先奉彗，能致有德，先觉以师范之，视变故俗如反掌耳。"或谓："洞真澹如白云，去住无心，安能规规语汝诲汝，俾汝悠悠者果从其训耶？"仆曰："明月一出即现诸水，月何期于水，水亦不能逃。夫月者，大明以临之，至寂以感之，心领神受，中有不能已者，何事规规其间？"洞真胸中自有明月，人性犹水，天下一也，何独白霤之疑哉？"众闻之，虽其元老见夺为私吊，复以君子所居者，化为兹道贺也。于是相与开宾馆，设祖席，作歌诗饯送，以宠其行。张本引之且赠诗：

真人白霤行，长官执其御。富贵不敢骄，熏炼窃思预。谁谓雾豹隐，忽与云鸿骛。祖饯何徘徊，未忍别离邃。烟柳望长亭，茫茫正飞絮。

真常李志常

临岐^①执别春始归，桃花将尽柳花飞。望中车马健如疾，何时再见丁令威。

又

心去意难留，乘春赋远游。秋风吹素发，猿鹤替人愁。

定庵吴章

祖席相看手屡持，东^②风无奈思依依。惯闻玄鹤幽庭唳，忽作仙凫独自飞。苑北佳游何日再，终南旧隐几时归。因君唤起家山兴，不觉临风赋式微。

冯翊冯志亨

古汴玄宫久住持，真仙无地不归依。水中一月随方现，天上孤云到处飞。蕙帐夜寒添鹤怨，祖庭春暖待师归。此行莫负关中^③约，早占终南冷翠微。

河东段天常

华表千年鹤，翩翩复旧游。辽天快空廓，燕市谢淹留。轻举师先得，高飞我未由。望穷云海路，不断暮烟愁。

终南山甘河镇遇仙宫诗序

太原虚舟道人李鼎撰

雄鸡一鸣，六合出其昏暗。熏琴一奏，万物遂其长养。天下之

---

① "岐"，辑要本误作"歧"。

② "东"，辑要本作"春"。

③ "中"，辑要本作"山"。

事，有广大至于充塞霄壤，而感发之机初或起于毫末者，何哉？盖一物之细而至理之所寓，实有不知所以然而然者存焉耳。甘之一水，其用有如此者。我重阳祖师之道，其传而当至于百千万世之无穷，予不得而预言之。始以正隆以来，百年三四传中，众所同见者而观之。其出自门下登真者，自丘、刘、谭、马数师真以降，不知其几百千人。其赖以生死肉骨者，不知其几千万人。其宫观不知其几千百所。凡颅圆趾方，号物之灵者，苟能撤胸中之自蔽而向之，莫不在大光明中随求而随给。信乎，其充塞霄壤也。原其始动之机，实自此水遇二仙，饮以一杯之力而发之。故洞真真人于公即其地立其宫，以志之也。而洪儒巨笔复赋诗以美之，天乐道人李公和甫请予为序，予乃为之说曰：水之为物，自两仪奠位之始，人非水火不生活。其济世之用，水又居火之先，是有利于世者莫过于水。虽然，此但水之常也。物莫不有常，亦莫不有变。变则神，常则不必论，变则有所论。至论水之变，又于神与非神之间，有不可测之理，学道者不可不讲也。谓水之神耶？贪泉之水不能改夷齐之清，若之何而神？谓水之不神耶？上池之水而能化扁鹊之医，若之何而不神？子谓此神化天运之机。祖师本全之于未始有物之前，伏而不发，若有所待。一旦遇此可发之地，鹤鸣子和，自相感召，莫之能御。是以有今日之大也。如曰不然，自有此水以来，其饮之者可胜计耶？何独私于我祖师焉？《易》曰："神而明之，存乎其人。"其斯之谓欤？中统辛酉岁上元日稽首载拜序。

题甘河遇仙宫

正奉大夫参知政事商挺撰

子房志亡秦，曾进桥下屦。佐汉开鸿基，矻然天一柱。要伴赤松游，功成拂衣去。异人与异书，造物不轻付。重阳起全真，高视仍阔步。矫矫英雄姿，乘时或割据。妄迹复知非，收心活死墓。人传入道初，二仙此相遇。于今终南下，殿阁凌烟雾。我经大患余，一洗尘世虑。巾车傥西归，拟借茅庵住。明月清风前，曳杖甘河路。

陕西行中书省左右司郎中张徽上

楼阁峥嵘甘水滨，重阳曾此遇天真。琼浆一涤迷云散，醉眼初开道日新。远别西秦劳玉趾，径归东海钓金鳞。存神过化如时雨，重与玄元继后尘。

翰林待制孟攀鳞上

道源将启寓真筌，会际因缘岂偶然。云本无心闲出岫，珠由罔象得成玄。二仙秘诀归亲授，一饮神机已默传。唯有善渊流派远，纷纷沧海几桑田。

京兆府学教授李庭上

湛湛溪流渍古苔，仙真相遇此徘徊。一瓢玉液逡巡就，七朵金莲次第开。云海难寻归去路，乾坤惟有劫余灰。只应华表千年鹤，会为家山一再来。

陕西汉中道提刑按察使王博文上

才出山垠可滥觞，派流至此便汪洋。前滋琪树七珠秀，后长金莲万朵芳。勾漏莫夸丹井味，南阳休诧菊潭香。问津谁有重阳志，试酌清泠①正脉尝。

宣授枢密院参议陈邃上

苍髯如戟眼如冰，凛凛丰标汉岁星。应是老仙元有分，更遭羽客解通灵。一瓢神粪开玄境，万古中原拜祖庭。闻道劫余糜烂者，多因此水救来醒。

翰林直学士中顺大夫王利用上

外全乎人，内全乎天。白玉在石，玄珠在渊。海蟾一照，重阳即仙。道以水悟，水乃道筌。人勿自弃，甘河有泉。

洛阳宰沂上

休羡曹溪一勺甘，西江吸尽是空谈。遇仙桥下洋洋水，正派元来有指南。派出终南不少休，源泉混混遍中州。反泾合渭东归海，要向蓬莱顶上流。未遇仙真可奈何，易牙有口谩蹉跎。操瓢试向桥边饮，水味过于酒味多。

翰林直学士知制诰姚燧上

终南山下甘泉水，我挈瓶尝井泉比。如何仙翁酌饮人，一唾世上无醪醴。是何濡轨不成川，北流赴渭朝宗然。东海相绝几千里，余波开七黄金莲。河之源委人不见，味更幽眇人岂辨。仙翁乘云能再来，醉弃余杯须一吮。

嘉议大夫安西路总管府尹李颎上

大道茫茫隔几尘，世途何处问迷津。自从一饮天瓢水，回首西风已悟真。魏叟求仙万死中，长房何苦遇壶公。争如一滴甘河水，便有超凡入圣功。

---

① "泠"，辑要本作"冷"。

安西路总管府同知王赟上

玄元遗教五千言，万古应难得正①传。大道杳冥还有本，至人遭遇岂无缘。堪嗟汉武空巡海②，可笑王乔浪学仙。谁识终南山下路，一瓢甘水是真筌。

安西路总管府判官寇元德上

布衣落托酒钱粗，曾遇仙翁倒玉壶。铅汞自蒙传秘诀，圣凡从此顿殊途。消冰作水元非异，点铁成金信不无。千古甘河河上路，红尘扰扰叹吾徒。

安西王府说书刘汾题

何人画仙翁，醉饮甘河水。重阳丰骨变，四海玄风起。东有丹阳师，心从③祖庭死。长春抱奇气，佐命犹壁垒。大教开全真，向慕风草靡。全真有真乐，将相安足拟。郁郁三神宫，分据如鼎峙。人间此水在，此意能有几。忆昔临河堤，清映石齿齿。云雷鼓前浪，妄意图染指。后派更雄深，仰惭天乐子。

长安客乔在上

楼观森罗紫极雄，仙真去后彩霞空。不缘一酌箪瓢水，谁解千年五祖功。金阙俨遗秦甸月，石坛高起汉陵风。殷勤重展三熏敬，复许骖鸾会故宫。

陕西兴元等路教门提点何道宁上

重阳师祖遇纯阳，秘诀初传大地香。海上七株琪树秀，世间

① "正"，辑要本作"此"。

② "海"，辑要本作"狩"。

③ "从"，辑要本作"存"。

万朵玉莲芳。天人混合同三昧，薪火圆融共一光。滚滚甘河东未已，了知源远派流长。

夷门天乐道人李道谦上

万叠晴岚倚碧空，紫云深锁遇仙宫。三山飞剑人归后，四海全真道化洪。梦断鹤鸣丹井露，醮余幡舞石坛风。世间万朵金莲秀，尽出甘泉灌溉功。

前诸路道教提举卫致夷上

开张道运发天机，邂逅真人若有期。紫极宝图阴付授，玄元神鼎重扶持。陶君谩讶迁都水，扁鹊虚劳饮上池。一自甘滨遭际后，仙风弘衍遍华夷。

安西路道门提点孙德彧上

郑圃南华去不还，犹龙心法失真传。道微千古伤分裂，天廷重阳出大全。甘水降神冥海外，至人相契赤明前。谁知一醉玄风起，吹绽黄金万朵莲。

后　序

门人建安张好古撰

纪录之作多矣，虽复穷今极古，波委云集，而事或繁冗，言必琐细，识者病焉。吾师天乐真人自养浩祖庭，典教秦蜀，应事接物之暇，每以著述为心。独念重阳祖师开化以来，教法如此其盛，其出自全真门下者，名师耆德，项背相望。仙乡道馆，什百为耦。金石之所载，莫不流芳于无穷。然大而天下，远而四方，人固罕得而遍窥之也。乃因所历，遇有当世名贤所修之文，亲手抄录，若道行，若宫观，其为碑记传赞，凡九十余篇，皆事迹超迈，辞章雄雅，足以取信于天下后世者，裒为一编，目之曰《甘水仙源录》。盖甘水者，祖师遇真之地。仙源者，全真正派之传。是编之作，亦犹道学诸公所著《伊洛渊源》之谓，其取名也甚宜矣。近方锓梓以广其传，予小子忝任校雠之责，自夏及冬，首尾历二十有六旬有六日，工既讫功，复以后序见命。予思师之用心，其所以扶植玄纲、弘扬祖道，诚非小补。使有志之士新获睹是书，不惟有以知前人功业之盛，又固足以见诸儒信与之。公不出户庭，而玄元之心法求之有余师矣，源流靡已，何代无人？后之视今，焉知不如今之视昔？嗣而缉之，庶几斯传之不朽也。岁在己丑冬至后六日，拜手稽首谨书。

《正统道藏》三家本，第 19 册，第 722—815 页

二、散见作品

序

长春大宗师玄风庆会图序

大元圣武皇帝，顺天应人，革命之十年，岁舍己卯，以神武不杀之威，戡定万邦，乃思以道济物，祈天永命，敬遣近侍刘仲禄，奉明诏，驰安车，起长春宗师于海上。宗师识其天意不可以违，且以生平所蕴弘圣教、福生民之志得以信之之时也，即慨然而应之。于是，不辞数万里，见上于西域雪山之阳。皇帝设庭燎，虚前席，以问至道。宗师对以寡欲乃修身之要，爱民为治国之本。嘉谟高谊，朝启夕沃，扈帐处者逾年，当运罹阳九之初，拯黔黎出涂炭之苦，被玄化之膏泽者，可胜计耶？上喜其说，乃命左史书之册，目曰《玄风庆会录》，盛行于世。逮仙驭之东还也，四方向化之士翕然宗之。洪儒巨笔，碑传题咏，褒功赞德者，唯恐其后。太华山三洞讲经、弘真宣义大师史公，总集诸家纪传，起于"栖霞分瑞"，讫于"白云掩柩"，定为六十四题，题各立图，图各附以说文，目之曰《玄风庆会图》。以为不如是，则宗师充塞霄壤之道德，不能举白于世。图文之说，公先于《重阳真君悯化图序》中，以迹履之喻，释之详矣。今年秋七月，公携是书来终南重阳万寿宫，就余订正，将锓梓以传。余披览再四，掩卷而叹曰："至哉！公之用心也。是书之出，非惟光扬宗师之瑰玑伟迹，实为后进者照心之镜、释疑之龟也。何则？且观其'分瑞栖霞''遁迹昆仑'也，则知宗师虽禀受异气，亦当捐情割爱，绝累离尘，俗既远而道自近也。又观其'谒师宁海''附友汴梁'也，则知求学之初，必赖明师指授，益友辅相，卒能成其道业也。又观其'磻溪炼行''龙门全真'也，则知虽得所受，必当岩居穴处，啬气凝神，以全炼养之功也。又观其'振教祖庭''构观滨都'也，则知道成德著，必当建宫立观，济物度人，以衍真教之无穷也。又观其'雪山谈道''松岛论玄'也，则知至人既成诸己，必当恢弘圣道，泽及生民，以进上天之品位也。呜呼！宗师空洞真仙，降宣龙教，尚不能躐等而进，必待循循而修，始得超证无上道果。后之学者，固当取法是书，朝披夕省。曰昔宗修之修也，如是而行，今我之学也，亦当如是而进，自能行之有阶，进之有序。其于即言相，契真常，出化机，登道域，则有余师矣。又岂非照心之镜、释疑之龟者欤？"至元甲戌岁下元日筼溪道人夷山李道谦谨序。

周燮藩主编，王卡分卷主编：《三洞拾遗》，第16册，《中国宗教历史文献集成》46，第391—393页

题　跋

题老君庵诗刻 ①

至元乙酉春三月既望，余行香于岐山□□庙，翌日回过郿坞，为提点宋□敬□□观村之天真观。□则视其□□□□□宗翊教之事因（下阙）陕西五路西蜀四川道教都□□天□真人李道谦题。天庆宫元坛掌籍大师□德□立石。南阳白拱真刊。

陈垣编纂，陈智超、曾庆瑛校补:《道家金石略》，第654页

---

① 《道家金石略》注称，《郿县金石志稿》：右诗刻在老君庵，故天庆宫也。诗中有宋练师开渠决水之语，即提点宋□敬也。诗不录。陕西等处行省领秦蜀五路，至元二十三年以后，四川立行枢密院，辖本省，于是陕西惟四路矣。此碑在至元二十二年，故称"陕西五路西蜀四川"云云。然道教杂流，亦同行省分辖诸路可笑已。钱坫曰：元高翿《古文道德经》，道谦有隶书《跋》;《重阳教祖碑》，道谦正书;《重修说经台记》，道谦撰文。道谦，王重阳弟子也。

古文道德经跋 ①

　　鲁之大儒高翱文举者，善于古篆。尝为会贞宫提点张志伟寿
符书道德五千言，其笔法之精妙，古今罕有。掌教宗师玄逸真人
张君，近得是书，日常珍玩。至元庚寅春，钦承睿命，祀香岳渎。
越三月初吉，驰驿②来秦，驻车③终南山重阳万寿宫。首出囊赍，
暨此篆文，召楼观提点聂志贞④辈，命工募刻贞石，署诸说经台

---

① 碑题为笔者拟。《续修陕西通志稿（四）》（《中国地方志集成（省志辑·陕西）》
8，南京：凤凰出版社、上海：上海书店、成都：巴蜀书社，2011年，第279
页。以下简称"志稿本"）称"跋六行，李道谦八分书，在周至县"。
笔者按，四库馆臣对李氏《古文道德经跋》亦有评价。其云：《古老子》二卷
（浙江汪启淑家藏本），旧本题许剑道人手制。卷首有自题绝句一首云："道人
自昔不谈元（玄），何事幡然绘此篇。料得浮云无挂碍，欲从牛背学长年。"
称壬子闰五题于申州传舍。末有二小印，一曰史垂名，一曰青史。盖其名字。
次为所画老子像，亦有二小印，一曰许剑道人，一曰别号题桥生。又书首二
小印，一曰垂名原名南，一曰两江一字青史，不知何许人也。考《石墨镌华》
有元至元间鳌屋楼观说经台篆书《古老子》及正书释文，与此无异。末刻夷
门天乐道人李道谦跋云：鲁之大儒高翱文举者，善古篆，尝为会真宫提点张
志伟寿符书道德五千言，笔法精妙，古今罕有。至元庚寅，承命祀香岳渎，
驻于终南山重阳万寿宫。遂摹诸经台，垂之永久。然则高翱所书，李道谦摹
刻于石，而是册又从石刻摹出耳。字体怪异，不合六书。赵崡谓其杂出颉籀
款识古文大小二篆，沾沾自喜，尚不堪郭忠恕一噱。非过论也。考翱自识有
云，《老子》旧有古本，历岁滋久，不可复见。于《古文韵海》中检讨缀缉，
越月乃成。据此，则翱所书篆体，徒本之《古文韵海》耳。其文视今本《老
子》，惟增减数虚字，亦不足以资考校也。参见永瑢等撰：《四库全书总目》
（下册）卷147《子部五十七》，北京：中华书局，1965年，第1255页。
② "驿"，志稿本作"抵"。
③ "车"，志稿本误作"军"。
④ "贞"，志稿本作"元"。

上，昭示永久。呜呼休哉！诚玄门一大盛事。予惟玄元氏始以二经授于是台，历数千百年间，久而益尊。今宗师真人复以是经刻[①]于斯，使后学有所矜式，其于弘教可谓知所先务矣。谨拜手稽首，窃识其本末。明年辛卯夏蕤[②]宾日，夷门天乐道人李道谦谨[③]书。

    王忠信编：《楼观台道教碑石》，第 131 页

太清宫圣旨碑

  石嵌崂山太清宫三官殿壁间。

  宣差阿里鲜面奉成吉思皇帝圣旨：丘神仙奏知来底公事，是也瞅好，我前时已有圣旨文字与你来，教你天下应有底出家善人都管着者，好底歹底，丘神仙你就便理会，只你识者，奉到如此。

  癸未年九月二十四日。

  西域化胡归顺，回至燕京，皇帝感劳，即赐金虎符牌曰："真人到处，如朕亲临。"丘神仙至汉地，凡朕所有之城池，其欲居者居之。掌管天下道门事务，以听神仙处置，他人勿得干预。宫观差役，尽行蠲免。所在官司，常切卫护。

  天乐道人李道谦书。

    陈垣编纂，陈智超、曾庆瑛校补：《道家金石略》，第 450 页

---

① "刻"后，志稿本有"石"字。

② "夏蕤"，志稿本误作"蕤夏"。

③ "谨"，志稿本无此字。

传

通微真人蒲察尊师传 ①

终南笃溪天乐道人李道谦编

三洞经箓法师、知常子杨志春书丹并篆额

安悟玄刊

　　师姓蒲察氏，讳道渊，通微子道号也。家世上京，乃祖以金朝开国佐命功封世袭千户，遂为燕都之巨室。上世以威武起家，故宗系莫得其详。师于天德四年壬申岁生，气禀特异，方在襁褓，乳母以荤口哺之，必泣哇而后已。迨龀龆间，遇道象辄自瞻拜，敬慕不肯去，见羽士过门，必延致于家，特为设斋供养之。年既冠，父母欲议昏，师闻之，跪告于前曰："尘俗之事，性非所

---

①《道家金石略》注称，《汧阳述古编》卷下：右元通微真人传石刻，在汧阳县城南，高四尺五寸，宽二尺五寸，二十六行，行五十字，正书。毕氏《关中金石记》跋重修说经台碑云：李道谦字和甫，汴梁人。《盩厔县志》云盩厔人，初事洞真真人，至元十四年安西王开府陕西，著提点五路道教兼领重阳万寿宫事。贞元元年赐号天乐真人。《盩厔县志》云笃溪亭在重阳宫西北隅，于洞真居此，名为笃溪。后李道谦复为堂于上，吟咏其中，积诗十一帙名《笃溪集》。又案：此碑年号已经凿去，今考碑云：正大之兵，观罹劫火。大元革命戊戌秋，洞真得旨住持终南。正大金哀宗年号，戊戌为元太宗窝阔台之十年，南宋理宗之嘉熙二年，是时金已亡矣。碑建于庚辰，是为元世祖至元十七年。道谦自称天乐道人，此时未赐真人之号，至元成宗元贞元年始赐号也。《关中金石记》误以元贞为贞元，贞元乃金海陵王年号，元有元贞无贞元也。此碑未经前人著录，李云生大令始得访得之。

愿，乃所好则神仙轻举之业。"父母责之曰："吾家世袭簪缨，赖子以承门荫，宁容有是请邪？"遂择良配定之。及结约之日，预夜，母梦妇缞绖而入，惊且问曰："何故此服之不祥？"妇曰："夫新丧矣。"既觉，母曰："是妇不利于吾儿。"遽绝其姻。师即私遁于溧阳之南山，得一岩穴，木叶积尺，傍有清泉，就为栖遁之所，惟啖柏饮水而已。数月，樵者见之，告于山下居民，争相供奉。师丹心潜会，精感仰彻，忽于定中见三仙人衣冠整秀，飘然而来，曰："闻子好道，故来相过。夫道无师不度，道贵有传。子今块坐于斯，以求至道，殆犹寻乔木而访渊鳞耳，断无可成之理，宜速下山求师可也。"师乃还家，已逾岁矣。由是求师学道之心愈切。一日于燕市中见货药道流，以狡狯惑众，师厌观之。傍一走卒言曰："此妄人耳，吾关西有丘师父者，真神仙人。"师闻之，延于肆而饮之酒，询得其详。是夜，梦一道者鬅头木屐，身披鹿皮，西南而行，愈逐而愈不及，遂泣呼之。道者回顾曰："子慕道虽勤，因缘未契，后年三十可相见也。"觉而志之，常往来于燕山、易水之间。无几何，二亲俱下世，方舅氏得官长安，因从入关。舅氏又欲择姻，师于一室自洁其形以免。政疮痏之际，夜梦昔山中所见三仙人传之以药，未及旬而愈。时清明，因游兴庆池，遇女冠镏琼，问长春师所在。琼曰："吾师今隐陇山。"翌日，径往参谒。比师将至，长春预告弟子毕知常曰："有自燕都来受教者。"须臾师至，见长春鬅头木屐，克肖向梦中所遇，时大定之辛丑岁，师甫三十矣。长春命躬执采汲，奉侍道侣，勤劳既久，屡蒙印可，于道大有所得。丙午，京兆统军夹谷公因师请长春下陇山，居终南祖庭，道过汧阳之石门，爱其泉石幽邃，乞地数亩，筑全真堂，留师居之。师徜徉林麓，栖真养浩，以行其所受之道。明昌辛亥夏，宁海洞真于君奉长春命来与师同处，结为方外友。陇之州将多国朝贵族，稔知师门第，及慕其高洁，时来参拜，师必以爱民崇道之语教之。乙卯，朝省沙汰道流，幽人逸士，竞归陇川，依师得安者众。承安戊午，县人输资礼部，就全真堂买玉清观额，大建琳宇，玄化鼎盛。适岁饥，师罄其所有振济，赖以全活者甚多。里人无赖恶少辈，师以祸福之报劝谕之。不数年，其俗丕变。泰和甲子，忽语其友洞真曰："长春有阆风之召，吾将归矣。"未几，示微疾而逝，春秋五十有三。洞真龛其象而事之。后值正大之兵，观罹劫火。洎大元革命戊戌秋，洞真得旨住持终南重阳宫，主领陕右教事，遣门人兴复玉清遗址，仍命改葬师于宫北之天池。自掩圹之初，群鹤翔舞其上，已事而去，万目共瞻，以为异事。岁辛亥，掌教真常李君奉朝命追赠圆明普惠通微真人之号云。

□□□□□岁在庚辰端午吉日

提点真静大师鲍道元立石

宣授定远大将军乾州军民元帅开州守镇万户刘善庆

施主千户缑惠室人雷氏

陈垣编纂，陈智超、曾庆瑛校补:《道家金石略》，第626—627页

全真第五代宗师长春演道主教真人内传

师姓丘氏，讳处机，字通密，道号长春子，登州栖霞县人，世为显族。生于皇统八年戊辰正月十九日，幼而聪敏，识量不群。大定六年丙戌，师甫十九，悟世空华，即弃家学道，潜居昆嵛山。七年，闻重阳祖师寓宁海马氏全真庵，即往师焉。重阳赠之诗云："细密金鳞戏碧流，能寻香饵会吞钩。被予缓缓收纶线，拽入蓬莱永自由。"又赐今之名号，其器重可见。八年春，祖师挈居烟霞洞。九年冬，与丹阳、长真、长生从祖师游汴梁。祖师日夕训诲，比之余人，尤加切至。明年春，祖师羽化，师与长真、长生从丹阳入关。十二年，复诣汴护丧，葬之终南刘蒋村。庐墓三年，各任所适。十四年秋，师居西虢之磻溪，修真炼行，日丐一餐，昼夜不寐者六载。二十年，迁居陇山之龙门，守志如在磻溪日。二十二年，官中有牒发事，师至祖庭，丹阳付以后事东归，师即还陇山。二十六年冬，京兆统军夹谷公礼请居终南祖庭，载扬玄化。过沔阳之石门，览泉石佳胜，筑全真堂，即今玉清宫也。二十八年春二月，兴陵召至燕都，请问至道。师以寡欲修身之要、保民治国之本对。上嘉纳之，蒙赐以巾冠袍系，敕馆于天长观。十一日，命主万春节醮事，奉旨令有司就城北修庵，塑纯阳、重阳、丹阳三师像，彩绘供具，靡不精备。夏四月庵成，命徙居之，以便咨问。五月，召见于长松岛。秋七月，复召见，师剖析天人之理，进瑶台第一层曲，又应制五篇。明日，赐上林桃。师不食茶果十余年，至是一啖之，重上赐也。八月，得旨还终南，赐钱十万，辞不受。冬，盘桓山阳，创苏门之资福、修武之清真、孟州之岳云，又增置洛阳云溪之地。二十九年春二月，西还祖庭，大建琳宇。明昌二年，东归栖霞，即祖宅创太虚观。二年冬，主醮于芝阳。五年秋，醮于福山，俱有圣降天光之端。泰和七年，元妃施道经一藏，驿送太虚。贞祐间，师居登州。时宣宗幸汴，强梗蜂聚，互相鱼肉，师为抚谕，民乃得安。有司以闻，朝廷赐自然应化弘教大师号，仍命东平监军王庭玉护师归汴京。师曰："天道运行，无敢违也。"不起。未几，齐鲁陷宋。己卯，师居莱州昊天观。一日静中作而言曰："西北天命所与，他日必当一往，生灵庶可相援。"秋八月，宋主遣使来召，亦不起。州牧劝行，师曰："吾之出处，非若辈可知。至时恐不能留尔。"是岁五月，圣元太祖圣武皇帝自奈蛮国遣近侍刘仲禄赍诏请师。八月，仲禄抵燕，闻师在莱州，适益都安抚司遣行人吴燕等计事中山，就为前导。十二月，达东莱，传所以宣召之旨，师慨然而起。庚辰正月十八日，选门弟子一十八人从行。二月入燕，行省石抹公馆于玉虚观。仲禄先遣曷剌驰奏，师亦奉表以闻。四月，作醮于太极宫，登宝玄堂传戒，有鹤自西北来。焚简之际，一简飞空，五鹤翔舞其上。明日北行，道出居庸关，遇群盗，皆罗拜于前曰："无惊父师。"五月，至德兴龙阳观。中元日醮，午后传戒，众露坐暑甚。须臾云覆其上，状若圆盖，事毕方散。观中井水仅给百人，是时汲之不竭。八月，太傅移剌公请居宣德之朝元观。十月，曷剌进表回，有诏促行，又敕仲禄无使真人饥且劳，可扶持缓来，其礼敬如此。辛巳二月八日，道俗饯于西郊，至有拥马首而泣血者曰："师云万里外，何时复获瞻拜？"师曰："三载归矣。"

五月朔，抵陆局河。七月，至阿不罕山，镇海来迎，言前有大山广泽，不可以车。师留弟子宋道安等九人立栖霞观，率赵九古辈九人轻骑而往。中秋日，抵金山，至白骨甸。昔云此地天气阴黯，魍魉为祟，过者必以血涂马首厌之。师笑曰："道人何忧此？"过之卒无所见。抵阴山，王官、士庶、道释数百来迓。十一月，至邪迷思干大城之北，太师移剌公及蒙古帅首载酒以迎，冬居筹端氏之新宫。壬午三月上旬，阿里鲜至自行在，传旨宣谕仲禄、镇海，仍敕万户播鲁赤以甲士十人卫师过铁门。四月五日，达于行宫，舍馆定，入见。上赐坐劳之曰："他国征聘皆不应，今远逾万里而来，朕甚嘉焉。"对曰："山野诏而起者，天也。"略语，上重其诚实，设二帐于御幄之右，以师居之。择以十四日问道，将及期，有报山贼之叛，上乃亲征，不果，改卜十月吉。七月初，师遣阿里鲜奉表谏上止杀、赦叛，上悦。八月七日，使回，传旨请师西行。二十二日，见上于太师城南，承旨令师扈帐殿以行。十月望日，上斋庄设庭燎，虚前席，以太师阿海泪阿里鲜译语，请问长生之道。师曰："夫道生天育地，日月星辰，鬼神人物，皆从道生。人止知天之大，不知道之大也。山野生平弃亲出家，惟学此耳。道生天地，轻清者为天，天阳也，属火。重浊者为地，地阴也，属水。天地既辟，人禀元气而生，负阴而抱阳。阳，男也，属火。女，阴也，属水。惟阴能消阳，水能克火，故养生者首戒乎色。夫经营衣食则劳乎思虑，虽散乎气，而散之少。贪婪色欲则耗乎精神，亦散其气，而散之多。夫学道之人，澄心遣欲，固精守神，唯炼乎阳。是致阴消而阳全，则升乎天而为仙，如火之炎上也。凡俗之人，以酒为浆，以妄为常，恣情遂欲，损精耗神，是致阳衰而阴盛，则沉于地而为鬼，如水之流下也。夫神为气子，气为神母，气经目为泪，经鼻为脓，经舌为津，经外为汗，经内为血，经骨为髓，经肾为精。气全则生，气散则死，气盛则壮，气衰则老。常使气不散，则如子之有母，气散则如子之散父母，何恃何怙。夫修真者，如转石上山，愈高而愈难，跬步颠沛，前功俱废。以其难为，故举世莫之为也。背道逐欲者，如辊石下山，愈卑而愈易，斯须陨坠，一去无回。以其易为，故举世从之。山野前所谓修炼之道，皆常人之事。若夫天子之说，又异于是。陛下本天人耳，皇天眷命，假手我家，除残去暴，为元元父母，恭行天伐。如代大匠斲，克艰克难，功成限毕，复升天位。在世之日，切宜减声色嗜欲，自然圣体安康，睿箓遐远耳。夫古人以继嗣而娶，先圣孔子、孟子亦各有子。孔子四十而不惑，孟子四十不动心，人生四十已上，气血渐衰，故戒之在色也。陛下春秋已及上寿，圣子神孙，枝蔓多广，但能节欲保身，则几于道矣。昔黄帝尝问道于广成，广成告以无劳汝形，无摇汝精，无使汝思虑营营。此言是也。"上又问："有进长生药者，服之何如？"师曰："药为草，精为髓。去髓添草，譬如囊中贮金，旋去金而添铁，久之金尽，囊之虽满，但遗铁耳。服药之理，何异乎是？昔金世宗皇帝即位之后，色欲过节，不胜衰惫。每朝会，令二人掖之而行。亦尝请余问养生之道，余如前说，自后身体康强。陛下试一月静寝，必觉精神清爽，筋骨强健。天子虽富有四海，饮食起居，珍玩货财，亦当依分，不宜过差。海外之国不啻亿兆，奇珍异宝，比比出之，皆不及中国天垂经教，世出异人，治国治身之道，为之大备。山东河北，天下美地，多出良禾美蔬，鱼盐丝枲，以给四方之用。自古得之者为大，所以历代有国者惟重此地耳。今尽为陛下所有，奈何兵火相继，流散未集，宜选清干官为之抚治，量免三年赋役，使军国足金帛之用，黔黎复苏息之安。一举而两得，斯乃开创之良策也。苟授非其才，不徒无益，反以为害。其修身养命之道，治国保民之理，山野略陈梗概，用之舍之，在宸衷之断耳。"上嘉纳其言，自是不时召见，与之论话。一日，上问曰："师每言劝朕止杀，何也？"师曰："天道好生而恶杀。止杀保民，乃合天心。顺天者，天必眷佑，降福我家。况民无常怀，惟德是怀，民无常归，惟仁是归。若为子孙计者，无如布德推恩，依仁由义，自然六合之大业可成，亿兆之洪基可保。"上悦，又问以雷震事。师曰："山野闻国俗夏不浴于河，不浣衣，不瞰毡，野有菌，禁其采，畏天威也。然非奉天之至道。尝闻三千之罪，莫大于不孝。今闻国俗于父母未知孝道。上乘威德，可戒其众。"上悦曰："神仙前后之语，悉合朕心。"命左右书之策，曰："朕将亲览，终当行之。"遂召太子、诸王、大臣，谕以师言曰："天俾神仙为朕说此，汝辈各当铭诸心。"神仙之称，肇于此矣。癸未二月七日，因入见而辞。上曰："少俟数日，从前道话有所未解者，朕悟即行。"三月七日，又入辞，制可。而所赐金币、牛马，备极丰腆，皆辞之。授蠲免道门赋役之旨，以宠其归。仍命阿里鲜辈护送，别者泣下。至阿不罕山，憩栖霞观，门人宋道安等与玉华会众设斋数日乃行。五月中，师不食，但饮汤而已。众问之曰："师奚疾？"师曰："予疾非尔辈可知，圣贤琢磨耳。"是夕，清和尹公梦人告曰："师疾公辈勿忧，至汉地当自平复。"六月晦，抵丰州，宣差俞公请止其家，奉以汤饼，辄饱食，自是饮食如故。众相谓曰："尹公之梦验矣。"八月，至宣德，居朝元观。河朔州府王官将帅，以书来请者若辐凑。师答云："王室未宁，道门先畅，开度有缘，恢洪无量。群方帅首，志心归向，恨不化身，分酬众望。"甲申二月，燕京行省石抹公、便宜刘公各遣使恳请住太极宫，师允其请。是月，曷剌至自行在，传旨云："神仙至汉地，凡朕所有之地，其欲居者居之。"众官咸曰："师已许太极矣，请无他议。"三月，仙仗入燕。厥后道侣云集，玄教日兴，乃建八会，曰平等，曰长春，曰灵宝，曰长生，曰明真，曰平安，曰消灾，曰万莲。会各有百人，以良日设斋供奉上真。延祥观枯槐一株，师以杖绕而击之云："此槐生矣。"迄今□□。秋九月，宣抚王檝善于天文，以荧惑犯尾宿，主燕境灾，请师作醮禳之。问其所费，师曰："一物失所，犹怀不忍，况阖境乎！比年民苦征役，公私交困，我当以常住物备之。令京官斋戒以待行礼足矣！"醮竟，檝等谢曰："荧惑已退数舍，无复忧矣。师德之感，何其速哉！"师曰："予何德，汝辈诚也。"丙戌夏五月，京师大旱，行省请师作醮，雨乃足，金曰神仙雨也。名公硕儒，皆以诗贺。丁亥夏复旱，有司祷无少应，奉道会众请师作醮，师曰："我方留意醮事，公等亦有是请，所谓好事不谋而同。"仍五月一日为祈雨醮，三日作谢雨醮，约中得者是名瑞应雨，过所约非醮家雨也。或曰："天意匪易度，万一失期，能无招众口之訾耶？"师曰："非尔所知。"后皆如师言。是月，门人王志明至自秦州行宫，奉旨改太极宫为长春宫，及赐以虎符，凡道家事一听神仙处置。六月中，雷雨大作，人报云太液池南岸崩裂，水入东湖，声闻数十里，鼋鼍鱼鳖尽去，池遂枯涸，北口山亦摧。师初无言，良久笑曰："山摧池枯，吾将与之俱乎！"七月四日，师谓门人曰："昔丹阳尝授记于予：'吾殁之后，教门大兴，四方往往化为道乡，道院皆敕赐名额。又当住持大宫观，仍有使者佩符乘驿干教门事，此乃功成名遂归休之时也。'丹阳之言，一一皆验，吾归无遗恨矣！"九日，登宝玄堂，留颂而逝，享春秋八十。有《磻溪》《鸣道》二集行于世。清和嗣教，建议于白云观构处顺堂，会集诸方师德，以戊子七月九日大葬，设像以奉香火。至元六年正月奉明旨，褒赠长春演道主教真人。十八年二月既望，门下法孙天乐子李道谦斋沐谨编并题额。

凤翔府管内道录袁志安书

清真崇道大师、凤翔府虢县磻溪长春成道宫提点方志正等立石

陈垣编纂，陈智超、曾庆瑛校补：《道家金石略》，第634—637页

碑

终南山清阳宫玄通凝素大师孙公道行碑

宣授陕西五路西蜀四川道教提点特赐玄明文靖天乐真人李道谦撰

门下眉山书楼逸人孙德彧书并题额

张德宁刻

公姓孙氏，讳志久，河间沧州乐陵人。世业农桑，父祖以积善见称于乡里。公生于金崇庆壬申岁十月初十日，幼清臞，寡言笑，未尝与群儿戏狎，见道士辄欢喜迎拜，闻谈道话则终席谛听不去。志学之岁，忽夜阴晦，见空中明白如昼，心思洒然，有

所开悟。达旦，语于父母曰："昨夜空中明朗如昼，所见胜境非常。倘使我为黄冠以学道业，是诚所愿。"又二年，即辞亲入道。有陈先生者，引至洺州肥乡县马固村之洞真宫冲虚真人杨君门下，受度为弟子。冲虚见其赋性淳谨，遂置诸左右以供洒扫之役累年，察其行止可教，即授以"颐神毓气乃修身之本，积德立功为入道之门"。公既服勤日久，其于进修之功甚有所得。岁丙申，关中抚定。冬，清和宗师前来终南，祀香祖庭。丁酉春，自秦还燕，告诸门下尊宿，可各于终南起建道院，以助兴建祖庭之力，以报祖师开化之德。是时冲虚命公之来，卜占方所。公与法属曹志冲、孙志稳、王安童辈应命入关，即于刘蒋之东南七里许曰仕马村创业缔构，为之住持。是时虽兵后人稀，田畴荒废，览山川之胜，南望群峰，下观沃壤，烟霏竹径，极目砥平，如张画本。公乃依杖而叹曰："岩壑幽深之如此，林泉雅胜之若彼，轮蹄旁午①而不干，市朝腾沸而莫及，此诚人世之洞天福地也。"于是，亲负耒耜，披榛伐木，陶甓购工，仅及十稔，起正殿以塑三清，修后堂以事七真，三门两庑，斋厨库厩，罔不备具。遂请于祖庭洞真尊师，得以清阳观为额。自是，化度门众，甫逾百人。于观四周，开耕地土，增置水轮。每岁所获，用度羡余，尽奉祖庭，以助营缮之费。壬子春，真常宗师赍奉上命，祀香岳渎，来谒祖庭，曰："是山下琳宇皆得一到。"以此，例赐改观为宫，洎今玄通凝素之号。迨中统癸亥，陕右道教提点真人高君保申诚明宗师，俾公升本宗提点之任。至元丙寅，公诣永昌王邸，启请得

---

① "午"，重阳碑本按，应为"舞"。

旨，赠冲虚杨君以弘教真人号。公乃亲送洺州，用酬教育之惠。
再年还秦，清阳之缔构尤增，祖庭之崇礼益谨。二十四年丁亥冬，
忽得微疾。至十二月，奄然顺化，享寿七十有六。一日，门人马
志显、严道威来祖庭众妙堂，乞纪玄通之道行。其玄通与余共处
终南山下仅五十载，平昔云为，目所亲睹，实亦修身精谨之士。
既有是请，故不得以坚辞，遂次第其行实之大略，仍系之以辞。
铭曰：

　　终南山高摩苍穹，群仙窟宅烟霞封。甘泉一水来无穷，万□
老派常溶溶。流入昆崙沧海东，灌开七朵金芙蓉。上天摘降王元
戎，玄元至道复兴隆。人能向之趋下风，一时尽得归陶镕。黄冠
羽服皆人雄，驱民为善开盲聋。九州四海轮蹄通，淳风懿范俱遵
崇。玄通报本来朝宗，平地化出清阳宫。星坛月殿施神工，金碧
焕烂仙真容。心存圣道元气充，浮云富贵不挂胸。田畴所获岁用
丰，羡余悉奉玄门公。百年厌世游太空，昭昭不忘存其中。我作
铭诗不厌重，叮咛为纪前人功。

　　大元国至元二十六年岁次己丑下元日

　　陕西路周至县终南大清阳宫尊宿倪志悟、提领通真子严道
威，知宫任道觌、张志真、李志亨，副宫青道珍、杨道盛、来道
真、毛道行等立石

　　刘兆鹤、王西平编著：《重阳宫道教碑石》，第 113—114 页

记

终南山宗圣宫主石公道行记

□山□^①□□人李道谦撰

公姓石，名志坚，字庭玉，汾州西河人。世习儒业。祖荣，父万，皆隐德不耀。公以泰和乙丑岁生，生而夙□，□有道缘。六岁入小学，已能日诵数百言。天姿颖悟，复^②出□辈。稍长，性重静，寡言笑。贞祐丙子，河东兵乱，因流寓于覃怀。既而去家，诣邢台通真观，师同尘真人李君，究全真性命之学。奉侍左右，始自井舂庖厨之役，皆尝亲历，勤恳谆复，数年不怠。同尘察其可教，遂授以修身至道。公服膺力践，非余子所能及。居无几，恒山公叛，西山寇起，居民扰攘，乃曳杖挂瓢，避地东□之上清宫，依玄通真人范君。君委以监斋之职，日聆謦欬，于道大有所悟。其于《老》《庄》诸经，冈不涉猎，皆能造其极致。一日，玄通进而前曰："向上诸师，登真达道，内公外行，两者相资，方始成就。譬犹飞鸟之假两^③翼，阙一不可。宁^④海先天宫者，实先师广宁郝君炼化之地，久经劫火，焚毁殆尽，吾欲兴复，以彰仙迹，汝可从提点张公天倪往任其责。"公拜命而东，适行台李全作大

---

① "□山□"，楼观台碑石本作"夷山筠"。

② "复"，楼观台碑石本误作"复"。

③ "两"，楼观台碑石本误作"雨"。

④ "宁"前，楼观台碑石本有"今"字。

功德主，会多方道门耆宿，迁葬丹阳、长生、玉阳、广宁四师仙蜕。当时遐迩景仰，供奉者众。道俗往来，量其高下，将迎馆谷，莫不得其欢心。时常住之帑藏，古□命公掌钥，出纳之际，以心相盟，不置文簿，不事会计，如是数岁。及谢事之日，交付□彼，惟随身一衲而已，拂袖如泰□之雪溪。焚香读经，栖心养浩，若将终身焉。未几，同尘遣介召至邢台，□提点通真观。不四三年，功成事□。□命入关，提点终南宗圣宫，凡云为动作，则以身先之。逮至元丙寅□，同尘将厌代，遗教嗣主本宗法席。公泣涕跪前，辞不敢当，师命益坚，乃敬领其事。未及十稔，宗圣之因缘增盛，内外无间言。四方法属，翕然辐凑，咸服其师付畀得人之明。无何，掌教诚明张君下教，命随□名山大川，诸大宫观，例起玄庠，教育后进。予尝与公同主祖庭讲筵，公凝然靖空，密若无言，及其扣□，□□四辅之奥，重玄众妙之微，历历洞明其要。盖涵养敦厚，所谓良贾深藏若虚者也。辛未□淳和真□□□嗣教，以恩例赐公体真复朴□①□大师之号，褒其成德。公年逾七秩，所养益厚。一日，偶以□②□□□□□微疾，遂奄然而化，时丁丑二月二十九日也，春秋七十有四，葬于宫之坤维。既事，执事者恳□□□□□③概而为墓志。

　　门人张志进、陈志希、董道弘④

---

① "□"，楼观台碑石本作"虚"。

② "□"，楼观台碑石本作"节"。

③ "□"，楼观台碑石本作"大"。

④ "弘"后，楼观台碑石本作"（下缺）"。

岁次壬午至元十九年^①

陈垣编纂，陈智超、曾庆瑛校补:《道家金石略》，第637页

终南山大重阳万寿宫真元会题名记^②

太上老君者，出乎太元之先，起乎空洞之前，经历天地，不可称载。若夫自天皇而至商汤，历代为师，随方设教者，前贤集录备载记传，兹不敢赘以芜辞。惟分神化身降世之迹，或可得而言焉。老君欲和同光尘以立世教，乃先命无上元君玄妙玉女，降于陈国苦县濑乡曲仁里天水尹氏之家，名曰益寿。嗣汤十有八王，阳甲践祚之十七年庚申岁，自太清境分神化气，乘日精，驾九龙下降。时玄妙昼寝，梦天开数丈，众真捧日而出，良久见日渐小，从空而坠，化为五色流珠，大如弹丸，玄妙受而吞之，既觉有娠。自是所居之室，夏无溽暑，冬无泫寒，百灵拱卫，众恶不侵。经八十一载，不知其久，至武丁之九年庚辰岁二月十有五日卯时，玄妙因消摇李树之下，忽从左腋而生。此真元会之始也。是时，阳景重晖，祥云荫地，万鹤翔空，诸天称庆。玉女跪承，

---

① "十九年"，楼观台碑石本作"□（缺数字）日"。

② 《金元全真教石刻新编》注称，国家图书馆登记为至元十八年中秋日撰文。碑阳上方碑记为大字，以下为题名录，分为七栏，每栏行数不等，分为左右两部分，中间有空隔断。右面均为全真男女道士。左面似乎为道门外居士或赞助人，因第三、四栏左面模糊不清，不能了解左面名录的性质。第六、七两栏左面没有文字。名录排列每人一行。为节省版面，本书不分行排列，改以每栏为单位，每栏再分左右两组。

九龙吐水，以浴圣姿。龙出之地，化为九井。降生之初，即行九步，步生莲华。因指李树曰："此吾姓也。"讳耳，字伯阳，生而皓首，故称曰老子。自时厥后，或仕商为守藏之臣，或居周隐柱下之任。或传经于文始，再约青羊之游。或讲礼于仲尼，更发犹龙之叹。或隐或见，绵历千秋，应感无方，变化莫测。此南华所谓古之博大真人者也。故秦汉而下，时君世主，莫不尊道而贵德。逮乎李唐御极，推其姓系，尊为圣祖。高宗乾封改元，亲谒濑乡，册上尊号为太上玄元皇帝，置令丞，岁时致祭。玄宗开元三年二月十五日丁卯，以老君降生之辰为玄元节。至天宝十三载，四十年之间，帝四谒太清，三上尊号，仍御制霓裳羽衣曲、紫微八卦舞，以资荐献。武宗会昌元年，敕以二月十五日大圣祖降日为降圣节，令两京及诸州府每岁设斋，行道三日。洎宋太宗至道元年，敕老君降日并修斋醮，著于令。真宗大中祥符七年，驾幸亳，谒太清宫，躬奉册宝，上尊号曰太上老君混元上德皇帝。金代累朝，尤加礼敬，增新补废，给锡良田，每岁真元节日，遣使降香修醮。洎我有元太祖圣武皇帝革命之初，首召长春宗师访问至道。宗师以爱民永国、寡欲保身及上天好生恶杀之意对，上嘉纳之，敕天下道教听师掌管。凡道门大小赋役，悉与蠲免。累圣相传，以为定制。今皇帝嗣登大宝之二年，持降玺书，敕修太清宫。由是仙宫道观，星分棋布，克塞寰宇。呜呼！自胜衣以来，尊崇道化者，未若斯时之盛。今兹终南山重阳万寿宫，乃祖师重阳真君开化之地，风淳俗孚，境胜时丰。仆先自中统甲子岁二月望日，纠集诸宫观师德及乡中善士，备旌节仪卫，迎玄元圣驾就宫，修□灵宝祈恩清醮一百二十分位，端为上祝皇王□算之无极，次以祈各家眷属之有庆。迄今仅二十年，与会之众，有增而无替。今岁春设醮之际，仆谓众曰："吾将伐石，用刻会众之姓名，以垂永久，俾子孙□之世世不绝，相□□□□仙□福地之一大胜□□乎？"金曰："诚若是，何其幸耶！"（泐数字）中秋日夷山天乐子李道谦□记。

（下为众会众名录，分七栏，行次不等）

（第一栏）

（泐一行），怀道村□真观同真子杨志□，□□□□□□观崇玄大师□□玉，□□□□□□□真大师李志实，□□□□□□□和大师杨志□，□□□□□□□冲虚大师□□□，□□村紫虚观□□静□大师王志安，种家园□□观□□清虚大师王志宁，亭子□□□观广道大师何道海，□□□□□微观希慧大师王志应，□□□□观□玄希真大师王德新，□□□□□观提领宁真大师刘志禄，□村龙祥观提领真静大师杨志清，杨家庄栖真观洞明大师张志正，宫家庄太□观冲虚大师杜道□，宫□□全真观虚静大师文道章，北韩村全真观保真大师赵志坚，千户村□仙观提点希真大师李志玉，□村遇仙观提领崇真大师赵志端，栗园庄真常观提点明真大师杜志玄，梁家庄栖云观提点冲虚大师李志勤，任马村清阳观提点通真大师孙志久，□道宫提点圆通慧照大师吴志恒，周至县。

周至县。蔡村前终南县令保真居士陈德禄，甘水坊前终南县都监□□居士庞德康，甘河镇进德居士□□□，丁村恒德居士□□□，临川肆崇真居士李云瑞，尚村安玄居士范得兴，（下泐七行）甘水坊和□居士张德升，甘水坊希玄居士□□，甘水坊希真居士□□，（下泐数行）。

（第二栏，首起错上栏四行）

元王村化□庵杨志宁，石□寨披云庵张志安，□里村长真观梁志希，寥阳观通真大师程道成，□家庄葆光观提领开真大师孙道洪，曲堡村龙祥观渊静大师李志德，元王寻三元观谦仁道人李志柔，户县太平宫太平峪朝阳观，（下空相当上栏八行）元始台玉清观明真大师吴道成，栗园庄佑玄观提领希真大师赵志古，杨家庄了真观何志远，乾礮里碧虚观罗志坚，（下空一行）

乾礮里奉真居士□德安，正曹村崇道居士耿德忠，傅村信真居士王德昌，姑舅庄崇真居士杨德荣，尚村保□居士郭德兴，霍家庄崇道居士□德信，临川肆保安居士齐彧，□□□信玄居士张林，

（下泐）

（第三栏，比上栏提前一行）

副宫渊静大师刘志深，端明大师陈志珪，□阳殿知殿安静大师□道宁，安和大师王志谦，藻虚庵提领清真大师杨道初，希慧大师罗志远，尚座宁真大师刘志海，前副宫端真达妙大师裴志坚，玄静清虚大师徐志宁，保和静默大师李志朴，□□□弘玄广道大师□德郁，□□道院明玄观道大师王德升，副宫通玄致道大师杨德□，知宫冲和渊静大师□志安，提领冲虚玄静大师康志和，提领清真履道大师许志静，提举抱真淳和大师韩志古，提举冲虚真静大师王志浩，安西路都道录开玄崇道大师孙德荣，安西录道门提点圆明致道大师郭志祥，重阳万寿宫，

（下半泐）

（第四栏，比上栏后二行）

知□崇玄守道大师刘德珍，众妙堂文侍佐玄弘道大师□德

□，明像庵□玄大师罗道成，众妙堂文侍佑玄安道大师庞德益，众妙堂文侍升玄明道大师杜德祯，众妙堂文侍崇玄思道大师苟道恭，三洞讲经萃玄宣道大师□□通，副宫崇真大师任道□，副宫希玄大师冯道□，副宫希真大师史道□，副宫通玄大师周道荣，前副宫凝真大师高志坚，副知宫虚静大师梁志礼，官□□知宫□□大师张道宁，□知宫抱玄希道大师苟道隆，宫门知宫□□□道大师范道和，知公[①]通玄抱德大师杨志□，前安西路都道录弘玄安静大师张志林，开成路都道录体□渊静大师何道源。

（下半泐）

（第五栏，开首同上栏）

蒋夏村（下泐），□陂筊（下泐），户县□渠村（下泐），（空二行）崇义村□□□提领□□大师罗志坚，□天□通道观□□□□大师□志佑，□天观提领真静大师张道渊，□天观□道希真大师罗志明，甘谷口遇仙观提领通真大师谢道一，崇义村太□观提领洞虚大师郑志玄，崇义村玉阳观提领□真大师□志淳，晏家庄长生观提领宁玄大师侯志□，鲁村长真观提领真静大师冯德顺，道户村丹阳观提领希玄大师郝志真，店子□□□观提领明真大师李志淳，辛村栖真观提领熙玄大师罗德定。

梁王村梁宅□□，□□□白宅□□□□，蒋夏村□宅□□□，（下泐）

（第六栏）

（泐三行），□□□□□□□散人□守正，□□□□□□□□

---

① "公"，当为"宫"之误。

散人马妙兰,（下泐四行）,蒋夏村披云庵志道散人任守静,
□□□□庵悟真散人□守宗,□□众妙庵保真散人宋守正,□□
清微庵□应散人李□远,□□□□庵安静散人刘□□,□□□真
庵□□散人□守正,□□□□庵虚静散人白妙真,□□□真观妙
真散人吕守道,（泐二行）,□□修真庵清真散人□□□,□村栖□
庵崇道大师雷守□,怀道村妙道观□玄大师杜慧玄,（下泐一行）。

（第七栏）

（泐二行）,蒋夏村妙真庵张□□,□□村长春庵李守妙,（空
一行）蔡村洞真观微□散人□□□,□粮村保和庵淳和散人□守
明,□□□崇真庵真静散人李志清,（空一行）户县周家庄清和庵
从道散人夹谷守善,临川肆玄真庵希玄散人袁守真,栗园庄□□
庵真一散人王守道,□□长春庵妙真散人王守□,任马村保光庵
虚静散人张守一,□□□云峰庵明元散人刘慧显,□□□长春庵
内修散人李守妙,□□村长春观宁真散人武守□,杨家□守善庵
崇真散人党慧真,□□□遇仙观远尘散人梁慧真,百家坊袖珍庵
和静散人袁守冲,□□□妙真庵复朴散人苏守□,怀道村道化庵
奉正散人李守常,□□□修真庵守真散人王妙正,□□□守真庵
离尘散人杨妙纯,蒋夏村清□庵养正散人陈慧超。

王宗昱编:《金元全真教石刻新编》,第73—77页

楼观大宗圣宫重修说经台记①

宣授陕西五路西蜀四川道教提点古汳李道谦撰文

制授体仁文粹开玄真人书楼孙德彧篆额

本宫玄坛讲师蓝水李志宗书丹

老子说经台与古楼观相直千步，《内传》所谓宅南小山是也。岿乎特立而端严，兀尔孤高而俊小。万峰环拥，三面屏开。大川横展，河山点缀，云烟浓淡，草树晻蔼。周秦遗墟，汉唐故址，皆历历在指顾中，信为天下之伟观也。昔有真人曰尹文始，当周昭之世，结楼望气，以期真遇。俄而青牛引驾，薄軬西游，圣真胥会，请著书以惠天下后世，乃于此说《道德》二经以授受焉，是为道家者流之原也。自时厥后，崇建庙貌，焚修芗火，四方瞻礼，号地肺第一福地，为玄门宫观指南。然而历世旷远，屡经变故，以教本所在，随废随兴。近又尽②于金季，灵宫华构，荡然一空。国朝丙申岁，掌教清和大宗师起同尘李真人于邢台，俾任兴

① 《道家金石略》注称，《潜研堂金石文跋尾》：右楼观大宗圣宫重修说经台记，宣授陕西五路西蜀四川道教提点古汳李道谦撰文。案《王秋涧集》，有赠道者李云叟诗序云："道人讳道谦，出东齐世家，年十六弃家入道，礼丹阳马公高弟刘为师。既冠，游诸方洞天，参求元契，又尝圜居于陕，多积静功。今主东雍之神霄宫。曰云叟者，盖其别号云。"此碑自署夷山天乐道人，又题古汳，（汳即汴字）盖先世自齐而徙于汴者欤？文称掌教清和大宗师者，长春真人之弟子尹志平也。《论语》"窃比于我老彭"，包咸以老彭为殷贤大夫，郑康成、王辅嗣则以老为老聃，彭为彭祖。陆德明《庄子音义》，又引一说，谓彭祖即老子。碑引孔子窃比老彭，及犹龙之语，是亦以老为老聃矣。

② "尽"，楼观台碑石本作"烬"。

复祖宫之责。同尘辞不获命，乃率领门众，大兴工役。楼观堂殿，以次而举，首尾十载，渐复旧规。惟此台启元①殿，经变得不废，复②以规模狭陋，拓而新之。绘历代注经仙哲名德俱显者四十八员于两壁，创四子堂，新灵官祠，前山门，后客位，台之次级，构希声堂暨云房厨库等室，以居道众。且以玄逸真人所付古文《老子》，镌诸贞石，与旧碑列峙殿前。方之旧制，盖倍蓰矣。功成，丐文旌其事。尝试以所闻而为之说。老子者，道也，生于无恒之先，起于太初之前，混混沌沌，虚无自然。及乎结气凝精，分神应化，或出于龙汉之纪，或现于赤明之季，随世诞灵，无有纪极，悯时垂教，代为帝③师。至其降迹殷周，传经授道，凿开浑沌，剖析鸿蒙，启众妙之门，示重玄之旨，以清静无为为宗，以虚明应物为用，以慈俭不争为行。以之修身则身修，以之齐家则家齐，以之治国平天下，则国治而天下平。是盖秉要执本，有常道存焉。故体是道者，无古今，无终始，在天地先而不为古，后天地存而不为老。非有非无而该乎有无，非阖辟往来而行乎阖辟往来，寂而灵，空而妙，其深至于不可见，不可闻，其为无也至矣。及其用而为有也，若天地产为人物，人物皆蕴元气，大道派为德仁义礼，而德仁义礼至于万有，又皆分载混成之。一无即一。夫言之未始丰于智，歉于愚，生而有，死而亡，圣狂④不殊而觉昧殊，明晦在时而不在心，至均且完，各不相借。其曰有无妙徼者，

---

① "元"，楼观台碑石本作"玄"。

② "复"，楼观台碑石本作"德"。

③ "帝"，楼观台碑石本作"常"。

④ "狂"，楼观台碑石本作"枉"。

即《易》之上下道器也，生生之本在是矣。夫《易》作于三圣，极乎天人之道，究人事之始终，合天地之运动，有无相乘，盈虚相荡，此天地之用、圣人之功也。而老子之书，造辞立用，一皆冥契，特欲出于天地范围之表，而道前古圣人之所未道者，然亦不外乎盈虚相荡，有无相乘。所谓道者，盖牺皇、周孔之所贯，岂复有所异哉？六经之学，纲纪万世，而二篇之要，又将有得于六经之外。故太史公言：六经浩浩，不如《老子》之约。又曰：为阴阳者繁而致惑，为儒者博而多虑，为墨者苦而伤性，为名者华而少实，为法者酷而薄恩，惟老氏清虚无为，使人精神专一，动合无形，指约而易操，事少而功多，称为大道焉，是以先黄老而后六经。然善用之，为黄昊，为唐虞。其不善用之，则为两晋齐梁之弊，有不可胜言者。此非言之过也。唐陆希声作《传》，有曰："杨朱宗老氏之体，失于不及，以至贵身践物。庄周述老氏之用，失于太过，故欲绝圣弃智。申、韩失老氏之名，而弊于苛急。王、何失老氏之道，而流于虚无。"由此六子之失，而世因谓老氏之指，其归不合于仲尼，訾其名，病其道，不可以为治，是使老氏受诬于千载，道德不行于当世，良有以也。司马子长作史传，则列诸申韩。班孟坚作《古今人表》，则等诸畴刬。子云《法言》谓"绝灭礼学，吾无取焉"。退之《原道》以所见者小，为一人之私言。于戏，其亦不思而已矣！斯四子者，学孔子者也。孔子盖尝从之问礼，凡曰"吾闻诸老聃"者，皆谨事之语，诚无间然。讵有圣师从之，而为弟子者畔之，见而知者尚之，闻而知者咈之。使其道异邪，何为有"窃比^①老彭"及"犹龙"之语？古今言老子者多矣，未有若孔子之所言也。孔子后有孟子亚圣，祖仁述义，力恢圣□，切切杨墨之辨，如捍强敌，如拒猛虎，不容□纵其力者，卫道故也。是时庄子在蒙，地之相去才数百里，学宗老聃氏，鄙礼文，外名教，鼓舞其说，贬剥诸方。两闳对垒，犹水火南北之相反。然二家没齿无一语相及，厥意果安在哉？后世往往于此致疑，莫之能辨。嘻！是必有微意焉。先王以道治天下，至周而弥文。及其衰也，文灭质，博溺心，礼坏乐崩，奸宄并起。老子方将复淳反本，以静制躁，故立言矫激，薄仁弃义，虽圣智亦在所摈。彼其心岂真以仁义圣智为不足以治天下哉？先王之道若循环，春夏以出生为功，秋冬以敛藏为德，一则使之荣华而致用，一则使之雕落而反根。道犹岁也，圣人犹时也。明乎道，孔老相为终始矣。是则成己成物，内圣外王之道，此二子之所以彼此不言也。然则或语或默，或从或咈，识量有不可强者，于此可以观圣贤矣。在当时为老子之学者，自文始而下，迹其有书行世者，如辛计然、庚桑楚、尹文子、列御寇、庄周，有言见于书者，南荣趎、士成绮、崔瞿、柏矩，后世列之十子者是也。然或偏得一体，非其至者也。若夫《道德》授受，得其正传，惟文始欤？读之《九篇》，渊源可见。汉初盖公以书授曹相国参，参用其言，寖以成文景刑措之治。然而武帝信方士，祷祠之事行焉，淮南好神仙，黄白之书出焉，老子之道于是乎诎矣。下迨魏晋之世，盛谈清虚，隋唐以来，剧行符箓，以至丹药奇技，曲艺小数，悉归

---

① "比"，原作"此"，据楼观台碑石本改。

之道家。降及□代，虚荒流荡，莫可致诘，遗经高阁，视为无用之具矣。呜呼！牺轩远矣。玄元之道，殆若登天之难，所谓"信不足，有不信"也。然而自本自根，自古以固存而不坏者，固自若也。是岂有淳澆昔今之异哉？阴阳相代，理乱迭移，运启天元，真人应期而出，无为自化，清静自正，君为太古之君，民为太古之民，致理如反掌尔。《易》曰："苟非其人，道不虚行。"其是之谓欤？兹台方傚古重修，适事与时符，岂偶然哉？敬志贞石，以为更新功德之记。

　　至元甲申岁阳复日后学夷山天乐道人李道谦斋沐谨述

　　尊宿柳志刚、刘志□、刘道□

　　提点□□□、董道弘、王志泰

　　提举杨志春

　　提领袁道春、李道园、罗道淳

　　知宫刘德冲

　　副宫刘道常、牛道远、葛德昌、赵道希

　　知事赵志祥、王道安、董道崇、徐志信、谭道玄、林道宁、李道源、李道元、孙道绵、谭道弘、唐道明[①]

　　陈垣编纂，陈智超、曾庆瑛校补：《道家金石略》，第642—644页

---

① 此句之后，楼观台碑石本有"太上老君自周昭王廿五年癸丑至楼观，至大元皇庆元年壬子岁，计二千三百四十年（左侧）""皇庆元年岁次壬子八月甲子朔初七日庚午立石（右侧）"两行文字。

诗　词

和义卿大师游楼观诗韵

几到琳宫兴未休，杖藜时复一来游。白云深锁烧丹灶，翠霭高横望气楼。山鸟飞鸣穿野竹，岩花零落逐溪流。青牛去后知何在，空有门前绿草稠。

朱象先：《古楼观紫云衍庆集》卷下，《正统道藏》三家本，第 19 册，第 569 页

李真人词

望江南

初学道，须认得真铅。采取铅中金白雪，却将金雪作丹田。方始见重玄。

又

分明道，不离黑铅中。领取五行寻药体，五行之内觅金公。法象在参同。

又

分明道，朦胧在君家。龙虎见君君不见，徒将金宝作河车。争得见黄芽。

又

还丹道，金水号良媒。须得华池终见宝，徒将砂向黑铅

坏。莫妄损三才。

又

丹砂道，学者亦如麻。
华。争得跨云霞。

不识铅中含白虎，竞烧粪秽觅金

又

金花道，世上少人知。
池。争肯泄天机。

莫弄黑铅将造化，淮南金秘在华

又

真龙虎，玉兔与金精。
英。凡汞岂长生。

广见青冥含万象，朦胧降气结朱

又

金与水，相见两交并。
形。沧海几回清。

复卦发爻依刻漏，壶中日月结成

又

北方水，其数是真铅。
元。此结道中玄。

一气克凝抽摘雪，须令金体重初

又

北方水，龙虎自交彰。
光。根本昔中方。

水火运时归一体，临炉早见五神

以上李真人述龙虎诀十首。

菩萨蛮

还丹根蒂将何作。须凭金火相销铄。金火得长生，方成夫与
妻。　　夫妻情重重，共隐真人洞。真洞约回期，天符来便归。

又

还丹父母将何作，木从火里生枝博。枝博既芳荣，离宫火渐

明。　　渐明终却灭，化土生金屑。土谢玉金乡，金来归北方。

又

还丹龙虎将何作，北方玄武南朱雀。朱雀变为龙，元宫养大

虫。　　大虫食草木，龙爱吞金玉。交战向沧溟，俱伤血满形。

又

还丹铅汞将何作，砂须剥面铅沈脚。砂精与铅精，露形不露

形。　　争得相违背，须用三才理。汞采日中精，铅须铅里金。

又

还丹水火将何作，须知两位相交错。火在水中求，水从火里

流。　　水流遭火克，为有中男力。水被火凌持，相携一室归。

又

还丹鼎器将何作，戊己正土为城郭。城郭善提防，提防生药

王。　　药王能御众，臣下难飞动。外隔坎离城，谁人见鼎形。

又

还丹火法将何作，初从复卦终于剥。旦暮用屯蒙，潜行造化

工。　　进为春夏月，退象秋冬节。既未入坤宫，还丹道已穷。

又

还丹秘诀将何作，因师口授亲糟粕。未悟莫施为，前程路嵚

巇。　　寻文终不的，义在文中出。文义纵惺惺，搏量早晚成。

又

还丹节行将何作，师曾嘱咐留言约。莫近贵豪门，贵豪赚杀

人。　　不须夸富有，富有难长久。隐遁且悠悠，愿将天地俦。

又

夸丹功用将何作，仙人尽号长生药。服了得延年，方知此理玄。　　至药终须觅，只在坎离侧。向此得真微，天长地久期。

以上李真人述还丹诀十首。[①]

唐圭璋编:《全金元词》，第 1248—1250 页

---

① 唐圭璋编《全金元词》注称，"宋元间道士姓李者颇多，以上词未著名字，不知李真人确为谁，姑作道谦"。笔者按：所列词文，是否均出自李道谦之手，待考。兹列出，略备一说。

三、附录

道行碑

玄明文靖天乐真人李公道行铭并序

集贤学士嘉议大夫宋渤文并书

集贤大学士中奉大夫商议中书省事张孔孙篆额

　　终南山之尊高，云梦泽之广阔，在天地间不知凡几区，惟二者处今中原，故独称最巨，亮有神奠之。灵明变化，雨旸开阖，古今以来，中有不可测。英奇秀拔，魁杰壮伟，人物之出，亦不可常得。近世大宗师重阳王公以道德绝倡，号称全真，蠡兴金大定中。始方羊于东海上，既而演溢于八表，行至人之无为，说千载之心传，二百年于兹矣。公生终南山下，旧居地尚存。后其弟子盛启之，拟成宫室，历代崇饰之，嗣致香火，又敕扁其额^①曰重阳万寿宫。主宫中务者，非名胜闳博之士，盖莫得与其选。天乐真人李公和甫，当师席者三十年，操行践履，羽流想闻，神采言论，风旨玄教，景其范模。讳道谦，汴梁人，代为豪家。考讳师孟，学成行尊，不为举子计，乡郡高之，曰隐君，不敢名。金末丧乱，岁饥，出私积赈施贫饿。母游氏，亦贤谨，能助隐君为善。公资秀颖，能言便开，敏知拟指。七岁，以六经童子贡礼部。天兴癸巳金亡，朝廷遣使区别四民，凡衣冠道释之流寓者异籍之。

---

① "额"，原作"颜"，据重阳碑石本改。

公在儒者籍，时兵事方殷，遂改着道者服，以谓世利多累，弗若究性命之真，终己可乐无穷也。遂于三坟五典之正，老氏五千言之微，及所谓内圣外王之说，祠祀上章、金丹玉诀之秘，咸诣精奥。当时全真之门，老师着德，所在尚多，争欲邀致之，公悉无所许。壬寅，西游秦中，见洞真真人于公持箓方严，着见幽显，心然之，即执贽[1]拜，列弟子行。洞真器其贤，待以文章翰学事，寻倾平生所得举付之。丙午，从洞真演教秦陇。戊申春，东还乡里，葬其先府君于夷山，付家产于侄德，令经纪宗族，识者嘉其克终人子之孝。庚戌，洞真羽化，遗命甚勤。辛亥，真常李公主玄教，署提点重阳宫事。宪宗皇帝诏真常设醮于终南祖庭，见公奉职周饬，复委营办庶事，于诸方色色具集。人初疑之，继而咸服真常知鉴。公行方，见异闻胜迹、仙圣韶举，必详录之为成书，以开示后学为己任。戊午，诚明真人张公主玄教，俾公充京兆路道录。至元二年，升京兆道门提点。临众以宽简平允为务，道民宜之。行台廉、商诸公皆以名士宾礼，故一时帖然，无敢哗者。九年，淳和王公请至京师，授诸路道教提举，寻辞西归。十四年，安西王开府陕西，得承制除拜，署公提点陕西五路西蜀四川道教兼领重阳万寿宫事，仍遗之黄金冠法锦服。十五年，王复令修大醮祠于重阳宫，以公为领祀师。事已，锡予优渥，且俾刻石纪其岁月。十七年，世祖皇帝申降玺书守前职。二十四年，谒嗣安西王于六盘山，王赐之白玉钩、名马鞍辔。二十五年，永昌王遣使致师贽。甲午，上践祚。秋七月，赐公号玄明文靖天乐真人。元

---

① "贽"后，重阳碑石本有"往"字。

贞二年夏六月，忽微疾，己未，遽长逝，岁七十有八矣。公私闻之，咸来吊祭，无不尽哀。葬之日，会者数万人，霞五采覆圹上，群鹤翔云中，观者叹异之。公纯诚清粹，负气正大，虽为道者师，不眩以诞，不扰以纷，不妄语笑，平居澹然，人莫测其津涘。终身未尝废书不观，经史百家，靡不周览。晨起日课，取道德经、周易洛诵一通，盛寒暑弗辍。重阳为宫，四方都会，园田殖产，收入不少，而自奉菲俭，不减寒素。问学必践履，许予必公是，疏财尚义，一钱须内之宫帑，掌者敬事，亦不敢肆私见欺。宫西北有小溪，竹石林樾可爱，洞真居时尝名曰筠溪，公复为堂其上，为文章诗咏其中，积有什一帙，曰《筠溪集》，奇丽超诣，若陶谢风致，作者尚之。盖公本儒家子，能读六经，及入道者门，辅之以清净性命之学，故蓄之胸臆者义理精深，溢为言议则英华粲发，非直椌中枯形而已者也。往时先辈如紫阳杨先生奂，雪斋姚公枢，翰长永年王公磐，左山商公挺，公皆从之翱翔，为方外友。许可之文，见于往还篇章中。岐山旧有周公庙，岁久圮，公遣徒庀工，一复故制。长安中有司作新孔子庙堂，又助栋宇费十三四。无贵贱长幼，识与不识，闻而贤之。著述有《祖庭内传》三卷、《七真人年谱》一卷、《终南山记》三十卷、《仙源录》六卷、《筠溪笔录》一十卷、诗文五卷。大德八年春二月，嗣提点陕西四川道教葆和观妙开玄大师孙德彧，提举佑玄安道通谊大师庞德益等来京师，请铭公道行于集贤学士宋渤，敬为之铭曰：

道德格言如日星，南华绮辩尤丹青，西汉玄默尚清宁，魏晋虚谈但仪刑。重阳老仙出近世，一语萧然便超诣，至今门庭如山立，尽扫前代空无弊。终南万仞仙者源，天乐独当师座尊，危冠挥尘讲黄老，□外羽服无间^①言。寸^②品悬殊不可易，有窃非据寇且致，望之使人意也消，夫岂知力所能至。名山秘府神明司，师事胜流允云宜，公如明珠与白璧，未尝即人人即之。我昔秦藩老宾客，杖舄曾造烟霞室，说权说正皆入理，不觉倾倒穷日夕。公如白云恒夷犹，百年厌世不可留，帝居五城十二楼，骑麟騣凤参遨游。门人上根接性理，中下清修传操履，文辞斑斑映筼^③溪，人得粗余犹佳□^④。千载令威当飞还，吾其俟之缑氏山，非烟非雾空碧际，有神将过鄠杜间。

大德十年夏五月，门人王德颐、司德馨、李德裕等建

陈垣编纂，陈智超、曾庆瑛校补：《道家金石略》，第713—715页

---

① "间"，重阳碑石本作"闲"。
② "寸"，重阳碑石本作"才"。
③ "筼"，重阳碑石本作"云"。
④ "□"，重阳碑石本作"士"。

诏令碑

大元崇道圣训王言碑 ①

长生天气力里、大福荫护助里皇帝圣旨

管军官人每根底、军人每根底、管城子达鲁花赤官人每根底、过往使臣每根底宣谕的圣旨：

成吉思皇帝、哈罕皇帝圣旨里：和尚、也里可温、先生、达失蛮，不拣什么差发休着，告天祝寿者么道有来。如今依着已前的圣旨体例，不拣什②么差发休着，告天祝寿者么道。这③李道谦，高真人替头里做提点陕西五路西蜀四川有的先生每根底，为头儿行者么道。这李提点把着行的圣旨与来。这的每宫观里、房舍里，使臣休安下者，不拣什么人，倚气力休住坐者。宫观里休断公事

---

① 《重阳宫道教碑石》注称，此碑上下分四截：第一截为蒙文，略；第二截为汉文圣旨，所标为"龙儿年"。从下边两截碑文所标时间、内容，可断定此"龙儿年"在至元年间。圣旨中有"这李道谦，高真人替头里做提点"语，按高道宽碑铭及李道谦道行碑，至元十四年李接高任提点陕西五路西蜀四川道教事，十七年正月"皇帝申降玺书守前职"，此年即为"龙儿年"庚辰（1280），十一月降圣旨依托道教大事，顺理成章。如果在十二年后之"龙儿年"壬辰（1292），圣旨中不会有"这李道谦，高真人替头里做提点"的话语。后面的三道圣旨，其中两道为至元十四年，即公元 1277 年；一为至元十七年，即公元 1280 年。此碑刻立时间当在"龙儿年"庚辰（1280）或之后。

② "什"，金石略本作"甚"，下同。

③ "这"，金石略本无此字。

者，休顿放官粮者，不拣什么休放者，铺马祗^①应休与者，地税、商税休着者。但属宫观的水土、竹苇、水磨、园林、解典库、浴堂、房^②舍、铺席、曲醋等，不拣什么差发休要者。更没俺每的明白圣旨，推称诸□^③下，先生每根底不拣什么休索要者，先生每也休与者。更先生每不拣有什么公事呵，这李提点依理归断者。你每这众先生每，依着这李提点言语里，依理行踏者。更俗人每先生每根底休理问者。先生每与俗人每有争告的言语，可^④倚付了的先生每的头儿与管民官一同理问归断者。不能先生体例行，做得勾当的，做贼^⑤说谎的先生每，管城子达鲁花赤、官人每根底分付与者。这李提点倚付来么道，无体例勾当^⑥休行者，行呵俺每根底奏者。不拣说什么呵，俺每识也者。圣旨俺每的。

龙儿年十一月初五日

大都有的时分写来

（第二截碑文）

长生天气力里、皇帝福荫里皇^⑦子安西王令旨：

葆真大师前诸路道教提举李道谦，比及闻奏已来，可提点陕

---

① "祗"，金石略本作"祗"。

② "房"，金石略本作"店"。

③ "□"，金石略本作"投"。

④ "每先生每根底休理问者。先生每与俗人每有争告的言语，可"，金石略本作"每有争告的言语呵"。

⑤ "不能先生体例行，做得勾当的，做贼"，金石略本作"不依体例行，做觱勾当的做呵"。

⑥ "当"，原作"常"，据金石略本改。

⑦ "皇"，金石略本误作"是"。

西五路西蜀四川道教勾当。

准此。

至元十四年五月　日

（第三截右侧汉文，后为蒙文）

长生天气力里、皇帝圣旨：

葆真大师诸路道教提举李道谦[①]可授陕西五路西蜀四川道教提点兼领重阳万寿宫事，宜令李道谦。

准此。

至元十七年正月　日

（第三截左侧汉文，后为蒙文）

长生天气力里、皇帝福荫里皇子安西王令旨谕道教提点李道谦：

我国家祖宗列圣相传，莫不以敬天崇道，奕[②]世受祐。王祖师得全真之道，教法开弘，丘神仙尽启沃之诚[③]，玄风庆会。是以先朝眷遇，恩命优崇。凡厥道流，商税、地税、应干差役，咸与蠲免，醮醵以[④]从食用。

今皇帝圣旨，亦依旧例，继世相承，以为定制。迩者荐膺帝命，分茇西秦。封建以来，于今五载。高真人率所属道众修醮告天，屡获灵应，故尝赠以金冠锦服。今已羽化，继传者必选其人。以尔李道谦，道行素著，文学该通，深明三箓之玄科，确守一纯之净戒，得丹阳之正统，践洞真之遗言，不有褒崇，曷为奖率，可授提点

---

① "谦"，原作"廉"，据金石略本改。

② "奕"，金石略本作"彝"。

③ "诚"，金石略本作"识"。

④ "以"，金石略本作"亦"。

陕西五路西蜀四川道教兼领重阳万寿宫事，别赐金冠法服。仰益励操修，以彰殊绩。仍戒谕所属道众，宜令倾心报国，精意告天，朝夕诵持，殷勤进道，无负我朝敬天崇道之心、祖师立教度人之意。若有违条犯戒、纹^①乱道风者，惟尔汰择，其慎之焉，无忽。

（印）至元十四年六月　日

（第四截右侧碑文，其左为蒙文）

刘兆鹤、王西平编著:《重阳宫道教碑石》，第97—98页

著述四库解题

《终南山祖庭仙真内传》3卷（两淮盐政采进本）

《终南山祖庭仙真内传》，元道士李道谦编。……道谦所编，皆金元人。

《甘水仙源录》10卷（两淮盐政采进本）

元道士李道谦撰。自老子言清静，佛言寂灭，神仙家言养生术，而张鲁等教人以符箓祈祷之事，四者各别。至金源初，咸阳人王嚞弃家学道，状若狂疾。正隆中，自称遇仙人于甘河镇，饮神水，疾愈，遂自号重阳子。大定中，聚徒宁海州，立三教平等会，以《孝经》《心经》《老子》教人讽诵，而自名其教曰全真。

---

① "纹"，金石略本作"紊"。

元兴之后，其教益盛。都邛《三余赘笔》曰：今之道家有南北二宗。其南宗者谓自东华少阳君得老聃之道，以授汉钟离权，权授唐进士吕岩、辽进士刘操，操授宋张伯端，伯端授石泰，泰授薛道光，道光授白玉蟾，玉蟾授彭耜^①。其北宗者谓吕岩授金王嚞，嚞授七弟子。其一邱处机、次谭处端、次刘处元、次王处一、次郝大通、次马珏及珏之妻孙不二。此外又有所谓全真者，其名始嚞。盖嚞大定中抵宁海州，马珏夫妇筑庵事之，题曰全真。由是四方之人凡宗其道者，皆号全真道士云云。其说甚详，然孰见其授受乎？厥后三教归一之说，浸淫而及于儒者。明代讲学之家矜为秘密，实则嚞之绪余耳。是书作于至元中，集文士所为碑记、诗歌，合为此编。以其源出重阳子，故取甘河镇神水之事名焉。

永瑢等撰：《四库全书总目》（下册）卷147《子部五十七》，第 1262 页

史志记述选录

严长明《(乾隆) 西安府志》卷 73

《重阳教祖碑》，金完颜璹撰，李道谦正书，至元二年中元日。在祖庵重阳宫。

《中国方志丛书·华北地方》，第 313 号，台北：成文出版社，1970 年，第 3742 页

---

① "耜"，原作"侣"，据文意改。

《乾隆盩厔县志》卷3《古迹》

筠溪亭，[旧志] 在县东六十里，茂林修竹，清泉白石，幽闃寥蔓，殆非人境。[仙境志] 在重阳宫西北隅，于洞真居此，名为筠溪。后李道谦（原注：字和甫，邑人）复为堂于上，吟咏其中，积诗十一帙，名为《筠溪集》（原注：按宫外尚有翠筠亭，清和真人建。待鹤亭，披云道士建。今俱废）。

《中国地方志集成》编辑委员会编：《中国地方志集成·陕西府县志辑》，第9册，第47页

毕沅《关中金石记》卷8

重修说经台碑，至元二十一年立，李道谦撰文，李志宗正书。在盩厔楼观。道谦字和甫，汴梁人，初事洞真真人。至元十四年，安西王开府陕西，着提点五路道教兼领重阳万寿宫事。元贞元年，赐号天乐真人。

新文丰出版公司编辑部编辑：《石刻史料新编》第2辑，第14册，台北：新文丰出版公司，1979年，第10703—10704页

孙星衍《寰宇访碑录》卷 11

终南山重阳真人《全真教祖碑》，密国公璹撰，李道谦正书，至元十二年七月，陕西盩厔。

《续修四库全书》，第 904 册，第 562 页

孙星衍《寰宇访碑录》卷 11

观村李道谦诗，正书，至元二十二年三月，陕西鄠县。

《续修四库全书》，第 904 册，第 564 页

孙星衍《寰宇访碑录》卷 11

古文道德经并侧题字，高翻篆书，李道谦八分书，至元二十九年七月，陕西盩厔。

《续修四库全书》，第 904 册，第 567 页

时人唱和诗文选录

题终南和甫提点筠溪石刻在祖庵

杨 奂

仙家静住西南溪，竹外须信无余师。平生高节鬼亦畏，一点虚心人得知。林深自有天地在，岁暮不受风霜欺。何时借我半窗月，万里黄尘双鬓丝。

北京图书馆古籍出版社编辑部编：《北京图书馆古籍珍本丛刊》，第 93 册，第 788 页

再题筠溪石刻在祖庵

杨 奂

朝游筠溪上，暮游筠溪下。瘦影浸寒流，无尘更潇洒。

北京图书馆古籍出版社编辑部编：《北京图书馆古籍珍本丛刊》，第 93 册，第 781 页

送李和甫归秦

姬志真

之子西归出凤城，芰荷风袭羽衣轻。蘧庐天地寸心事，咫尺云山千里程。幸矣相逢亲识面，惜哉重别澹交情。终南祖意君偏

得，独向长安道上行。

《正统道藏》三家本，第25册，第379页

摹刻商挺等诗词碑

春色叹萧萧，客思无漻，画图闲话笑渔樵。幸自白家无个事，不会逍遥。　　岁月不相饶，人枉闲焦，一枝无分似鹡鹩。且只今朝无事了，管甚明朝！

右《浪淘沙》，梦中所作，偶然不忘，奉寄和甫真人，且代恭烦笔问。左山商挺。

（以上第一截）

画栋层轩压翠微，紫烟香雾锁丹梯。固知福地因人胜，益信玄门用力齐。鹑野山河归□□，中天日月定高低。嚣尘回首真堪鄙，拟乞残年注马蹄。

右登通明阁，中统二载秋七月伏未尽五日，左山商挺题。

（第二截）

己巳仲冬，条山张行俭侍家君按察还自鄜延，历鄜恒，抵终南之重阳宫，特留舍焉。遂与书史刘旭登通明阁，时十有九日也。适天朗气清，山川明秀，依栏周览，宛若画图。昔尝闻此中大有佳处，兹游奇绝，甚惬素怀，谨题以识岁月。

鄙诗奉送和甫李公提点还终南筠溪

虎岩赵著

筠溪道士眼中人，诗卷常随放浪身。秋隼精神盘华岳，鲁鳞风采照天津。交欢但恨相逢晚，执别沉思再会因。折柳一枝牢把去，要驱鱼雁往来频。

（第三截）

送和甫提点还秦

左山商挺

常记分携灞水东，十年音问马牛风。红尘不料到方外，白发相看疑梦中。学道贵□无执着，忘机未可失和同。诚明仙去今谁继，叹息玄门及物功。

送和甫道河西遵用（以下两行字迹难辨）

仙道由来在云中，人间久参当雷同。忘情日知心无累，感物采阳作穹公。法没得经春景色，西秦东海往以风。火龙水虎山青处，人道出家第一功。

（上为第四截）

和甫遵师西归终南□诗以送其□

云梦赵

尘土衣冠若自羁，山林枯槁复奚为。一堂虚静抱幽独，万虑
渊澄靡涅淄。渭北风烟涵澹荡，终南山色浸沦漪。翛然一枕羲皇
上，花落鸟啼春昼迟。十亩清阴短出墙，一泓澄碧蘸溪光。水声
泯泯春无迹，野色娟娟静有香。车曲花光相映带，平泉草树杂芬
芳。文章束壁图书在，浪□新诗拟补亡。

（底截右侧）

鄙语远寄终南和甫道友为千里一笑

左山商挺

不知正色果苍苍，造物中间孰主张。好弱若教由得汝，凫应
嫌短鹤嫌长。人到称情忘后患，事求无悔要前思。四时天尚有寒
暑，百岁人能无盛衰。

至元戊子岁清明日终南山大重阳万寿宫摹刻上石

（上为底截左侧）

以上见刘兆鹤、王西平编著：《重阳宫道教碑石》，第
111—113页

未央瓦研赋 赠终南李炼师和甫

王 恽

斗直寅，日维酉。栩栩蝶化，梦入灵囿。觉而扣门，有来玄叟。投武①天砚，形圜色黝。鬼掷滴璧，镜蚀秦纽。文章欝律，蛟蟠虬走。以长乐无极而言，乃汉殿烬余之瓦首也。当其炎运天开，禹畀秦陋。未央屹建，长乐丕构。体紫极之圆方，壮神丽于九有，俾子孙无复加于后也。若夫万叠云浮，跨凌天宇。鳞影参差，鳌背掀举。琼缀檐牙，香团桂树。倒景激日驭之光，流润浥金茎之露。耸万国之衣冠，荫千秋之歌舞。砺太华而带河渭②，谓斯瓦之贞固。天落妖彗，一扫而去。咄尔微质，归复③其土。何千岁而不化，偶野人之与遇？今归乎我，又系厥数。摩挲汉月，碧花灿吐，似喜余之主也。试玄蛟兮海运，泻松风于窗户。滑不墨褪，涩不笔拒。然复其天，则御阳（原注：周宣王宫名）之耳孙，较其古，乃铜雀之鼻祖。彼鹯其眼而罗其纹，味则凤而形则□，用或□□□奚足取，是不若兹瓦之□□。而□□□□□□□□□□屋荫生聚，骈㬪霜雪，蔽亏风雨。是则用得其所，付大任于汝也。岂期棐几呈材，辞客与伍。处虽失宜，其功尚溥。锻我铦锋，藉汝涵濡。乞英灵于班马，鉴兴亡于今古。大书特书，犹足以旌朱

---

① "武"，《秋涧集》卷1（《四部丛刊初编》本，以下简称"秋涧集本"）作"我"。

② "渭"，原作"清"，据秋涧集本改。

③ "复"，原作"后"，据秋涧集本改。

游而削张禹也。道士顾笑，吾子其为我赋之。

新文丰出版公司编辑部编:《元人文集珍本丛刊》，第 1 册，台北：新文丰出版公司，1985 年，第 173—174 页

寄李和甫觅未央瓦研

王　恽

好在终南李练师，未央瓦研寄何时。卧闻客舍三秋雨，梦绕昼栏双桂枝。孤月正堪遮老眼，片言聊复慰相思。研磨纵对蛾眉秀，中有渔阳万马驰。

新文丰出版公司编辑部编:《元人文集珍本丛刊》，第 1 册，第 310—311 页

跋李提点和甫筠溪亭<small>和甫开封人早年应神童</small>

王　恽

碧鲜庭户玉玎琮，影透疏帘翠几重。中有道人高节在，青青初不易秋冬。洗耳无烦近颖川，虚心独爱此君贤。何时挂杖敲门去，读罢离骚听夜泉。

新文丰出版公司编辑部编:《元人文集珍本丛刊》，第 1 册，第 391 页

筹溪道院记

　　关中以山水甲天下，终南以明秀甲关中，重阳宫之胜绝，尤终南之冠也。宫之西北隅，茂林修竹，清泉白石，幽闃寥夐，殆非人境。友人李和甫构茅其中，榜以筹溪，一日偕湛然高士求记于予。予以谓和甫世居大梁，家本豪族，幼以神童□□□甫弱冠，出家服道士服，今卜居于此，殆将冷翠光中枕流啸傲，以终此生乎！和甫曰：非也，翠筹故宰，吾将师其虚乎，清溪一曲，吾将友其静乎，吾岂爱□□□□□□□□□以为耳目之娱也哉？吾将听于无声，视于无形，以虚为□□□□□□□□予乃□然而应之曰：嘻，有是哉。凡人受天地之中以生（下缺）及乎大□□□日与物接，以喜怒哀乐汩于中，而窒其□□□□之□矣以□□□□为于外而扰其静有土苴之污矣，人欲炽天理□似不能□乎其后矣。然而□者求复其初，在一转移间耳。不情其性而性其□□而用□□兮□存栖神于玄漠之境，养气于淡泊之中，味无味如坡仙之□□□宁可食无肉，为无为如伯禹之治洪水，行其所无事。寸襟昭旷，无风尘之□□□真□□□□□之簸弄，其于虚静为如何哉？和甫进于此矣。抑尝闻之，依□翠竹总是真□又曰□见杏时须荐取，休随流水到天涯，敢问和甫，筹溪之意，果安在哉？笑而不答。戊申冬杪，宣授陕西三白渠使太华郭时中记。

　　至元甲戌岁二月望日门人王德颐、王德升等立石

　　门下文侍孙德彧书

张德宁镌字

陈垣编纂，陈智超、曾庆瑛校补：《道家金石略》，第 610 页

书法述评选录

王世贞《弇州四部稿》卷 136《文部》

王重阳碑，右碑为金密国公璹撰。至元而道流李道谦书之，亦遒伟有法。按重阳名喆，初业儒不成，去，业武不就，偶以遇异人得度，遂为全真教祖。张大其说而行之者，皆其徒丘处机力也。其说颇类禅而稍粗，独可以破服金石、事铅汞之误人，与符箓之怪诞，而其徒不尽尔也。重阳所为说未尝引钟吕，而元世以正阳、纯阳追称之，盖亦处机意，所谓张大其说而行之者欤。

《景印文渊阁四库全书》，第 1281 册，第 253—254 页

赵崡《石墨镌华》卷 6《跋四十一首》

元重阳教祖碑，王重阳在金遇异人，度为全真。其徒邱处机辈为张大其说而行之，其道以全真而兼禅者。此碑为密国公璹撰，李道谦书。书亦模仿平原，然尚不及姚璲《仙迹碑》。

《景印文渊阁四库全书》，第 683 册，第 510 页

赵崡《石墨镌华》卷6《跋四十一首》

元重修说经台碑，李道谦文，记修说经台事并及老聃之道，缅缅数千言，格虽卑冗，意亦详尽。如谓孔子师承老子，孟子不非蒙庄。又以武帝信方士，淮南好黄白，隋唐行符箓，至丹药奇技悉附道家，为乱老子，皆殊有旨趣。碑书出李志宗真行不大佳。道谦正书《教祖碑》，虽近墨楮①，而亦颇遒伟。何不自书，乃使志宗操笔耶？

《景印文渊阁四库全书》，第683册，第512页

赵崡《石墨镌华》卷7附录《访古游记·一游终南》

南出得小径，望重阳宫，楼阁出树杪，旭日初升，溪水与林光相射，不觉洒然。至观，诸碑森立，唯赵承旨所书《敕藏御服》《孙德彧道行》二碑可录。李道谦书《教祖碑》，王元美所称精劲有法者，暨姚燧书《重阳仙迹碑》次之。蒙古字碑甚多，多不能识。

《景印文渊阁四库全书》，第683册，第515页

---

① "楮"，原作"猪"，据文意改。

孙岳颁《佩文斋书画谱》卷39《书家传十八》

道士李道谦，世宗时人。金重阳王真人碑，密国公璹撰，元道流李道谦书之，遒伟有法。(《弇州山人稿》)。

《景印文渊阁四库全书》，第820册，第549页

王昶《金石萃编》卷158

《全真教祖碑》，王弇州称之云，道流李道谦书，遒伟有法，洵不虚也。碑中多空格，想因石有裂文让出之，非阙字。

新文丰出版公司编辑部编著：《石刻史料新编》，第4册，第2938页

叶昌炽《语石》卷8

道流之书，以周道赐《仙坛山铭》为第一，自唐以下，无与抗手。《岱岳观斋醮记》，自叶法善、马元贞、麻慈力以下逾三十通（自注：同刻一面，世所称"鸳鸯碑"也）。书法皆工秀，兼有褚、薛之胜，但未必尽为道流笔。按马元贞题名有四通，一在登封，一在济源，一在曲阜《史晨碑》后。余惟济源一刻未得见，其余两刻，与《岱岳斋醮记》笔法同，是其能书为可信。《潘尊师碣》，司马承祯八分书，亦唐之方士也。排纂略得《夏承碑》笔法，在唐隶中不多得，篆额尤奇伟。元初楼观诸碑，强半出道流

之手，如李道谦、朱象先，皆不止一碑。孙德彧书碑尤多，笔法遒媚，然不出赵文敏范围。金元间若谭处端、马丹阳、王重阳之流诗词，皆神仙丹诀，本不必以书重。然余所得马丹阳诗碑，草书龙吟虎啸，如绁马登阆风之巅，万象皆在其下。

叶昌炽撰，韩锐校注：《语石校注》卷 8，第 767—768 页

宗系碑志选录

圆明真人传 [①]

　　□姓高氏，讳道宽，字裕之，世为应州怀仁县之豪族。以□□乙卯岁七月十九日生，幼读书，能通经史大义。性尚淡雅，□有出尘□思。大安兵□□□□长安□身为吏，既而考妣俱丧。一夕，露出家庭，夜半忽睹光明如□仰□□北□□□□红霞翠霭之间，琼林琪树，宝殿瑶坛，历□具见须臾□闻□□□道□□益切。兴定辛巳，闻章台街蓬莱庵全真安□有道，即弃家执弟子礼。□君教以□强挫锐、治心修身之要。正大改元，游□梁，依丹阳观冲□□□居□□□试诸难，师□之晏如也。丙戌，金主遣中使□□□□□□□仍命冲虚选精严道人一员副行。冲虚召师谓之曰："洞真吾方外友，昔尝□□阳、长春二师□印可，真玄门之□匠。今上命有请汝□偕往□□□□吾□作成尔□□□□人□敬

---

① 《金元全真教石刻新编》注称，《北京图书馆藏中国历代石刻拓本汇编》云：碑在陕西周至，拓片高 71 厘米，宽 85 厘米。正书。本书辨认拓片时借助了姚燧《洞观普济圆明真人高君道行碑》。

之哉。"师受教而行。洞真既至汴，奉□提点中太一宫□□留□左右□业有进。癸巳，汴京下，师北渡至燕，寻居德兴之龙阳观。戊戌□□真演教□□。庚子，又从入关，兴复终南祖庭，师多方□导神□□□。戊申，洞真赐号圆明□，署知重阳万寿宫及提点甘河遇仙宫事。师俭以治身，宽以莅众，内外叹服，以洞真为知人。壬子春，掌教真常李君擢□京兆□道录者十年□□大振。中统辛酉，诚明真人张君诣阙，保奏宣授陕西兴元等路道教提点兼领□□万寿宫事。至□戌□夏，皇侄永昌王赠金冠锦服。辛未，嗣教真人纯真□□□号知常抱德圆明□□。未几，永昌王再赐洞观普济圆明真人号。癸酉春，皇子安西□□府六盘，师一见应对□旨□□冠服□□□□师□□□修金箓罗天大醮，自将事之日□于筵终□云轮□灵应□□□见□□□尔君所作《投龙册碑》。无几何，中宫又以冠服见赐，宠谕优渥。丙子秋七月，安西王令旨益以西蜀道教并付掌管。师典领教门□□□□□□□□尝一施政刑□则接物利生，循循不倦，事虽繁剧，皆迎刃而解。夜则□神静坐，□旦不寐，炼养之功，习以为常。至于祖庭，胜缘□□兴创，以是年逾八旬，步履□强，精神□怿。上而王公，下迨黎庶，莫不待以殊□□□□静□□□□，可谓福德两全者矣。丁丑春正月上旬，忽感微疾，侍者劝□药。师曰："死生如□□乃物之常理，奚药石可延分外之算耶？"□□□□日，遂不食，终日危坐谈□如平昔，但教人以进道之语。翌日，奄然顺化于□□之静□□□八十□三。越五日，葬于宫之仙蜕园，送葬道俗万余人。其□□□行□□姚学士□文树碑□本宫。今年春，门人□□□苟道恭等□□□□□□墓而□之□□□□□出处之大略，并刻其右，俾来者得以观云尔。

至元三十年癸巳中元日门人□□□、苟道恭、李□□、刘志□、□□□□□

王宗昱编：《金元全真教石刻新编》，第85—86页

元仁宗延祐四年敕封高道宽圣旨

敕曰：上天眷命，皇帝圣旨，洞观普济圆明真人高道宽，早知读书，富而好礼，推择为吏，其初心瘝瘝，求仙大有所得，尚恋晨昏之养，克终父母之丧。即弃家为黄冠，冀飞升于白日，井臼之役曾不告劳，堂构之勤久而弥笃，肯负平生之志，诚为不世之逢。事洞真而实继其传，受秘箓而式弘其教，以真常、诚明之荐，领重阳、甘河之宫。道价益隆，玄风大振，不有追崇之号，曷明始卒之功。可加赠洞观普济圆明玄德大真人，主者施行。

谢林、徐大平、杨居让主编：《陕西省图书馆藏稀见方志丛刊》，第3册，第8页

皇元特授神仙演道大宗师玄门掌教辅道体仁文粹开玄真人管领诸路道教所知集贤院道教事孙公道行之碑 ①

集贤侍讲学士中奉大夫邓文原撰

翰林学士承旨荣禄大夫知制诰修国史赵孟𫖯书

前中书平章政事翰林学士承旨知制诰兼修国史奎章阁大学士

银青荣禄大夫鲁国公赵世延篆额

天启圣元，丕昭神武，抚绥万方，髦俊臣附，亦既抒智效能，懋建勋伐。惟秦雍古称神明之隩，乃有乐道修真之士，宣畅玄风，以上赞清静无为之治，际遇周渥，振古所未有也。若辅道体仁文粹开玄真人孙公，幼颖慧，甫能言，母氏程教以孔孟书，一过辄成诵。被兵孤，即刻志恬薄，寄迹终南山，从穆真人。逾十岁，着道士服，玄明文靖天乐振教大真人李公器遇之，授《易》《老》奥义。天乐之教由马丹阳、于洞真二真君，以次相传，其胅抉渊秘，雅有宗绪。紫阳杨先生仕金，尝转运河南，与遗山元公齐名，世称元杨是也。先生素慎许可，过山中，顾公属句警敏，大嗟赏，

---

① 《道家金石略》注称，《书画题跋》：一道流而能令翰林诸名公为撰文，为写碑，彼时道教之重如此，今时不能尔也。《潜研堂金石跋尾》卷十九：右孙公道行碑，邓文原撰文，赵孟𫖯书。德或没于至治元年，文称今上者，谓英宗也。松雪于至治二年六月卒，碑末云元统三年岁舍乙亥九月吉日建，盖二公撰、书之后，又十余年而始勒之石碑。末所题年月及完颜德明题名，皆后人续书，非松雪笔也。篆额者为赵世廷，其署衔云前中书平章政事翰林学士承旨知制诰兼修国史奎章阁大学士鲁国公，此天历以后世延所历之官，松雪未及见也，亦后人追书。

由是英誉日驰，遂为京兆路讲经师，妙龄阐教，流辈为倾。淳和真人王公畀号曰开玄大师，提举重阳宫玄坛事。至元甲戌，昭睿顺圣皇后命公侍安西王掌祠事，祈禬歆格，即充京兆路道录。亡何，洞明真人祈公属公典教开成，然留王所，不果行。复提举洞真门下诸宫观，秦王稔公才望，俾提点道门之在京兆者。玄逸真人张公，以秦蜀道教提点所非得瑰特士不可，擢公通议官。壬辰，提举大重阳万寿宫。宫自甲午营构，历岁五十有九，而殿阁坛宇讫未完美，至公而图绘黝垩，陶甓墁□之工，悉增旧观，遂由通议官升副提点，遄奉王教，葴事殊庭，群鹤来翔，众嗟灵异。大德己亥，成宗加玺书，授陕西五路西蜀四川道教提点，领重阳宫事。越四年，赐御衣一袭，宝镇寥阳殿，弘璧天球，莫喻辉赫。癸卯冬十二月，安西王妃大宴兴庆池，赐西锦衣赤骥。期年，祀于灵宫，于又出绮袍玉钩带以旌之，而公得宠弗居，益守冲约。因乘传之华山，投简龙湫，西还，道渭南，河水暴溢溃堤，旄倪旦暮虞即死，遮道祈哀。公为前立奔冲默祷，人人为公危，而公神色自若。有顷，河北流民以恬息。上遣侍臣奉香币即宫而禜焉，秦人至今德公，能道其事。寻拜诸路道教都提点，公亦感激眷知，趣装入觐。留三载，加体仁文粹开玄真人、领陕西道教事，实武宗即位之二年也。公归终南，将遂终老，仁宗志弘道妙，欲简用耆德，遣使召赴长春宫掌全真教。至则见于便殿，大悦，制诏褒嘉，阳煦春育，日赐上尊酒一，以示优老。终南有甘、涝二谷，岁收园林水利以赡其徒，诏有司毋令侵夺烦扰。前所锡御衣，敕中书参知政事赵世延为文纪于石。自公之来，玄训是崇，祠官祝厘，贶施如响。其大彰著者，延祐乙卯旱，公祷焉，大获甘雨，宰臣致币，文臣诗之。冬十二月，星芒见，公肃将毖祀，竣事而星退舍，赐白金泉币。荐祷雨于两京，皆应不逾期，帝喜，顾谓侍臣曰："真老成人也。"未几，命翰林学士承旨赵孟頫赞公像，且加御玺其上。前是为修寿宁之北斗殿，既又即长春建殿以奉法主，令参议中书省事元明善撰词勒碑。昔公居终南，尝为凤翔李氏有祷，致云见五色，大夫士竞为诗文，以表征祥。人意公灵符秘篆，动致孚感，不知精诚之极，与神明会，非方士曲学谲怪忽荒之谓也。公念道有统纪，若于、李、穆、王诸师，请叙增封号，用敦报本，作甘河桥，以昭金正隆间祖师遇仙之所。时元明善迁翰林侍讲学士，敕为书成绩。至是公老矣，上章乞西归。逾年，今上可其奏，陛辞，衮香给驿以还。暨入关，观者夹道嗟异。至治元年夏，避暑灵泉观。八月朔，梦作《浪淘沙》曲，皆辞谢荣名、逸老林泉等语。越五日，大雨，盥沐作颂，翛然委蜕，无怛化意。公生宋淳祐癸卯六月三日，寿七十有九，讳德彧，字用章。其先吴人，有官于蜀者，自唐僖宗书孙氏书楼而族益弘衍，在宋则有御史中丞拚，以伉直闻。公蚤弃俗，志老氏学，深有契乎见素抱朴、少私寡欲之旨，卒能以善终始，保其名誉，可谓有德君子者矣。每暇，喜作字为诗文，有《希声集》传于世，榜其室曰履斋。弟子任道明、张若讷、颜若退、赵道直、景若冲等，卜是年九月十二日葬公于终南山仙游园。杨太初曰："吾师往矣，不可以无述。"来谒铭，文原忝居集仙[①]之署，义不得辞。铭曰：

---

① "仙"，当为"贤"之误。

惟道冲漠，惟民敦茂，俗化枭淳，日与物媾。至人虚静，克守至正，一气孔神，百灵顺令。陟降在兹，昭假非违，道岂远而，方伎沮之。巑嶕坤维，峨眉之麓，曰书楼氏，右江乡族。粤生闻孙，洁身岩阿，□性葆光，抱德烀和。维帝简在，鹤书来征，耆俊登崇，玄教以兴。接神明廷，祗祀灵時，祈禳雩禜，亦资燮理。帝用蕃锡，曰予汝嘉，繄黄冠师，圭衮之华。公念佌老，陈词于再，云轺风驭，欻其西迈。居有园池，树有松楥，不辱不殆，孰逾公者。迅景几何，德人其亡，不亡者存，云山苍苍。终南仙游，游乎太始，锡诗乐石，光昭曷已。

元统三年岁舍乙亥九月吉日建

特进神仙玄门演道大宗师重玄蕴奥弘仁广义大真人掌管诸路道所知集贤院道教事完颜德明

陈垣编纂，陈智超、曾庆瑛校补：《道家金石略》，第787—789页

玄门掌教孙真人墓志铭

虞　集

真人道行著于天下，其最可传信者，延祐二年夏，礼部尚书元明善代丞相祷雨长春宫，真人曰："明日雨征至，顺丞相上章，自言忧民报国之意，小得雨。"尚书即为章往白丞相，丞相病在卧内，使人取章入，署名付还。真人一见告尚书曰："章触妇人手，且得罪，宁敢望雨乎？"使人问丞相门下，果然。二人恐俱拜伏请罪，久之，退斋宫俟命。夜半，真人曰："上帝念民无辜，赐之

雨三日。"果雨三日，尚书儒者盛贵人，不觉屈膝拜之。后建法主殿于宫西，朝廷命国工塑像，而元公为之碑。五年夏，中书参知政事王公桂祷雨亦如之。兴圣宫遣重臣醮雨长春，七日正醮，雨大至，所遣重臣□□，真人曰："勿忧也。"比祭酒雨止，月星粲然，皆以闻。后上见真人，目迎送之曰："真仙人也。"命图其像，属翰林学士承旨赵公孟頫为赞，以玺识之。陕西行御史台都事吴君昉，佥陕西廉访司事张君矞，在凤鸣见真人为李氏修醮，五色云覆其坛，二日乃已，皆记以文。渭溢岸坏，漂庐舍，民走告真人，真人为至水次，登坏岸，众危之，然水立止。此皆有文书可考，歌咏以百数，若此者不可尽书也。盖真人端静真一，自然感化如此，非有神怪谲幻者也，故君子信而传之。真人讳德或，字用章，眉山书楼孙武诸孙。年六岁，造终南祖庭穆真人坐下。十一岁为道士，事天乐李真人，与同辈执事，未尝忘读书。紫阳杨公奂然见而异之，□□犹子，诚明张真人、淳和王真人、洞明祁真人、□□（玄逸）张真人掌教时，皆亲礼用之。世祖皇帝时，命真人从亲王匡西服，成宗皇帝命真人分教秦蜀间，武宗皇帝赐真人号，仁宗皇帝累加恩命，召至京师，掌道教，号曰特授神仙演道大宗师、玄门掌教辅道体仁文粹开玄真人、管领诸路道教所、知集贤院道教事，推恩封其师若祖于洞真为真君，高圆明、李天乐为真人，穆、王二师为真人。终南山重阳宫者，全真之祖庭也，至真人居之，始大修饰，天子为出尚服赐之，镇其宫。甘河，祖师遇仙处也，真人奉诏建桥，以寓度济来者之意，其役甚大，又诏元公明善制碑文。七年得请于上，归终南，优礼送之。至治元年秋，梦赋《游仙词》，飘飘有遗世之意，八月五日化去，寿七十九，有《希声集》行于世。九月十二日瘗之仙游园。明年其弟子任道明、张若讷、颜若退、赵道直、景若冲等来请铭，铭曰：

眉山之阳，诗书故家，笃生异人，为国光华。于粲有文，独以道著，号曰真人，天子所予。真人燕居，云间日舒，物不疵疠，容容于于。真人出游，灵风前除，尘埃廓清，百神为驱。天子有祈，真人致之，曰雨曰旸，天亦不违。盛德之尊，岂惟玄门，纷纷鄙凉，亦皆宽敦。终南峨峨，仙游有石，成铭识之，过者必式。

陈垣编纂，陈智超、曾庆瑛校补：《道家金石略》，第 767 页

主要参考文献

专著：

1. 陈垣.南宋初河北新道教考[M].北京：中华书局，1962.

2. 严一萍.道教研究资料：第二辑[M].台北：台湾艺文印书馆，1974.

3. 郑素春.全真教与大蒙古国帝室[M].台北：台湾学生书局，1987.

4. 陈垣.道家金石略[M].陈智超，曾庆瑛，校补.北京：文物出版社，1988.

5. 王忠信.楼观台道教碑石[M].西安：三秦出版社，1995.

6. 张广保.金元全真道内丹心性学[M].北京：生活·读书·知新三联书店，1995.

7. 刘兆鹤，王西平.重阳宫道教碑石[M].西安：三秦出版社，1998.

8. 王西平，陈法永.重阳宫与全真道[M].西安：陕西人民出版社，1999.

9. 任继愈.中国道教史[M].北京：中国社会科学出版社，2001.

10. 卢国龙.全真弘道集：全真道——传承与开创国际学术研讨会论文集[C].香港：青松出版社，2004.

11. 刘兆鹤，吴敏霞.户县碑刻[M].西安：三秦出版社，2005.

12. 王宗昱.金元全真教石刻新编[M].北京：北京大学出版社，2005.

13. 刘凤鸣.丘处机与全真道——丘处机与全真道国际学术研讨会论文集[C].北京：中国文史出版社，2008.

14. 赵卫东.问道昆嵛山——齐鲁文化与昆嵛山道教国际学术研讨会论文集[C].济南：齐鲁书社，2009.

15. 卿希泰.中国道教思想史[M].北京：人民出版社，2009.

16. 樊光春.西北道教史[M].北京：商务印书馆，2010.

17. 刘永海.元代道教史籍研究[M].北京：人民出版社，2010.

18. 赵卫东.金元全真道教史论[M].济南：齐鲁书社，2010

19. 程越.金元时期全真道宫观研究[M].济南：齐鲁书社，2012.

20.《重阳宫志》编委会.重阳宫志[M].西安:三秦出版社,2012.

21. 景安宁.道教全真派宫观、造像与祖师[M].北京:中华书局,2012.

22. 余军.开城安西王府——史迹·史识·史册[M].银川:宁夏人民出版社,2012.

23. 张广保.多重视野下的西方全真教研究[M].宋学立,译.济南:齐鲁书社,2013.

24. 张广保.全真教的创立与历史传承[M].北京:中华书局,2015.

25. 卿希泰,詹石窗.中国道教通史[M].北京:人民出版社,2019.

26. 高丽杨.全真史传五种集校[M].北京:中华书局,2020.

27. 赵卫东,陈法永.金元全真道碑刻集萃[M].济南:山东大学出版社,2020.

论文:

1. 张应超.李道谦与全真道[J].中国道教,1996,(3).

2. 刘永海.标点本《七真年谱》讹误举例[J].图书馆学刊,2005,(6).

3. 刘永海.试论元代道教史籍——兼论道教史家和道教史学[J].甘肃社会科学,2005,(3).

4. 盖建民,朱展炎.早期全真道士入道因缘论析——以全真道传记资料为中心所做的考察[J].齐鲁文化研究,2008,(7).

5. 刘永海.论《甘水仙源录》的史料价值[J].中国道教,2008,(1).

6. 刘云伟,刘永海.道教仙传编纂之历史分期[J].唐山师范学院学报,2008,(1).

7. 王百岁.甘肃省成县金莲洞石窟与全真道[J].宗教学研究,2014,(2).

8. 宋学立.早期全真教以史弘道的教史思想——以《甘水仙源录》《终南山祖庭仙真内传》《七真年谱》为中心[J].全真道研究,2016,(5).

9. 秦国帅.七真仙传与全真历史:以台湾大学图书馆藏《七真仙传》

为中心的考察［J］.世界宗教研究，2017，（3）.

10. 宋学立.全真道史家李道谦法脉传承考论［J］.凝眸云水，2017，（2）.

11. 陈云.全真大师于洞真生平事迹考略［J］.中华文化论坛，2018，（7）.

12. 宋学立.高道宽及西北全真道的早期发展［J］.中国道教，2018，（6）.

13. 张广保.全真教史家与全真教史的建构［J］.全真道研究，2018，（7）.

14. 宋学立.全真史家李道谦年谱长编［J］.隋唐辽宋金元史论丛，2020，（10）.

15. Miura Suichi.元代思潮研究序说——全真道士李道谦の动向を主轴に［J］.Shūkan tōyō gaku（集刊东洋学），1992，（67）.

后　记

　　李道谦是元代全真高道，也是久负盛名的教内史家。陈垣先生将其《甘水仙源录》比作"全真之碑传琬琰集"，并客观指出，陈铭珪撰《长春道教源流》、自己编纂《道家金石略》时，对李氏著述的倚重。时至当下，李道谦教史文献仍是我们赖以了解研究早期全真教史不可或缺的重要史料。

　　2013年，《李道谦学案》入选张广保教授主编的《全真学案》第二辑。本书按照《学案》体例要求，对李道谦的入道经历、法脉传承、弘道活动、教史贡献、年谱长编等做了较为系统的梳理，对李道谦的著述和后世对李氏一系的相关记述做了集中的整理校释，最终定名为《李道谦学案附文集新编》。

　　2017年完稿。2022年4月底至6月初，因新冠疫情的影响，学校改为在线教学，单位改为居家办公。40天的居家生活，督促娃的网课，调节大宝、二宝的"纠纷"，校改书稿，买（抢）菜做饭，以及其他诸多事务……这些成为我们当时工作生活的日常。记忆犹新的是，一日，我对照原始文献校订一校稿。大宝跑过来，看了一眼，说："爸爸，你这不就是找不同吗？"当时，我一下子没反应过来，后来想想，这样说也不错。校勘如秋风扫落叶，唯愿文集新编部分尽量找出了所有的不同，没有将本来相同的改成不同。

　　本书撰写过程得到了张广保老师的悉心指导。陕西省社会科学院张方研究员、研究生同学中国社会科学院文学研究所李桃副研究员提供了相关资料。香港青松观全真道研究中心多年来致力于深入推动道教文化研究，并支持本书的出版。让我欣喜的是，2024年华龄出版社启动了《全真学案》（第二辑）系列丛书的编辑出版工作，副社长董老师以及本书责编老师在出版、编校过程中付出了诸多辛劳。我的父母、岳父母、爱人对我一以贯之的支持，如涓涓细流，润物无声。谨此一并深致谢忱！

百密一疏，不妥之处，敬请师友批评指正。

宋学立

2025年3月于北京